Kirsten Segler

Die Blumenwiese, das Fingerkraut und die Rettung der Welt

Kirsten Segler ist Diplom-Biologin und hat nach der Ausbildung an der Henri-Nannen-Journalistenschule für Magazine wie Brigitte, Men's Health und GEO geschrieben, vor allem über Themen aus den Bereichen Medizin, Psychologie, Ernährung und Natur. Sie ist zudem Autorin mehrerer Bücher.

Im Garten zu werkeln lief nur nebenbei, bis ein aufrüttelndes Ereignis sie zu der Erkenntnis führte: Diese Fläche könnte zusammen mit unzähligen anderen entscheidend dazu beitragen, die Artenvielfalt zu retten. Ihr neues Buch erzählt auf sehr persönliche Weise von der tiefen Freude, mit der Natur verbunden zu sein, dem Schmerz über eintönig gewordene Landschaften sowie dem Glück, die bunte Lebendigkeit wieder aufleben zu sehen. Es geht um Gärten – und um soviel mehr!

KIRSTEN SEGLER

Die Blumenwiese, das Fingerkraut und die Rettung der Welt

Für Greta und Justus.

Es geht um Eure Zukunft.

Bibliografische Information der Deutschen Nationalbibliothek
Die Deutsche Nationalbibliothek verzeichnet diese Publikation in der
Deutschen Nationalbibliografie; detaillierte bibliografische Daten sind im
Internet über http://dnb.d-nb.de abrufbar.

Die automatisierte Analyse des Werkes, um daraus Informationen
insbesondere über Muster, Trends und Korrelationen gemäß §44b UrhG
(„Text und Data Mining") zu gewinnen, ist untersagt.

1. Edition 2024
Copyright © 2024 Kirsten Segler
Lektorat: Birthe Vogelmann
Covergestaltung: Antje Delion
Covermotiv und Illustrationen: Toby M. Schreier
Satz und Verlag: BoD · Books on Demand GmbH,
In de Tarpen 42, 22848 Norderstedt
Druck: Libri Plureos GmbH, Friedensallee 273, 22763 Hamburg

ISBN: 978-3-7597-0686-7

Auch als E-Book erhältlich.

Inhalt

Artenvielfalt erfordert Liebe:
Sie zu erkennen, ihr Zeit zu geben.
Ohne Liebe schaffen wir es nicht.

Dr. Philipp Unterweger,
Biodiversitätsberater

Dickhäuter wie wir

Es gab keine Warnzeichen. Der Tag Ende Oktober 2019 hatte ganz normal begonnen, das Wetter war unspektakulär okay und meine Laune sogar gehoben: Bei der Bahn hatte auf dem Weg ins Büro ausnahmsweise alles gepasst, woohoo! Und dann haute es mich völlig unerwartet schier aus den Socken. Ich hatte nur schnell eine Zeitschrift kaufen wollen und stand wartend in der Kassenschlange, als mein Blick das Titelbild der *National Geographic* streifte. Es zeigte den Kopf eines sterbenden Nashorns und einen daneben hockenden Mann, der ganz zart seine Hände und seine Stirn an die des mächtigen Tieres gelegt hatte. Die Schlagzeile lautete: »Die letzten ihrer Art – Was uns wirklich verloren geht, wenn eine Spezies verschwindet«. Plötzlich erfasste mich eine solche Welle der Verzweiflung, dass ich Tränen und Schluchzen kaum zurückhalten konnte – was *sehr* untypisch für mich ist. Eigentlich bin ich ganz groß darin, Gefühlsaufwallungen sofort zu deckeln, und zwar selbst dann, wenn ich sie zulassen *will*.

In der Ecke mit den Finanztiteln versuchte ich mich zu sammeln, aber vergeblich. Und eigentlich wollte ich es auch gar nicht: Das massenhafte Artensterben in der ganzen Welt wäre es allemal wert, um öffentlich eine Riesenszene zu machen. Aber so mutig war ich dann doch nicht. Stattdessen zog ich mich in eine stille Mauernische einer nahe gelegenen Kirche zurück und weinte für mich allein – ewig, wie mir schien, dabei waren es nur ein paar Minuten. Irgendwann versiegten die Tränen, und ich konnte wieder freier atmen. Es war ein gutes Gefühl: Als hätte sich ein lange schwärender Abszess entleert, so dass der schmerzhafte Druck endlich weichen konnte.

Denn natürlich hatte ich es längst gewusst. Nicht nur, dass mit »Sudan« im März 2018 der letzte Bulle der »White Rhinos« (Nördliches Breitmaulnashorn) gestorben ist, sondern dass überall auf der Welt eine Lebensform nach der anderen verschwindet – für immer. Auch in Deutschland: Wir haben in den vergangenen 30 Jahren hier mehr als 75 Prozent der Insektenmasse verloren, und diese Zahl stammt aus Naturschutzgebieten![1] Der Schwund gefährdet fast alle Pflanzen,[2] weil sie ihre Bestäuber verlieren, sowie jene Tierarten, die sich von Insekten ernähren. Und diese Liste ist verdammt lang: Sämtliche Singvögel stehen darauf, außerdem Igel, Salamander, Frösche, Fledermäuse. Sie alle werden seit Jahren immer seltener. Seit 1970 sind weltweit 69 Prozent aller Wirbeltiere von der Erde verschwunden.[3]

Ich könnte noch viel mehr furchtbare Fakten auflisten, gefolgt von eindringlichen Warnungen, dass es nicht nur *irgendwie schade* ist, wenn die Natur derartig verarmt: Es kann den Untergang der Menschheit bedeuten. Und zwar schon bald und sogar selbst dann, wenn es die Klimakrise nicht auch noch gäbe. Doch ich gehe davon aus, dass das überflüssig ist. Denn wer in den vergangenen Jahren nicht gerade in einer abgelegenen Höhle gehaust hat, wird es sowieso schon x-Mal gehört haben. Ich jedenfalls kannte die Fakten, war traurig und besorgt darüber – und hatte es trotzdem nicht wirklich an mich herangelassen. Wie die meisten Menschen hatte ich mir eine ziemlich dicke Haut zugelegt, fast schon eine Panzerung dagegen, wirklich zu *fühlen*, was gerade geschieht in der Welt. Wie passend, dass es ausgerechnet ein Dickhäuter war, der trotzdem einen Weg mittendurch in mein Herz fand. Er rüttelte mich endlich aus der Duldungsstarre auf und ließ mich nach Wegen suchen, wie *ich* ganz konkret etwas zum Besseren verändern kann. Und als ich erst mal unterwegs war, fand ich viel mehr, als ich je zu hoffen gewagt hätte.

Davon handelt dieses Buch. Es erzählt von meinen eher stolpernden Schritten, den Garten maximal tierfreundlich zu machen. Singvögel, Wildbienen und Schmetterlinge sollten dort ebenso ein Zuhause finden wie Igel, Fledermäuse und Amphibien. Und ein eigener Garten ist noch nicht mal nötig, um dem prallen Leben mehr Schlupfwinkel zu geben, dafür gibt es unzählige andere Möglichkeiten. Einzeln betrachtet mögen diese Beiträge lächerlich gering erscheinen, aber wie heißt es so schön: »Viele kleine Leute, die an vielen kleinen Orten viele kleine Dinge tun, können das Gesicht der Welt verändern«.

Außerdem will ich auch von all den »großen« Lösungsansätzen erzählen, die an den Wurzeln der aktuellen ökologischen Krisen wirken. Sie allein mögen nicht für die im Titel angedeutete »Rettung der Welt« ausreichen, aber es sind unverzichtbare Zutaten dafür. Wie zum Beispiel neue Wege in der Landwirtschaft, die sie *im Einklang mit der Natur* produktiv genug machen, um auch die etwas groß gewordene globale Menschenfamilie üppig ernähren zu können. Sogar staubig verdorrte Flächen lassen sich wieder beleben! Rinder spielen überraschenderweise bei diesen neuen Wegen eine wichtige Rolle: Eine andere Haltung der Tiere kann sie von problematischen Methanpupsern zu Verbündeten für Klimaschutz und Artenvielfalt machen. Forstmonokulturen lassen sich zu strukturreichen Wäldern umbauen, die artenreich und lebendig sind *und* gutes Holz liefern. Immer wieder zeigt sich, welche Fülle sich (wieder) einstellen kann, wenn mit den Kräften der Natur gearbeitet wird statt gegen sie. Es hat mir Zuversicht gegeben, diese neuen Formen der Landbewirtschaftung kennenzulernen. Sie lassen in eine mögliche Zukunft blicken, die *schön* ist und Lust macht, sie zu erleben. Dabei sind es keineswegs Wolkenkuckucks-Szenarien, sondern sie werden von vielen mutigen Pionieren bereits umgesetzt. Diese tatkräftigen Menschen zeigen: Es funktioniert! Jetzt geht es darum, diese Ansätze in großem Stil zu verwirklichen.

»Machen ist wie wollen, nur krasser«, sagt einer der inspirierenden Menschen, die ich getroffen habe. Wie wahr! Das Krasse am Machen ist in diesem Fall aber weniger die damit einhergehende Arbeit: Es erfordert, sich nicht länger vor einer schmerzvollen und zutiefst beängstigenden Realität zu verschließen. Dabei ist das zunächst mal eine völlig normale Reaktion, denn die Psyche versucht immer, sich zu schützen, wenn etwas überfordernd erscheint. Deshalb hilft es auch wenig, die Menschen mit noch mehr Fakten und drastisch ausgemalten Untergangsszenarien zu konfrontieren. Den meisten von uns fehlt es nicht an Wissen, sondern am Vertrauen in die eigene Kraft, sich auf schwere und bedrückende Informationen einlassen zu können, ohne daran zu zerbrechen. Und diese Zweifel sind nicht überraschend, wenn man im bisherigen Leben vor allem trainiert hat, sich zusammenzureißen, abzuschotten und weiter zu funktionieren.

Doch der Preis dafür ist hoch. Denn je weniger die Menschen mit negativen Gefühlen umgehen können, desto größer ist ihre unbewusste Angst davor und desto vehementer verteidigen sie ihre Schutzmauern. *Deswegen* kämpfen so viele Leute gegen jegliche Veränderung, zweifeln unbequeme Wahrheiten an und begegnen denjenigen, die sie aussprechen, mit Ablehnung oder sogar Hass. Andere lässt die Angst erstarren, was sich in einer geradezu fatalistischen oder gleichgültigen Haltung zeigen kann. Nichts davon hilft dabei, die Welt zu retten.

Doch es hat auch direkte persönliche Konsequenzen, negative Gefühle stets von sich wegzuschieben: Langfristig ist es belastend für den Körper und stranguliert die Lebensfreude. Denn bedrückendes Wissen löst sich keineswegs auf, nur weil man sich nicht intensiver damit beschäftigt oder es nicht mal wahrhaben will. Es landet lediglich in der inneren Rumpelkammer, stresst von dort aus das Nervensystem und kann so zu vielen gesundheitlichen Problemen beitragen. Außerdem lässt sich die eigene Sensibilität nicht selektiv herunterregeln: Im gleichen Maß wie unangenehme Gefühle betäubt werden, verflachen auch Glück, Liebe, Begeisterung und Dankbarkeit. Irgendwann funzelt die gesamte Gefühlswelt nur noch schlapp vor sich hin und man braucht immer stärkere Stimulationen, damit da überhaupt noch etwas prickelt. Dieser Zustand ist vielen Leuten allerdings so vertraut und auch in ihrem Umfeld so verbreitet, dass sie ihn für normal halten. Doch das ist er nicht, auch nicht in diesen krisenhaften Zeiten. Es kostet nur unendlich viel Energie, sich permanent gegen die Tür zur inneren Rumpelkammer zu stemmen, damit sie auch ja geschlossen bleibt.

Diesen Kraftakt aufzugeben und die Tür vorsichtig zu öffnen, erfordert Mut. Denn es bedeutet, Schmerz, Angst und Wut zu begegnen, sich ihnen sogar hinzugeben und zu betrauern, was immer sie ausgelöst hat – inklusive Weinen, Klagen, Schluchzen oder ein Kissen zu boxen. Kleiner Tipp: Ein selbstgewählter Zeitpunkt und ein behaglicher Ort eignen sich besser als Zeitschriftenläden und zugige Ecken an Kirchenmauern.* Doch solche Gefühlsaufwallungen sind vielen Menschen nicht geheuer. Dabei ist es zutiefst erleichternd, regelmäßig innerlich auszumisten. Es setzt Energien frei, mit denen sich das eigene Leben stärker selbst gestalten lässt, statt überwiegend von den Umständen herumgeschubst zu werden.

»Zu weinen oder schmerzliche Gefühle auf andere Weise auszudrücken, bringt sie in Bewegung und löst innere Verhärtungen«, sagt meine liebe Freundin Elke Loepthien-Gerwert, Gründerin des Instituts für Verbindungskultur »Circlewise«⁴ Seit vielen Jahren beschäftigt sie sich mit den enorm hilfreichen Wirkungen des Trauerns und bringt sie anderen in Workshops und Fortbildungen nahe.

---

* Mehr über gute Rahmenbedingungen erzählt Kapitel 4. Mitunter kann es auch erforderlich sein, sich therapeutische Unterstützung zu suchen.

Gerade in unserer und ähnlichen Gesellschaften können wir diese Nachhilfe gut gebrauchen, denn allzu viele Menschen zucken schon bei dem Wort »Trauer« zurück und halten den größtmöglichen Abstand dazu. Akzeptiert wird sie praktisch nur bei Großereignissen wie dem Tod von Angehörigen. Doch der Schmerz über den Verlust von Schmetterlingen, Fröschen, Blumenwiesen oder Wäldern kann genauso groß sein! Jenseits der Fachwelt, in der dies schon länger anerkannt ist, spricht sich diese Tatsache allerdings erst langsam herum. Und der Gedanke, dass auch kleinere Widrigkeiten des Lebens gewürdigt und manchmal beweint werden wollen, ist den meisten erst recht fremd.

Elke erklärt es gerne mit einem Bild: Der Schmerz, der mit großen und kleinen Verlusten, Enttäuschungen, Verletzungen, Konflikten und Sorgen einhergeht, ist wie Schnee. Sofern nicht zu viel auf einmal fällt, taut er unter der Wärme von tröstender Zuwendung (die man sich auch selbst geben kann!) schon bald wieder weg. Andernfalls kommen immer neue Schichten hinzu, während die unteren zunehmend dichter und fester werden, bis sich eine solide Eisschicht gebildet hat – die Betroffenen erstarren innerlich immer mehr. »Beim Trauern kann das innere Eis allmählich schmelzen und damit der Lebensfluss nach und nach wieder in Bewegung kommen«, sagt Elke. »Wie ein Gebirgsbach im Frühling.« Besonders tief erleichternd sind Trauerprozesse ihrer Erfahrung nach, wenn ein Mensch damit nicht allein bleibt, sondern sich anderen zeigen kann: »Beispielsweise, indem er oder sie hinterher jemandem davon erzählt und im Idealfall keine bewertenden Kommentare oder Ratschläge erhält.«

Für mich war diese neue, frühlingshafte Lebendigkeit sofort wahrnehmbar. Als an jenem Morgen meine Tränen versiegten, stand ich erst mal nur da und spürte ihnen nach. Ich fühlte mich wie frisch geschlüpft: ganz weich und zart, fast durchlässig – *dünnhäutig!* In mir war es ganz weit und auf angenehme Weise leer. Dann strömten wieder Gefühle ein, und alle waren gut. Auch wenn es keine Garantien gibt, dass es immer so läuft, ist das laut Elke wohl eine ganz typische Erfahrung:»Sogar aus Trauerprozessen voller Verzweiflung, Zorn und Bitterkeit tauchen Menschen oft mit einem inneren Erleben von liebevoller Weichheit, Dankbarkeit und innerem Frieden auf.«Auch Joanna Macy, die Grande Dame der Umweltbewegung, hat es in ihren Workshops ähnlich erlebt:»Es ist unsere immer wieder gemachte Erfahrung: Wenn Menschen sich für ihre Emotionen öffnen, erleben sie, dass ein Gewicht von ihnen genommen wird.« Statt wie befürchtet in bodenlosen Tiefen zu ertrinken, ist es genau umgekehrt: Sie bekommen endlich wieder den Kopf über Wasser und neue Kraft zu schwimmen. Indem sie sich erlauben, verzweifelt, traurig, ängstlich, wütend oder voller Schuldgefühle zu sein, kann sich etwas von ihrer Last lösen und lässt sie mit neuer Lebenslust aus dem Prozess auftauchen.»Sich zu trauen, das Schmerzliche zu fühlen, ermöglicht auch, das Schöne intensiver zu erleben«, bestätigt Elke.»Es kann sich eine tiefe Freude entwickeln, die für viele Menschen zuvor unvorstellbar war.«

Außerdem gewinnt man eine große innere Freiheit. Vertraut zu werden mit den ungeliebten, schweren und hässlichen Gefühlen, hilft dabei, sie rechtzeitig zu erkennen und viel souveräner handeln zu können. Geübt darin zu sein, den eigenen emotionalen Schmerz sanft und liebevoll zu lindern, stärkt die Sicherheit, auch mit unerwünschten Erlebnissen umgehen zu können. Das macht viele der typischen Schutz- und Abwehrmechanismen überflüssig, und die freiwerdende Kraft kann da investiert werden, wo es wirklich zählt – zum Beispiel in ein gutes Miteinander. Vielleicht haben wir das nie dringender gebraucht als gerade jetzt, wo wir unbedingt als Menschheit an einem Strang ziehen müssen. Tatsächlich ist es aber ein Urbedürfnis, mit anderen in guter Verbindung zu sein.»Der Wunsch nach Verbundenheit ist der Kern des menschlichen Daseins«, sagt die amerikanische Sozialpsychologin Brené Brown, die mit ihren Forschungen zur Kraft der Verletzlichkeit bekannt geworden ist. Es gehe immer darum, sich eingebunden und zugehörig zu fühlen.

Und dieses Grundbedürfnis nach Zugehörigkeit geht viel weiter als den meisten bewusst ist. Es erstreckt sich auch auf die nicht-menschlichen Wesen um uns herum und all die anderen Elemente, die Orte und Landschaften ausmachen. »Man kann es sich wie einen Hocker vorstellen, der drei Beine braucht, um stabil zu stehen: die Verbindung zu sich selbst, zu anderen Menschen und zur Natur«, sagt Elke, die sich schon ihr ganzes Berufsleben mit theoretischen und praktischen Fragen zur Verbundenheit beschäftigt. Wir haben in vieler Hinsicht dieselbe Biologie wie als Steinzeitmenschen und nehmen Orte immer noch so wahr, als müssten wir zum Überleben wissen, wo es frisches Wasser und essbare Pflanzen gibt, wie ein schützender Unterschlupf errichtet wird und welchen Tieren wir begegnen könnten. Deshalb reagiert das ganze Sein weiterhin positiv auf die Signale einer lebensfreundlichen Landschaft. Studien zeigen: saftiges Grün, Wasserplätschern oder der Duft humusreicher Erde wirken selbst bei technikverliebten Städtern entspannend auf das Nervensystem.

Denn wie alle lebenden Wesen sind wir immer noch Teil der Natur und darauf angewiesen, von ihr versorgt zu werden. Die so genannte Zivilisation erlaubt es allerdings, diese Tatsache komplett zu ignorieren – was gerne als Errungenschaft gefeiert wird. Tatsächlich entsteht dadurch unbewusst eine beunruhigende Haltlosigkeit: Wir sind entwurzelt und nicht in das Lebensnetz eingebunden. Sich »da draußen« nicht auszukennen, macht die Natur entweder bedrohlich oder erzeugt das nagende Gefühl, von etwas Essenziellem ausgeschlossen zu sein. Mir war es jedenfalls nicht bewusst, wie sehr ich mir gewünscht hatte, mich als eingebunden in die wilde Welt zu erleben. Und so versuchte ich, die Sehnsucht danach mit Wissen *über* die Natur zu stillen – inklusive Biologiestudium! Erst Jahre danach löste sich der Knoten: Als ich begann, Pflanzen und Tiere »in echt« und in meiner direkten Umgebung zu erforschen, erkannte ich, was vorher gefehlt hatte.

Am eindrucksvollsten war für mich, die Stimmen der Vögel kennenzulernen. Heute gibt es dafür ja die coolsten Werkzeuge, wie die »Merlin«-App von der amerikanischen Cornell-University, aber ich musste noch ganz altmodisch mit einer CD üben. Auf dem Weg zur Arbeit ließ ich sie einige Wochen rotieren, bis mir das Gezwitscher vertrauter wurde. Der gemischte Chor draußen war allerdings trotzdem vorerst nur als Gesamtkunstwerk zu genießen. Doch eines Abends war ich in der Dämmerung im Wald spazieren. Die meisten Vögel waren schon still, nur einer sang noch. Sein melodisches Flöten hallte klar durch die Luft, und plötzlich wusste ich: Das ist Nummer 2 auf der CD, die Singdrossel! Danach ging es ganz schnell, ich erkannte immer mehr der Gesänge und Rufe um mich herum. Fortan lebte ich in einer neuen, reicheren Realität. Denn meine Wahrnehmung hatte sich massiv ausgedehnt – bis in die höchsten Baumwipfel und hinein in undurchdringliche Gebüsche! Statt nur nettes, aber anonymes Gepiepse zu hören, erkannte ich nun die Stimmen von netten Nachbarn: Hallo Zilpzalp, willkommen zurück aus dem Süden! Hey, Grünfink, läuft das Brutgeschäft schon? Moin, Mönchsgrasmücke, vielen Dank für deinen zauberhaften Gesang!

Was da passiert ist zwischen mir und den Vögeln, lässt sich wunderbar poetisch beschreiben. Diese Weisheit wurde einem Freund erzählt, als er eine Gruppe von Buschleuten[5] in der Kalahari besucht hat. Jedes Mal, so heißt es, wenn ich ein anderes Wesen, seine Spuren oder Laute aufmerksam wahrnehme, wird zwischen uns ein verbindendes Fädchen geknüpft – und mit jeder weiteren Begegnung wird der Faden dicker. Wie ein Kabel ermöglicht er die Durchleitung von *etwas*, einer Form von Energie, und zwar in beide Richtungen. Von meiner Seite aus sende ich Interesse oder sogar Begeisterung, und mit der Zeit kann sich tiefe Liebe daraus entwickeln. Was ich zurückbekomme, fühlt sich wie pure Lebensenergie an. Aber wer weiß: Vielleicht ist da manchmal auch mehr. Ich erinnere mich noch gut an den letzten ruhigen Morgen vor dem Wegzug aus Norddeutschland. Bei einem Rundgang draußen verabschiedete ich mich von all den Wesen, die ich während meiner Zeit dort liebgewonnen hatte. Plötzlich flatterte eine Lerche wie ein Kolibri im Abstand von vielleicht zwei Metern vor meinem Kopf herum – und das nicht etwa, weil ich in der Nähe ihres Nestes gewesen wäre. Ich hatte den breiten landwirtschaftlichen Weg nie verlassen. Sie nahm ganz klar Kontakt zu mir auf! War das *ihr* Abschiedsgruß an mich, kam da Liebe zurück? Darauf gibt es keine Antwort, aber es reicht mir auch, dass es sich so angefühlt hat.

Mit der Liebe wächst allerdings auch das Risiko für schmerzliche Erfahrungen, gerade in diesen Zeiten von Artensterben und Klimawandel. Es ist eben nicht mehr selbstverständlich, dass auch im nächsten Frühling ein Hausrotschwanz so ulkig flötend-knirschend von den Dachfirsten singt und die mächtige Linde an der Straßenecke den Sommer übersteht. Auch deshalb brauchen wir alle so dringend Übung im Trauern: Es lässt das Vertrauen wachsen, an einem Verlust nicht zu zerbrechen und es riskieren zu können, trotz allem zu lieben – je mehr, desto besser! In einem Vortrag über die vielen Dinge, die man in den Städten verändern kann, um sie für gefährdete Tiere attraktiv zu machen, sagte der Biologe und Biodiversitätsplaner Dr. Philipp Unterweger einen Satz, der mich elektrisierte: »Artenvielfalt erfordert Liebe: Sie zu erkennen, ihr Zeit zu geben. Ohne Liebe schaffen wir es nicht.« Genau! Wer liebt, verschiebt ganz automatisch die eigenen Prioritäten und trägt notwendige Veränderungen mit. Er oder sie *will* aktiv werden und sich kümmern.

Ins Tun zu kommen, hilft auch gegen die Verzweiflung. So berichten es unzählige Menschen, die diesen Weg schon gehen. Es nährt die Zuversicht, dass eine gute Entwicklung *möglich* ist. Wer zudem mit dem Trauern und der Sanftheit sich selbst gegenüber vertraut ist, wird sich immer nur so viel zumuten, wie es die eigene Kraft gerade erlaubt. Es kann ohnehin niemand die globalen Probleme allein lösen – und muss es auch gar nicht! »Wenn man sich entscheidet, aktiv zu werden, schließt man sich Millionen an, das ist wichtig zu wissen«, sagt die amerikanische Sozialwissenschaftlerin Dr. Susanne Moser, die sich viel mit Umweltthemen beschäftigt.

»Man ist nicht allein, sondern hat viele, viele andere im Rücken.«
Es ist auch nicht nötig, das eigene Leben »der Sache zu opfern«:
Die Rettung der Welt darf Spaß machen! Es gibt so viele Möglichkeiten, sich einzubringen, dass man sich das Passende aussuchen
kann: Was möchte ich unterstützen, wo würde es mir leichtfallen
mitzumachen, was könnte erfüllend sein?

So bin auch ich vorgegangen, nachdem ich einigen Ballast »abgetrauert« und dadurch neue Energie verspürt habe, die genutzt
werden wollte. Ich fragte mich: Wo lässt sich sofort etwas für das
Überleben der heimischen Tier- und Pflanzenwelt verbessern? Im
Garten! Schon immer sollte es bei mir möglichst bunt und lebendig
sein, und das umzusetzen ist inzwischen dringend nötig geworden.
Von meinem Tun und Lassen hängt das Überleben unzähliger Wesen
ab! In seinem gleichnamigen Buch nennt es der amerikanische Ökologieprofessor Douglas W. Tallamy »Die größte Hoffnung für die
Natur«*, möglichst viele Gärten und ähnliche Flächen zu Refugien
für die Tierwelt zu machen. Einzeln mögen das nur lauter Flicken
sein, aber je mehr es davon gibt, desto dichter wird der Teppich –
und im besten Fall entsteht genug Lebensraum und Nahrung, um die
heimische Tierwelt zu retten. Die Leute dürften nicht länger glauben, Natur wäre am besten in Schutzgebieten aufgehoben, meint
Tallamy. Vielmehr gehöre sie auch dorthin, »wo Menschen arbeiten,
leben, Landwirtschaft betreiben oder spielen.« Man brauche »Homegrown National Parks«.

Ich bin dabei! Und ich weiß, dass viele andere Menschen auch
schon auf dem Weg sind. Je mehr es werden, desto besser! Gerade
erscheint eine Fülle von tollen Ratgebern, die bei den ersten Schritten unterstützen können (mein Buch hilft immerhin dabei, sich
viele typische Fehler zu ersparen ...). Um mitzumachen, braucht es
nicht mal unbedingt eine eigene Scholle – es gibt unendlich viele
andere Flächen, die man gestalten und betreuen kann. Und dann

---

* *Nature's Best Hope*, bisher nicht in Deutsch erhältlich. Vollständige Literaturangaben siehe Anhang.

erblühen wunderschöne bunte Blumen, fliegen Bienen mit dicken Pluderhosen aus gelben Pollen vorbei, tauchen nie zuvor gesehene metallisch glänzende Käfer auf, plantschen Vögel an Teichufern oder in bereitgestellten Wasserschalen und toben Eichhörnchen durch Büsche und Bäume ... Das ist das Schöne am Gärtnern: Das Machen wird schnell belohnt und erfüllt mit Zuversicht. »Was immer man in die Erde senkt: man pflanzt das Morgen«, schreibt Meike Winnemuth, Autorin des wunderbaren Buches *Bin im Garten*, in einem Essay.

Genau: Hoffnung ist pflanzbar!

Viel Land, wenig Ahnung

»Ist das Kanada?«, fragte eine Kollegin mit Blick auf meinen Bildschirm, dessen Hintergrund meinen damaligen Garten zeigte. Von dem war wegen einer dicken Schneeschicht allerdings wenig zu sehen, so dass der Blick auf die weiße Weite hinter der Hecke gelenkt wurde und auf das rot-orange Farbspiel der Sonne, die gerade hinter einem Wald aus Fichten mit dicken weißen Mützen untergegangen war. Die schnöde Wahrheit: Es handelte sich um ein abgeerntetes Feld, der Wald war nur wenige Baumreihen tief, und wer im Dezember von meinem Gärtchen aus in den Sonnenuntergang reiten wollte, wäre schon bald vom Zaun des Hamburger Flughafens aufgehalten worden.

Macht nichts, die Aussicht war trotzdem schön, vor allem wenn der Raps gelbblühend auf dem Feld wuchs. Auf der anderen Seite des Reihenhauses, in dem mein Mann Marcus und ich zu Beginn der 2000er Jahre mit mehreren Katzen lebten, schauten wir über einen geschotterten Hof auf ein kleines Laubwäldchen, in dem häufig Rehe unterwegs waren. Einmal saß ich mit einer Freundin gemütlich am Küchentisch, als mehrere Damhirsche völlig entspannt direkt am

Fenster vorbeizogen. In einem landwirtschaftlichen Schuppen auf dem Grundstück nebenan nisteten Schleiereulen, es gab Moore in der Nähe und Wiesen, auf denen Kraniche rasteten und uns im Sommer mit ihren Rufen weckten. Hin und wieder tauchten sogar Seeadler auf. Außerdem war der Segeberger Forst nicht weit entfernt, in dem deutlich mehr beeindruckend große Rothirsche lebten, als man je auf dessen kleiner Fläche vermuten würde.

In meinem Garten allerdings beschränkte sich die zoologische Vielfalt weitgehend auf Maulwürfe. Entweder lebten sehr viele dort oder die wenigen veranstalteten regelmäßig große Partys. Der so genannte Rasen war ein einziges Schlachtfeld aus braunen Hügeln und bot eine willkommene Ausrede für Aufschieberitis bei der Gartengestaltung. Dabei war ich nur völlig paralysiert von der unstrukturierten Fläche, die da so norddeutsch platt einfach vor mir lag. Wie bei einer leeren Leinwand wäre dort *alles* möglich gewesen – mit so viel Freiheit konnte ich damals nicht wirklich umgehen.

Immerhin wusste ich, dass ich keinen Hätschelgarten mit divenhaften Rosen und Buchsbaumfiguren wollte, sondern eine bunte, fröhliche, lebendige Fülle mit Futter für Bienen, Schmetterlinge und Vögel. Also kaufte ich haufenweise Gartenbücher, darunter auch einen besonders dicken Wälzer über Naturgartenplanung. Alle boten tolle Vorschläge, allerdings meist im großen Stil gedacht. Auf mich wirkte das so aufwendig wie ein Hausbau: nicht umsetzbar, ohne Profis zu engagieren und viel Geld in die Hand zu nehmen. Da wir zur Miete wohnten, passierte deshalb im Garten die meiste Zeit gar nichts – vom lebhaften unterirdischen Gewühle mal abgesehen. Gelegentlich allerdings überkam mich die Pflanzlust wie ein Fieber, und dann versuchte ich, zumindest einzelne Beete aus den Büchern nachzubauen. Weil ich aber selbst im Fachhandel viele der vorgeschlagenen Pflanzen nicht bekam, kaufte ich stattdessen, was halt zu haben war, solange es nur als Bienen- und Schmetterlingsweide bezeichnet wurde. Das Ergebnis war so ... mittel. Falls es auch damals schon möglich war, sich Pflanzen schicken zu lassen, ahnte ich davon zumindest nichts. Input von erfahrenen Praktikern über YouTube oder Facebook? *Möööp!* Beide Kanäle waren seinerzeit noch nicht geboren.

Der einzige echte Erfolg war ein Arrangement aus drei Sommerfliedern in verschiedenen Pink- und Lilatönen gleich vor der Haustür. Unter meiner Pflege wuchsen sie zu wunderbar dichten, großen Büschen heran und entwickelten Jahr für Jahr eine wochenlange üppige Blütenpracht, die ständig von Schmetterlingen und Bienen belagert war. Ich sonnte mich in der Vorstellung, vielleicht doch einen grünen Daumen zu haben, bis ein Gartenfachmann zum Thema Sommerflieder sagte: »Pah, den braucht man doch nur in den Sand zu stecken, und der wächst.« Egal, da war ich schon verliebt. *Buddleja davidii* und ich wohnen auch immer noch zusammen, aber die Gefühle sind erkaltet, und ich denke über Trennung nach.

Wie so viele gutmeinende Gartenbesitzer habe ich mir viele Gewächse andrehen lassen, die wer weiß wie toll für Bienen und Schmetterlinge sein sollen, tatsächlich aber als nicht-heimische Arten der Natur insgesamt nur wenig bis gar nichts bringen: Deutzie, Weigelie und sogar Kirschlorbeer. Den habe ich nie so richtig gemocht, aber mir ist für die schattige Lage entlang der Hauswand auch nichts Besseres eingefallen, zumal unsere Katzen zu gerne dort ihr Geschäft verrichteten. Nur auf Forsythien bin ich nicht hereingefallen, sondern wusste schon, dass sie nur hübsche Blender sind. So schön ihre gelben Blüten nach einem langen grau-braunen Winter auch leuchten: Sie bieten den Insekten weder Nektar noch Pollen und durften deshalb nicht in meinen Garten.

Dafür aber vier gerettete Bäume, die von der Baumschule wegen ihres Krüppelwuchses weggeworfen werden sollten. Hey, es kann nicht jeder einen Hund aus Rumänien aufnehmen! Die Idee war, mit der Eiche und den drei Weiden ein schattiges Eckchen für heiße Sommertage zu schaffen, aber es war unklar, ob sie das je schaffen würden. Die Weiden reichten mir immer noch nur bis zur Brust, als ich eines Morgens ganz still danebenstand, weil ich ein Reh auf dem Feld jenseits der Hecke beobachtete. Irgendwann bemerkte ich ein Geräusch, das ich nicht einordnen konnte: So ein Knuspern und Knistern, als wenn jemand ganz leise Chips essen würde. Das Reh war es nicht, so viel war sicher, nachdem es weitergezogen war. Ich suchte lauschend herum, bis ich die Ursache fand: Auf einer der Weiden saß eine Gartenbänderschnecke mit ihrem hübschen gelb-braun geringelten Häuschen, und ich konnte sie *fressen hören*. Krass! Auch wegen solcher Erlebnisse habe ich mein erstes Garten-Baby geliebt – aber einfach zu wenig gefördert.

2008 sind wir dann weggezogen. Wer weiß: Vielleicht ging ja mit den neuen Bewohnern die Post ab, da muss ich doch gleich mal gucken, was Google Maps verrät. Oha, nach uns ist offenbar auch nicht viel passiert, die aktuellen Aufnahmen zeigen immer noch überwiegend Gras. Ein verpfuschtes Gartenleben, so viel Potenzial und nichts draus gemacht, schade.

Pflanzen, die den Menschen nachlaufen

Der Umzug hat Marcus und mich weit in den Süden geführt: auf den Schurwaldrücken östlich von Stuttgart. Unsere Wohnung lag im Erdgeschoss eines neugebauten Zweifamilienhauses, umgeben von Feldern und Wald. Das große Grundstück jenseits unserer Terrasse war noch völlig verwildert – nicht unbedingt hübsch, aber spannend. Meine ersten Distelfinken habe ich dort entdeckt, nach denen hatte ich zuvor mehrere *Jahre* vergeblich Ausschau gehalten. Kein Wunder, dass ich in dem Moment komplett ausgeflippt bin, mitten im Gespräch mit einem Ehepaar aus der neuen Nachbarschaft: »Da, wow! Distelfinken!!! Boah! Schaut mal!« Auf den Wilden Karden vom Vorjahr saßen gleich mehrere dieser für deutsche Verhältnisse ungewöhnlich bunten Vögel. Während ich ihre knallroten

Gesichtsmasken und die schwarz-gelben Flügelzeichnungen bestaunte, zeigte der Blick meiner Nachbarn, dass sie *mich* in dem Augenblick als die deutlich interessantere Lebensform einschätzten.

Der Wildwuchs auf der zukünftigen Gartenfläche wurde durch meine kürzlich absolvierte Heilpflanzenausbildung noch bedeutsamer für mich, weil sich darin lauter medizinisch interessante Gewächse fanden. Zum Beispiel besagte Wilde Karde, deren Wurzel vom ersten Jahr – also, bevor sich der Blütenstängel erhebt – gegen die von Zecken übertragene Borreliose angewendet werden kann. Der Lehrgang brachte mir die Pflanzen auf eine Weise nahe, wie es das ganze Biologiestudium mit all seiner Mikroskopiererei nicht vermocht hatte. Das Studium hat mir Spaß gemacht, aber die unbewusste Sehnsucht nach mehr Verbindung zu Pflanzen und Tieren, blieb unerfüllt.

Das änderte sich, als ich Menschen mit einem komplexeren Blick auf die Natur kennenlernte, wie zum Beispiel Susanne Fischer-Rizzi, die Leiterin der Heilpflanzenschule Arven[2]. Auch ihre Sichtweise schätzt die Wissenschaft mit der Nomenklatur der lateinischen Namen, den in Laboren gewonnenen Erkenntnissen und den rigiden Regeln für Studien, die Ergebnisse objektiv und nachprüfbar machen sollen. Und zugleich betrachten sie uralte Geschichten und Mythen, Sprichwörter und mitunter rätselhaft formulierte Verhaltensregeln als ebenso wertvolle Quelle des Wissens. Sich darauf einzulassen, kann Erkenntnisse bringen, zu denen die Wissenschaft einfach noch nicht vorgedrungen ist.

Ein Beispiel schildert Robin Wall Kimmerer, Botanik-Professorin und zugleich den Weisheiten ihrer indigenen Kultur auf der Spur, in ihrem Buch *Geflochtenes Süßgras*. Diese herrlich vanillig duftende Pflanze bedeutet ihrem Volk der Potawatomi sehr viel, und die Menschen bemerken besorgt, dass sie immer seltener wird. Trotzdem darf sie geerntet werden, sie *soll* es sogar – allerdings auf respektvolle Weise. Zu den wichtigsten Regeln der »ehrenhaften Ernte« gehört es, von wilden Pflanzen nie mehr zu nehmen, als man wirklich braucht, und auf keinen Fall mehr als die Hälfte der vorhandenen Menge. Sie sind überzeugt:»Wenn wir eine Pflanze respektvoll nutzen, bleibt sie bei uns und gedeiht. Wenn wir sie ignorieren, verschwindet sie. Wenn wir ihr keinen Respekt zollen, verlässt sie uns.« Eine Doktorandin wollte diese Behauptung wissenschaftlich untersuchen: Wie entwickeln sich Süßgrasparzellen, wenn man sie entweder gar nicht beerntet oder pro Jahr jeweils die Hälfte entnimmt – entweder als einzelne Halme oder als kleine Büschel mitsamt Wurzeln? Beide Arten des Pflückens wurden von »ehrenhaft« erntenden Kräuterkundigen als die jeweils richtige bezeichnet. Doch von der Fakultät schlug ihr Ablehnung entgegen: Die Studie sei Zeitverschwendung, schließlich wisse doch *jeder*, dass Beerntung schädlich für eine Pflanzenpopulation sei. Diese Ansicht entsprach jedoch nur ihrem eigenen Erfahrungshorizont, sie kannten eben nur die Auswirkungen von Übernutzung oder gar Plünderung natürlicher Ressourcen. Doch das Ergebnis der Studie war eindeutig: Die »ignorierten« Parzellen waren stumpf und braun geworden, das Süßgras durchsetzt mit toten Halmen, während die genutzten Parzellen gut gediehen und goldgrün schimmerten. Die Versuche hatten gezeigt, dass die entnommenen Mengen jeweils schnell nachwuchsen, und die Gräser sogar mehr Triebe produzierten als vorher. Das Pflücken stimulierte also das Wachstum, was sich auch wissenschaftlich begründen ließ. *Wie* es gepflückt wurde, spielte dagegen praktisch keine Rolle – nur *dass* es geerntet wurde, und zwar maßvoll.

Die poetisch formulierten, über viele Generationen weitergegebenen Regeln enthielten also ein tiefes ökologisches Wissen. Dabei war nur ein kleiner Teil dessen, was die »ehrenhafte Ernte« ausmacht, untersucht worden. So umfasst der Respekt einer Pflanze gegenüber auch, sie um Erlaubnis zu bitten, bevor man sie nimmt – und zu akzeptieren, wenn die Antwort ablehnend ausfällt. An der Stelle sind streng wissenschaftlich denkende Menschen meist schon raus: Wie, bitte schön, soll eine Pflanze auf Fragen antworten? Aber lassen wir das mal beiseite und stellen uns vor, die Erlaubnis würde erteilt. Dann gehört es sich, ein Geschenk zu machen und seinen Dank auszusprechen. Solche Gebote kann man nüchtern als Regeln betrachten, mit denen allzu gieriges Abrufen gebremst und Achtsamkeit für den Zustand eines Ökosystems gefördert werden kann. Sie zu befolgen, sorgt dafür, dass die Fülle mindestens erhalten bleibt und häufig sogar größer werden kann.

Doch was wäre, wenn mehr dahintersteckt und auch zwischen so unterschiedlichen Wesen wie *Homo sapiens* und *Bellis perennis*, dem Gänseblümchen, ein Dialog möglich ist? Vielleicht besteht der Gesprächsanteil der Pflanzen nur aus der Intuition, die sich durch langjährige Erfahrung formt. Doch ich glaube, da ist noch mehr. Ich stelle mir so eine Art universelles Funksystem vor: Sämtliche Informationen existieren (auch) als Schwingungen, die jedes Wesen empfangen kann, das sich auf diese Frequenz einstellt ... irgendwie ... und in eine für sich wahrnehmbare Form übersetzt. So würden die Gänseblümchen-Antworten bei manchen Menschen als Gefühle, bei anderen als Bilder oder Worte ankommen. *Uaahh*, so ausgeschrieben klingt das schon sehr schräg. Zum Glück ist es unnötig, die Mechanismen zu verstehen – entscheidend ist, sich überhaupt für die *Möglichkeit* zu öffnen, dass es so eine telepathische Kommunikation geben könnte[3]. Dann kann man damit herumspielen, und sich zum Beispiel zu einer unbekannten Pflanze setzen, nach ihren Eigenschaften fragen und die Eindrücke, so vage sie auch sein mögen, mit einer Internetrecherche abgleichen.

Um auf die Idee zu kommen, mit Pflanzen zu kommunizieren, müssen Menschen diese allerdings erst mal als Individuen sehen. Bei Bäumen, den Rosen im Garten und dem Kaktus auf der Fensterbank geht das easy, bei Gras bin ich persönlich überfordert. Dann ist es leichter, das Wesen der Population zu betrachten und zum Beispiel zu fragen, was die Art zur Balance eines Ortes beiträgt, an dem sie vorkommt. Häufig geht nämlich ihre Heilwirkung in eine ähnliche Richtung. So wächst an vielen Stellen, an denen die Vegetationsschicht durch einen Erdrutsch oder Bauarbeiten weggerissen wurde, schon bald ein hübsches, aber häufig auch etwas zerrupft aussehendes Blümchen. Die kleinen gelben Einzelblüten haben orangefarbene und rötliche Zeichnungen, so dass sie insgesamt an eine Stelle erinnern, an der die Haut abgeschrammt und womöglich sogar entzündet ist. Vielleicht mag die Pflanze also dabei helfen, eine Wunde besser heilen zu lassen? In der Tat funktioniert das so gut, dass das Blümchen sogar danach benannt wurde: Wundklee.

Mit dieser Sichtweise wird die so genannte »Ruderalflora« besonders spannend. Diese Pflanzen sind schon seit der Jungsteinzeit Kulturfolger und finden sich überall dort ein, wo Menschen siedeln und den Boden aufwühlen: Gräben und Fundamente bauen, Pfade und Plätze anlegen, Gärten und Äcker bearbeiten. Zu den typischen Ruderalpflanzen, die sich auch von Asphalt und Schotter nicht abschrecken lassen, gehören Löwenzahn, Wegericharten, Brennnessel und Kamille. Im Heilpflanzenkurs nannte Susanne sie poetisch: »Pflanzen, die den Menschen nachlaufen«. Auch die indigenen Völker des nordamerikanischen Kontinents beobachteten, dass insbesondere der Breitwegerich den ersten Siedlern überall hin folgte: »Wie ein treuer Hund, als wollte er ihnen stets nahe bleiben«, schreibt Robin Wall Kimmerer. Die alten Heilkundigen in Europa waren überzeugt: Von diesen menschenbezogenen Pflanzen gedeihen um ein Haus herum nach etwa ein bis zwei Jahren genau die besonders gut, deren Eigenschaften am besten zu den gesundheitlichen Bedürfnissen der Bewohner passen.

Bei uns war ein Jahr nach dem Einzug vor allem der Weiße Steinklee auffällig. Er wuchs dicht wie eine Hecke um die ganze Terrasse herum und war ständig voller Bienen, die uns und die Katzen jedoch nie behelligten. Tatsächlich sind Bienen bei der Futtersuche völlig friedlich, und man kann ihnen entspannt sehr nahekommen, ohne gestochen zu werden – solange man nicht gerade mit nackten Füßen drauflatscht. Steinklee, botanisch *Melilotus*, wirkt als Tee entwässernd, lässt Blut und Lymphe besser fließen und entstaut dadurch Schwellungen und schwere Beine. Der Weiße soll etwas schwächer wirken als der Gelbe, der deshalb auch den auf die Apotheke hinweisenden Adelstitel »*officinalis*« im botanischen Namen trägt. Davon gab es ein paar Pflänzchen am Waldrand, gut 250 Meter Luftlinie von unserer Wohnung entfernt. Sonst wuchs in der ganzen Umgebung nirgendwo Steinklee. Das trug erheblich dazu bei, dass mich seine Anwesenheit in meiner Nähe aufmerken ließ.

Denn elf Jahre zuvor war bei mir ein Lipödem festgestellt worden, bei dem sich vor allem an den Beinen die Lymphe im Fettgewebe staut. Die betroffenen Regionen sind übermäßig schmerzempfindlich und neigen dazu, schon durch schräges Angucken fiese blaue Flecke zu bekommen. Die Therapie bestand im Wesentlichen darin, maßgeschneiderte Kompressionsstrumpfhosen zu tragen, die vor allem unterhalb der Knie so fest sind, dass ich beim Anziehen Gummihandschuhe tragen musste – für den Grip, und weil sich sonst die Haut an den Fingerknöcheln wegrubbelte. Ich habe diese Dinger konsequent getragen, weil sie wirklich Erleichterung brachten. Dann kam der Steinklee-Sommer – und danach waren die Beschwerden weg.

Es war ein echtes Rätsel, denn ich hatte mich wirklich nur in seiner Nähe aufgehalten und nicht etwa eine Teekur gemacht, wie ich eigentlich geplant hatte. Inzwischen sind mehr als zehn Jahre vergangen, und ich habe nie wieder Kompressionsstrumpfhosen tragen müssen. Hat das der Steinklee bewirkt, irgendwie energetisch? So richtig vorstellen konnte ich mir das nicht, fand den Gedanken aber einfach schön. Im nächsten Jahr war der Steinklee dann komplett verschwunden. Das ist wohl nicht ungewöhnlich; er wandert gerne woanders hin. Allerdings hätte ich erwartet, dass seine Nachkommen irgendwo in der Umgebung erscheinen würden, doch es fand sich keine Spur mehr von ihm. Das fügte meinem persönlichen Heilungsmythos eine weitere bunte Facette hinzu. Erst Jahre später begegnete mir eine mögliche konventionell-medizinische Erklärung für die positive Veränderung, aber beweisen lässt sich weder das eine noch das andere. Warum also nicht die poetischere Sichtweise wählen? Die Kraft des blühenden Steinklees hat mich geheilt, Punkt.

Ein Mini-Acker zum Üben

Unsere nächste Wohnung lag nur einige Straßen weiter und bot als »Garten« nur zwei winzige Stücke Rasen vor und hinter dem Haus, mit denen sich überhaupt nichts anfangen ließ. Ich fühlte mich verwaist und sagte sofort zu, als mich eine Bekannte fragte, ob ich vielleicht ihre Parzelle auf dem Gemeinschaftsgelände des örtlichen Obst- und Gartenbauvereins übernehmen wolle. So wurde ich Pächter eines ungefähr 100 Quadratmeter großen Nutzgartens für unfassbare 10 Euro pro Jahr, und selbst das war schon aufgerundet. Die Parzellen lagen wundervoll am Hang, mit Dauersonne und weitem Blick bis zur Schwäbischen Alb. Zugleich wehte der Wind an den meisten Tagen so über die Kuppe hinweg, dass er die Beete und die dort werkelnden Menschen kaum berührte. In meinem Bereich gab es eine kleine Ecke mit Blumen, ein solide gebautes Tomatenhäuschen, Rhabarber, viele Beerenbüsche, mehrere Beete mit bester Erde und ein dekoratives, für gemütliche Pausen jedoch zu wackeliges Holzbänkchen.

Anfangs habe ich ganz viel ausprobiert und zum ersten Mal Tomaten, Paprika, Salat, Blumenkohl, Broccoli, Kartoffeln und Gurken gepflanzt. Von vielen Gemüsen wusste ich bis dahin gar nicht, wie sie aussehen, wenn sie wachsen, blühen und sich zur Frucht entwickeln. Oder dass Broccoli erst erntereif ist und *danach* anfängt zu blühen, falls man den Zeitpunkt verpasst. Hübsch ist das nicht, aber Bienen fahren voll drauf ab. Mein erster Versuch mit Salatgurken war ein von meinen Gartennachbarn sehr bestaunter Erfolg – was ich erst verstand, als im Jahr darauf prächtige Pflanzen von einem Tag auf den anderen todkrank aussahen und eingingen. Welche Schädlinge machen denn so was? Ich recherchierte lange, bis ich schließlich ein

Bild fand, auf dem das ramponierte Gewächs genau so aussah wie meins. Diagnose: »Schlagartige Gurkenwelke« – ja, genau. Ursache: zu kaltes Gießwasser oder kalter Regen kurz nach dem Pflanzen. Ich lernte: Gurken sind zickige Diven, ganz im Gegensatz zu ihren Verwandten, den Zucchinis, deren Output ja geradezu unheimlich ist.

Von den anderen Pächterinnen – die wenigen Männer sind mitgemeint – gärtnerten viele schon sehr, sehr lange und kannten sich dementsprechend gut aus. Trotzdem bekam ich nur Ratschläge, wenn ich ausdrücklich danach fragte. Einzige Ausnahme: Die Jagd auf Kartoffelkäfer. Ich wurde darin eingewiesen, wie die Eier und Larven aussehen, wo sie an der Pflanze sitzen und dass man die nicht leben lassen kann. Bei den Schnecken habe ich dagegen verschiedenste giftlose Barrieremethoden ausprobiert, doch letztlich funktionierte es immer noch am besten, sie früh morgens abzusammeln. Noch besser: abends eine zweite Runde einlegen und alle erwischen, die sich vor der Trockenheit des Tages unter die Holzbretter zwischen den Beetreihen verzogen haben. Trotzdem kam die Nacht, in der die Schleimbiester alle zwanzig frisch gepflanzten Broccoli- und Blumenkohlpflänzchen aufgefressen haben – obwohl ich jede einzelne mit einem Schneckenkragen geschützt hatte! Da hatte ich erst mal genug vom Gemüseanbau jenseits von Tomaten und machte den Garten zur Erdbeerplantage.

Es waren jedoch nicht nur die köstlichen Früchte, die mich für die Arbeit auf meinem Mini-Acker entschädigten. Der Gemeinschaftsgarten war zu jeder Jahreszeit ein Ort der Fülle und Schönheit, es herrschte dort eine ganz besondere Stimmung, die manchmal geradezu bezaubernd auf mich wirkte. Wenn ich an solchen Tagen durch das Tor trat, war es, als würde ich in einen anderen Aggregatzustand wechseln – wie durchgefroren in perfekt temperiertes Badewasser einzutauchen. Ich liebte es, dort zu sein.

Neustart

Nach einigen Jahren wurde das Haus mit der Wohnung ohne Garten verkauft, und die neuen Besitzer wollten selbst einziehen. Die Suche nach einer neuen Bleibe war nur frustrierend, selbst für völlig abgeranzte Buden wurden Mondpreise verlangt. Ich weiß noch, wie wir bei einer Besichtigung auf eine handtuchgroße Terrasse traten, die rundum von einer brusthohen Mauer plus übermannsgroßen Thujen eingefasst war. Hinter der Längsseite erhob sich der Hang, dem das Haus abgetrotzt worden war. Ein Verlies hätte kaum erdrückender sein können, doch die Maklerin jauchzte: »Uneinsehbar!« Es hätte lustig sein können, doch wir hatten eine Deadline.

Den Treffer landete schließlich Marcus, obwohl es erst überhaupt nicht danach aussah. Der Besichtigungstag war grau und düster, es goss in Strömen, als wir in den Ort einfuhren – vorbei an einem Recyclinghof, zwei Tankstellen, einem Supermarkt und zwei Fabrikgebäuden. In meinem Kopf lief in Dauerschleife: »Nein, niemals, auf keinen Fall, ohne mich!« Doch je näher wir dem Ziel kamen, desto freundlicher wurde die Wohngegend. Nur das zur Besichtigung stehende Haus war schmutzig-grün, weil die Fassade noch nicht gerichtet worden war, und auch das Grundstück sah trostlos aus. Alles war aufgewühlt, voller Schutt und Gerümpel, weil die Renovierung noch in vollem Gange war. Auch innen herrschte noch viel Chaos, und die Terrassentüren waren wegen der bevorstehenden Arbeiten an der Fassade mit Plastikfolie zugeklebt, so dass der eh schon funzelige Märztag noch grauer in den Raum sickerte.

Trotzdem wusste ich sofort: Das ist es. Ich habe keine Erklärung dafür, warum das Gefühl so deutlich war, aber so war es. Im oberen Stockwerk waren die Fenster nicht verklebt, so dass der Ausblick sich vor meinen Augen präsentierte: winterlich kahler Garten, viel Himmel, ein paar Hausdächer und der bewaldete Hang auf der anderen Seite des Tales. Like! In Gedanken stellte ich schon meinen

Schreibtisch auf. Zwei Tage später sagten wir zu. Der Vermieter warnte jedoch: »Der Garten ist groß! Sind Sie sich im Klaren darüber, dass die Verantwortung ganz bei Ihnen liegen wird, inklusive Baumpflege und dergleichen?« Ich versicherte feierlich, das sei mir bewusst.

Und wie mir das bewusst war, ich konnte es ja kaum erwarten! Im Mai 2017 bezogen wir schließlich das Haus mit der Nummer 15 – die eigentlich eine 13 hätte sein müssen, aber da muss auf dem Amt des Örtchens Plüderhausen wohl jemand abergläubisch gewesen sein: Auch in der zur gleichen Zeit bebauten Parallelstraße gab es die gefährliche Zahl nicht. Es dauerte dann noch einige Wochen, bis das Haus verputzt und gestrichen war, die Gerüste abgebaut, Pflastersteine verlegt und der ganze dafür nötige Kram abtransportiert. Auf den drei zerwühlten Vorgartenbeeten wurde Mutterboden verteilt und am sanften Hang neben dem Haus Gras eingesät. Und dann waren Marcus und ich allein mit gut 630 Quadratmetern Grundstück.

Mein Plan war, mich an der Permakultur zu orientieren, bei der die Landnutzung im Einklang mit der Natur erfolgt. Der Begriff setzt sich zusammen aus »permanent« und »agriculture«, also dauerhafte – heute würde man wohl sagen: nachhaltige – Landwirtschaft, und wurde von dem Australier Bill Mollison in den 1970er Jahren geprägt. Es geht darum, Gärten und Bauernhöfe so zu gestalten, dass sie einem natürlichen Ökosystem möglichst nahekommen: als Netz unzähliger Verbindungen und Kreisläufe, in denen der Abfall des einen zur Ressource des anderen wird.[4] Solche Verbindungen können auch zwischen klug errichteten Landschaftselementen bestehen – wie etwa einem Teich, der die Strahlen der Wintersonne zum Gewächshaus lenkt und es dadurch kostenfrei wärmt. Bill Mollison soll es mal sehr poetisch so ausgedrückt haben: »Permakultur ist ein Tanz mit der Natur – in dem die Natur führt.« Für den Anfang bedeutete das: Zunächst vor allem beobachten. Wie wirken Sonne, Regen und Wind auf das Grundstück ein, welche von außen kommenden Einflüsse gibt es noch? Was ist schon da, was kann mit wenig Aufwand weiterentwickelt werden?

Also war erst mal Inventur angesagt. Die drei Vorgartenbeete waren ja kahl, nur zwei Rosen hatten das Geröddel während der Renovierungen überlebt. Die eine vermutlich deshalb, weil die Einfahrt zum Carport wegen einer im Weg stehenden Straßenlaterne schräg angelegt war und sie in der dadurch entstehenden Ecke, direkt neben dem Laternenpfosten, ihren Platz hatte verteidigen können. Vielleicht lag es aber auch einfach an ihren biestigen Dornen. Ich wusste auch nicht, wie ich sie hätte ausgraben sollen, ohne danach eine Bluttransfusion zu brauchen. Ich beschloss, ihr eine Chance zu geben und taufte sie »Lili Marleen«. Bei der Inventur hatte sie immerhin *eine* große, knallrote Blüte, die ungefüllt war – gut für die Bienen! – und herrlich roch. Rosen ohne Duft finde ich sinnlos. Kaum etwas ist für mich enttäuschender, als mich erwartungsvoll schnuppernd zu einer wunderschönen Blüte zu strecken, und dann ist da nichts.

Insofern war die andere Rose ein Vollflop mit ihren kleinen, gefüllten, duftlosen Blüten in Rosa. Sie durfte trotzdem bleiben, weil sie so gekämpft hatte. Ihr zerrupftes Antlitz verriet, dass sie bei den Renovierungsarbeiten über Monate immer wieder Grobheiten hatte ertragen müssen. Ich habe einfach ein Herz für solche Fighter, die es gegen jede Wahrscheinlichkeit schaffen, sich zu behaupten. So etwas mitzuerleben, kann mich komplett zerlegen. Wie bei dem Auftritt von Paul Potts in der Sendung *Britain's Got Talent*, den ich mir immer wieder angucken kann. Wie er da steht, etwas dicklich, mit diesem verschüchterten Lächeln, das möglichst wenig von seinen schiefen Zähnen zeigen soll und wie eine Entschuldigung für die Dreistigkeit wirkt, sich überhaupt dort auf die Bühne zu stellen. Der Handyverkäufer will ein Stück aus einer Oper singen. Ja, nee, is' klar. Die Jury wirkt gelangweilt und schicksalsergeben. Wenn das gescriptet ist – und das ist es sicherlich – schauspielern sie gut.

Dann ertönt die Musik, und Paul verändert sich sofort. Er wirkt größer, fester, völlig souverän, und genauso klingt auch sein Gesang vom ersten Ton an. Sofort horchen alle auf. Er singt »Nessun dorma«, und ich bekomme jedes Mal Gänsehaut rauf und runter. Beim Höhepunkt des Liedes reißt es alle Zuschauer von den Sitzen, sie jubeln und toben. Ich *liebe* so was! Den krachend Scheiternden in solchen Castingshows zuzusehen, hat mir dagegen noch nie Spaß gemacht. Als der letzte Ton verklungen ist, scheint gleichsam die Luft aus Paul Potts zu entweichen. Er sinkt wieder in sich zusammen, ganz in die Defensive, und wirkt mit seinem ängstlichen »Bitte tut mir nicht weh«-Lächeln wie ein oft geprügelter Hund. Ich habe Rotz und Wasser geheult, als ich den Clip zum ersten Mal gesehen habe, und mein Herz flog diesem fremden Mann zu.

Kein Wunder, dass auch ein anderer Fighter Asyl bei mir bekam. Er stand vergessen an der Hausecke beim Carport und kümmerte in seinem schwarzen Verkaufsbehälter vor sich hin. »Schauen wir doch mal, ob das noch was wird – und wenn ja, was eigentlich«, dachte ich, buddelte das Teil im Carportbeet ein und fühlte mich geradezu verwegen dabei. Spoiler: Kaum war das Gestrüpp in der Erde, explodierte es geradezu und entwickelte sich zu einem üppig weiß blühenden Sommerflieder von geradezu monströsen Ausmaßen. Damals noch glühender Fan dieses Busches, war ich begeistert und pflanzte gleich noch je ein weiteres Exemplar in rosa und in violett in das Beet links von der Haustür und zudem einige weitere Büsche, die mir als insektenfreundliche Nektarquellen verkauft wurden: Wie üblich Deutzie und Weigelie, dazu Blutjohannisbeere, Spiersträucher, eine Scheinhasel, Lavendel und Frauenmantel. Einen Holunder, der sich an einer ungünstigen Stelle im Carportbeet selbst ausgesät hatte, setzte ich in das Beet rechts von der Haustür um, auf dass er sich dort zu einem schönen Hausbaum entwickle.

Der untere Teil des Gartens bestand aus einem viele Jahre vernachlässigten Rasen mit einigen Bäumen darauf. Es gab zwei Zwetschgen und eine kleine Buche direkt an der West-Ecke der neu errichteten, auf Stelzen stehenden Terrasse (unser »Sonnendeck«).

Außerdem wuchs eine imposante rotblättrige Hasel an der unteren Grundstücksgrenze. Von zwei alten Apfelbäumen stand einer knorrig und ziemlich durchlöchert mitten auf der Wiese, während der andere an der Ligusterhecke zu den Nachbarn völlig von Efeu zugewachsen war. Das fand ich gut, denn solche alten Efeu-Gebüsche bieten Vögeln Verstecke sowie Beeren für den Winter, und im Herbst sind die Blüten – so unscheinbar sie auch sein mögen – eine tolle Nahrungsquelle für Bienen. Auch der Schuppen direkt am Haus war mit Efeu bedeckt und zudem mit einem anderen Gewächs, das aus zwei armdicken Stämmen direkt an der Schuppenwand zum Dach wuchs. Es sah anfangs völlig abgestorben aus, brachte dann aber doch erst Blätter und später knallorangefarbene, tütenförmige Blüten hervor, die es als Trompetenbaum identifizierbar machten.

Vor dem Schuppen befand sich eine Fläche, die wohl mal der Gemüsegarten gewesen war, nun aber teils überwuchert, teils durch das Lagern von Baumaterial und Gerätschaften geschunden. Immerhin waren Himbeersträucher erkennbar, die ich hochpäppeln wollte. Zudem war klar, dass dieser supersonnige Platz die Heimat meiner Erdbeeren werden würde. Hier arbeitete ich nach den ersten Pflanzungen im Vorgarten weiter, den ich – ganz im Sinne der Permakultur – erst mal machen lassen wollte: gucken, was von alleine kommt. Es kam dann recht bald das Kriechende Fingerkraut, und ich freute mich: Die Pflanze mit den dunkelgrünen, gezackten Blättern gilt als guter Bodendecker, der wunderschön gelb blüht und Insekten Futter bietet.

Unter welchen Umständen das Fingerkraut wirklich zu einer Blüte kommt, habe ich allerdings bis heute nicht herausgefunden. In meinem Garten macht es nichts anderes als zu wuchern, alles Übrige zu ersticken und ganz allgemein gesprochen die Weltherrschaft anzustreben. Spoiler: Wir wurden dann doch keine soooo dicken Freunde, das Fingerkraut und ich.

Rebellion gegen das Mahdregime!

»Da kommt man nie mehr durch«, sagt Marcus in dem gleichen düsteren Ton wie die Mechaniker, wenn sie bei meinen ersten Autos unter die Motorhaube guckten und eine Einschätzung über die Reparaturwürdigkeit abgeben sollten. Das war immer ein Moment zum Fingernägelknabbern, aber einmal hat sogar einer losgeprustet und seine Kollegen herangerufen: »Leute, das müsst ihr euch ansehen! Dass der noch fährt!!!«

Diesmal geht es allerdings um den Zustand des Gartens, in dem mir Gras und sonstige Gewächse mittlerweile bis über die Knie reichen. Seit Wochen habe ich mich heroisch vor den Rasenmäher geworfen, wenn Marcus auch nur daran dachte, ihn zu benutzen. Ey, bei jedem Einsatz sterben bis zu 80 Prozent all der kleinen Tierchen in seiner Spur![1] Sie werden vom Unterdruck angesaugt und dann von den kreiselnden Messern zerstückelt. Das habe ich jedenfalls gelesen. Wer die Natur schützen will, muss also mit dem Mähen aufhören, hieß es. Schluss mit der Sisyphusarbeit und dem nervigen Geknatter an jedem halbwegs sonnigen Samstag!

Doch inzwischen sehe selbst ich ein, dass hier etwas passieren muss und bin deshalb mit dem Akku-Kantenschneider angerückt. Nur kann ich mich einfach nicht dazu durchringen, das Ding auch anzuwerfen. Stattdessen robbe ich auf Knien mit meinem *Was blüht denn da?*-Bestimmungsbuch durch die Botanik. Denn während die Wiese von unserem Sonnendeck aus einfach nur wie grünes Chaos wirkt, sehe ich aus der Nähe lauter Buntes zwischen den hoch aufgeschossenen Gräsern – wie etwa die winzigen tiefblauen Blüten eines Blümchens namens »Gamander Ehrenpreis«. Überall blüht roter Klee und hat Besuch von summenden Bestäubern. Verdammt, wie kann man Bienen unterstützen wollen und ihnen dann das Futter wegrasieren? Vor allem: Wofür? Für einen *ordentlichen* Garten. Pah, Rasen ist nichts als grüne Ödnis! Das ganze Konzept eines solchen Outdoor-Teppichs hat mir noch nie eingeleuchtet, jedenfalls nicht jenseits von Fußball, Golf und Freibad. Für mich ist er das charakteristische Symbol einer Gesellschaft, für die Natur bestenfalls schöne Kulisse ist – nice to have, aber wehe, das sieht nicht aus wie im Baumarkt-Prospekt!

Am schlimmsten finde ich Mähroboter. Wie die so allein über steril aussehende Flächen surren, sind sie für mich der Inbegriff einer totperfektionierten Welt, in der nur noch mit Playback und Autotune gesungen, und alles mit Argwohn betrachtet und sofort beschnitten wird, was lebendig, schräg und unvorhersehbar ist. Seit ich weiß, welche furchtbaren Verletzungen diese ach-so-bequemen Geräte Igeln, Kröten und Blindschleichen zufügen können, haben sie bei mir endgültig Platz 1 der Horrorhitparade erobert[2] Platz 2: Laubbläser und -sauger, die mir mit ihrem von Abgasen geschwängerten Dauergedröhn nicht nur sofort Stresspickel verursachen, sondern ebenfalls tödlich für alle bodennah lebenden Insekten und Spinnen sind[3]. Platz 3: Beetgestaltungen mit Steinen, die aussehen wie aus dem Materiallager für Bahntrassen. Ich weiß, ich weiß: Die Zeit, das Alter, der Rücken – es gibt viele Gründe, warum man sich einen pflegeleichten Garten wünscht. Und ganz ehrlich? In Wirklichkeit finde ich aufgeräumt und ordentlich schon auch attraktiv und hätte gerne zumindest *etwas* mehr Kontrolle über den Wildwuchs. Klarer Fall von »Wasch mir den Pelz, aber mach mich nicht nass«.

Irgendwann mähe ich doch halbherzig überall dort ein bisschen herum, wo nur wenige oder überwiegend abgeblühte Blumen stehen. Zuvor habe ich als Geste der Höflichkeit an meine netten Nachbarn und ihre gepflegten Gärten mit beherzten Griffen die Samenschirmchen der Pusteblumen von Hand abgesammelt und mich dabei abwechselnd heroisch und dämlich gefühlt. Am Ende sieht die Wiese aus wie die Köpfe von Kindern, die Frisör gespielt haben – sprich: noch zerrupfter als vorher. *Verdammt.* Immerhin passt sie sich damit dem Rest des Gartens an, in dem überall irgendwelches Gestrüpp wuchert. Ich bin ratlos und einigermaßen verzweifelt. So hatte ich mir das nicht vorgestellt mit dem insektenfreundlichen Garten.

Der Krach mit meinem Gatten entzündet sich schließlich am Steinklee, der wieder mal durch die Stufen der Treppe zwischen Sonnendeck und Garten gewachsen ist. Zuvor hatte ich ihn regelmäßig gestutzt, aber dann hat er hinterhältig eine Abwesenheit von nicht mal einer Woche genutzt, um neues Terrain zu erobern. »Mach den raus«, fordert Marcus kategorisch. »Der ist potthässlich.« Sofort stellen sich bei mir alle Stacheln auf. Wieso reagiert man eigentlich gerade dann am heftigsten, wenn man spürt, dass der andere recht hat? Aber hey, es geht hier schließlich um meinen geliebten Steinklee, Heiler meiner schmerzenden Beine, reicher Spender von Nektar! Leider ist er in diesem Garten optisch wirklich ein Vollflop. Statt kompakt und buschig zu wachsen wie damals, präsentiert er sich spiddelig-sparrig, aber dafür umso ausladender. Dennoch verteidige ich ihn wie eine Löwenmutter, denn voller Blüten und Bienen ist er ja trotzdem. Marcus versucht mir das Eingeständnis abzuringen, dass ich vom Garten überfordert sei, während ich stinksauer darüber bin, dass sich seine Unterstützung nur auf radikales Mähen erstreckt und er sanftere Methoden wie achtsames Zurückschneiden rundweg ablehnt: »Ich will meine Zeit nicht für etwas hergeben, das ich hässlich finde.« Dieser Zirkelschluss treibt mich zur Weißglut: »Mit mehr Pflege wäre es ja nicht hässlich«, behaupte ich kühn und werde polemisch: »Du willst bloß alles platt machen.« Zum Glück geht Marcus nicht auf diese Provokation ein, sondern bleibt sachlich: Was ich denn selbst wolle, was überhaupt mein Ziel wäre mit diesem Garten? Stockend versuche ich, meine Wunschvorstellung zu formulieren: »Ich möchte einen lebendigen Garten, eine Oase für Bienen und andere Insekten, für Vögel, Igel, Eichhörnchen und so. Wo sollen die denn heutzutage noch hin, wenn es nicht mal in den Gärten Futter gibt?«

Irgendwann sitzen wir erschöpft schweigend nebeneinander. »Das war unnötig«, sagt Marcus schließlich. Stimmt, wir streiten selten, warum sind wir jetzt so hitzig geworden? Bei ihm war es wohl das Gefühl, seine Ansichten und Bedürfnisse würden nicht zählen, während ich an ihm ausgelassen habe, dass ich mich irrationalerweise von meinem Garten betrogen fühle. Da erlaube ich ihm, sich frei zu entwickeln, und er fällt mir in den Rücken! Statt einer betörend hübschen Vielfalt bunter Blumen bringt er praktisch nur Gewächse hervor, die überwiegend grün herumwuchern: Gras, Steinklee, Hahnenfuß, Wegerich, Melisse. Letzterer kann ich übrigens auch nicht böse sein, in diesem Fall wegen ihrer beruhigenden Wirkung und ihrer wunderbaren Heilkraft gegen Gürtelrose und Herpes. Anders als das verdammte Fingerkraut, das wirklich überall herumkriecht und exakt *null* Blüten hervorbringt.

Irgendwann straffe ich mich innerlich und fasse einen Entschluss: Hier wird aufgeräumt, und der Steinklee muss gehen.

Neue Erziehungsmethoden

Wie heißt es so schön:»When the student is ready, the teacher will appear«. Am Wochenende begegnet mir in einer Zeitschrift die Rezension des Buches *Der antiautoritäre Garten*. Darin geht es genau darum, was ich gewollt, aber mit zu viel Laissez-faire verkackt habe: Mit Pflanzen arbeiten, die für Bienen, Schmetterlinge und Vögel gut sind und sich selbst verbreiten – aber eben ohne lästig zu werden. Das Buch soll beschreiben, wie man die Eigendynamik dieser»Vagabunden« am besten nutzen und sie ihr Ding machen lassen kann. Muss ich haben.

Zwei Tage später steuere ich zielstrebig die Gartenabteilung des Buchladens in der Stadt an. Doch bevor ich den antiautoritären Leitfaden finde, wird mein Blick von zwei anderen prominent präsentierten Büchern angezogen. Einträchtig stehen nebeneinander: *Wildlife Gardening – Die Kunst, im eigenen Garten die Welt zu retten* und *Der kleine Gartenversager*. Ich pruste los und schicke sofort ein Foto davon an Marcus. Sein trockener Kommentar:»Besser kann man es nicht zusammenfassen.« Natürlich müssen die mit, und so verlasse ich mit drei Büchern den Laden, obwohl ich nur wegen einem gekommen bin. Aber das ist bei Bücherfans ja sowieso geradezu ein Naturgesetz.

Von dem antiautoritären Pflanzkonzept zu lesen, fächelt meinem fast erloschenen Garten-Enthusiasmus frische Luft zu – ganz sanft, exakt so viel, wie ich gerade managen kann. Es bietet genug inspirierende Infos, damit sich wieder ein Feuerchen entwickeln kann, aber nicht so viele Details, dass das zarte Glühen davon erstickt würde. Die Autorin Simone Kern beschreibt verschiedene, sich vor allem nach Sonnen- und Bodenverhältnissen richtende Szenarien und stellt dazu passende Pflanzen vor, die wichtigsten davon in etwas ausführlicheren Portraits. Genau so brauche ich das jetzt.

Mit den Vorschlagslisten kann ich gezielt auswählen, was zu den verschiedenen Beeten passen könnte und was mir gefällt. Im Vergleich zu früher hat sich nämlich noch etwas geändert: Erstens weiß ich, dass der Versand von Jungpflanzen bei hochwertigen Anbietern prima funktioniert, seit ich für meinen Gemüsegarten regelmäßig beim Biohof Jeebel bestellt habe, und zweitens kenne ich inzwischen die Staudengärtnerei Gaißmayer, die eine große Auswahl heimischer Wildpflanzen im Angebot hat, viele sogar in Bioqualität.* Die typische erste Reaktion auf diese Info ist bei den meisten Leuten:»Hä, welche Rolle spielt das bei Blumen? Die will ich doch nicht essen.«

Jo, du vielleicht nicht, aber Bienen, Schmetterlinge und Kollegen naschen da schon dran herum – und nur das Biosiegel garantiert bei Topfpflanzen, dass sie ohne Pestizide und Stauchungsmittel[4] aufgezogen sind.

Dagegen kommt bei Pflanzen aus Supermärkten und Gartencentern immer wieder raus, dass sie gleich mit einer ganzen Reihe von Giften belastet sind – und das gilt selbst für solche, die ausdrücklich als »insektenfreundlich« oder »Schmetterlings- und Bienenweide« beworben werden. Ich muss gestehen: Ohne das just gekaufte *Wildlife Gardening*-Buch wäre ich nicht mal auf die Idee gekommen, dass so etwas Perfides gängiger Alltag ist. Der Autor, Dave Goulson, hat 2017 dazu an seinem Institut an der University of Sussex eine Studie geleitet, die zu einem deprimierenden Ergebnis gelangte: Nur zwei von 29 Testpflanzen enthielten keine Pestizidrückstände, ein Drittel gleich mehrere, und oft waren darunter sogar besonders bienenschädliche Wirkstoffe. Goulson nennt das einen Skandal: »Wohlmeinende Gärtner, die auf ihren Flächen Bestäuber fördern wollen, kaufen Pflanzen, die mit Pestiziden belastet sind, und vergiften damit genau die Insekten, denen sie eigentlich helfen wollen.«

Das macht mich so wütend! Wer weiß, wie oft ich selbst schon

---

* Anbieterliste im Anhang. Wenn ich eine Firma namentlich erwähne, ist dies lediglich die Empfehlung einer zufriedenen Kundin – ich wurde nicht darum gebeten, bekomme nichts dafür und kann nicht für die Qualität von Produkten und Service garantieren.

Giftzeug nach Hause geschleppt und gepflanzt habe? Schließlich gibt es keinen Grund, zu glauben, dass in Deutschland andere Ergebnisse rausgekommen wären als in Großbritannien. Spoiler: Genau so ist es. 2021 hat der BUND in Deutschland und Österreich eine ähnliche Studie durchgeführt, und von 35 explizit als »Bienenweide« oder »insektenfreundlich« beworbenen Blühpflanzen waren nur drei unbelastet. Insgesamt wurden 55 verschiedene Pestizide gefunden, davon zwölf hoch bienengefährliche Wirkstoffe. Letztere wurden in 50 Prozent der Proben gefunden! In 40 Prozent aller Töpfe fanden sich Stoffe, die zum Zeitpunkt des Kaufs nicht mal eine EU-Zulassung hatten.[5] Um sich dagegen zu wehren, bleibt aktuell nur: anderen davon zu erzählen und mein Geld zu denen zu tragen, die es besser machen. Und so stöbere ich mit größtem Vergnügen in Gaißmayers Onlineshop und siehe da: Alle Pflanzen, die ich gerne hätte, sind tatsächlich in Bioqualität zu bekommen. So macht das Spaß!

Der Plan: Ich will Zwiebelblumen unter die Bäume setzen für einen bunten und nektarreichen Start ins Jahr, mit professioneller Hilfe eine Blumenwiese im unteren Gartenbereich anlegen, mit schattenverträglichen Blumen die absonnigen Plätze verschönern, üppig durchblühenden und null Arbeit machenden Gelben Lerchensporn in unwirtliche Ritzen setzen und Testkandidaten für die Beete vor dem Haus besorgen. Deren Bedingungen sind für mich nämlich schwer einzuschätzen: Sie liegen im Nordosten und damit überwiegend im Hausschatten, aber im Sommer knallt trotzdem bis mittags die Sonne drauf. Sie tragen eine Schicht Mutterboden, aber die ist nicht allzu dick, und darunter ist Schotter oder vielleicht sogar Bauschutt. Der Frauenmantel mit seiner Vorliebe für strunznormale Gartenböden gedeiht hier ebenso wie die Samtnelke, die sich sogar selbst angesiedelt hat und laut Buch eher ein guter Kandidat für steinig-magere Böden ist.

Apropos: Es war ein Augenöffner, dass es wunderschön bunte, ja sogar üppig bewachsene Kies- und Schotterbeete geben kann. Der übliche Weg ist ja, nur wenige erwünschte Pflanzen zu setzen und den Boden drumherum mit einer Unkrautsperre aus Plastik und einer Schicht aus gelegentlich sogar dekorativen Steinen abzudecken. Doch diese Zen-Ästhetik zu halten, ist keineswegs easy. Auf und zwischen den Steinen bildet sich bald Moos, Blätter werden auf die Fläche geweht und müssen abgesammelt werden oder kompostieren in sämtliche Ritzen hinein. So entsteht der Nährboden für die angewehten Samen der ungeliebten Allerweltskräuter, die man doch so dringend verbannen wollte. Und so kommt die Giftspritze zum Einsatz oder alternativ der Flammenwerfer, beides mal wieder tödlich auch für alles tierische Leben.

Doch offenbar lassen sich mit steinigen Flächen sogar wertvolle Lebensräume für die Spezialisten unter Pflanzen und Insekten schaffen, die es in der freien Wildbahn immer schwerer haben. Der Trick: Man ersetzt vorhandenen Boden mindestens 20 Zentimeter tief mit steinig-sandigem Substrat, das kaum Nährstoffe enthält und sät und/oder setzt dort Blumen, die mit diesen mageren Bedingungen zurechtkommen. Dagegen können die Bullys unter den Pflanzen dort allenfalls hier und da ein mickriges Exemplar etablieren, anstatt wie auf nährstoffreichen Flächen alles andere platt zu machen. Die Magerspezialisten vertragen zudem Trockenheit – auch nicht unwichtig angesichts dieses erneut extrem trockenen Sommers, dem wohl noch viele weitere folgen werden. Die Liste der Magerkünstler ist erstaunlich lang, die meisten sind wunderschön, duften herrlich und sind absolut pflegeleicht: Ein oder zwei Schnitte im Jahr reichen. Um das Absammeln von angewehten und abgefallenen Blättern kommt man allerdings nicht herum.

Begeistert von diesen Informationen will ich unbedingt auch so ein buntes Refugium in meinem Garten. Allerdings schrecken mich die geschilderten Erdarbeiten etwas ab. Mal sehen, eins nach dem anderen. Jetzt muss erst mal Platz geschaffen werden, denn noch ist hier ja das alte Steinklee-Fingerkraut-Regime an der Macht.

Endgegner Steinklee

Zuerst rücke ich mit Hacke, Spaten, Unkrautstecher und Gartenschere bei dem Vorgartenbeet an, in dem der einst umgesiedelte Holunder inzwischen wunderbar angewachsen und wie erhofft in Richtung Hausbaum unterwegs ist. Der Wust an Fingerkraut-Ranken ist so dicht, dass ein bisschen auslichten nicht funktioniert – es muss gerodet werden. Immer wieder finde ich darunter noch halblebige Reste meiner einst gepflanzten Stauden. Die Steinklee-Exemplare zu entfernen, erweist sich als ziemliche Plackerei, weil sie ungeahnt dicke und tiefe Pfahlwurzeln haben. Selbst bei den Jungpflanzen, die gerade mal 15 Zentimeter groß sind, ist der unterirdische Teil bereits ebenso lang.

Während ich so vor mich hin schufte, schaut meine gut 90-jährige Nachbarin von gegenüber vorbei. Ihre Spaziergänge sind ein mühsames Schlurfen geworden, aber sie bleibt dran und freut sich, wenn sie jemanden bei Gartenarbeiten antrifft und damit einen Anknüpfungspunkt für ein Schwätzchen hat. Ihr Kennerblick schweift über mein Beet und macht Inventur. »Daahs ihst aahles Uhnkraut«, sagt sie dann freundlich im Akzent der Siebenbürger Sachsen und beschreibt mit ihrem Gehstock einen weiten Kreis über das immer noch reichlich wuchernde Fingerkraut. Ich muss lachen. Ja, absolut. Die Chance auf die politisch korrekte Bezeichnung »Beikraut« hat das Fingerkraut definitiv verkackt – ganz zu schweigen von der Inklusion als »Bodendecker«.

Es dauert mehrere Tage, bis ich mit ihm fertig bin, und danach ist das Beet praktisch kahl: Nur der Holunder, vier Frauenmantel und zwei kümmerliche Lavendel sind noch da. Das kann ich nicht so lassen, denn »Mutter Erde mag nicht nackig sein«. So lautet jedenfalls die poetische Erklärung der Heilpflanzenszene dafür, dass freigelegte Erde ganz schnell wieder bedeckt wird – nur leider sind die Pflanzen, die breitwillig diesen Job erledigen, in den meisten Beeten unerwünscht. Also übernehme ich das und bedecke die Blöße mit einer Schicht Holzschnitzel, die ich leicht zur Seite schieben kann, wenn ich etwas pflanzen will. Allerdings bin ich unsicher, ob es nicht auch die Verbreitung der erwünschten Garten-Vagabunden behindert. Spoiler: Ein bisschen schon, aber die Vorteile überwiegen.

Im Carport-Beet warten schon die nächsten Problemfälle: Giersch, Minze und ein wilder Wein, der sich mit geringelten Haltegriffen an den Ausläufern um alle anderen Pflanzen schlingt, sogar an die »Lili Marleen«-Rose traut er sich heran. Er umwickelt den Zaun zu den Nachbarn, krabbelt in den Carport und auf die Straße hinaus ... Es ist erstaunlich, was sich hier an Biomasse entwickelt hat, in kürzester Zeit habe ich einen Berg ausgerissenes Grünzeug neben mir liegen. Der entscheidende Teil der Arbeit findet jedoch eine Etage tiefer statt, denn alle drei Pflanzen erobern vor allem über unterirdische Ausläufer neues Terrain. Zum Glück sind solche Wucherwurzeln oft weiß, so dass ich sie beim Buddeln zumindest ganz gut in der braunen Erde finden kann. Als hätte es die Natur es so eingerichtet, damit Gärtner auch eine kleine Chance haben. Denn man darf nichts übersehen, der Giersch zum Beispiel kann aus jedem Fitzelchen eine neue Pflanze machen.

Doch zuerst braucht Lili Marleen ein bisschen mehr Halt. Inzwischen trägt sie viele schwere Blüten und wird dadurch weit in den Fahrweg unseres Autos gebeugt, was jedes Mal dessen Abstandswarner zum Durchdrehen bringt. Ganz wie es sich gehört, binde ich sie am Laternenpfosten an – nicht ganz einfach angesichts der fiesen Dornen. »'S G'schäft goht net aus, gell?« ruft eine andere Nachbarin mir auf dem Weg zu ihrer Garage fröhlich schwäbelnd zu – wie nahezu immer, wenn sie mich im Garten »schaffen« sieht. »Die Rose ist ja wieder richtig schön geworden«, fügt sie diesmal noch hinzu und erzählt, dass sie auch als Kind in unserer Straße gewohnt hat und Lili Marleen schon damals hier gewachsen ist. Lili ist eine Rosen-Oma! Ich freue mich total, dass ich sie behalten habe und nehme mir vor, mich künftig noch besser um sie zu kümmern.

Im August sind die Aufräumarbeiten schließlich weitgehend durch, nur der Steinklee unter der Treppe widersetzt sich noch – also ausgerechnet die Pflanze, die alles ins Rollen gebracht hat. Die Wurzel ist dick wie mein Unterarm und rührt sich einfach nicht, wie tief ich auch darum herum schaufele. Weil ich unter den Stufen nicht aufrecht stehen kann, lässt sich auch der Spaten nicht optimal ansetzen.

Schließlich kommt Marcus hinzu und stößt den Spaten mit all seiner Kraft seitlich unter die Wurzel, und endlich tut sich was. Passt ja auch. In epischen Kinofilmen müssen der Held und der Bösewicht am Ende auch immer persönlich gegeneinander kämpfen, wirklich *immer* – so habe ich das im Drehbuchseminar an der Journalistenschule gelernt. Diese Info hat sich als der ultimative Spoiler erwiesen, denn seitdem kann mich kein Sieg der Guten mehr einlullen, solange es noch keinen Schlusskampf gegeben hat. Der Böse wird auf jeden Fall noch mal aufstehen, egal wie fertig er auch wirken mag. Nur ein einziges Mal habe ich eine Verletzung dieser eisernen Regel erlebt – und in dem Fall war der Film insgesamt so übel, dass schwer zu sagen ist, ob die Macher auch an dieser Stelle einfach unfähig oder tatsächlich unkonventionell waren. Wir jedenfalls bleiben bei der klassischen Hollywood-Variante, und so muss Marcus zu einem spektakulären Endkampf gegen den schon fast besiegten Steinklee antreten – und gewinnt natürlich. Allerdings bleiben doch noch Reste im Boden … wird hier womöglich schon die Grundlage für den zweiten Teil gelegt?

Zwei Tage später kommt der Gartenfachmann wegen meines Wunsches nach einer Blumenwiese zum Gucken vorbei. Ich bin unsicher, ob das bei diesem eher lehmig-schweren Boden überhaupt funktionieren kann – und wirklich optimistisch ist der Experte offenbar auch nicht. Er wiegt den Kopf hin und her, sagt außer »Hm« und »Tja« nicht wirklich viel und verkündet schließlich, dass man es im Frühjahr durchaus mal probieren könnte. Er nennt einen fairen Preis, und wir verabreden, dass ich mich dann für einen konkreten Termin melden soll.

Auf dem Weg zurück zu seinem Auto deutet er im Vorbeigehen auf einen winzigen übersehenen Steinklee im Gras: »Den müssen Sie gleich rausmachen, sonst werden Sie den nie wieder los. Versamt sich wie verrückt.«

Nach der Ernte ist vor der Ernte

Sommer ist, wenn es immer genug Himbeeren fürs Müsli *und* für dekadente Toasts gibt. Dafür bestücke ich die ganze Fläche einer mit Schokocreme bestrichenen Brotscheibe so eng mit Himbeeren, als würde ich Fliesen legen. Der Verzehr ist grundsätzlich eine Riesensauerei mit Schokobart bis zu den Ohren und ausgiebigem Ablecken der Finger – herrlich! Vor den Himbeeren haben wir in Erdbeeren geschwelgt und über Wochen jeden Tag zwei bis vier Schalen geerntet. Kleine Warnung: Eigene Beerenfrüchte schmecken einfach so viel besser, dass gekaufte von da an fast immer enttäuschend sind. Einmal mit dem Anbau begonnen, ist man also für immer zum Weitermachen verdammt.

Deshalb steht heute ein Pflegeeinsatz in den Erdbeerbeeten an. Ich will zum ersten Mal probieren, die Pflanzen schon im August »kräftig« herunterzuschneiden, wie es immer empfohlen wird. Das soll den Neuaustrieb gesunder Blätter anregen, während die alten oft von Pilzen befallen sind, und es ist wohl zudem förderlich für die Blütenbildung im nächsten Jahr. Offenbar geben alte Blätter hormonelle Hemmstoffe an den Wurzelstock ab. Ein Erdbeerbauer aus der Gegend sagte in der Zeitung, man solle dabei »nicht zimperlich« sein, aber auf keinen Fall »das Herz der Pflanze verletzen«. Hä, was für ein Herz? Über solche Artikel könnte ich mich ja aufregen. Wer schon weiß, wie man Erdbeeren richtig schneidet, braucht den Text eh nicht und für alle anderen ist er ohne weitere Erklärung nutzlos. Doch wieder mal hat das Internet geholfen, schließlich gibt es Tutorials für alles. Das »Herz« ist einfach mehr oder weniger die Mitte der Pflanze, in der ganz zarte neue Blätter schon eingerollt bereit liegen – leicht zu erkennen, wenn man Bescheid weiß.

Mit diesen Erkenntnissen ausgerüstet schnippele ich mich also systematisch durch den Wust von Blättern und Ausläufern und entferne dabei gleich auch die dazwischen hochgekommenen sonstigen Gewächse und das grau gewordene Stroh. Es ist eine sehr meditative Arbeit, die nur etwas Aufmerksamkeit für die Ausläufer erfordert, die sich bereits bewurzelt haben und auf bestem Weg sind, Jungpflanzen zu werden. Die kräftigsten können vergreiste Exemplare ersetzen, so verjüngt sich der Bestand. Weil diese Ableger aber nur Klone sind, setze ich für mehr genetische Vielfalt hin und wieder ein paar neu gekaufte Pflanzen dazwischen. Eigentlich sollten Erdbeeren nicht jahrelang am gleichen Standort bleiben, aber ich kann nirgendwohin weichen und muss darauf hoffen, dass Düngung und Pflege eventuelle Nachteile ausgleichen. Meditativ hin oder her: Am Ende sehen die Beete verunsichernd gerupft aus. Hätte ich vielleicht doch lieber etwas »zimperlicher« sein sollen? Doch schon zwei Tage später bringen die Erdbeerpflanzen tatsächlich wieder neue Blätter hervor! Als hätten sie zuvor ihre Kraft für den Wust an Ausläufern und den Unterhalt ihrer riesigen Altwascheln verschwendet und wären durch den Schnitt gezwungen worden, wieder in ihre Mitte zu kommen. Die Energie geht jetzt ins neue, gesunde Grün. Tschakka!

Fast zeitgleich sind endlich die ersten Tomaten reif. Eine der Sorten heißt »Rote Murmel«, obwohl die Früchte eher an Perlen erinnern, während »Ruthje« und »Zuckertraube« etwa so groß wie Zwei-Euro-Stücke sind. Alle schmecken umwerfend, unvergleichlich mit praktisch allen gekauften Tomaten. Vorsichtig tastend umfasse ich die roten, mit zartem Flaum überzogenen Kugeln und ziehe ganz sanft, um nur die zu ernten, die sich willig lösen. Dann wird die Beute mit Butter, Käse, frischem Brot und einem Glas kühler Weißweinschorle zum Abendessen auf dem Sonnendeck serviert. *Sommer!*

Ich hatte lange nach einem guten Platz für die Tomaten gesucht, und mich schließlich für eine sonnige Stelle entschieden, über der die Treppe vom Sonnendeck in den Garten eine kleine Plattform bildet – dort ließ sich gut ein Foliendach anbringen. Denn die Diven sind anspruchsvoll. Sie brauchen volle Sonne, Regenschutz, Stützen, wöchentliche Düngung und so vorsichtiges Gießen, dass dabei keine Erdkrümel auf die Blätter spritzen. Außerdem muss man sich entwickelnde Seitentriebe regelmäßig abkneifen (»ausgeizen«) und immer wieder fruchttragende Äste hochbinden, damit sie nicht abknicken. Das habe ich alles gemacht, und doch verrät schon ein flüchtiger Blick auf das Beet, dass die Damen trotzdem nicht zufrieden sind. Es sind wohl einfach zu viele, sie wachsen zu üppig für den zur Verfügung stehenden Platz. Ich hätte noch viel mehr auslichten müssen, unter der Schutzfolie hat sich ein wahrer Dschungel entwickelt. Das Problem: Dadurch trocknen die Blätter bei feuchter Witterung nicht schnell genug, was sie anfällig für Pilzerkrankungen macht. Auch bei meinen Pflanzen hat sich die Braunfäule schon ausgebreitet, wie sich an vielen abgestorbenen Blättern zeigt. Im nächsten Jahr muss also ein neuer Platz gefunden werden. Seufz.

Und dann kommen endlich die ersten neuen Pflanzen, die ich bestellt habe! Je fünf Mond- und Nachtviolen und 15 Herbstanemonen finden sich in meinem Paket – sorgfältig in feuchtes Papier gewickelt und auf Stroh gebettet. Sie alle sollen angeblich auch mit wenig Licht zurechtkommen und werden im Carportbeet, unter der Gartentreppe und unter der Buche ihr Plätzchen finden. Die Violen blühen früh im Jahr, die Herbstanemonen wenig überraschend erst am Ende des Sommers. Vielleicht schaffen sie es ja sogar in diesem Jahr noch.

Baumfreunde in Not

Der Regen nähert sich von Südwesten, ich kann ihn kommen sehen: Plötzlich ist der bewaldete Hang gegenüber wie in Nebel gehüllt, der sich rasch ins Tal senkt. Inzwischen weiß ich: In etwa fünf Minuten wird es hier pladdern, manchmal geht es sogar noch schneller. Als mir das Phänomen zum ersten Mal auffiel, sprach ich gerade am Telefon mit einer Freundin, die auf der Höhe des Schurwaldes wohnt. Während bei mir schönster Sonnenschein herrschte, kreischte sie plötzlich: »Meine Wäsche! Ich muss auflegen!« Zack, weg war sie. Verblüfft starrte ich mein Telefon an, und dann sah ich es in voller Pracht: Wie ein Vorhang zog ein heftiger Platzregen aus ihrer Richtung ins Tal, spektakulär beleuchtet von der tief stehenden Sonne im Westen, die einen knallfarbenen Regenbogen an den Himmel malte. Und ich war wieder so entzückt, als wäre es das erste Mal, dass ich bunt sehen kann.

Heute schüttet es so heftig, dass ich schon bald nicht mal mehr den Wald auf der anderen Talseite erkennen kann. Solche »Starkregen-Ereignisse« werden durch den Klimawandel immer häufiger, und ich frage mich, was das mit meiner künftigen Blumenwiese anrichten würde. Wäre danach alles platt, für den Rest des Sommers hässlich und auch für Insekten uninteressant? Nicht unwahrscheinlich.

Immerhin: Es regnet! Auch 2019 ist wieder viel zu trocken, und der Sommer bisher war mitunter unglaublich heiß. Ende Juli habe ich auf einer Autofahrt die Anzeige des Außenthermometers fotografiert: 43 Grad. Auf Twitter postete jemand ein Fieberthermometer mit einer gesunden Körpertemperatur und schrieb dazu: »Selbst im Arsch ist es kühler.« Im Netz wurden Sprüche geteilt wie: »Darf man jetzt überhaupt die 30-Grad-Wäsche draußen aufhängen?« Ich habe darüber ebenso lachen müssen, wie ich trotz meiner Angst um die Welt nicht aufhören kann, mich über »heiteres« Wetter zu freuen. Die Erfahrung der vielen feucht-kühlen Sommer, die mich nicht annähernd sonnensatt in den Herbst geschubst haben, sitzt einfach zu tief. Ey, in meiner Kindheit gab es *Schlager* über das miese Wetter! »Wann wird's mal wieder richtig Sommer?«, trällerte Rudi Carrell und traf damit den Nerv der Deutschen ebenso wie mit dem Ende des Refrains: »Und nicht so nass und so sibirisch wie im letzten

Jahr.« Kein Wunder, dass sich »Klimaerwärmung« für viele gar nicht so übel anhört. Jedes Wochenende Grillen, ist doch genial!

Die Laubbäume sollen angeblich besser mit der Trockenheit zurechtkommen als die Fichten – die in Deutschland ja sowieso auf kaum eine Fläche natürlicherweise hingehören. Doch wenn ich in diesen Tagen durch »meinen« Wald wandere, entdecke ich an vielen Buchen ein bisher nie gesehenes Phänomen: An den Astspitzen verfärben sich mitten im Sommer die Blätter. Der Anblick macht mir wirklich Angst, dagegen kommt selbst die Freude über den blauen Himmel nicht an. Aus der Politik kommt die Forderung, der Wald müsse sofort umgebaut werden. Blöd nur, dass sich die Worte »sofort« und »Waldbau« gegenseitig ausschließen. Was immer auch getan wird: Die Effekte werden sich erst in Jahrzehnten zeigen – und erst dann wird man wissen, ob überhaupt die richtigen Wege eingeschlagen wurden.

Auch der wunderschönen Weymouthkiefer im Nachbargarten scheint es nicht gut zu gehen. Ausgerechnet der in seiner amerikanischen Heimat »White Pine« genannte Baum, als »Tree of Peace« ein Friedenssymbol für den Bund von sechs rund um die großen Seen lebenden Völkern[6], die sich zusammen Haudenosaunee (Langhaus-Leute) nennen. Der hierzulande gebräuchliche Name des Baumes geht auf einen Engländer zurück, der die Samen 1605 nach Europa brachte. Vielleicht aber auch auf einen anderen Herrn Weymouth, der diese Kiefer im 18. Jahrhundert in England als Forstbaum etablierte, da gibt es widersprüchliche Quellen. Als wir vor zwei Jahren einzogen, war Nachbars *Pinus strobus* ein prächtiger und vollgrüner Baum, doch jetzt werden immer mehr Nadeln gelb. Ist das normal, vielleicht nur eine Phase, alles gar nicht so schlimm? Oder bin ich gerade Zeuge von seinem Sterben? Ich hoffe es nicht, denn dieser Baum verzückt mich immer wieder: sein majestätischer Anblick, seine gelegentlich herüberwehenden Düfte und vor allem, wie er den Wind auf diese ganz bestimmte, nur Nadelbäumen mögliche Weise rauschen lässt. Er hat eine Präsenz, welche die Obstbäume um ihn herum zum Fußvolk macht.

In meinem Garten wird diese Rolle von der großen Hasel ausgefüllt. Sie ist fast haushoch und treibt im Frühling burgunderfarbene Blätter aus, die sich im Hochsommer grün und im Herbst gelb umfärben. Ich war sofort verliebt, weil unter ihren tiefhängenden Ästen vor allem im Sommer eine ganz besondere Atmosphäre herrscht – kühl und meditativ wie in einer kleinen Kapelle. An ihr kann ich bisher keine Stress-Symptome durch die Trockenheit entdecken, zum Glück. Doch es tut weh, wie sich in die Freude an solchen Baumpersönlichkeiten, an Waldspaziergängen, Vogelgesang und Schmetterlingsbegegnungen inzwischen fast immer die Frage wie Säure einfrisst: »Wie lange noch?«

Wurzelbehandlung

»Feels like Summer« von Childish Gambino groovt beim Frühstück-machen aus dem Radio, und ich schwinge fröhlich mit, bis der Text in mein noch träges Hirn sickert. Da ist von immer heißer werden-den Tagen die Rede, vom knapper werdenden Wasser und von Luft, die Bienen tötet. Oh, *verdammt*! Seitdem mich vorgestern das Bild des sterbenden Nashornbullen und seines trauernden Pflegers so er-schüttert hat, springt mich das Thema Artensterben aus allen Ecken an und versetzt mir jedes Mal einen Stich. Kein Schorf auf dieser Wunde.

Deshalb überrascht mich auch nicht, dass mir in der Mittags-pause beim Buchhändler sofort der Titel *Das Sterben der anderen* im Regal auffällt. Ey, ich war noch nicht mal ganz durch die Tür! Ich greife danach mit der gleichen Ergebenheit, die man verspürt, wenn man sich nicht länger vor einer Wurzelbehandlung drücken kann. Schon die ersten Sätze nehmen mich gefangen, denn die Autorin Tanja Busse beschreibt darin ein ähnliches »Erweckungserlebnis« wie meines. Ihr Schutzwall wurde auf einer Radtour im Urlaub von einem kleinen Satz ihres knapp fünfjährigen Sohnes eingerissen: »Mama, was ist das für ein Geräusch?« Es war das Zirpen einer Heuschrecke, das er nicht kannte – trotz eines wilden Gartens zuhause, Kita-Ausflügen in den Wald und Besuchen bei den Großeltern auf dem Land. Obwohl Tanja Busse als Umweltjournalistin mit dem Thema Artenverlust vertraut war und sogar schon Interviews dazu geführt hatte, war es auch bei ihr nicht die Kenntnis der Fakten, die sie schließlich *fühlen* ließ: Überall um uns herum verschwindet das bunte, wuselige Leben und lässt eine verödete Landschaft zurück.

Ein wenig entlastet es mich zu erfahren, dass ich nicht allein bin mit dieser verstörenden inneren Distanzierung von beängstigendem Wissen. Aber es lässt mich auch ratlos zurück. Wo sollen die Veränderungen herkommen, wenn selbst informierte und besorgte Menschen lethargisch bleiben? Die Strategie von Umweltorganisationen und Aktivisten, die Leute mit entsetzlichen Fakten und Szenarien zu konfrontieren, scheint ja nicht wirklich zu funktionieren. Immerhin macht es offenbar den Schutzwall mürbe, bis irgendwann *das* Ereignis kommt, das ihn sprengt. Ich wünschte, es gäbe einen sanfteren Weg. Die berühmte Primatenforscherin Jane Goodall sagt als Rat an Aktivisten: »Wenn du willst, dass sich Menschen verändern, darfst du sie nicht anschreien. Du musst dein Herz zeigen, um die Herzen zu erreichen.« Dafür müssen es allerdings auch die Aktivisten erst schaffen, ihr Innerstes auf eine Weise für den Schmerz zu öffnen, die sie nicht kaputt macht. Gegen die herrschenden Verhältnisse zu wüten, kann ja auch eine Strategie sein, um nicht wirklich fühlen zu müssen – eine, in die ich selbst allzu oft verfalle.

Auch das Buch von Tanja Busse macht mich rasend, obwohl sie in sehr ruhigem und empathischem Stil schreibt, der ohne Kampfrhetorik auskommt. Das Wenigste ist mir völlig neu, aber die Ergebnisse ihrer tiefen Recherche so geballt schlucken zu müssen, ist trotzdem hart. An vielen Stellen beschreibt sie einen solchen Irrsinn, dass ich am liebsten immer wieder auf etwas einschlagen möchte, um mich abzureagieren. Ist nur keine gute Idee, wenn man beim

Lesen im Zug sitzt. Jeden Morgen nutze ich die Bahnfahrt, um mich ein Stück weiter durch die Hintergründe für den Niedergang der lebendigen Vielfalt zu kämpfen – wie etwa die Beseitigung »nutzloser« Strukturen wie Hecken zugunsten riesiger Monokulturen, der Massenanbau von Mais, die völlige Degradierung von Wiesen zu vollgegüllten grünen Wüsten. Und nicht zu vergessen: der systematische, von vornherein eingeplante Einsatz von verschiedensten Pestiziden, ganz legal auch in fast allen Naturschutzgebieten. Darunter sind allein 17.652 Tonnen Giftzubereitungen, die sich direkt gegen Insekten und Milben richten. Fünf Prozent davon gehen übrigens an Privatleute, die sie ohne jeglichen Sachkundenachweis auf der eigenen Scholle ausbringen dürfen.[1]

Auch sonst lässt sich die Verantwortung nicht einfach bequem auf die Bauern abschieben: Die Rahmenbedingungen für die Landwirtschaft gibt die Politik vor und damit eine Gesellschaft, die billige Lebensmittel verlangt – darunter auch viele Menschen, die sich fair produzierte Waren durchaus leisten könnten. Schwer erträglich sind auch die Schilderungen des bürokratischen Wahnsinns, mit dem es jene Landwirte zu tun bekommen können, die es anders machen und mehr Naturschutz integrieren wollen. Ich kann es ihnen nicht verübeln, wenn sie angesichts dessen irgendwann nur noch beide Mittelfinger ausstrecken. Doch am dringendsten brauche ich Boxsack, Beißholz oder Schreitherapie, wenn ich lese, dass es in vielen Fällen längst Gesetze gegen die Missstände gibt, die dann durch Verordnungen aber wieder ad absurdum geführt werden – oder schlicht ignoriert, und das ohne Sanktionen.

Vermutlich liegen auch viele Politiker nachts manchmal wach – wohl wissend, was eigentlich längst umgesetzt sein müsste, aber erneut gegenüber anderen Interessen den Kürzeren gezogen hat. Doch es fällt mir schwer, fair zu bleiben und nicht in Politikverdrossenheit zu verfallen. Immer wieder werden hehre Ziele verkündet und dann geradezu achselzuckend hingenommen, dass es *leider, leider* doch wieder nicht geklappt hat. Die selbst gesetzten

Deadlines – wie passend dieses Wort in diesem Zusammenhang ist – werden dann einfach weiter in die Zukunft verschoben. Wir alle haben uns so daran gewöhnt, dass die Kritik der Opposition und die anprangernden journalistischen Kommentare nur noch wie pflichtschuldigst aufgesagte Lippenbekenntnisse wirken. Aus dem Herzen gesprochen hat mir dagegen YouTuber Rezo, als er so richtig abkotzte: »Sich selbst Ziele setzen und die dann nicht einhalten ist doch kein Verhalten für eine fucking *Bundesregierung*, das ist was für Leute, die abnehmen wollen!« Das gilt umso mehr, wenn dieses Versagen unser aller Lebensgrundlage betrifft.

Inzwischen bin ich fast durch mit dem Buch, und bisher war von den auf dem Einband versprochenen Lösungen keine Rede. Ich hocke auf einem Klappsitz vor der Zugtoilette, innerlich wie äußerlich zusammengekrümmt, und in meinem Bauch ballen sich Wut und Schmerz und Angst zu einem immer größer werdenden Kloß zusammen. Den Sound dazu liefert die Schiebetür zum Klo, die bei jeder Bremsung mit einem Knall auffliegt und eine Computerstimme sanft verkünden lässt: »Dieses WC ist außer Betrieb. This lavatory is out of order.« Mit stoischem Schweigen nehmen es die zusammengepferchten Fahrgäste hin, dass auch sonst nichts läuft, wie es soll, und zur Hauptverkehrszeit erneut zu wenig Waggons auf die Schiene gesetzt wurden. Doch zugleich wabert die miese Stimmung wie Furzgestank durch die Gänge, was leider auch viel zu gut zu meiner eigenen Gemütslage passt. Wenn ich nicht völlig in Bitterkeit und Aggressivität ersaufen will, muss dringend etwas passieren.

Und ich weiß auch schon, was.

Nachhilfe in Fühlen

Das Haus ist auf so behagliche Weise dunkel und still, wie es nur Häuser sein können, die man liebt. Marcus ist ein paar Tage verreist, so dass ich freie Bahn für einen Feldversuch habe: Ich will mich meinem Schmerz stellen – diesmal mit Absicht und unter selbstgewählten Bedingungen. Dazu gehört heute auch, allein zu sein, was nicht immer und nicht für jeden das Richtige ist.[*] Das Wohnzimmer ist warm, einige Kerzen verbreiten behagliches Licht, und auf einem kleinen Räucherstövchen verdampft zart duftend ein Bröckchen feinstes Olibanum-Harz. Kater Bibi liegt eingerollt auf dem Sofa, und ich mache es mir daneben mit einer Decke um die Schultern und einem Glas Grauburgunder gemütlich. Jetzt fehlt nur noch die Musik: Der Künstler »RyX« live mit den Brüsseler Philharmonikern. Dieses Konzert hat eine geradezu magische Wirkung auf mich. Schon die ersten Klänge berühren mich tief, ich werde davon eingesogen und in einen anderen inneren Zustand versetzt. Der Effekt ist so stark, dass ich diese Musik kaum ertragen kann, wenn ich gerade nicht bereit bin, mich darauf einzulassen.

Heute bin ich nicht nur bereit, ich will die melancholischen Melodien sogar bewusst nutzen: wie ein Portal in meine innere Unterwelt. Die Musik hüllt mich ein, und ich lasse mich davon mitnehmen. Es ist gut, dass ich von RyX's Gesang kaum ein Wort verstehe, so ist die Stimme des Australiers einfach wie ein weiteres Instrument. Schon jetzt spüre ich Tränen als Kloß im Hals, doch üblicherweise bleiben sie eben genau da stecken, wenn ich mit etwas Belastendem konfrontiert werde – und das ist viel unangenehmer als sie wegzuheulen. Viele Menschen fürchten sich vor dem Weinen wie vor einer Flut, die sie nicht mehr stoppen können, wenn die Schleusen erst geöffnet sind. Diese Angst habe ich nicht, aber trotzdem macht etwas in mir allzu häufig schnell dicht, wenn es emotional wird. Erst zögerlich, bald mutiger erzähle ich dem Kater davon, was in den vergangenen Monaten schmerzlich für mich war. Ich könnte auch auf die Kerzenflammen oder einen Gummibaum einreden: Es ist mir nur wichtig, die Worte wirklich auszusprechen, das fühlt sich viel

---

[*] Wer schwere Traumata erlitten oder aus anderen Gründen große Angst davor hat, sich schmerzvollen Dingen zu stellen, sollte dies besser nicht allein tun, sondern am besten im Rahmen einer (therapeutischen) Prozessbegleitung.

kraftvoller an – vor allem, wenn ich sie an ein lebendes Wesen richten kann. Das Wesen meiner Wahl hat mir den Rücken zugedreht und schnarcht leise, aber das ist okay.

Zuerst kommen vor allem persönliche Verluste hoch: Meine Cousine ist im Sommer bei einem Verkehrsunfall ums Leben gekommen, ich habe für eine Weile oder vielleicht sogar für immer meine Arbeit als freie Journalistin aufgegeben, und meine Großmutter musste nach einem Sturz ins Pflegeheim und baut dort rasant ab. Ihre Wohnung, seit 60 Jahren ein Fixpunkt in der Familie, ist gerade an die Nachmieter übergeben worden. Vorbei. Nie wieder. Es ist seltsamerweise der Gedanke an den Abschied von der Wohnung, der die Tränen schließlich ins Fließen bringt. Doch ich bewerte ohnehin nicht, was wann und wie hochgespült wird: Was kommt, ist richtig. Ich spüre, wie sich tatsächlich so manche Knoten lösen und ich in tiefere Schichten vordringe. Zuerst tauchen ein paar schmerzliche Szenen aus weiter zurückliegender Vergangenheit auf, huschen aber einfach nur vorbei. Das ist interessant, offenbar sind diese Erlebnisse schon so gut durchfühlt, betrauert und verdaut, dass an den Erinnerungen keine emotionale Energie mehr klebt.

Irgendwann wage ich es, den Zustand der Welt so ungedeckelt zu fühlen, wie es mir gerade möglich ist. Mir fällt das Bild des fünfjährigen Omran ein, der nach einem Luftangriff auf Aleppo aus den Trümmern gezogen wurde und völlig eingestaubt, die linke Gesichtshälfte mit getrocknetem Blut verschmiert im Rettungswagen sitzt und mit seinen fast schwarzen Augen ins Leere starrt. In diesem Blick konzentriert sich für mich das ganze millionenfache Leid durch Gewalt und Kriege, allein die Erinnerung an das Bild durchdringt alle meine Schutzmechanismen. Doch anders als sonst wehre ich mich nicht dagegen, sondern beweine, was Menschen einander antun. Und allen anderen Lebewesen! Geprügelte Hunde, eingepferchte Schweine, in achtlos weggeworfenem Müll verreckende Igel.

Es ist schon seltsam, sich absichtlich tiefer in die Trauer zu begeben, statt sich wie üblich »zusammenzureißen«. Es hilft, die

Notbremsen zu kennen: Wenn die Emotionen zu überwältigend würden, könnte ich mich bewusst auf Sinneswahrnehmungen konzentrieren, die mich im Hier und Jetzt verankern, zum Beispiel auf den Kontakt meines Körpers mit der Sitzfläche oder dem Boden. Ich könnte mir auch mit einer Hand die andere massieren, ein Glas Wasser trinken oder an einem intensiven Duft schnuppern. Doch ich will nichts bremsen, im Gegenteil. Ich mache sogar die Musik lauter, um noch tiefer zu tauchen und auch an den größten Batzen heranzukommen: meine Scheißangst und Verzweiflung angesichts des großen Sterbens in der Natur. Die Erde wird immer grauer, einsamer, ausgedörrter, verseuchter und vermüllter, womöglich können wir Menschen schon bald nur noch in künstlichen Umgebungen überleben – wenn überhaupt. »Ich will eine Welt mit Fröschen, Milanen, Wäldern, Bienen, Löwen, Schmetterlingen, Blumen«, zähle ich alles auf, was mir einfällt und spüre jedes Mal, wie furchtbar der Verlust wäre.

Plötzlich legt sich mitten in mein Schluchzen eine Pfote sanft auf meinen Unterarm. Überrascht halte ich inne und schaue Bibi an. Er schaut unverwandt zurück, als ob er sagen wollte: »Es ist gut jetzt. Nichts forcieren, nicht weiter gehen, als du im Moment verarbeiten kannst.« Diese Geste ist nicht neu, sie ist sogar geradezu sein »Signature-Move«, aber trotzdem bin ich tief berührt davon, wie tröstlich es sich anfühlt. Für eine Weile halte ich seine Pfote in meiner Hand, und der Tränenstrom versiegt, ohne dass es sich wie abgewürgt anfühlt. Im Gegenteil: Es ist wie nach einem Gewitter, wenn der Sturm abflaut, erste Sonnenstrahlen durch die Wolkenlücken blinzeln und sich eine reingewaschene, tropfenglitzernde Ruhe ausbreitet. In mir ist alles ganz weich und friedvoll, und zugleich bin ich so erschöpft, dass ich ohne Zähneputzen einfach ins Bett falle, sobald die letzten Töne des Konzerts verklungen sind. Der Regen prasselt auf die Dachschräge über meinem Kopf, und ich bin unendlich dankbar für mein Zuhause.

Schrammen auf der Seele

Die Menschen sagen oft: »Zu heulen ändert auch nichts.« Tut es eben doch, sehr oft jedenfalls. Auch wenn die äußeren Umstände heute die gleichen sind wie gestern, und ich sie noch genauso schrecklich finde: *Ich* bin anders. Es ist, als wäre ich aus einer dunklen, muffigen Bude an die frische Luft getreten, könnte endlich durchatmen und die Sonne auf der Haut spüren. Das lähmende Gefühl von Auswegslosigkeit ist weg und hat einem Tatendrang Platz gemacht, der allerdings noch nicht so richtig weiß, wo er sich austoben kann. Macht nichts, das findet sich.

Zunächst landet wenige Tage nach meinem zeremoniellen Heulabend die Nachricht von meiner Freundin Elke Loepthien-Gerwert im Mailpostfach: Sie wurde für einen Podcast interviewt, Thema »Trauern bringt Lebensfreude«. Das kommt ja wie bestellt, es ist doch immer wieder faszinierend. Ihre im Titel formulierte These ist für mich auch deshalb nicht überraschend, weil ich bei einigen ihrer »Trauerfeuer«-Workshops dabei war. Dort wird sehr achtsam ein Rahmen geschaffen, der es vielen Menschen erleichtert, emotionalen Ballast loszuwerden. Sehr interessant, dass ich mich trotz dieser Erfahrung zunächst davor gedrückt habe, gelegentlich die innere Rumpelkammer auszumisten.

Was ist eigentlich los mit uns hier in Deutschland und anderen westlichen Gesellschaften, dass es uns so schwerfällt, schmerzliche Gefühle zuzulassen und auszudrücken? Elke erläutert im Podcast: Es wird Kindern regelrecht abgewöhnt. Zunächst leben sie ja all ihre negativen Emotionen hemmungslos aus: Sie weinen, toben, schreien über den Verlustschmerz eines entrissenen Schäufelchens, über den Schreck beim Hinfallen, über den Frust, nicht an der Stereoanlage fummeln zu dürfen und über die Enttäuschung, dass es heute keine Nudeln gibt. Doch sehr oft schaffen es die Erwachsenen nicht, damit auf eine mitfühlende Weise umzugehen – weil ihnen gerade die Kraft fehlt und sie es meist selbst nicht erfahren haben. »Da müssen nicht mal Horrorsprüche gesagt werden wie: ,Wenn du jetzt nicht aufhörst zu heulen, gebe ich dir einen richtigen Grund' oder: ,Geh in dein Zimmer, bis du dich wieder beruhigt hast'. Es gibt auch viel subtilere Formen von Abweisung«, sagt Elke. Und Kinder haben feinste Antennen für die Stimmungen ihrer wichtigsten Bezugspersonen. Sie erkennen sofort, wenn diese sich innerlich abwenden – und das löst Verlassensängste aus. »Für ein Kind wirkt das wie eine lebensgefährliche Situation«, sagt Elke. Sie machen die existenzbedrohende Erfahrung: Wenn ich meine negativen Gefühle ausdrücke, wenden sich meine Leute von mir ab, behandeln mich grob oder schicken mich weg.

Manche verinnerlichen diese Lehre auch dadurch, dass andere Kinder sich über sie lustig machen, wenn sie Schwäche zeigen, oder durch all die Verächtlichkeiten, die Erwachsene ganz nebenbei über Heulsusen, Angsthasen und Weicheier von sich geben. Gerade Jungen bekommen auch heute noch das Päckchen namens »Ein Indianer kennt keinen Schmerz« aufgebürdet. Neulich beim Arzt sagte ein kleiner Junge, dessen Vater eine Spritze bekommen hatte: »Papa, weißt du, was ich gaaaanz toll finde? Dass du *nicht* geweint hast!« Zuerst habe ich geschmunzelt, weil es so niedlich war, aber dann dachte ich: »Verdammt, so jung und schon eingenordet, welches Verhalten in dieser Gesellschaft als das richtige gilt und mit Lob belohnt wird.« Das ist kein Vorwurf an die Eltern: Sie haben ja die gleichen Schrammen auf der Seele. Und ihre Vorfahren genauso. Die Ursprünge reichen so viele Generationen zurück, dass sie sich im Nebel der Zeit verlieren.

Elke vermutet, dass Strategien für einen hilfreichen Umgang mit emotionalem Schmerz in der Menschheitsgeschichte tausendfach verloren gegangen sind. Wann immer Menschen Unterdrückung, Gewalt, Krieg oder Vertreibung ausgesetzt sind, gibt es oft über zu lange Zeit einfach keine Möglichkeit zu trauern. Stattdessen müssen die Betroffenen sich innerlich verhärten und lernen, »sich zu beherrschen«, um funktionieren zu können, zu überleben und diejenigen zu beschützen, für die sie Verantwortung tragen. »Solange die Bedrohungssituation noch anhält, wäre es zu riskant, sich der Trauer hinzugeben«, sagt Elke. »Denn zu trauern ist ein Prozess, bei dem man sich tief nach innen wendet und nicht mehr wachsam und reaktionsfähig sein kann.« Hier in Deutschland muss kaum jemand weit zurückschauen, um in der eigenen Ahnenlinie zu den nächsten Verwandten zu gelangen, die genau das durchgemacht haben. Es ist schwer vorstellbar, wie diese hätten heilen sollen, waren doch die anderen Menschen um sie herum ähnlich traumatisiert. Und so schleppten viele der Betroffenen ihre Last bis zum Lebensende mit und gaben unbewusst viel davon an die nächste Generation weiter. In der Psychologie spricht man von »transgenerationaler Traumatisierung«.

Auch die 1946 geborene Journalistin und Schriftstellerin Gabriele von Arnim wuchs in einer Familie auf, in der man stets »Contenance bewahrte«. Das sei damals typisch gewesen: »Es war ein deutsches Sittenbild, dass man Gefühle nicht zeigte.« Die Folgen beschreibt sie so: »Ein Elternhaus, das keine Schule der Gefühle ist, entlässt emotional hilflose und haltlose Kinder in eine komplizierte Welt. Menschen, die ihre eigenen Gefühle nicht kennen und auch nicht die der anderen, sind nicht nur unglücklich, sie können gefährlich werden. Weil sie Härte mit Stärke verwechseln und Mitgefühl mit Schwäche. Weil sie denken, es sei besser zu nehmen als zu geben. Und Freundlichkeit sei nur etwas für Weicheier. Die ihren Schmerz in Verliese einmauern und riesige Felsbrocken aus Arroganz, Abwehr, Urteil und Zorn vor die Tür rollen, damit er unerreichbar bleibt. Es leiden Individuen. Es leidet der soziale Zusammenhalt.«[2] Diese Analyse erscheint mir sehr treffend, lässt sich doch genau das gerade weltweit beobachten, angefeuert von Fake News und Krawall bevorzugenden Social-Media-Algorithmen.

Doch es gibt auch eine entgegengesetzte Entwicklung, sie ist nur stiller. Mein Eindruck ist, dass sehr viele Menschen nach Heilung für den verletzten Teil ihrer Seele suchen und neue Wege ausprobieren, mit sich und anderen umzugehen. Ein guter Hinweis, dass dies nicht nur in meiner Bubble passiert, ist das riesige Angebot an Artikeln, Büchern, Videos, Podcasts, Vorträgen und Coachings rund um persönliche Veränderung. Es zeigt, wie groß das Interesse an diesen Themen selbst dann ist, wenn sie keine Selbstoptimierung versprechen, sondern die Beschäftigung mit schmerzlichen Altlasten erfordern. Ich kann dazu keine tiefschürfende Analyse liefern, aber drei Beispiele finde ich spannend: Die Sozialpsychologin Brené Brown steht mit ihrem Vortrag »The Power of Vulnerability« (»Die Kraft der Verletzlichkeit«) auf Platz Fünf der meistgesehenen TED-Talks mit knapp 64 Millionen Views. Der Buchtitel *Das Kind in dir muss Heimat finden* von der Psychologin Stefanie Stahl eroberte schon zwei Monate nach dem Erscheinen im November 2015 die *Spiegel*-Bestsellerliste und hat seitdem dort einen Stammplatz weit oben. Auch viele Bücher von Nicola Schmidt, Expertin für Entwicklungs- und Erziehungsthemen, sind Bestseller. Ihr Ansatz: Kinder als vollwertige Menschen zu behandeln, ihre Bedürfnisse ernst zu nehmen und zugleich nicht zu vergessen, dass es auch den Eltern gut gehen muss.[3]

Meine Hoffnung ist, dass zudem immer mehr Menschen das Konzept des Selbstmitgefühls (»Self-Compassion«) für sich entdecken, das 2011 bekannt wurde. Es bedeutet, »sich selbst die Freundlichkeit und Fürsorge entgegenzubringen, die wir unserem besten Freund oder unserer besten Freundin schenken.« Die Psychologin Kristin Neff verhalf damit Anfang der 2000er Jahre einer neuen Forschungsrichtung zum Durchbruch. In unzähligen Studien wurden seitdem die positiven Wirkungen auf das psychische und körperliche Wohlbefinden nachgewiesen. Einer der wichtigsten Gründe ist, dass Selbstmitgefühl das körpereigene Nervensystem beruhigt.

Warum es das tut, lässt sich gut erklären, indem man das Selbstbewusstsein dagegenstellt. Das setzt sich aus Bewertungen der eigenen Performance zusammen, und häufig fallen diese nur dann gut aus, wenn andere schlechter sind. Auf dieser Grundlage den eigenen Selbst*wert* zu bestimmen, macht ihn ungeheuer fragil. Eigentlich kann man nur verlieren, denn niemand kann ständig Glanzleistungen vollbringen, in jedem persönlich wichtigen Ranking weit oben landen und Kritik immer gelassen annehmen. Die Erfahrung, an irgendetwas zu scheitern, begleitet uns das ganze Leben. »Und gerade da, wo das Selbstbewusstsein Sie im Stich lässt, fängt das Selbstmitgefühl Sie auf und schenkt Ihnen das Gefühl, wertvoll zu sein«, sagt Kristin Neff in einem Vortrag. Und zwar ohne Bedingungen. »Es geht also nicht darum, uns selbst positiv zu bewerten, sondern uns anzunehmen wie wir sind: mit Macken und allem.« Dazu gehört auch, sich genau in dieser Unvollkommenheit mit anderen Menschen verbunden zu fühlen. »Wir alle, jeder einzelne auf dem gesamten Globus, sind unperfekt und führen ein unperfektes Leben. Das ist die menschliche Erfahrung, die wir alle teilen.«

Freundlich oder sogar liebevoll mit sich selbst umgehen zu können, wenn es gerade überhaupt nicht gut läuft, ist ein mächtiges Tool gegen die Scham, die behauptet: »Du genügst nicht«, oder: »Was du fühlst, ist falsch – du *bist* falsch.« Selbstmitgefühl ist entscheidend, um sich mit schmerzlichen Gefühlen auseinander zu setzen, ohne sich in dem Prozess noch mehr Wunden zu schlagen. Und damit sind wir wieder beim Trauern und dem Mut, in die innere Rumpelkammer zu gucken. Bonus: Mit einer grundsätzlich freundlichen Haltung sich selbst gegenüber sammelt sich da gar nicht erst so viel Schrott an.

Sinn geben

Die Kirchenglocken im Ort bimmeln nach dem Stundenschlag noch ausdauernde fünf Minuten weiter, wie immer um 6 Uhr morgens. Ich kann die Morgendämmerung erahnen, als ich im Schlafanzug und mit einer blauen Wolldecke um die Schultern die Steinstufen zum Garten hinuntergehe. Das Gras unter meinen nackten Füßen fühlt sich kross an: Raureif! Es ist, wie über Baiser zu laufen. Ich schreite eine Runde um den Apfelbaum, spüre den Boden und sauge die klare Luft tief in die Lungen. Eben noch bettwarm und leicht benebelt, bin ich jetzt *sehr* wach.

Diese Morgenroutine hat sich erst vor etwa drei Monaten entwickelt. Auslöser war ein Vortrag von Danette May, die als »America's Leading Healthy Lifestyle Expert« vorgestellt wurde. Sie sprach über gute Gewohnheiten, um seelisch gesund zu bleiben und sogar aus emotionalen Tiefs herauszufinden. Einer ihrer Tipps war, sich mindestens einmal am Tag zu »verwurzeln« und mit nackten Füßen die Erde zu spüren. Ich war wie elektrisiert: Genau! Das brauche ich! Der Garten hatte mir so gefehlt, seit er in herbstliche Dunkelheit gehüllt lag, wenn ich zuhause war. Video gestoppt, in den Keller zur Gartentür gelaufen, die Socken ausgezogen ... und dann fast gekniffen, denn es graupelte fies vor sich hin. Schließlich wagte ich es doch, und es war wunderbar – wie seither jeden Morgen, egal was das Wetter macht.

Die Füße werden selbst bei einer Frostbeule wie mir in Rekordzeit wieder warm. Man kann das jetzt nüchtern als Kneipp'sche Anwendung betrachten, die das Immunsystem auf Trab bringt, durch den Kältereiz den Vagusnerv stimuliert und dadurch die Stresshormone herunterreguliert. Ich finde aber die Vorstellung viel schöner, damit Kontakt zu meinem Garten, der Natur und der Erde aufzunehmen und allem, was da so ist, einen guten Morgen zu wünschen – und manchmal auch eine Antwort zu erlauschen. An diesem Morgen fehlt mir diese Muße, denn meine Füße melden: Es reicht. Im Haus reibe ich sie mit einem alten Handtuch ab und gehe so leise wie möglich die knarzende Holztreppe hoch ins dunkle Wohnzimmer, in dem Kater Bibi die Nacht verbracht hat und mich mit seinem typischen Gurren begrüßt. Jetzt habe ich noch 30 meditative Minuten für mich, bevor der Alltagstrubel beginnt – herrlich! Nach Jahren der Suche habe ich damit endlich eine für mich stimmige Routine gefunden, um das Meditieren wirklich zur Gewohnheit zu machen. Der ultimative Powermove wäre natürlich, dabei draußen zu bleiben, aber ich muss gestehen: Ich brauche es gemütlich. Deshalb war es auch ein Gamechanger, als ich vor einigen Jahren per Zufall die Position fand, in der ich lange und trotzdem entspannt aufrecht sitzen kann: im Schneidersitz auf dem Sofa, den unteren Rücken mit einem geknautschten Kissen gestützt. Im Liegen kämpfe ich dagegen fast immer mit dem Schlaf (und verliere), und bei allen anderen Sitzpositionen bekomme ich schon nach kurzer Zeit Muskelkneifen an unterschiedlichsten Stellen. Falls man bereit sein muss, unbequem zu sitzen, zu frieren oder sich sonst wie zu kasteien, um Erleuchtung zu erlangen, bin ich raus. Zum Glück war das sowieso nie mein Ziel.

Anfangs war das Meditieren vor allem eine Auszeit vom Denken, indem ich mich auf das Hören oder Körperwahrnehmungen konzentrierte. Dann steuerte ich öfter mit geführten Trancen auf konkrete Ziele zu. Inzwischen ähnelt meine halbe Stunde typischerweise eher einer gemütlichen Sitzung auf dem Klo: Hinsetzen, atmen und einfach gehen lassen, was mein System loswerden möchte. Ich kann durchaus einen kurzen Blick drauf werfen, aber weitergehende Analysen sind meist unnötig. Auf diese Weise stauen sich viele Widrigkeiten des Alltags erst gar nicht an: Ich kann sie entweder gleich als irrelevant abhaken, meinen Frieden damit machen oder entscheiden, in welcher Weise ich reagieren möchte.

Und so sitze ich auch heute einfach da, richte meine Antennen nach innen und zugleich in die Stille und Weite des Raumes. Irgendwie fühle ich mich genervt und spüre dem nach, aber es taucht keine Erklärung auf. Also nehme ich es einfach hin. Ich *darf* muffelig sein, wenn es nicht mal 6.30 Uhr und noch dunkel ist, Punkt. Wie schon oft löst sich das Gefühl mit dieser Akzeptanz auf und hinterlässt eine herrliche Ruhe. Kurz darauf lande ich doch wieder mit den Gedanken bei den Aufgaben des Tages und kaue minutenlang darauf herum, bevor es mir bewusst wird. *Arrgh!* Zurück zum Atem, ich lasse mich ganz weit werden. Es fühlt sich an, wie sich genussvoll im Bett auszustrecken oder den warmen Wasserstrahl der Dusche über den Nacken fließen zu lassen. Dieses Umschalten gelingt immer besser, manchmal sogar jenseits der Sofastille und mitten im Getümmel von was auch immer da gerade tümmelt. Schließlich spielt der Handy-Timer eine schöne Gitarrenmelodie, und ich nehme dieses Geschenk an mich selbst mit in den Tag.

In der Bahn höre ich heute den Schluss von Elkes Podcast-Interview, in dem sie noch über etwas ganz Entscheidendes spricht: Um einen Trauerprozess wirklich zu vollenden, sei es notwendig, dem Ganzen einen Sinn zu geben. »Ich sage bewusst ‚Sinn *geben*‘, denn es gibt Dinge, die so schrecklich sind, dass sie in sich einfach keinen Sinn haben und man deshalb auch keinen finden kann.« Doch sogar dann sei es möglich, selbst eine Bedeutung zu *bestimmen* und die Erkenntnisse und auch die emotionale Schubkraft aus dem Schmerz dafür zu nutzen, eine bessere Zukunft zu erschaffen: »Das ist der Moment, in dem wirklich der Schatz eines Trauerprozesses gehoben wird.«

Damit darf man sich auch Zeit lassen und beobachten, was auf dem Humus des kompostierten Schmerzes wachsen will. Doch mein Tatendrang macht mich ungeduldig und möchte sofort ein Ziel entwickeln, auf das er sich richten kann. Sanft geschaukelt von den Bewegungen des Zuges und durch die Kopfhörer ganz in meiner eigenen Blase frage ich mich: »Wo kann ich aktiv werden, was kann ich mit Liebe tun, wo erschaffe oder erhalte ich etwas Gutes?« Am Fenster zieht ein Kleingartengelände vorbei. *Duh!* Natürlich in meinem Garten! Sofort fließt die Inspiration: Kann ich vielleicht auch andere dafür begeistern, ihren Garten »viecherförderlicher« zu pimpen? Wie viele mag es geben, die das längst tun? Kann ich mich mit denen vernetzen und von ihnen lernen? Und dann sind da ja noch unzählige sonstige Flächen, die man aufwerten könnte. Es müsste doch möglich sein, so viele Oasen für Pflanzen und Tiere zu schaffen, dass die nächste immer in erreichbarer Nähe liegt. Bestimmt kann ich mich da auch irgendwie einbringen. Das ist es doch, auf geht's!

Und dann bin ich wieder mal völlig geflasht, wie die Welt um mich herum plötzlich neue Möglichkeiten aufzeigt, sobald ich mich innerlich sortiert habe. Manchmal ist es geradezu magisch oder als wäre in einem Computerspiel ein neues Level freigeschaltet worden. Heute ist es dagegen eher wie beim Puzzeln: Plötzlich findet sich das eine Teil, mit dem klar wird, wo die anderen halbfertigen Stücke hingehören. Mein Fund heute ist der »Eva-Garten«, eine kleine bepflanzte Fläche vor dem Stuttgarter Bibelmuseum, an der ich seit Monaten an jedem Arbeitstag mehrmals vorbeigehe. Das auf einer Tafel erläuterte Konzept hatte ich schon ganz am Anfang gelesen und spannend gefunden, aber erst heute wird daraus das Puzzleteil, das sich wie von allein an der richtigen Stelle einfügt. Die Gestaltung zielt darauf ab, etwas zum Ernten für die Menschen und zugleich möglichst viel Nahrung und Schutz für Tiere zu bieten. Damit gehört der »Hortus Evae« zu einem ganzen Netzwerk aus Gärten, die sich ebenfalls »Hortus« nennen und den gleichen Prinzipien folgen. Eine kurze Recherche ergibt: Einige der dahinterstehenden Menschen kümmern sich offenbar auch um andere Grünflächen und machen daraus so genannte »Lebensinseln«.

Sieht so aus, als hätte ich meinen Tribe gefunden.

Der Wohnungsmarkt in Gartenhausen

An einem Samstag Mitte Februar lockt erstmals wieder die Sonne in den Garten. Vibrierend vor Tatendrang würde ich am liebsten gleich in der nächstbesten Ecke mit irgendwelchen Aufräumarbeiten anfangen. Stattdessen wandere ich einfach nur herum und schaue. Der Winter war gefühlt ewig lang und hat trotzdem nur für eine grobe Recherche auf der Internetseite des Hortus-Netzwerks[1] gereicht. Bei 40 Stunden Bildschirmarbeit pro Woche ist einfach begrenzt, was ich an zusätzlicher Screentime ertragen kann.

Doch die bereits gesammelten Infos reichen, um mich mein kleines Reich mit neuen Augen sehen zu lassen. Die Brennnesselecke beim Komposthaufen hatte ich zum Beispiel vor allem deshalb geduldet, um davon Blätter für Frischpflanzensaft oder den Dungesud zu ernten – jetzt sehe ich darin vor allem Raupenfutter für Tagpfauenauge, Admiral, Kleiner Fuchs, C-Falter und Landkärtchen. Das sind zwar vergleichsweise häufige Schmetterlinge in Deutschland, doch selbst die scheinen es inzwischen schwer zu haben. Jedenfalls waren im vergangenen Sommer kaum welche unterwegs.

Drei Schritte weiter, im Eck hinter dem fast völlig unter Efeu verschwindenden Apfelbaum und der Ligusterhecke zum Nachbarn, gibt es ein Häufchen Schnittgut mit Potenzial. Die Ecke ist ideal, da kann ich locker die doppelte Menge auftürmen, ohne dass es stört. Das wird ein schönes Igelquartier. Auch andere Tiere nehmen solche Refugien gerne an, zum Beispiel nutzen Zitronenfalter sie zum Überwintern. Wie der Reisighaufen in der Morgensonne so da liegt, wirkt er gar nicht so klein, wie ich ihn in Erinnerung hatte – vielleicht war er ja sogar schon in diesem Winter bewohnt.

Die große Hasel ist noch blattlos, entlässt aber schon bei jedem Windstoß ganze Wolken von Pollen aus ihren Kätzchen – wie gut, dass Marcus und ich darauf nicht allergisch reagieren! Daneben steht meine »Benjeshecke«, deren Name bei kümmerlichen 1,50 Meter Länge eigentlich viel zu hochtrabend ist. Statt richtige Pfähle tief einzuschlagen, habe ich einfach ein paar lange und dickere Äste versetzt in den Boden geschoben. Bisher halten sie das dazwischen abgelegte Schnittgut trotzdem so stabil, dass sich eine natürliche Wand gebildet hat, in der es aber genug Lücken gibt, die Tiere besiedeln können. Mit der Zeit kann durch eingebrachte Samen von Vögeln sogar von ganz allein eine »richtige« Hecke entstehen. So ambitioniert war ich beim Bau meines bescheidenen Stückchens allerdings gar nicht, es sollte nur ein kleiner Sichtschutz sein, weil ich wegen des Gefälles im Gelände den unteren Nachbarn genau vor dem Küchenfenster hocke, wenn ich unter der Hasel sitze.

Bisher sieht das Arrangement allerdings eher hässlich aus. Dass es überhaupt noch da ist, liegt an einem schweren »Bin ich nicht zu gekommen«-Syndrom. Zum Glück, denn der Platz ist ideal, um abgeschnittene dickere Stängel aufgestellt anzulehnen. Viele Wildbienen und andere Insekten nutzen diese nämlich als Nistmöglichkeiten, und wer im Garten zu eifrig aufräumt und die abgeblühten Pflanzen schreddert oder auf den Kompost wirft, lässt ihnen keine

Chance, sich zu vermehren. Die Stängel weder zu bündeln noch hinzulegen, sondern einzeln senkrecht aufzustellen, kommt dem nicht abgeschnittenen Naturzustand am nächsten und bewahrt mit etwas Glück auch empfindlichere Larven und Puppen, die unbemerkt daran kleben mögen.

Die Sonne beleuchtet den Platz unter der Hasel schon mit solcher Kraft, dass ich mich für einen Moment dort hinsetze und genüsslich das Gesicht ins Licht halte. Und dann höre ich zum ersten Mal seit vielen Monaten einen Buchfinken singen, *ooohhh!* Wie in jedem Jahr fühlt es sich an, als würde mich das melodisch perlende Trillern noch glücklicher machen als jemals zuvor – mein Herz scheint sich so sehr zu weiten, dass es fast wehtut. Gelegentlich kommen Buchfinken an unsere Futterstelle, deshalb wusste ich, dass sie da sind. Aber ihr Gesang verkündet mehr als das: »Hier bin ich, Leute! Fit und bereit, das Leben in eine neue Runde zu führen!«

Ich schlendere weiter über die künftige Blumenwiese und versuche mir vorzustellen, was ich den Tieren im Garten sonst noch anbieten könnte. »Naturmodule« nennen die Hortusianer das. Ein großer Steinhaufen als Unterschlupf und warmer Sonnenplatz für Insekten und Kleintiere lässt sich auf jeden Fall irgendwo aufschichten. Man kann sogar darunter ein Loch graben und es mit Ästen und Sand auffüllen, um Überwinterungsplätze für Kröten, Molche und Blindschleichen zu schaffen. Aus dem bisherigen Tomatenbeet könnte ich zudem ein »Sandarium« machen: Eine vor Regen geschützte, gut besonnte Sandfläche, die Erdbienen und andere Buddler unter den Insekten zum Nisten einlädt. Auch ein Maulwurf wäre im Garten tatsächlich ein Gewinn, denn seine Haufen schaffen immer wieder natürliche »Störstellen«, die von vielen Insekten für die Eiablage genutzt werden. Außerdem kann man beim Einebnen ein paar Samen darauf verteilen, zum Beispiel von prachtvollen Einjährigen wie Kornblume und Mohn oder von der bei Insekten begehrten Tauben-Skabiose. Ein Blogbeitrag auf der Internetseite »Faltergarten« von der Gesellschaft für Schmetterlingsschutz schwärmt so sehr für den Maulwurf, dass ich gerne auch wieder einen hätte, ist es zu fassen? Vielleicht geht es aber auch ohne, denn in meinem Garten fühlen sich Ameisen wohl, die ebenfalls stattliche Erdhaufen aufwerfen, so genannte »Solarien«.

Außerdem täte dem Garten mehr Totholz gut, zum Beispiel als dekorativ platzierte dicke Äste, aufrechtstehende Stammstücke oder Skulpturen aus umgedrehten Wurzelstöcken. Viele Käferarten sind auf Totholz angewiesen, um sich fortzupflanzen, und auch einige Wildbienen nutzen Löcher als Bruthöhlen oder graben selbst Gänge in die weicher werdende Struktur. Vor allem als ungeordnete Haufen umgeben von Wildstauden ist Totholz ein so attraktiver Lebensraum, dass man es besser »Biotopholz« nennen sollte. Dieser Begriff ist nicht von mir, aber er gefällt mir, und ich will ihn weiterverbreiten.

Unter den Zwetschgenbäumen finde ich zwei leuchtend gelbe Blumen, die ich nicht kenne und die mir schon in anderen Gärten aufgefallen sind. Mit der Blüte, die wie eine kugelige Schale direkt auf einem Kranz von grünen Blättern sitzt, sieht sie wie eine Miniaturseerose aus. Plötzlich dämmert es mir: Das sind Winterlinge! Und die sind deshalb plötzlich da, weil ich selbst die Zwiebeln im vergangenen Herbst gesetzt habe. Ich bin also auch nicht besser als ein Eichhörnchen, das emsig seine Schätze in der Erde verbuddelt und dann vergisst, so dass aus den Nüssen und Eicheln neue Bäume wachsen können – oder eben bunte Farbtupfer im noch überwiegend grau-braunen Garten.

Tatsächlich war ich im Herbst Hörnchen-fleißig. Als das Paket mit den Frühblüher-Knollen im September ankam, war ich erst mal geschockt, weil es so viele waren: 185 Stück, um genau zu sein. Je 25 Winterlinge, Frühlings-Anemonen, Blausterne und Schachbrettblumen sowie 10 Hasenglöckchen und 75 Elfenkrokusse. Allein diese Namen! Ich erinnerte mich noch dunkel, wie ich mich beim Bestellen hatte bremsen müssen, weil Blumenzwiebeln zwar nicht teuer sind, aber das Graben von vielen, vielen Löchern erfordern.

Und so legte ich dann los, ganz nach Anleitung in Grüppchen und jeweils doppelt so tief wie die Zwiebeln und Knollen hoch sind. Bei manchen musste ich darauf achten, wo oben ist, andere können sich mit speziellen Zugwurzeln selbst in die perfekte Position bringen – wie cool ist das denn?!? Nach einem Tag Schinderei war schließlich alles im Boden, einige Zwiebeln in den Beeten vor dem Haus, aber die meisten unter der Buche, den Pflaumen und vor allem der Hasel.

Da muss ich jetzt noch mal hin und genauer gucken. Tatsächlich entdecke ich die Triebspitzen von fünf Elfenkrokussen! Wie durch ein Wunder habe ich sie vorhin nicht plattgelatscht. Was man bei Zwiebelpflanzen wissen muss: Wenn sie abgeblüht sind, bleibt unattraktives Laub zurück, dass man jedoch nicht abschneiden darf. Die Pflanzen beziehen daraus ihre Kraft für das nächste Jahr. Sie sollten also dort gepflanzt werden, wo das nicht stört – oder so, dass es vom Austrieb benachbarter Stauden kaschiert wird. Verwildern werden die Pflanzen nur, wenn man sie ihr Ding machen lässt – und genau das ist mein Plan. Einheimische Frühblüher sind nämlich superwichtig im insektenfreundlichen Garten, weil die ersten Flieger auf deren Pollen und Nektar angewiesen sind.

Idealerweise gibt es dann bis kurz vor dem nächsten Winter immer Nahrung bietende Blüten – das nennen Bienenfreunde »durchgehendes Tracht(fließ)band«. Douglas Tallamy schreibt in *Nature's Best Hope*: »Eine Landschaft, die durch eine zwei- oder dreiwöchige Periode ohne verfügbare Blüten geht, ist für Bienen tödlich.« In meinem Garten sieht es da auch wegen des spät blühenden Efeus gar nicht so schlecht aus, bei den Frühblühern dürfen es ruhig noch mehr werden. Überhaupt will ich künftig bei allen Pflanz-Entscheidungen mitberücksichtigen, ob sich damit das Trachtband optimieren lässt.[2] Richtig genial wird es natürlich, wenn auch die Spezialisten unter den Insekten stets finden, was sie brauchen. Das ist was für Fortgeschrittene.

Was ich bei meinem Rundgang allerdings erst mal nicht finde, sind die neugepflanzten Violen und die Herbstanemonen. Da muss ich noch mal in meine Unterlagen gucken, zum Glück schreibe ich mir auf, wo ich was gepflanzt habe. Ob die alle eingegangen sind? Dabei hatte eine der Anemonen im Vorjahr sogar noch zaghaft geblüht, mit flach arrangierten zartrosafarbenen Blättern, aus deren Mitte sich prominent die gelben Staubbeutel erhoben. Immerhin kommen in allen Beeten bereits Blätter von Akeleien hervor, einige Pflanzen sehen sogar schon richtig kräftig aus. Unter den erwünschten Wanderern im Garten gehören sie zu den eifrigsten und sorgen dabei auch noch für bunte Überraschungen: Man weiß vorher nie, ob sie fast weiß, zartrosa, pink, fliederfarben oder dunkelviolett blühen werden. Obendrein werden sie von Bienen und Hummeln geliebt, was will man mehr?

Irgendwann juckt es doch zu sehr in den Fingern, und ich schnappe mir Gartenschere und Unkrautstecher, um mit ersten Aufräumarbeiten offiziell ins neue Gartenjahr zu starten und vor allem das immer noch überall hervorkriechende Fingerkraut zu jagen. In der vom Regen der vergangenen Tage aufgeweichten Erde kann ich ihm gut jeweils bis zur Hauptwurzel nachstellen. Apropos Regen: Über den Winter hat sich der Boden hier in der Gegend bis in eine Tiefe von 60 Zentimetern gut durchfeuchtet, stand in der Zeitung. Für den Wald reiche das allerdings immer noch nicht. Schnee hat es dagegen gar nicht gegeben, nur einmal war die Landschaft kurz ein bisschen gepudert. Aber ich traue der Sache nicht: Es ist die typische Masche des Februars, die Menschen ein bisschen Frühlingsluft schnuppern zu lassen und kurz darauf doch noch mal ordentliche Ladungen Flocken abzuladen.

Lockdown und das Geschenk eines Gartens

Marcus und ich nutzen die Mittagspause in Stuttgart für einen kleinen Ausflug auf den Birkenkopf. Es ist vermutlich für längere Zeit eine der letzten Möglichkeiten, so etwas zu unternehmen, denn Deutschland steuert auf einen »Lockdown« zu, um die Verbreitung des neuen Coronavirus zu bremsen. Die Geschäfte in der Stadt sind bereits geschlossen, und auch in der Firma verschwinden immer mehr Menschen ins »Homeoffice« – wir bald auch. Marcus und ich haben sowieso schon gelegentlich von zuhause aus gearbeitet und freuen uns sogar darauf: Die Pendelei nach Stuggi kostet täglich über zwei Stunden und ist fast immer nervig.

Selten war ich so innig dankbar für mein Zuhause. Was für ein Geschenk es ist, einen Garten zu haben. Ich denke voller Mitgefühl an all die Menschen, die diesen Luxus nicht haben und stattdessen in einer kleinen Wohnung leben – sicherlich häufig auch ohne Balkon. Mein kleines Büro ist durch die langjährige Freiberuflichkeit gut ausgestattet, und auch Marcus hat ein Zimmerchen, um in Ruhe zu arbeiten. Außerdem gibt es einen Keller mit Platz für ein paar Nudeln und Saucen mehr im Vorrat. Das reicht aber auch, bei Hamsterkäufen machen wir nicht mit. Die Finanzkrise 2008 hatte mich tatsächlich mal ein paar Vorräte horten lassen, und dann hatte ich richtig zu tun, um all das Mehl rechtzeitig zu verarbeiten. Warum sich so viele Leute jetzt auf Klopapier stürzen, ist mir ein echtes Rätsel: Solange Wasser fließt und man ältere Laken zerreißen kann, gibt es doch selbst bei echten Engpässen immer Möglichkeiten, den Pöppes sauber zu bekommen. Aktuell machen gefährliche Ideen als schlaue Tipps die Runde: »Einfach Küchenrollen in der Mitte durchschneiden: Tadaaa! Schon hat man zwei Klorollen!« Und alle Leute mit Ahnung so: »Neiiiiin, bloß nicht!

Diese Papiere sind extra reißfest und beständig, das verstopft garantiert alle Rohre!«

Spannend sind auch die Diskussionen, wer »systemrelevant« ist und deshalb normal arbeiten darf (wohl eher: muss). Plötzlich wird klar, wer den Laden hierzulande wirklich am Laufen hält, und das sind nicht die Manager. In einem Reddit-Forum kam die Frage auf, ob meine Zunft der Schreiberlinge denn wohl systemrelevant sei. »Na klar«, schrieb jemand, und ich erwartete Begründungen wie »wichtige Informationen aufbereiten« und »den Mächtigen auf die Finger sehen« oder wenigstens »den Menschen mit hoffnungsvollen Geschichten durch dunkle Zeiten helfen«, so wie die Maus Frederick. Stattdessen kam als Begründung: »Man kann Journalisten prima nutzen, um zu prüfen, ob irgendwo giftige Gase austreten.« So frech das war, ich musste trotzdem lachen. Denn es stimmt ja: Wenn es so richtig dicke käme, wären meine Kenntnisse für den Kartoffel- und Blumenkohlanbau wesentlich wichtiger, als Texte schreiben zu können.

Unter knallblauem Himmel und herrlich warmer Sonne wandern wir durch den noch blattlosen Laubwald den Berg hoch, der von den Stuttgartern auch »Monte Scherbelino« genannt wird. Der Birkenkopf ist nämlich heute gut 40 Meter höher als von der Natur vorgesehen, weil hier nach dem Zweiten Weltkrieg über 1.500.000 Kubikmeter Schutt von den Trümmern der Bombenangriffe abgeladen wurden. Irgendwie ist es angesichts der unsicheren aktuellen Lage sehr tröstlich zu sehen, wie selbst aus etwas so Schrecklichem mit der Zeit wieder etwas Schönes erwachsen kann.

Tatsächlich tobt hier das Leben, überall flitzen Eidechsen auf der niedrigen Steinmauer herum, die den Rundweg begrenzt. Zwei Jungen kommen uns entgegen, und ich höre den einen »58« sagen. Ich selbst höre bei 30 zu zählen auf, weil ich bei dem Gewusel nicht mehr mitkomme. Überall blüht der Weißdorn und verbreitet seinen süßlichen Geruch, der mich an Kinderkaugummi erinnert. Auf dem Gipfel wartet eine grandiose Aussicht über den Stuttgarter Kessel auf uns, dessen Luft heute durch den bereits deutlich reduzierten Verkehr in der Stadt nicht so grau-braun verstaubt aussieht wie sonst oft. Die Vollbremsung des ganz normalen Wahnsinns hat offenbar jetzt schon interessante Nebenwirkungen.

Noch am gleichen Tag setze ich eine größere Pflanzenbestellung ab – die wird mich während des Lockdowns gut beschäftigt halten. Am 22. März ist es dann so weit: #wirbleibenzuhause. Ironischerweise ist es genau der Tag, an dem wir nach Teneriffa aufbrechen wollten, um zu wandern und den sehr an Winter leidenden Marcus ein bisschen zu besommern. Für den Garten ist es gut, dass wir die Reise stornieren mussten, denn da geht es gerade richtig los. Also putze, hacke und dünge ich die Erdbeeren, die in diesem Jahr wertvoller denn je sein könnten: Es ist unklar, ob in Coronazeiten die Erntehelfer aus Osteuropa einreisen dürfen – und ohne sie geht es nicht. Ich räume weiter in den Beeten auf und stelle befriedigt fest, wie gut sich die Lavendelbüsche entwickelt haben, seit sie nicht länger vom Fingerkraut bedrängt werden. Auch die meisten der vermissten Setzlinge vom Vorjahr finden sich wieder, außerdem überall Traubenhyazinthen, die sich ohne mein Zutun in den Garten gemogelt haben und herzlich willkommen sind: Sie sind bienenfreundlich und sehen toll aus in ihrem fast violetten Blau.

In den ersten Apriltagen kommen dann die bestellten Pflanzen an und ich setze drei Purpur-Witwenblumen in das Vorgartenbeet mit dem Holunder, das nach meiner Aufräumaktion vom vergangenen Sommer noch ziemlich leer ist. Sie sollen gute Nektarpflanzen für Schmetterlinge sein, ebenso wie die Färberkamille. Die beiden haben eigentlich unterschiedliche Bedürfnisse an den Boden, bin gespannt, wie sie mit den tatsächlichen Gegebenheiten zurechtkommen. Mittenrein will ich außerdem einen Muskatellersalbei setzen, stoße aber beim Graben auf schönsten, saftig-krümeligen Boden – viel zu üppig für eine Pflanze, die kargen Boden möchte. Ich habe jedoch gerade keine Alternative mit genug Platz und Sonne, deshalb grabe ich die Erde ab und hebe sie für einen anderen Zweck auf. Jetzt brauche ich allerdings sandig-mageren Ersatz, wo soll ich den an einem Sonntag herbekommen? Auf der Suche nach Inspiration schlendere über das Grundstück und werde hinter dem Carport fündig, wo der Giersch wuchert: Am Rand der gepflasterten Fläche ist die Erde sandig, steinig und leicht in einen Eimer zu schaufeln – perfekt. Ab ins Pflanzloch damit, ein bisschen mit der vorhandenen Erde mischen und den Salbei mit seinen haarigen Blättern einsetzen. Jetzt kann ich den Neulingen nur noch toi, toi, toi wünschen. Vorsichtshalber mache ich ein paar Fotos ...

Als das Pflanzenpaket ankam, war ich erst mal ratlos. Was genau hatte ich mir dabei gedacht, zehn Exemplare vom Gelben Lerchensporn zu bestellen? Nach einer Weile fällt mir wieder ein, dass ich mich wohl etwas zu sehr von der begeisterten Beschreibung von *Pseudofumaria lutea* im Pflanzenshop habe mitreißen lassen: »Diese dauerblühende, zierlich belaubte kleine Staude können wir Ihnen gar nicht genug empfehlen. Sie ist eine wirkliche Bereicherung für jeden Garten«, stand da und weiter, dass die Sämlinge freudig auch die unwirtlichsten Plätze besiedeln wie etwa Mauerritzen. »Es kommt sogar vor, dass Gelber Lerchensporn kopfüber in Torbögen wächst!« Tatsächlich gibt es rund um die Metalltreppe vom Sonnendeck in den Garten unschöne Mauerreste, nur eignet sich keine der vorhandenen Unregelmäßigkeiten dafür, etwas zu pflanzen. Etwas betreten stehe ich da, glotze eine Weile auf das kniehohe Mäuerchen, und dann formt sich ein Plan B.

Schnell sind die kürzlich weggeräumten Elemente einer anderen Idee für diesen Platz hervorgeholt: Ein altes 83x50-Ikea-Brett auf zwei ungefähr gleich hohen Holzklötzen sollte mit der Mauer im Rücken ein rustikaler Sitzplatz sein. Leider war das Arrangement einfach zu ungemütlich, blieb deshalb ungenutzt, wucherte zu und wurde daher vor zwei Wochen beim Frühjahrsputz im Garten entfernt. Nun stelle ich das Brett durch die Holzklötze stabilisiert aufrecht vor die Mauer, so dass es diese ein Stück überragt und sich ein Raum bildet, den ich mit Erde füllen und wie einen Balkonkasten bepflanzen kann. Die Erde stammt vom letztjährigen Tomatenbeet unter dem Treppenabsatz, wo ich schon ein bisschen was für das künftige Sandarium abgegraben habe. Seitlich bröselt aus meiner Konstruktion zwar immer etwas raus, aber wenn der Lerchensporn wirklich so ein Überlebenskünstler ist, sollte er damit zurechtkommen. Ich kann ja auch immer mal wieder etwas nachfüllen. Fünf Exemplare finden dort Platz, die anderen pflanze ich vor das Brett und rund um die Holzklötze, wo ich mit einem Rest irgendwann gekaufter Deko-Kiesel eine kleine Steinlandschaft erschaffe. Dieses Gestalten mit verfügbaren statt neu gekaufter Sachen ist ungeheuer befriedigend. Es vereint den Zauber des Butzenbauens aus der Kindheit mit ressourcenschonendem Ökobewusstsein und der Gelassenheit, dass das Ganze auch krachend scheitern darf. Vorerst aber sieht es richtig toll aus, und ich platze fast vor Stolz. Zum Schluss findet sich in einer Ecke des Schuppens noch einen Rest Holzschnitzel, um damit den Abstand zur Wiese zu dekorieren. Ha, die Menge reicht genau! Man nenne mich die Königin der Impro-Gärtner!

Voll verplant

Bevor ich mich an das nächste Wohnbauprojekt mache, hole ich mir erst mal eine Stärkung: meine jährliche Dröhnung Frischpflanzensaft. An einem Morgen Mitte April spaziere ich barfuß durch den Garten und fülle das an meinem Arm baumelnde Körbchen überwiegend mit Löwenzahn, Brennnesselspitzen und zarten Gierschblättern, dazu etwas Zitronenmelisse für den Geschmack. Gerade bitteren Wildkräutern werden zahlreiche positive Wirkungen nachgesagt, die mal mehr, mal weniger gut belegt sind. So sind Löwenzahn und Brennnesseln wohltuend für die Verdauung, regen die Leberfunktion und den Harnfluss an und bremsen eine Entzündungsneigung des Körpers, die durch einen nicht optimalen Lebensstil entstehen kann. Und wer hat den schon? Ich fühle mich jedenfalls immer wie innerlich frisch gewaschen und durch die konzentrierte Ladung Nährstoffe aus den Wildkräutern mit neuer Energie betankt.

Im Haus schraube ich den Entsafter, ein klobiges, schweres Metallding, am Esstisch fest, stopfe die gewaschenen Blätter nach und nach in den Trichter und drehe dann mit einer Kurbel die Schnecke im Inneren der Konstruktion. Sie zermalmt das Pflanzenmaterial, so dass tiefdunkelgrüner Saft austritt und über eine seitliche Tülle in ein untergestelltes Gefäß fließt. Die Reste kommen als grüne Würste vorne raus, die ich später noch ein zweites und drittes Mal durchnudele, da kommt immer noch eine Mange Saft raus. Mit dem elektrischen Entsafter, den ich mal hatte, funktionierte die Sache übrigens überhaupt nicht.

Schon bald reicht die Menge für das erste Pinnchen, First Flush sozusagen, verschüttet mit Kefir – Buttermilch geht auch – zu einem ultragesunden Smoothie. Es schmeckt grasig, natürlich bitter, auch etwas zitronig durch die Melisse und wirklich lecker. Inzwischen weiß ich, wie gut mir das tut, aber eigentlich haut man sich nicht gleich eine so große Menge von dem grünen Elixier rein, sondern beginnt mit einem Teelöffel, steigert die Menge über zwei Wochen auf 14 Teelöffel und reduziert dann ebenso lange wieder zurück auf einen – so habe ich es gelernt und in den ersten Jahren auch gemacht. Solche Mini-Mengen einzufrieren ist mir aber viel zu aufwendig, ganz zu schweigen vom Goldstandard, den Saft täglich frisch zu machen. Stattdessen mache ich aus meiner Ausbeute Eiswürfel und kann so jeden Tag eine Portion auftauen. Meist dauert es drei bis vier Wochen, bis ich ganz plötzlich keine Lust mehr auf meinen Shot habe oder das Auftauen vergesse. Dann weiß ich: Jetzt hat mein Körper genug, der Tank ist voll. Ich finde das ungeheuer faszinierend.

Die erste Frischpflanzenkur fühlte sich an, als hätte ich Raketentreibstoff zu mir genommen. Vermutlich war damals das Defizit aus verschiedenen Gründen sehr groß. Doch auch in diesem Jahr ist der Energieschub deutlich spürbar und treibt mich dazu, die Arbeit am

Sandarium aufzunehmen. Auf der Internetseite des Hortus-Netzwerks lese ich noch mal die Details nach: Erde auf einer Fläche von mindestens 40x40 Zentimetern 30 Zentimeter tief abgraben und mit grobem Sand auffüllen: »Das Füllmaterial sollte nicht zu fein sein, damit Brutröhren sicher gebaut werden können und stabil bleiben.« Weiter heißt es: »Idealer Standort ist Südseite, möglichst regengeschützt«. Passt. »Mit Totholz lässt sich das Sandarium nicht nur optisch aufwerten, sondern es wird gleichzeitig ein weiterer Lebensraum angeboten.« Okay, da weiß ich im Moment noch nicht, wo ich das herbekommen soll. Erst mal den Rest erledigen.

170x70 Zentimeter misst der Bereich unter der Folie, nur lässt es sich dort schwer graben. Nach mehreren Tagen des Buddelns bei 15 Zentimetern Tiefe geht es nicht mehr weiter, so kompakt ist die Erde. Was jetzt? In dem Moment kommt Marcus in den Garten, schaut anerkennend auf die trotz allem beeindruckende Grube und sagt dann trocken: »Das wird ein richtig *tolles* Katzenklo.« Mir fällt die Kinnlade runter – wie konnte ich vergessen, dass die Sandfläche vermutlich sehr anziehend für unsere zwei Kater sein wird? Verdammt, das ist wieder mal ein »Lochpullover-Moment« – mein Synonym für »Feststellen, dass ich ein allzu enthusiastisch begonnenes Projekt nicht zu Ende gedacht habe«. Als mir das zum ersten Mal passiert ist, wollte ich einen Pullover mit Lochmuster haben, was damals gerade völlig out und nirgends zu bekommen war, so dass ich ihn selbst stricken musste. Kein Thema, ich besorgte mir weiße Wolle und ein entzückendes Muster mit lauter schräg laufenden Doppelreihen aus knapp centgroßen Löchern, das ich zusätzlich mit einem raffinierten Rückenausschnitt aufwendig abwandelte. Das Teil war wirklich ein Knaller, allerdings fiel mir erst bei seiner Vollendung auf, dass ich wegen des freien Rückens nichts drunter ziehen konnte. Ey, wie doof kann man sein?!? Man? Ich!

Seltsamerweise kommt es gerade bei Sachen, die eine Menge Planung erfordern, zu solchen Lochpulli-Affären, und jedes Mal bin ich völlig perplex. Bis heute bringe ich es nicht mit meinem Selbstbild überein, wenn mir so offensichtliche Dinge beim Durchdenken nicht auffallen. Immerhin fand ich oft kreative Lösungen, um mich aus den Sackgassen wieder herauszumanövrieren. Für den Lochmuster-Pulli zerschnitt ich ein Unterhemd auf Bustier-Größe und nähte es als Sichtschutz ein. Funktionierte super, solange nicht allzu viel Bewegung ins Gestrick kam. Dann blitzte nämlich mehr hervor, als ich zeigen wollte – und im schlimmsten Fall steckte eine Brustwarze in einem der Löcher fest, die dafür genau den richtigen Durchmesser hatten. Aber mit Anfang 20 geht so was ja noch als charmant durch. Jedenfalls habe ich den Pulli geliebt und an vielen Sommertagen getragen. Doch so gut gingen nicht alle unausgegorenen Ideen aus. Da gab es zum Beispiel mal ein Fischcurry mit Salzheringen ... Reden wir nicht drüber.

Diesmal lautet Plan B, die vorbereitete Fläche zum Magerbeet zu machen. Ich fülle die Grube mit einem Gemisch aus Schutt und Steinchen, die bei anderen Gartenarbeiten aufgetaucht sind und die ich in einer Ecke des Schuppens geparkt hatte – seinerzeit hauptsächlich deshalb, weil ich schlicht nicht wusste, wo ich die loswerden konnte. Dann setze ich einen weiteren Muskatellersalbei, eine Färberkamille und zwei Karthäuser-Nelken ein, die noch kein Plätzchen gefunden haben. Angeblich kommen diese Magerkünstler sogar mit solch kargen Bedingungen zurecht, die Erde aus ihren Pflanzcontainern soll reichen. Ich frage mich eher, ob die lehmig-undurchlässige Schicht darunter ihnen womöglich die Wurzeln wegfaulen lässt. Aber vielleicht geht es ja gut, weil durch den Regenschutz gar nicht so viel Wasser drankommt. Versuch macht kluch. Zum Schluss verteile ich Quarzsteinchen aus dem Baumarkt als letzte Schicht auf der Fläche. Das sieht richtig gut aus!

Aber etwas fehlt noch. Weil ich wegen des Fundaments für die Treppe nicht die ganze Tiefe der Fläche nutzen konnte, wirkt die Bepflanzung ein bisschen unsymmetrisch. Da muss ein Deko-Objekt hin, vielleicht eine Buddhafigur? Allerdings kommt mir das doch arg klischeehaft vor und albern obendrein, an die einzige halbwegs

ordentliche Stelle in meinem Chaosgarten eine solche Statue zu
setzen. Bei einem Bummel durch den Ort finde ich dann genau das
richtige: Ein Frosch in Steinoptik mit aufsitzenden metallisch-violett
schimmernden großen Augen, der in eher legerem Lotossitz mit
locker runterhängenden »Händen« dasitzt. Er passt perfekt an den
vorgesehenen Platz, ich bin völlig begeistert.

Blumenwiese 2.0

Heute wird die Blumenwiese angelegt, *yay!* Als Voraussetzung musste
die Fläche gemäht sein, was netterweise Marcus übernommen hatte.
Immer wieder rief er: »Aber hier sind Blumen!« Ja, und sicher auch
viele Tiere, verdammt. Schon war ich wieder verunsichert: Ist es
wirklich sinnvoll, sie für das große Ganze zu opfern?

Punkt 9 Uhr fährt der schon im Herbst engagierte Gartenprofi
Bernd Daberger vor, lädt Fräse und Walze vom Anhänger und legt
los. Die Maschine schneidet sich durch den Bewuchs und wühlt ihn
um, eine echte Schufterei. Der Boden ist knochentrocken, denn in
diesem Frühling hat es so gut wie gar nicht geregnet, und auch für die
nächsten Tage ist nichts angesagt. 2020 ist jetzt schon ein Dürrejahr,
egal wie es weitergeht – das dritte in Folge. Weil ich hier gerade eh
nichts tun kann, fahre ich zum Baumarkt, um mich schlauchmäßig
besser auszurüsten – mein bisheriges System reicht nicht bis zum
unteren Garten, wo die Ansaat eine Weile feucht gehalten werden
muss. Auf dem Weg komme ich an einem Projekt für Geflüchtete
vorbei, die dort normalerweise coole Taschen nähen und jetzt stattdessen Schutzmasken. Kurzentschlossen kaufe ich welche, weil derzeit immer häufiger darauf hingewiesen wird, dass Stoffprodukte
zwar nicht perfekt sind, aber besser als nichts. Im Baumarkt probiere
ich gleich aus, wie sie sich tragen. Seltsames Gefühl.

Wieder zurück im Garten, kann ich Herrn Daberger helfen, das
durchgefräste Pflanzenmaterial von der Fläche zu entfernen. Wir

sammeln mit ausreichend Corona-Abstand gemütlich vor uns hin, meist in einträchtigem Schweigen. Die Sonne wandert auf ihren Höchststand zu und knallt aus wolkenlosem Himmel auf uns herab. Dabei weht ein Wind, der so stürmisch ist, dass er anderswo wahrscheinlich einen Namen hätte, so wie der Passat oder der Scirocco. Was würden sich wohl die Schwaben ausdenken – vielleicht »Puschtele«? Das ist eher geht-so-lustig, aber ich muss mich trotzdem beherrschen, um nicht loszuprusten. Vor allem die Vorstellung, dass ein Auto danach benannt werden könnte, macht mich endgültig fertig: VW Puschtele! Die Sonne ist echt zu heiß heute.

Nach vielen abgesammelten Eimern ist erst mal Mittagspause, danach wird noch mal gefräst und wieder gesammelt. Lange. Wahrscheinlich könnte man bis nächste Woche weitermachen, ohne das Gefühl zu haben, wirklich alles erwischt zu haben. Die Fräse hat auch viele kartoffelgroße Steine hervorgebracht, die ich am liebsten wegbringen würde, während Herr Daberger sie offenbar nicht für problematisch hält. Schließlich füllt er die Walze mit Wasser und zieht das nun schwere Ding langsam über den Acker, so dass alles etwas eingeebnet wird. Als er zu der Packung mit der Samenmischung »Blütenparadies« greift, lasse ich das künftige Kartoffelbeet, an dem ich gerade arbeite, links liegen, um ihm zuzuschauen. »Oder wollen Sie?« fragt er. Klar! Gemeinsam verteilen wir das Saatgut, was bei den Windböen gar nicht so einfach ist. Schließlich wird die ganze Fläche noch gewässert, und dann kann die Natur ihre Wunder tun.

Tatsächlich muss ich angesichts der Dürre ganz schön nachhelfen und zwei Mal am Tag wässern. Vermutlich wäre einmal täglich und dafür intensiver grundsätzlich besser, aber bei der lehmigen Erde hier entsteht dann eine totale Matschfläche, das kann es auch nicht sein. Es dauert fast ein Stündchen, bis ich die ganze Fläche Stück für Stück mit dem Schlauch benetzt habe. Morgens macht das am meisten Spaß, weil mir die Sonne dann auch noch Regenbogen hinzuzaubert.

Eine Woche später ist es so weit: Die ersten Triebspitzen schauen aus dem Boden. Die meisten erkenne ich sofort fluchend als Kriechendes Fingerkraut, das vermutlich auch einen Vulkanausbruch überleben würde. Andere sehen verdächtig nach einem anderen nervenden Krabbelkraut aus, in diesem Fall dem Kriechenden Hahnenfuß. Die Buchhandlung im Ort hat wieder mal genau das richtige Werk für mich: *Wird das was – oder kann das weg? Erwünschte und unerwünschte Gartenpflanzen erkennen* von Bärbel Oftring. Ein tolles Buch, gefährlich finde ich nur die darin vertretene Maxime »Wir jäten nur, was wir kennen.« Schon klar: Wenn man nicht abwartet und beobachtet, was aus verdächtig aussehenden Blättchen wird, lernt man nie, ob es wirklich ein Problemkraut ist oder eine wunderbare Blume. Aber für mich klingt die Vorgabe wie: »Man darf alles streicheln, solange nicht *erwiesen* ist, dass es beißt.«

Das Buch zeigt mir: Die wichtigsten Problempflanzen kann ich erkennen. Dann gibt es da noch ein Kraut, das war mir auch ohne nähere Bekanntschaft so unsympathisch, dass ich es immer rausgezogen habe, wenn es mir irgendwo begegnet ist. Tatsächlich ist das Gewöhnliche Greiskraut nicht nur eher hässlich, sondern auch giftig, und selbst bei vielen Naturfans ungefähr so beliebt wie Zecken. Ha! Womöglich entwickele ich ja so was wie einen sechsten Gartensinn.

Wnukdara oder:
Einfach leben lassen

Im Kellerflur sitzt eine große Spinne. Also: *richtig* groß. Eine Lachnummer für Australier, schon klar, aber für deutsche Verhältnisse geradezu riesig. Früher hätte ich mich so einem Exemplar nur bis auf die Länge des Staubsaugerrohrs genähert, heute möchte ich keinem Tier unnötig etwas zuleide tun, sondern dem Ahimsa-Prinzip folgen. Das Wort aus dem Sanskrit bedeutet »Nicht-Verletzen« oder allgemeiner: »Gewaltlosigkeit«. Was damit gemeint ist, wird allerdings von den verschiedenen religiösen und philosophischen Strömungen sehr unterschiedlich ausgelegt. Ich verstehe darunter die Achtung aller Wesen, also auch Pflanzen, Pilze und Bodenmikroben, ohne sie in ein hierarchisches System einzuordnen, in dem manche mehr wert sind als andere.

Hm, wenn ich schon selber Definitionen entwickele, sollte ich vielleicht auch einen eigenen Begriff dazu finden, anstatt mich einfach so aus dem Wortschatz einer mir fremden Kultur zu bedienen und mir einen einzelnen Aspekt nach Gutdünken passend zu kneten. Der Begriff darf auch komplett erfunden sein, schließlich ist »Ahimsa« für mich auch nicht mehr als eine Lautfolge, weil mir die zugehörige Sprache nicht vertraut ist. Und so taufe ich meine Weltsicht zum Thema »Wünschenswerter Umgang mit anderen Wesen« hiermit feierlich: »Wnukdara«. Es ist die einzige Wortkreation, die meine »Oder gibt's das schon?«-Onlinesuche bestanden hat – vermutlich aus gutem Grund, *hüstel*. Die Umbenennung ändert allerdings auch nichts daran, wie weit ich von diesem Ideal entfernt bin. Da muss ich mich nur beim Ausrupfen von Fingerkraut & Co beobachten. Das Zerquetschen einer aus der Haut gezogenen Zecke befriedigt sogar gewisse Rachegelüste. Aber auch diese Viecher haben eine Daseinsberechtigung – einfach, weil sie *da* sind. Ohne Wertung, schon vergessen? Aber wenn jemand mein Blut will oder das meiner Lieben, ist nix mit Wnukdara. Dafür bräuchte es ein Level an Erleuchtung, das mehrere Stockwerke über meinem liegt, vielleicht immer liegen wird.

Und jetzt ist da diese völlig harmlose *echt große* Spinne[1]. Über die Jahre habe ich erst die kleinen, dann immer größere Achtbeiner mithilfe von Gläsern raussetzen können, aber diese hier liegt deutlich jenseits meines bisher machbaren Spektrums. Mit einem dieser Ex-Senfgläser stehe ich schließlich da, kratze meinen Mut zusammen und schreite zur Tat. Der weite Rand passt gerade so drüber, *uaahh*. Doch ab jetzt bin ich entspannt, weil sie nicht mehr losrennen kann, alles easy. Ich schiebe ein Stück Pappe unter Glas und Spinne, und weil es draußen nachts noch zu kalt ist, bringe ich sie zum Gewölbekeller. Da darf sie von mir aus bleiben. Sie aus dem Glas rauskrabbeln zu lassen, traue ich mich allerdings nicht, deshalb befördere ich sie mit einem kurzen Schlackern des Handgelenks aus dem Glas. Es macht *Fump!* Ohne Quatsch: Das war so ein dicker Hoschi, dass ich die Landung hören konnte. Haha, nimm dies, Drache, sei bezwungen! Dieses Gefühl war wohl mit dem versprochenen Goldschatz gemeint.

Schon vor einigen Tagen standen meine Wnukdara-Absichten einer großen Herausforderung gegenüber. Begeistert betrachtete ich den Holunder neben der Haustür, samt seiner vielen wunderschönen cremig-weißen Schirme aus sternförmigen Mini-Blüten – und entdeckte Massen von schwarzen Blattläusen. Oh Mann, muss ich so eine Invasion jetzt womöglich sogar gut finden? Es fühlte sich ein bisschen so an, als würde sich die Natur über mich lustig machen: »Hey, du *wolltest* doch mehr Insekten im Garten, also beschwer dich jetzt nicht! Schmetterlinge waren gerade aus, Blattläuse gab's im Sonderangebot.«

Der Internetrecherche zufolge wird Holunder offenbar häufig von Blattläusen befallen, eine Art heißt sogar Holunderblattlaus, schwarz oder graugrün sehen die aus. Würde ja passen. Es gibt aber auch noch die Schwarze Bohnenlaus, ebenfalls schwarz oder dunkelgrün. Hm. Die Grüne Pfirsichblattlaus ist es jedenfalls nicht, zum Glück. Die gilt nämlich als besonders problematisch, weil sie auch noch schädliche Viren übertragen kann. Befallen werden im Allgemeinen vor allem junge Pflanzen oder solche, denen es am Standort nicht gut geht. Letzteres würde ich bei meinem Holunder mal ausschließen, so kraftvoll wie er aussieht. Er zeigt auch keine weiteren Probleme wie eingerollte Blätter oder verkümmernde Triebspitzen. Erstaunlich eigentlich, wo der Befall doch echt heftig ist.

Ja, ich gebe es zu: Als nächstes habe ich naturverträgliche Bekämpfungsmittel recherchiert und die Spritzflasche mit der verdünnten Brennnesseljauche sogar schon startklar gemacht. Doch als ich gerade loslegen wollte, fiel mir die Ironie auf: Für die Blattläuse macht es keinen Unterschied, ob ich sie mit synthetischen oder natürlichen Substanzen umbringe … Außerdem sind bei solchen Aktionen immer auch die räuberischen Insekten gefährdet, die Blattläusen und anderen weniger beliebten Kreaturen nachstellen. Weil die Vermehrungszyklen der Räuber meist länger sind, erholen sich die Populationen auch nicht so schnell wie die ihrer Beute, so dass man mit jeder Spritzerei die eigenen Verbündeten schwächt. Also habe ich nicht gespritzt, sondern stattdessen Marienkäferlarven bestellt. Inwieweit es zum Wnukdara-Prinzip passt, den Läusen ihre Fressfreunde auf den Hals zu hetzen, wäre bestimmt ein schönes Thema für philosophische Abhandlungen. Ich hatte damit kein Problem, zumal ich eh nur die kleinste Bestellmenge gewählt habe und damit die Blattläuse allein zahlenmäßig weit vorne liegen werden.

Die 30 Individuen von *Adalia bipunctata* kommen in einem streichholzschachtelgroßen Plastikdöschen mit kleinen Papierstreifen bei mir an. Sie sind winzig, kleiner noch als Fruchtfliegen, sehen aber aus, als wären sie der Fantasie eines Alien-Regisseurs entsprungen: Der Körper ist ähnlich geformt wie ein Hummer, tiefschwarz mit orangen Zeichnungen und rundherum mit Stacheln bewehrt – coole Optik für die Verteidiger meines Holunders! Die Tiere sollen vorsichtig auf drei mitgelieferte Papiertütchen verteilt und dann mit Wäscheklammern in die befallene Pflanze gehängt werden. Das mache ich brav und stelle erst mal fest, dass die Mini-Monster sich keineswegs sofort ausgehungert auf die Blattläuse stürzen, sondern bis zum Ende des Tages nicht mal die Tüten verlassen. Naja, ich hatte ohnehin keine großen Erwartungen, das ganze sollte nur ein Test sein. Das Aussetzen von Marienkäferlarven ist wohl eher für Gewächshäuser geeignet als fürs Freiland. Nun, dann muss sich das eben irgendwie von allein regeln, jedenfalls wird in meinem Garten nichts totgespritzt, Punkt.

Am Abend schaue ich endlich die Dokumentation *The Biggest Little Farm*, deutscher Titel: *Unsere große kleine Farm*. Immer wieder haben mir Leute erzählt:»Du *musst* dir unbedingt diesen Film angucken, der ist *sooooo* schön!« Und das ist er wirklich.[2] Er erzählt die Geschichte eines Pärchens, das die vernachlässigten Apricot Lane Farms in Südkalifornien übernimmt und das völlig ausgelaugte und vertrocknete Land mithilfe eines erfahrenen Beraters und der Permakultur wieder aufblühen lässt. Mit den dahinterstehenden klugen Prinzipien beschäftige ich mich ja schon länger und werde später noch mehr davon erzählen. Hier nur so viel: Weil ich weiß, dass die Permakultur wirklich die Power für solche geradezu wundersam anmutenden Veränderungen hat, kann ich den Film einfach genießen – ohne zynische Gedanken darüber, ob das alles nicht arg geschönt sein mag.*

Etwas anderes an der Geschichte ist für mich gerade viel beeindruckender: Im Laufe der Wiederbelebung wird die Farm immer wieder von der wilden Tierwelt überrannt: Kojoten massakrieren die Hühner, Horden von Schnecken beschädigen die Zitruspflanzen, Massen eines Wühlmaus-ähnlichen Tieres zernagen die Wurzeln der Aprikosenbäume. Und so Wnukdara-mäßig die Farmer auch drauf sind mit ihrem erklärten Ziel, Landwirtschaft in Harmonie mit der Natur zu betreiben: Sie sehen anfangs oft keinen anderen Ausweg, als die Invasoren zu töten. Ihr Berater ist inzwischen gestorben, sonst wären sie vielleicht schneller draufgekommen, wie sich diese Probleme zu Chancen wandeln lassen – eine der wichtigsten Denkweisen in der Permakultur. Schließlich lassen sie ihre Enten auf die Schnecken los und lenken die jagenden Kojoten zu den Nagern um. Der Berater hat vorausgesagt, dass es sieben Jahre dauern würde, bis das Land zu einem Gleichgewicht gefunden hat – weil dann genug wilde Jäger auf der Farm ihr Revier bezogen haben, um die Schäden verursachenden Tiere in Schach zu halten: Schlangen, Wiesel, Eulen und Scharen von Insekten fressenden Vögeln. Die Bilder berühren mich tief, weil ich mir genau das so sehr für alle Gärten, öffentliche Parks, Wohngebiete und landwirtschaftliche Flächen wünsche: Dass sie auch Lebensraum für wilde Tiere sind und wir Menschen bei unseren Handlungen ihre Bedürfnisse berücksichtigen.

So genannte Realisten rollen jetzt garantiert mit den Augen über diese »Traumtänzerei«. Ja, es gibt fantastillionen Einwände und

---

* Trotzdem habe ich später den amerikanischen Permakultur-Designer Warren Brush nach seiner Einschätzung gefragt. Er kennt die Gegend und ist selbst auf die Regeneration von ausgetrocknetem Land spezialisiert. Er bestätigte die gezeigten Bilder, sagte aber auch, dass die Akteure vergleichsweise viel Geld zur Verfügung gehabt hätten. Dadurch ließen sich in kurzer Zeit spektakuläre Ergebnisse erzielen als mit schmalem Budget.

Hürden – und ebenso viele Ideen, sie zu bewältigen. *Wenn man denn wollte.* Anstatt sofort alles gleich mit »geht nicht« wegzuwischen, könnten wir doch in einem ersten Schritt damit anfangen, zumindest mal ganz doll zu wollen. Wo kommen wir denn hin, wenn wir uns nicht mal erlauben, von einer Idylle zu *träumen* und zumindest den Kompass unserer Handlungen auf diesen Nordstern auszurichten? Stimmt: Genau dahin, wo wir als Menschheit jetzt sind. Statt paralysiert auf all die Hindernisse zu starren, könnte man auch auf jeder Entscheidungsebene nach den Wegen drum herum suchen und sich fragen: »Was geht?« Diese simple Frage eröffnet meiner Erfahrung nach immer Möglichkeiten, so gering sie auch erscheinen mögen, in Richtung einer positiven Veränderung. Wie sagte der Philosoph Laotse so schön: Auch der längste Marsch beginnt mit dem ersten Schritt. Ich glaube, er beginnt noch früher – nämlich dann, wenn sich jemand dafür entscheidet, unterwegs sein zu wollen und die Richtung wählt.

Mein großer kleiner Garten

Einige Abende später ist am Holunder keine einzige Blattlaus mehr zu finden, obwohl ich schwören könnte, dass am gleichen Morgen noch alles voll war. Können das wirklich die Marienkäferlarven gewesen sein? Oder vielleicht doch eher die Spatzen, die gerne in dem dichten Busch auf der anderen Straßenseite hocken? Wer auch immer aktiv geworden ist: Es gibt in meinem Garten noch mehr zu tun. In den Erdbeeren schwirren kleine weiße Fliegen herum, laut Internetsuche könnten es Mottenschildläuse sein. Die beschriebenen Schäden – gelb gepunktete, deformierte und von Honigtau klebrige Blätter – sind mir an den Beeren bisher nicht aufgefallen, wohl aber an den Zwetschgen. Beim genauen Hinschauen finden sich dort Scharen von Marienkäferlarven. Der ganze Baum ist voll davon! Hoffentlich bekommen die das in den Griff, ich mag Zwetschgen nämlich. Die überall am Boden rumkriechenden Feuerwanzen sind zum Glück harmlos, auch wenn sie martialisch aussehen mit ihrer knallroten Färbung und den schwarzen Tribals auf dem Rücken. Leider taugen sie nicht als Vogelfutter, weil sie wohl fies schmecken.

Doch zurück zu den Erdbeeren, die gerade so viele herrliche Früchte hervorbringen, dass ich sogar welche abgeben kann. Am liebsten beschenke ich meine lieben Nachbarn links und rechts, die meinen ungemähten Chaosgarten großmütig hinnehmen. Das Ernten stellt heute wieder meine ganze Wahrnehmung auf »weit«: Während ich mit den Händen sanft das Erdbeerlaub beiseite wische und die zum Vorschein kommenden Früchte begutachte, fühle ich Erde, Holzbretter oder Stroh unter meinen nackten Füßen und die warme Abendsonne auf dem Rücken, lausche zugleich den verschiedenen Vogelgesängen um mich herum und atme den süßen Duft der angefressenen Erdbeeren ein, bei denen die Ameisen schneller waren als ich. Etwas huscht an meinem Fuß vorbei ... eine Blindschleiche! Sei willkommen in meinem Garten, *Anguis fragilis,* Jäger der Nacktschnecken! Hier tappeln zwar auch Igel herum, wie unsere Webcam zeigt, aber Forschungen zufolge fressen die gar nicht so viele Schleimviecher wie ihnen unterstellt wird. »Die Menge der verzehrten Nackt- und Gehäuseschnecken beträgt nur etwa sechs Prozent des Nahrungsvolumens«, schreibt die Expertin Monika Neumeier im Buch *Igel im Garten.* Egal – bei Nacktschnecken bin ich für jede Unterstützung dankbar.

Im Film wurden Enten auf die Schneckenplage losgelassen, und tatsächlich haben das auch Leute aus meinem Bekanntenkreis schon ausprobiert. Es brachte aber einen ganzen Sack neuer Probleme mit sich: Einzäunungen mussten her, Entenscheiße überall, und noch bevor alle Schnecken vertilgt waren, wurden die Salate angeknabbert ... In meinem Gemüsegarten habe ich seinerzeit auch vieles ausprobiert, zum Beispiel Schneckenkragen um die Jungpflanzen zu setzen oder Wollstreifen um die Beete zu legen. Kupferbleche hatte ich zum Glück schon vor dem Kauf in YouTube-Videos scheitern sehen. »Du wirst auch noch zum Schneckenkorn kommen«, prophezeiten die anderen düster. Niemals! Selbst wenn man nicht die auch für Kinder und Haustiere giftigen Metalldehyd-Produkte nimmt, sondern auf den Wirkstoff Eisen(III)-phosphat setzt: Das Zeug tötet auf qualvolle Weise, und zwar *alle* Schnecken , dabei stellt nur die Spanische Wegschnecke ein Problem dar.

Inzwischen wird *Arion vulgaris* eher »Kapuzinerschnecke« genannt, denn aus welchen südlichen Gefilden sie wirklich gekommen ist, lässt sich gar nicht so genau sagen. Sicher ist nur: Sie gehört nicht hierhin, fühlt sich aber verdammt wohl in unseren feuchteren Breiten. Sie verursacht schätzungsweise 90 Prozent der Fraßschäden an Gemüse, Salaten und Blumen, kann diese Leckereien über Dutzende Meter riechen und sich obendrein daran erinnern, wo es schon mal ein Festmahl gab. Zudem sei sie ein echtes Raubein, sagt der Schneckenexperte Dr. Michael Schrödl von der Zoologischen Staatssammlung München. Anders als anderen Schnecken machen ihr weder scharfkantiger Kies noch ausgetrockneter Rasen oder pralle Sonne wirklich etwas aus. Sie vermehrt sich schneller als die einheimische Konkurrenz, frisst mehr und knabbert wirklich alles an, selbst Vogelküken. Sie selbst schmeckt dagegen keinem der hier heimischen Tiere wirklich gut. Kröten, Amseln, einige Laufkäfer, Igel und Spitzmäuse fressen bestenfalls die Jungtiere und auch nur, wenn es sonst nichts gibt.

Trotz allem ist die Kapuzinerschnecke *auch* ein nützlicher Aufräumer und vertilgt Aas, Kot und faulige Pflanzenteile – aber diese Rolle im Ökosystem erfüllen einheimische Schnecken ebenso, und das ohne Beete kahl zu rasieren. Dass der Große Tigerschnegel mit seiner coolen grau-schwarz gefleckten Körperzeichnung zudem die Eier der Invasoren fressen würde, ist allerdings wohl nur ein Gerücht: »Bei uns im Labor taten sie das trotz Hunger nicht«, sagt Michael Schrödl. Das Gleiche gilt für den Appetit der Weinbergschnecken. An die habe ich trotzdem mein Herz verloren. Ich kann an keiner vorbeigehen, die mitten auf einem Weg in Gefahr ist, plattgefahren zu werden, sondern muss sie auf die Seite setzen. Bei feuchten Wetterlagen kann das einen Spaziergang ziemlich in die Länge ziehen. Und wenn sie in meinem Garten auftauchen, bekommen sie einen Namen und zur Wiedererkennung ein Erkennungszeichen auf das Haus gemalt. Aktuell sind hier Else, Elli, Edda und Eleonore immer mal wieder zu sehen. Gestern allerdings bekam ich den Nachteil der Namensgebung zu spüren, als ich ein leeres Häuschen fand und wusste: Das war Erich, erst am Vortag getauft und von irgendwem gefressen. Aber ich schweife ab.

Gift scheidet also aus – wie geht man dann am besten mit der Kapuzinerschnecke um? Sie irgendwo anders hinzubringen (womöglich zum Wald, wie ich es einst getan habe), ist jedenfalls falsch: So breiten sie sich immer weiter aus und gefährden die heimischen Ökosysteme. Tatsächlich empfehlen die Experten, die abgesammelten Schnecken zu töten. Bierfallen sind allerdings keine gute Idee, weil der Gärgeruch mehr Schecken anzieht, als letztlich darin ersaufen. Effektiv und ohne unnötige Qualen sei nur, sie mit kochendem Wasser zu überbrühen oder mit der Schere mittendurch zu zerschneiden. Puh, ob ich so kaltblütig sein kann? Spoiler: Jepp, kann ich. Die Massen an Schnecken, die im feuchten Jahr 2021 über meinen Garten herfallen, machen es möglich. Ich gebe zu: Manchmal ist da auch eine »Ihr Mistviecher, euch werd' ich's zeigen«-Genugtuung, aber meistens fühle ich mich mies dabei. Es sind schließlich Lebewesen, und sie tun lediglich, was ihre Biologie ihnen vorgibt. Aber solange es keine natürlichen Feinde gibt, die für eine Balance sorgen können, müssen das gärtnernde Menschen tun. Vielleicht erfindet jemand mal etwas Besseres, so was wie ein Mittel, das selektiv nur die Kapuzinerschnecke unfruchtbar macht. Hey, das ist doch überhaupt *die* Idee!

Vorerst jedoch kann ich meine Wnukdara-Haltung ausleben, so bröseltrocken wie der Frühling bisher war. Inzwischen habe ich die Fläche für den Nutzgarten erweitert. Es gab zwei mit Gras überwucherte Streifen, einen entlang des Zaunes, einen zum Schuppen hin, die wohl schon früher mal als Beete genutzt worden waren. Jetzt schauen bereits die ersten Triebspitzen der dort gesetzten Kartoffeln aus der Erde. Es ist völlig faszinierend: Da vergräbt man einfach welche in der Erde, und die Magie beginnt. Wenn dann nach ein paar Wochen die oberirdische Pflanze verwelkt ist und man wieder buddelt, findet man ganz viele neue Kartoffeln. Bohnen sind ebenso faszinierend. Die Verkäuferin des Saat-Tütchens meinte, man müsse die einfach nur in den Boden stecken. Ich fragte, ob der nicht aktuell noch zu kalt sei und überhaupt: der Nachtfrost, die Eisheiligen ... Sie:»Pfff, da müssen die durch.« Also gut. Im Garten steht ein Metallgerüst, das mal zur Befestigung von Wäscheleinen gedacht war. Von den Haken der Querstange ließen sich Leinen zum Boden spannen, an denen die Bohnen hochranken sollen. Inzwischen schieben sich schon kleine grüne Schultern aus der Erde, bald werden sich die Keimblätter aufrappeln und der Sonne entgegenrecken. Es muss sich nur zeigen, ob die auch ausreicht, denn am Nachmittag liegt die Stelle im Schatten.

Unter der Hasel starte ich heute ein ganz neues Projekt: eine Pilzzucht! Auf einem Pferdehof habe ich zwei Strohballen bekommen, die ich gestern erst mal gründlich wässern musste: Sieben Mal sollten im Abstand von zwei Stunden jeweils zwei große Eimer heißes Wasser darüber gekippt werden. Heute will ich die in einem Eimerchen angelieferte Austernseitling-Brut ausbringen. Dieser einheimische Speisepilz kommt in der Natur an den Stämmen von abgestorbenen Laubbäumen vor und soll geschmacklich an Kalbfleisch erinnern. Die Brut sieht aus wie verschimmelte Sägespäne und riecht angenehm nach Pilzwetter im Wald. Mit einem Pflanzholz oder etwas Ähnlichem soll man jeweils eine walnussgroße Menge 10 bis 15 Zentimeter tief in den feuchten Strohballen einbringen. Mein Werkzeug ist vermutlich etwas zu stumpf vorne, das macht es recht mühsam, ein Loch ins feuchte Stroh zu bohren. Die mit dem Löffel abgestochene Menge schiebe ich erst mit dem Finger, dann mit dem Holz in die Tiefe. Danach wird das Loch wieder zugefriemelt, und weiter geht's. Es dauert eine Weile, bis das Eimerchen leer ist. Dann heißt es wieder warten und der Natur ihren Lauf lassen. Wichtig ist laut Anbieter, dass der Ballen Erdkontakt hat und feucht bleibt, zur Not unter einer Folienabdeckung. Bis zu drei Jahre sollen dann immer wieder frische Pilze zu ernten sein. In einem Beet oder auf Totholz kann man es wohl auch machen.

Auch die Tomaten haben endlich ihren Platz gefunden: Ich habe zwei Plastikgewächshäuser gekauft, die perfekt an die Stellen passen, die genug Sonne für meine Diven »Lylia«, »Ruthje« und »Zuckertraube« bieten: rechts und links von der Schuppentür, windgeschützt und mit den warmen Wänden von Schuppen und Haus im Rücken. Trotzdem bereitet mir der Kauf Bauchgrimmen, weil es eben Plastik ist und auch noch lommeliges Zeug, bei dem schon am Aufbautag der Timer läuft. Immerhin riecht das Material nach sonnenwarmem Sylter Strandkorb und beschert mir damit immer mal wieder einen Flash glücklicher Kindheitserinnerungen. Allerdings stehen die Schutzhäuschen auf Pflastersteinen, wie kommt also die Erde zu den Tomaten? In Säcken!

Angeblich gibt es für so was spezielle Pflanzsäcke, doch davon wusste man im Baumarkt nichts. Als Alternative muss eine Rolle Bauschuttsäcke mit 60 Liter Fassungsvermögen herhalten, die sich als so stabil wie erhofft erweisen. Ich krempele sie auf der Hälfte um, schneide unten einige Löcher rein, damit das Gießwasser ablaufen kann, und fülle sie mit der Erde, die ich bei der Anlage des Magerbeetes ausgehoben habe. Etwas Kompost kommt auch noch dazu, dann kann ich die Jungpflanzen hineinsetzen. Weil sich die gewendelten Stäbe, die Tomaten üblicherweise als Stütze bekommen, hier nicht nutzen lassen, habe ich zwei Juteseile unter das Dach des Tomatenhäuschens gespannt. Daran befestige ich weitere Seile, die wiederum locker an die Pflanzenstängel gebunden werden. Diese Idee habe ich von der Autorin Meike Winnemuth geklaut, die in ihrem wunderbaren Buch *Bin im Garten* schreibt: »Wenn die Pflanze größer wird, tüdelt man die Schnur einfach fortlaufend um sie herum.«

Das funktioniert wunderbar, sogar besser als mit den steifen Metallstäben, und außerdem kann ich so regelmäßig das Wort »tüdeln« benutzen. Es erinnert mich an meinen in Hamburg aufgewachsenen Großvater, an alle Ferien an der See und an die Zeit, in der ich in Norddeutschland gewohnt habe. Es ist eines dieser entzückend lautmalerischen Wörter, deren Bedeutung sich sofort erfassen lässt und die unbedingt vor dem Aussterben gerettet werden müssen. »Krohsen« (mit einem O-Laut wie in Rock) gehört auch dazu, ebenso wie »kruschteln« (mit langem U). Beide erfassen sämtliche Formen von kramen, wühlen und sich im Kleinklein verlieren. Auch schön: »auseinanderklamüsern« für das aufwendige Entwirren chaotischer Verhältnisse. Ein absolutes Lieblingswort ist für mich »zerhuschkern«. Seine Wurzeln liegen im Dunkeln und außerhalb meiner Familie scheint es niemand zu kennen. Es bedeutet: Sich vor dem Aufstehen noch mal gemütlichst eingekuschelt halb wach, halb schlafend einem äußerst mußevollen Zustand hingeben. Ein solches Wort zu benutzen, kann eine ganze Lebenseinstellung prägen!

1000 neue Haustiere

Die Zahl unserer Haustiere hat sich heute schlagartig massiv erhöht: Das Paket mit den Kompostwürmern ist angekommen. Etwa 1000 unterschiedlich alte Riesen-Rotwürmer (*Eisenia hortensis* beziehungsweise *Dendrobaena veneta*), von vielen auch liebevoll »Dendros« genannt, knubbeln sich in einem mit erdigem Substrat gefüllten Säckchen und sollen demnächst einen Großteil unseres Biomülls verwerten. Zusammen mit Zellulose aus leeren Klopapierrollen und Eierkartons und zugefütterten Mineralien soll daraus ein 1a-Humus werden.

Zunächst muss ich allerdings die Wohn- und Wirkungsstätte zusammenbauen. Die »Wurmfarm« besteht aus einem Unterbau mit Standfüßen und Auslasshahn für überschüssige Flüssigkeit – der so genannte »Wurmtee«, den man verdünnt als hochwertigen natürlichen Dünger nutzen kann. Darauf kommen ein Rahmen mit siebartig durchlässigem Boden und der Deckel. Die zwei weiteren Rahmen brauche ich erst, wenn sich die Wurmerei eingespielt hat. Jetzt geht es an die Inneneinrichtung. Dafür weiche ich den mitgelieferten Block aus Kokosfasern in Wasser ein, er muss nach der Quellzeit die Konsistenz eines feuchten Schwamms haben: Nur wenn man eine Handvoll davon fest zusammendrückt, soll Wasser austreten. Das Substrat wird dann mit zerrissener Zeitung, etwas Mineralienmix und Startererde gemischt und im ersten Rahmen verteilt. Mit etwas Zeitungspapier kann man verhindern, dass es durch die Löcher krümelt. Es darf aber wirklich nur eine dünne Lage sein, sonst ist die Durchlüftung der ganzen Konstruktion gefährdet.

Dann ist der Moment gekommen: Die Dendros dürfen einziehen! Die großen sehen den Regenwürmern im Garten sehr ähnlich, und es sind ja auch Verwandte – nur eben mit unterschiedlichen Superkräften. Wie in der Anleitung beschrieben, drücke ich ein Loch in die Mitte der Startermischung und schütte den Inhalt des Säckchens hinein. Die ineinander verknäulten Würmer zu entwirren, ist nicht nötig, das machen die schon selbst. Allerdings besteht in den ersten Tagen die Gefahr, dass die vom Transport verstörten Tiere in alle Richtungen kriechen wollen, um ein ruhiges Plätzchen zu finden – und der aufgelegte Deckel würde sie nicht daran hindern. Deshalb deckt man sie nur mit einer angefeuchteten Hanfmatte ab und lässt vier Tage rund um die Uhr das Licht im Raum an. Dann buddeln sie sich in die dunkle Gemütlichkeit der Kokos-Erde-Mischung ein und sind hoffentlich zufrieden mit ihrem neuen Zuhause.

Am zweiten Tag nach dem Aufbau besteht meine Aufgabe darin, etwa 500 Milliliter Wasser gleichmäßig auf der Hanfmatte zu verteilen – die Kokosfasern quellen mitunter noch nach und dann könnte die Mischung insgesamt zu trocken werden. Nach einer halben Stunde kann ich Wasser über den Hahn ablassen, was zeigt:

Alles okay. Andernfalls hätte ich die Befeuchtung wiederholen müssen. Unter der Hanfmatte ist Party, die Würmer wirken fit und agil. Am vierten Tag gibt es dann erstmals Futter: zwei Handvoll Schnippelreste von den Früchten für das morgendliche Müsli sowie eingeweichte Fetzen von einem Eierkarton. Zellulose sollte immer etwa ein Drittel der Ration ausmachen, eher etwas mehr, wenn man viel Obst füttert. Was man den Dendros überhaupt so zum Fraß vorwerfen darf, steht in einer sehr detaillierten Liste auf der Internetseite des Anbieters.[3] Orangenschalen eignen sich zum Beispiel nicht. Übrigens knabbern die Würmer nicht selbst an Apfelschalen, Salatblättern und Möhrenstückchen herum, sondern schlürfen auf, was Bakterien vorverdaut haben. Was hinten rauskommt, *könnte* man Wurmkacke nennen, aber Humus klingt so viel sympathischer. Und danach riecht es auch: wie saftige Walderde. Sollte eine Wurmerei müffeln, muss man sofort aktiv werden – dann stimmt etwas ganz und gar nicht. Im Normalbetrieb kann nur der »Wurmtee« stinken, wenn man ihn nicht regelmäßig ablässt und sofort nutzt oder entsorgt.

In den nächsten Wochen bin ich immer mal wieder verunsichert: Ist das Substrat feucht genug oder müsste ich für ein bisschen »Regen« sorgen? Mit welcher Futtermenge und Fütterfrequenz sind die Dendros wirklich happy? Anfang sollte man sehr regelmäßig, aber nur wenig füttern und die Mengen langsam steigern. Wenn die Bedingungen gut sind, fressen Kompostwürmer täglich ihr halbes Körpergewicht! Es dauert allerdings etwa sechs Monate, bis das System die volle Arbeitskapazität erreicht hat und den Biomüll eines Zwei-Personen-Haushalts bewältigen kann. Nächste Frage: Sollte ich die Sachen kleiner geschnitten geben? Das gibt den Bakterien mehr Angriffsfläche und somit ist die Nahrung für die Würmer schneller verfügbar. Püriertes zu füttern ist dagegen wohl keine gute Idee, weil man dadurch Matschstellen schafft, in denen die Luft nicht gut zirkulieren kann. Fruchtfliegen-Befall soll sich durch die Hanfmatte verhindern lassen, und bisher funktioniert das optimal. Übrigens wird die Matte auch in die Humusbildung einbezogen und verdünnisiert sich im wahrsten Sinne des Wortes. Nach einigen Wochen sollte sie ersetzt werden.

Irgendwann wird der erste Rahmen zu etwa drei Vierteln gefüllt sein, dann kommt der nächste dazu. Ein bis zwei Handvoll des Substrats werden in der neuen Etage mit der ersten Futtergabe vermischt, so dass die Bakterien auch hier gleich loslegen können. Die Löcher des neuen Rahmens müssen unbedingt guten Kontakt mit dem unteren Substrat haben, damit die Dendros nach Lust und Laune zwischen den Etagen wechseln können. Mit dem dritten Rahmen verfährt man genauso. Dann sollte ganz unten kaum noch was los sein, weil dort das Futter vollständig umgesetzt worden ist. Das ist der große Moment: Die Ernte von feinstem Wurmhumus steht an (Spoiler: Bei mir wird es nach zehn Monaten so weit sein und die Erdbeerbeete beglücken). Der freiwerdende Rahmen wird zur gegebenen Zeit wieder als dritte Etage oben aufgesetzt. So kann das System ewig rotieren und regelmäßig schwarzes Gold für den Garten liefern. Das jedenfalls ist der Plan.

Zuvor entdecke ich jedoch lauter weiße Fädchen am Deckel, die sich bei genauerer Betrachtung auch bewegen. Was zum Teufel ist das? Dann fällt es mir wieder ein: Das sind harmlose Enchyträen (*Enchytraeus albidus*), die ebenfalls bei der Humusbildung mithelfen. Wenn sie gehäuft auftreten (wie viel *ist* »gehäuft«???), könnte das allerdings darauf hindeuten, dass das Milieu zu sauer ist – und das würde den Wurmies gar nicht guttun. Also ist eine pH-Kontrolle fällig. Ergebnis: Der Wert liegt bei 6,8 und damit nahe des Neutralwertes von 7 – das passt also. Wäre er deutlich niedriger, müsste ich mehr von dem Mineralmix geben. So sammle ich meine Erfahrungen und hoffe inständig, von solchen verschont zu bleiben, die das System ins Trudeln bringen.

Dann ein Schreck am Morgen: Auf der Hanfmatte liegt etwas, das wie ein aufgequollener Wurm aussieht. Doch es sind zwei – beim Sex! Juchu, die Wurmies fühlen sich offenbar so wohl, dass sie Babys wollen! Vielleicht macht Kaffeesatz im Futter doch besonders schnackselfreudig, auch wenn die Experten das als Gerücht abtun. Doch zu viel davon kann auch wieder das Substrat versauern lassen, *argh*! Überbevölkerung muss ich dagegen nicht fürchten: Die Populationsdichte reguliert sich passend zu Platz und Futterangebot von allein. Schwund wäre dagegen alarmierend: Wenn es keinen Nachwuchs gibt oder die Dendros sogar versuchen, aus der Kiste zu entkommen, stimmen die Bedingungen nicht. Doch danach sieht es bisher glücklicherweise nicht aus.

Bei einem der nächsten täglichen Checks beobachte ich mich selbst verwundert dabei, wie ich den Wurmies einen guten Morgen wünsche und sie mit sanfter Stimme frage, wie denn heute das werte Befinden sei. Da sind eindeutig zärtliche Gefühle für diese Wesen, die so gar nichts Niedliches haben: kein kuscheliges Fell, keine Kulleraugen, keine dieser entzückenden Knickohren – *gar keine* Augen und Ohren, um genau zu sein. Zugegeben: Wurm 457 und seine Kumpel wirklich als gleichwürdig mit Distelfinken, einer mächtigen Buche, unseren Katzen und meinen Mitmenschen zu betrachten, fällt mir schwer. Sicher wäre das anders, wenn ich in einer Kultur aufgewachsen wäre, bei der es zum Alltagsdenken gehört, andere Lebewesen als Verwandte anzusehen. Doch wenn sich das Herz weitet, um Platz für die Wurm-Brudies zu schaffen, geht es zumindest schon mal in die richtige Richtung. Mehr Liebe? Finde ich gut!

Oasen für Vögel

Der Grünfink bleibt entspannt auf seinem Ast sitzen, als ich aus der Kellertür trete – so als würde er darauf warten, dass ich endlich die Futtersäulen bringe. Wir müssen die Spender mit den Sonnenblumenkernen jeden Abend in Sicherheit bringen, damit sie nicht von Waschbären geplündert werden. Zum Glück ist das System gut durchdacht: Die Deckel bleiben an den Ästen hängen, und der eigentliche Futterbehälter lässt sich easy ein- und ausschrauben. Jetzt noch den schon ziemlich zerpickten Knödel aus Fett, Körnern und Mehlwürmern zurück in seinen Halter setzen, dann können die Vögel frühstücken. Ideal wäre es, wenn sie das energiereiche Futter gleich bei Sonnenaufgang zur Verfügung hätten, aber das klappt halt nicht immer. Hey, ich habe auch Bedürfnisse! Weit vor 6 Uhr aufzustehen, gehört nicht dazu.

Schon bald herrscht reges Geflatter, Gezwitscher und auch Gezänk am Büffet. Um den Stress etwas zu mindern, haben wir zwei Futtersäulen am Start, und zwar große – beide ungefähr so lang und dick wie eine 1,5-Liter-Wasserflasche. Vorteil: Ich komme beim Saubermachen gut mit der Hand rein, und die Vögel können sich auf drei Stockwerken an jeweils zwei Fressplätzen bedienen. Auch die zukaufbare Ergänzung eines Tellers am Boden der Säule ist sinnvoll: Er fängt die herabfallenden Krümel auf und bietet den Vögeln zusätzliche Sitzplätze zum Futtern. Die Säulen werden so gut angenommen, dass wir die Sonnenblumenkerne inzwischen gleich im 25-Kilo-Sack kaufen. Ungeschält wären sie günstiger, aber – *Überraschung!* – dann häufen sich die leeren Schalen auf dem Boden.

Die Futtersäulen optimal zu platzieren, war echt herausfordernd. Sie müssen gut anzufliegen sein, aber wiederum nicht so gut, dass auch der Sperber völlig freie Bahn hat. Je exponierter die Futtersäule hing, desto weniger wurde sie genutzt. Eine ideale Position hoch in den Zwetschgenbäumen mussten wir allerdings aufgeben – schweren Herzens, weil sich dort das Treiben so gut vom Wohnzimmer aus beobachten ließ. Aber zu oft knallte ein Vögelchen gegen die Scheiben der Terrassentüren, das war einfach unakzeptabel. Es ist herzzerreißend, wie diese zauberhaften Federbällchen nach einem Einschlag schwer atmend daliegen und vergeblich versuchen, auf die Beine zu kommen. Ich wollte sie so gerne in der Hand halten und beschützen, bis sie sich wieder berappelt haben, aber vermutlich ist das für sie keineswegs tröstlich, sondern zusätzlich stressend. Besser funktioniert es, die Patienten schnell in einer dieser Pappmaché-Schalen vom Obstverkauf an eine geschützte Stelle zu bringen. Auf diese Weise waren viele Vögel – selbst solche, von denen wir es nicht erwartet hätten – nach ein oder zwei Stunden wieder fit genug, um davonfliegen zu können. Ob das wirklich ein Happy End war und sie gesund weiterlebten, werden wir jedoch nie wissen.

Ich recherchierte wie wild, was man gegen Vogelschlag an Fenstern tun könnte, aber außer speziellen Glasscheiben gibt es da nichts wirklich Überzeugendes. Als beste Maßnahme gilt, einfach die Fenster nicht zu putzen, damit sie weniger spiegeln und den Vögeln so eine freie Flugbahn vorgaukeln. Diese Maßnahme ist bei mir allerdings schon maximal ausgereizt: Ich putze die Fenster ungefähr so oft wie die Bundesregierung wechselt. Und da selbst das nicht reichte, habe ich die Futtersäulen schließlich tiefer gesetzt, damit die Scheiben außerhalb der typischen Fluchtrichtung lagen. Seitdem gibt es nur noch sehr selten mal ein Opfer.

Zur Ganzjahresfütterung der Vögel sind wir wie auf die schiefe Bahn geraten. Seinerzeit hieß es, dass man damit den Jungtieren schaden könnte, weil die Eltern dann die angebotenen Körner verfüttern, statt sie mit proteinreichen Insekten aufzuziehen. Also haben wir zuerst brav nur im Winter Futter angeboten. Aber dann kam ein Frühling mit ständigem Fieswetter, und wir fanden einfach den Absprung nicht. »Es war ganz schön kalt heute Nacht, da können die Piepmätze ein paar Extrakalorien bestimmt gut gebrauchen«, sagte Marcus, und ich sah das genauso. Ebenfalls beliebt: »Nur noch heute, es regnet doch so doll!« Und so blieb die Futtersäule stets gefüllt, das Jahr schritt voran, und wir fühlten uns die ganze Zeit irgendwie schuldig – als würden wir unsere Haustiere verfetten lassen, weil wir ihren Bettelblicken nicht widerstehen können.

Doch dann bemerkten wir, dass an sonnigen, warmen Tagen bei den Futterstellen viel weniger los war. Außerdem waren ganze Artengruppen immer mal wieder für eine Weile fast ganz verschwunden, um dann wieder regelmäßig zu Gast zu sein – zusammen mit ihrer Brut, fast flügge und offenbar bei bester Gesundheit. Gelegentlich bekamen die nervtötend bettelnden Kids ein Stück Sonnenblumenkern in den Schnabel gestopft, die meiste Zeit jedoch wurden sie ignoriert. Unser Eindruck: Die Vögel wissen sehr gut, was zu tun ist und geben keineswegs die Insektenjagd auf, um sich nur noch bräsig am menschengemachten Büffet den Bauch vollzuhauen – sofern genug Insekten da sind. Vielleicht würden sie im Sommer gar nicht an die Futterstellen kommen, wenn die natürlichen Quellen ausreichen. Immerhin begeben sie sich dort auch in Gefahr und sind selbst die Leckerei auf dem Büffet – für den Sperber.

Irgendwann hörten wir den Vogelexperten Dr. Peter Berthold, langjähriger Leiter der renommierten Vogelwarte Radolfzell, in einem Radiointerview. Darin sagte er, dass die ganzjährige Fütterung nicht nur okay sei, sondern sogar dringend nötig – eben weil es einfach zu wenig Insekten gebe. Ohne die zusätzliche Energie sei das Brutgeschäft für die meisten Singvögel kaum zu schaffen, nicht mal für die Bewohner seines eigenen konsequent vogelfreundlich gestalteten Gartens von immerhin 500 Quadratmetern. Dafür gebe es drum herum einfach zu viele Agrarwüsten und Gärten mit »Psychopathenrasen«, wie er die Draußenteppiche nennt, für die ihre Besitzer so irre schuften. Sein Buch *Vögel füttern, aber richtig* habe ich mir sogleich besorgt. Darin plädiert er nicht nur voller Leidenschaft für die Ganzjahresfütterung, sondern kann deren Bedeutung auch mit vielen Untersuchungen belegen und viele Befürchtungen zerstreuen. Ich fand die Ausführungen überzeugend, zumal sie gut zu unseren eigenen Beobachtungen passten – und so wurden die Zwitscherer fortan ohne latentes Unbehagen bewirtet. Für Nisthilfen habe ich allerdings bisher keine geeigneten Plätze gefunden – laut Berthold könnten in einem Garten meiner Größe eigentlich fünf bis zehn Vogelwohnungen untergebracht werden.

All das geht mir im Kopf herum, während ich gemütlich Richtung Bodensee rolle, um genau diesen Mann zu besuchen und ein von ihm geschaffenes Vogelparadies zu erkunden: den Sielmann-Weiher bei Billafingen, benannt nach dem bekannten Naturschützer und Tierfilmer Heinz Sielmann und gefördert von der Stiftung, die er gegründet hat[1]. Es ist das Vorzeigeprojekt eines Netzwerks großer und kleiner Oasen für Vögel und andere gefährdete Tiere, die überall in Deutschland entstehen sollen. Der Plan lautet: »Jeder Gemeinde ihr Biotop«. Ich bin sehr gespannt.

Eintauchen in eine andere Welt

Um 10 Uhr sind wir an der Kirche in Billafingen verabredet, die ich wenige Minuten vorher erreiche. Peter Berthold ist bereits da und durch seinen weißen Rauschebart sofort zu identifizieren.

Über seinem gemütlichen Kugelbauch trägt er ein schwarzes Shirt mit dem Logo der Max-Planck-Gesellschaft, zu der die Vogelwarte Radolfzell gehört. Seine 81 Jahre merkt man ihm nicht an, im Gegenteil. Er wirkt energiegeladen wie ein Junge, der sein soeben vollendetes Lego-Piratenschiff vorzeigen will, und springt nach kurzer Begrüßung mit virensicherem Abstand gleich wieder in sein Auto, um vor mir her zum Weiher zu fahren.

Bereits nach wenigen Minuten biegen wir in einen sandfarbenen Schotterweg ein, der durch wildwüchsig aussehende Wiesen führt. Sonst weiden hier etwa 35 Wasserbüffel, doch die werden erst in einigen Tagen aus ihrem Winterquartier zurückkommen. Schon bald wird die Vegetation zu beiden Seiten des Weges deutlich dichter. Im Vorbeifahren sehe ich vor allem Weiden und Schilfgras, am Saum üppig rosa betupft von den Blüten der Lichtnelken. Ein paar Spaziergänger müssen uns ausweichen, bevor Peter Berthold mitten auf dem Weg stehenbleibt und parkt. Ich habe Skrupel, aber offenbar darf er das – und ich damit auch. Einen anderen Platz hätte es für die Autos ohnehin nicht gegeben.

Vom Weiher ist immer noch nichts zu sehen, so dicht ist das Gebüsch. Die Luft um uns herum ist erfüllt von den keckernden Rufen der Wasserfrösche und einem vanilligen Duft wie von Mädesüß-Blüten. Es fühlt sich an, als wären wir in eine andere Welt eingetreten, dabei sind das Dorf und die Landstraße ganz nah. Ein Storch fliegt tief über uns hinweg. »Der hat sein Nest hier«, sagt Peter Berthold und hängt ein bekräftigendes »M-hm« an den Satz. Das macht er oft, wenn ihm etwas gefällt.

Wie es sich für einen Vogelkundler gehört, trägt er jetzt ein Fernglas um den Hals, außerdem einen Hut mit Nackenschutz gegen die brennende Sonne. Der frische Wind ist trügerisch. »Den Weg hier gab es schon, bevor der Weiher angelegt wurde, vermutlich ist es sogar eine alte Römerstraße«, erzählt er. »Sie war gesäumt von ein paar Bäumen, ansonsten gab es keinen Strauch, nichts, alles Landwirtschaft, überwiegend Wiesen, denn Ackerbau war hier immer schwierig.« Der Grund: Wir befinden uns in einem »Urstromtal«, in dem einst Gletscher das Gelände zu einem weiten flachen Trog mit grünen Hügeln zu beiden Seiten geformt haben. »Als die Gletscher schmolzen, entstand hier Sumpfland, unter uns befinden sich elf Meter wassergetränkter Torf und mehrere Kubikkilometer Grundwasser. Deshalb funktionierte es auch so gut, den Weiher anzulegen.«

Auf einer Bank am Rand des Pfades zur Besucherplattform erläutert Peter Berthold, wie ein Biotop mit Weiher gestaltet werden muss, damit es wirklich eine Oase für Vögel sein kann. Es sollte ein bis zwei Hektar groß sein, um einige Inseln darin unterbringen zu können, ohne die freie Wasserfläche zu sehr einzuengen. Das Ufer muss unbedingt durch dichtes, gerne auch dorniges Gebüsch unzugänglich gestaltet werden, denn viele niedrig brütende Vögel geben schon bei geringen Störungen ihr Nest auf – eine einzige stöbernde Hundenase kann da schon reichen, von grillenden Menschen mit Boombox ganz zu schweigen. Idealerweise wird zusätzlich ein sumpfiger Ringgraben angelegt, der ebenfalls von dichtem Bewuchs gesäumt ist. Das hält auch die schlimmsten Ignoranten fern und bietet zudem wertvollen weiteren Lebensraum, zum Beispiel für Amphibien und Reptilien. Erst jenseits davon sollte es einen Spazierweg geben und unbedingt mindestens eine Aussichtsplattform. »Die Menschen sollen ja nicht ausgesperrt werden, sondern dieses Naturparadies entdecken und genießen können – nur eben so, dass es nicht stört«, sagt Peter Berthold. Beim Sielmann-Weiher gibt es zusätzlich auf der anderen Seite des Spazierwegs noch sumpfige Gräben und Tümpel sowie die bereits erwähnten Wasserbüffel-Wiesen, die andere Gegebenheiten und dadurch weitere Lebensräume bieten. Insgesamt umfasst das Gelände eine Fläche von zehn Hektar.

Über einen kleinen Steg queren wir den Graben und gelangen zu der Besucherplattform, die durch eine Holzwand mit mehreren Ausgucken abgeschirmt ist. Auf dem Weiher schwimmen Blesshühner und mehrere Enten, darunter eine Kolbenente. »Die Art ist sehr selten«, sagt Berthold. Tatsächlich habe ich zuvor noch nie eine gesehen. Auf zwei der drei Inseln im Wasser sitzt jeweils ein Schwan und brütet. »Die Inseln sind sehr wichtig, da kann kein Fuchs oder sonstiges Raubzeug hin.« Ich zucke innerlich ein bisschen zusammen, den abfälligen Begriff kenne ich sonst nur von Jägern der alten Schule. Wer politisch korrekt sein will, spricht heute von »Beutegreifern«, denn die Tiere klauen ja nichts, sondern folgen nur ihrer Natur. Wem der Begriff zu gekünstelt ist, kann auch den wissenschaftlich korrekten nutzen: Prädatoren.

Viel los ist auf dem Gewässer aktuell nicht, deshalb gehen wir bald zurück auf den Weg. Die meisten Schätze finden sich ohnehin eher im Verborgenen und brauchen viel Wissen und gute Ohren, um sie zu entdecken. Peter Berthold hat beides. »Da ist der Teichrohrsänger und die Rohrammer, die machen so harte tz-sz-Laute. Nicht besonders schön, aber auch dann gut zu hören, wenn das Schilf rauscht.« Wir bewegen uns nur langsam und bleiben immer wieder stehen. Ich lausche so intensiv in die Tiefe der Gebüsche, dass meine Ohrmuscheln sich eigentlich wie bei einer Katze drehen müssten. Da sind vertrautere Gesänge wie das Tzitzitzi-bäääh der Goldammer, das an- und abschwellende Tschilpen des Zilpzalps und ein zartes Flöten – Mönchsgrasmücke? »Nein, das ist eine Gartengrasmücke. Der Gesang ist lieblicher und nicht so laut. Da! Das war eine Dorngrasmücke, m-hm. Da ist der Gesang charakteristisch kurz. Klappergrasmücken haben wir hier auch, aber die singen jetzt schon nicht mehr.« Noch viele Male hören wir die drei Grasmücken, und bald kann ich sie auch unterscheiden. Es stimmt wirklich: Die Mönchsgrasmücke, die ich im heimischen Garten als so zart empfinde, ist im Vergleich zu ihren Verwandten brüllend laut.

»Da! Das ist der Sumpfrohrsänger, m-hm! Für mich einer der schönsten Gesänge, so abwechslungsreich! Er kann rund 200 verschiedene Strophen. Das hat eine belgische Forscherin herausgefunden, die darüber ihre Doktorarbeit geschrieben hat. Dann heiratete sie einen Engländer, begleitete ihn viel auf dessen Reisen nach Afrika und fand dabei heraus, dass die Sumpfrohrsänger den Gesang der dort lebenden Vögel kopieren! Je nachdem, welche Arten ein Individuum imitiert, kann man sogar ermitteln, wo es genau überwintert hat!« Wie cool, afrikanische Gesänge im Bodensee-Hinterland!

Wie erfolgreich das neugeschaffene Biotop ist, kann Peter Berthold deshalb so gut ermessen, weil er lange vor dessen Entstehung die Vogelwelt hier beobachtet und die Ergebnisse wissenschaftlich genau festgehalten hat.»115 Arten kamen hier früher vor und innerhalb der gut 30 Jahre Beobachtungszeit sind 14 davon verschwunden«, referiert er.»Doch nach der Anlage des Weihers 2004 wurden schon im ersten Jahr 23 neue Arten gezählt! Inzwischen sind wir bei insgesamt 182 Arten, ganz aktuell wurde der Regenbrachvogel erstmalig beobachtet. Nicht alle Arten sind ständig hier, es sind auch Durchzügler, Tages- und Wintergäste dabei. Aber 70 bis 75 Arten brüten hier, früher waren es gerade mal halb so viele.« Das heißt: Der Aufwand lohnt sich! Wenn man aktiv wird und neuen Lebensraum schafft, dann kommt das Leben auch zurück. Berthold zitiert eine Zählung aus dem Jahr 2017, wonach 25.000 Vogel-Individuen den Weiher nutzen und zudem 5000 erwachsene Erdkröten sowie 35 Libellenarten entdeckt wurden – um nur einige Beispiele zu nennen.»M-hm!«

Für das Projekt »Jeder Gemeinde ihr Biotop« ist die Heinz Sielmann Stiftung inzwischen in allen Bundesländern aktiv. Würde es tatsächlich alle zehn Kilometer so einen »Sielmann-Weiher« geben, wären das insgesamt 3000 in Deutschland, und die Kosten dafür lägen bei einer Milliarde Euro. Doch diese Zahl schockt Peter Berthold überhaupt nicht, bisher hätten sich immer Wege der Finanzierung gefunden: ein Mix aus öffentlichen Mitteln, Spenden, Sammelaktionen von Freiwilligen und natürlich auch Stiftungsgeldern.»2019 war ein fettes Jahr, wir haben allein drei Millionen Euro von einer Stiftung für zehn Biotope in Bayern bekommen und fünf Millionen Euro von einer großen Firma, die damit nicht mal viel Werbung machen will, für Biotope zwischen Hannover, Göttingen und Duderstadt. Auf dem Gelände des Max-Planck-Instituts in Fassberg bei Göttingen entsteht ein ökologischer Campus mit Weiher, Hecken und Nistkästen, der als Modell für alle MPIs dienen soll«, schwärmt er. »Außerdem haben wir in den nächsten 20 Jahren viele Erbschaften zu erwarten.«

Den großen Unterschied zu anderen Konzepten wie Heckengürteln als Brücken zwischen bestehenden Habitaten sieht Berthold darin, dass Biotope neu geschaffen werden: »Wenn diese wirklich in jeder Gemeinde entstehen, sind sie von ganz allein dicht genug beisammen, um vernetzt zu sein.« Es müssten nicht immer Weiher sein, die Neuanlage ist auch nicht überall gut möglich oder sinnvoll. In Mecklenburg mit seinen vielen Seen bräuchte die Tierwelt eher etwas anderes zur Unterstützung – Auwälder zum Beispiel. Berthold: »Auch Wacholderheiden oder Streuobstwiesen sind Beispiele für tolle Biotope!« Generell gilt: Besonders wertvoll sind Gebiete, die entweder sehr feucht oder sehr trocken sind – und damit auch vergleichsweise wenig interessant für die menschliche Nutzung. Bertold betont, dass die Biotope in der Regel nicht der Heinz Sielmann Stiftung gehören. Zwar wird das Schutzziel durch einen Eintrag im Grundbuch verpflichtend festgelegt, aber Eigentümer ist meist die jeweilige Gemeinde – also alle Bürger. »Auf diese Weise identifizieren sie sich auch viel mehr mit ‚ihrem‘ Biotop.«

Das Ziel liegt nicht nur darin, alle Gemeinden einzubeziehen, sondern insgesamt 10 bis 15 Prozent der Bundesfläche. Das Modell für die Vernetzung ist »Sielmanns Biotopverbund Bodensee« mit inzwischen über 130 Maßnahmen in 14 Gemeinden und einem Masterplan für viele weitere Projekte: neue und wiederhergestellte Weiher mit Feuchtgebieten sowie extensive Weiden, mit und ohne Streuobstbestand. Die Umsetzung der ehrgeizigen Pläne würde eine Parallelwelt aus grünen Siedlungen für Tiere schaffen, die ihr Überleben sichern könnten. Eigentlich kenne ich die Antwort schon, frage aber trotzdem: Spielen in diesem Szenario Gärten und andere Kleinflächen auch eine Rolle? »Unbedingt!«

Ein Greifvogel erscheint am Himmel. Er ist auf der Jagd, geht zwischendurch immer wieder in kurzen Sturzflug, jedoch ohne die Angriffe zu beenden. »Der Baumfalke! Frisch eingetroffen aus Afrika!« ruft Peter Berthold begeistert. »Der brütet im Wäldchen auf dem Hügel gegenüber und jagt dann hier. Herrlich, was für ein Dusel!«

Kurz darauf verabschieden wir uns, und ich laufe danach noch tagelang von Hoffnung besoffen durch die Gegend. So könnte es wirklich funktionieren, die Tierwelt in Deutschland zu retten! Tja, könnte, könnte, Fahrradkette. Nicht mal eine Woche später erfahre ich, dass bei einem perfekt geeigneten Weiher in einer Nachbargemeinde ohnehin die Bagger anrücken müssen, weil er verschlammt ist. Ich präsentiere der Verwaltung die Idee, diese Gelegenheit zu nutzen und einen Sielmann-Weiher daraus zu machen. Es gäbe finanzielle und planerische Unterstützung, und am Ende hätte man ein sensationelles Naturschutzgebiet und damit auch ein touristisches Leckerchen. Das Interesse war so lange groß, bis dem Bürgermeister klar wurde, dass auf dem See herumpaddelnde Angler danach zumindest während der Brutsaison tabu wären. Das allein reichte, um die Idee verpuffen zu lassen wie einen feucht gewordenen Ladykracher. Der Aufprall meines Hinterns auf dem Boden der Tatsachen, was hierzulande Priorität hat, war lauter.

Das Wissen der Vögel

Die Geschwindigkeit, mit der das Interesse schwand, enttäuscht mich zwar, aber immerhin habe ich noch nicht viel Engagement in die Sache investiert. Vielleicht hätte ich mehr kämpfen können, sollen, müssen. In seinem Buch *Unsere Vögel* gibt Peter Berthold eine recht umfangreiche Anleitung dafür, wie man die Errichtung eines neuen Biotops aufziehen kann – aber es lässt auch den Aufwand erahnen, den man dafür betreiben muss. Ich bin sicher: Es wird noch mal ein Projekt geben, in das ich diese Energie dann auch wirklich reinpowern will. Gerade jetzt möchte ich meine Kraft doch erst mal für den eigenen Garten reservieren.

Natürlich drehe ich damit ein deutlich kleineres Rad als mit einem Biotop vom Schlage des Sielmann-Weihers, aber dafür passiert hier sofort etwas. Auch Peter Berthold selbst betont in seinem Buch die Bedeutung der privaten Gärten: 15 Millionen gebe es in Deutschland davon, 15.000 Quadratkilometer Fläche, vier Prozent des Landes.

»Wäre nur ein Zehntel dieser Gärten sinnvoll in Bezug auf Artenvielfalt bepflanzt und bewirtschaftet, könnten darin schätzungsweise 30 Millionen Singvogel-Paare brüten und ihre Jungen aufziehen«, schreibt er. »Auch würden in großer Zahl Igel, Spitz- und Fledermäuse dort leben können, ebenso Eidechsen, Schmetterlinge und andere Augenweiden.«

Rasenfetischisten, Schottergärtenfans und Pestizidspritzer sind jedoch nicht die einzigen Feinde einer Vogelidylle im Garten, bedroht wird sie auch von Katzen. Nach Ansicht von Berthold liegt das Problem nicht mal bei den sich selbst versorgenden Streunern, diese konzentrierten sich eher auf leichter zu erbeutende Mäuse. Viel schlimmer seien die mit ausreichend Energie versorgten Hauskatzen, die ihren Jagdtrieb nach Lust und Laune ausleben können. Er nennt Schätzungen zur Zahl der Katzen in Deutschland von 8 bis 13 Millionen und zitiert »vorsichtige« Hochrechnungen, wonach der Verlust von Vögeln durch Katzen jährlich 30 Millionen Individuen betrage – zusätzlich zu weiteren Opfern wie Blindschleichen, Eidechsen und größeren Insekten wie Heuschrecken und Schmetterlingen. Außerdem können die herumschleichenden Jäger die Vögel vom Nestbau und dem Füttern der Jungen abhalten.

Damit trifft er einen wunden Punkt, schließlich beherbergen wir selbst seit vielen Jahren so genannte »Freigänger«, und als Vogelfans machen wir uns viele Gedanken über das Thema. Nur: Vorschläge à la »in der Brutzeit einfach nicht rauslassen« sind kaum durchführbar, wenn man sich nicht selbst im Haus einsperren will. Sobald

Terrassentüren geöffnet sind, nutzen wanderlustige Katzen dieses Angebot auch. Peter Berthold unterstellt Katzenbesitzern, sie seien zu faul, ihren Lieblingen unter Aufsicht Ausgang zu gewähren. Bei allem Respekt: Das ist Unsinn. Ja, es gibt Geschirre und Leinen für Katzen, und ich habe sie auch schon genutzt, aber das ist allenfalls etwas für Ausnahmetiere oder -situationen. Bei meinen Katzenspaziergängen habe ich jedenfalls ernsthaft befürchtet zu fossilieren, so lange saß die Miez regungslos die Umgebung beobachtend auf der Stelle. Und wenn es dann endlich weiter ging, gab es meist kurz darauf den blitzschnellen Versuch, unter der nächsten Hecke in den dahinterliegenden Garten zu schlüpfen. Dann konnte man mich dabei beobachten, wie ich mit dem Gesicht im Liguster auf dem Bürgersteig kniend versuchte, ein zappelndes Fellbündel und eine im Gestrüpp verheddert Leine zurückzuzerren. Einmal musste ich sogar ganz durch die Hecke kriechen, weil alles andere aussichtslos war. Gekratzt hat bei solchen Aktionen zum Glück immer nur das Gebüsch. Spaziergänge an der Leine taugen leider nicht als allgemeine Lösung für den Freiheitsdrang von Katzen – die meisten haben einfach ein ganz anderes Wesen als Hunde.

Die angebliche Jagdlust der Freigänger passt allerdings auch nicht zu meinen Erfahrungen. Wir haben seit 23 Jahren Katzen, die ganz unterschiedlich drauf waren, aber keine davon hat beim Jagen größeren Aufwand betrieben. Nicht mal Rübe, unser 6,5-Kilo-Kraftpaket aus der aktuellen Crew, »King of the Hood« und ständig in Song Battles und Kloppereien verwickelt, steigt Vögeln aktiv nach. Nur wenn einer bräsig am Boden sitzt und nicht aufpasst, macht er einen Versuch, und dann ist er leider mitunter auch erfolgreich. Frage: Würden wir es überhaupt mitkriegen, wenn er sich unterwegs irgendwo einen Vogel reinzieht? Ohne ihm eine Kamera um den Hals zu hängen, gibt es natürlich keine hundertprozentige Gewissheit, aber die Indizien sprechen dagegen. Er bringt seine Beute praktisch immer mit nach Hause und veranstaltet dann eine Riesenangeberei, um uns darüber zu informieren (gerne auch nachts ...). Falls wir das mal nicht mitbekommen, finden wir später die Reste vor den Hauseingängen oder der Katzenklappe. Doch es gibt noch einen viel besseren Beleg dafür, dass Rübe und der inzwischen recht klapprige Bibi keine besondere Bedrohung sind: Das Verhalten der Vögel selbst.

Erwachsene Singvögel sind nämlich Meister darin, die Ausstrahlung anderer Wesen zu »lesen« – sowohl deren grundsätzliche Bedrohlichkeit als auch ihre aktuelle Körpersprache. Sie müssen das können, weil sie bei sehr vielen Tieren auf der Speisekarte stehen. Es ermöglicht ihnen, eine Balance zu halten zwischen zu oft energiefressend flüchten zu müssen und einmal zu wenig. Ständig scannen sie die Umgebung und melden das Ergebnis über ihr Verhalten an die Kollegen: Gesang, Kontaktrufe oder das Gezeter eines Revierkampfes zeigen den anderen, dass gerade keine Gefahr in Sicht ist. Störungen werden durch unterschiedlich intensive Alarmrufe kommuniziert, die auch von weiter entfernten Vögeln aufgenommen werden. Der Alarm breitet sich aus wie die Wellen auf einem See, in den man einen Stein geworfen hat: von der Quelle aus in alle Richtungen, nach und nach schwächer werdend.

Das ist übrigens auch der Grund, warum so wenig Leute die wilden Tiere des Waldes sehen: Menschen bewegen sich oft schnell und raumgreifend oder sogar hektisch und abrupt, was Vögel als starke Störung empfinden, auf die sie mit warnenden Rufen oder sogar Flucht in alle Richtungen reagieren. Diese Botschaften verstehen auch Rehe, Füchse und Wildschweine und haben sich längst verkrümelt, bevor der Spaziergänger oder die Joggerin um die Ecke kommen. Wer dagegen schweigend und gemütlich schlendernd unterwegs ist, kann deutlich mehr erleben. Noch besser ist es natürlich, still an einem Platz zu bleiben und alle Sinne weit zu öffnen. Es waren solche Momente, in denen ich spielende Dachsbabys gesehen habe oder eine abgekämpfte Fuchsmama, die erst Beute bei ihren sich balgenden Jungen ablieferte, sich sofort wieder auf den Weg machte und dabei mit gesenktem Kopf ganz nah an mir vorbeischlurfte. Aber das ist eine andere Geschichte.

Übrigens können auch Menschen lernen, harmonische und alarmierte Verhaltensmuster der Vögel zu deuten und wie ein Detektorsystem zu nutzen. Mit etwas Übung (okay: ziemlich viel Übung) kann man so zum Beispiel wissen, wo gerade ein Fuchs durchs Unterholz schleicht. Auf der Schwäbischen Alb oder im Allgäu mag es vielleicht nur nett und nerdy sein, das Alarmsystem der Natur so gut zu kennen, aber in anderen Teilen der Welt ist es eine Lebensversicherung. Die Vögel – und auch andere Tiere wie zum Beispiel Affen – melden die Anwesenheit eines Leoparden, eines Tigers oder einer Schlange. Ohne diese ständige Beobachtung könnten diese Jäger viel leichter Beute machen – so bekommen sie meist nur die Schwachen und eben die Unachtsamen.

Doch zurück zu meinem Garten: Auf unserem Sonnendeck steht eine Schale mit frischem Wasser für die Vögel, nur etwa 20 Zentimeter erhöht, und sie kommen oft zum Trinken, während Rübe und Bibi sich auf der Terrasse aufhalten. Das müsste doch eigentlich bedeuten, dass sie die beiden als harmlos einschätzen, oder? Ich will es genau wissen und rufe einen lieben Freund an, den Vogelexperten Ralph Müller. Ich kenne niemanden in Deutschland, der *Die geheime Sprache der Vögel* (so der Titel seines Buches) so gut kennt. Er gibt sein Wissen übrigens auch in Kursen weiter.[2] Bevor er meine Frage beantwortet, ist ihm ein Blick aufs große Ganze wichtig. Seiner Ansicht nach sind die verwilderten, oft nach der Aufgabe von Bauernhöfen zurückgelassenen Katzen besonders problematisch. »Sie vermehren sich wie verrückt und holen sich alles: Mäuse, Eidechsen, Blindschleichen, Hasenjunge, Vögel. Ihr Beutespektrum ist einfach ungeheuer breit.«

An dieser Stelle haben Marcus und ich zum Glück ein blütenreines Gewissen. Wir haben immer Katzen aus dem Tierheim geholt, nie »überschüssige« Bauernhofkätzchen abgenommen oder Zuchttiere gekauft. Alle waren kastriert oder wurden es, kurz nachdem wir sie bekommen haben. Bei Katern wird eher der Schnipp gemacht – auch von Menschen, denen es nicht so wichtig ist, keine ungewollten Katzenbabys entstehen zu lassen. Die Operation ist einfach und vergleichsweise günstig, das Tier kuschelt danach mehr auf dem Sofa als rumzustreunen, bringt weniger Verletzungen durch Straßenkämpfe mit nach Hause und – schöner Nebeneffekt – jagt oft auch weniger. Und wenn das alles noch nicht überzeugend genug ist: Spätestens wenn der Kleintiger das Haus mit seinem »Duft« markiert, sind seine Klöten fällig. Die Kastration von weiblichen Katzen erfordert dagegen eine teurere Bauch-OP, und überhaupt: Kätzchen sind ja sooooo süß. »Sollen wir sie nicht wenigstens *einmal* Babys haben lassen?« Nein, verdammt, die Tierheime sind voll, auch mit Jungtieren.

Mein Geheimtipp: Wer Katzen will, holt sich die Einjährigen. Sie sind immer noch zuckersüß, aber schon jenseits der Phase, in der sie Gardinen und Tischdecken hochklettern. Zudem sind sie durch ein scharfes NEIN! plus Treffer mit kleinen Bällchen oder Wasserspritzern (meistens) noch zu beeindrucken. Am besten nimmt man, sofern es finanziell geht, gleich einen Kumpel mit – dann ist automatisch für eine Menge Action gesorgt. Es gibt nämlich Hinweise, dass ausgiebiges Spielen ebenfalls die Jagdlust draußen reduziert.

Damit sind wir dann bei den Freigängern. »Nicht nur zwischen den Rassen, sondern auch unter den ganz normalen Hauskatzen können die individuellen Unterschiede unglaublich groß sein«, sagt Ralph. Wie wahr! Es gibt Draufgänger und Hasenfüße, Schmuser und Kratzbürsten – und eben versierte Jäger genauso wie verdöste Schluffis. »Was das bedeutet, ist mir klar geworden, als ich die Reaktionen der Vögel auf drei ganz unterschiedliche Typen beobachten konnte«, erzählt Ralph. »Unser alter und schon recht zahnloser Kater konnte in zwei Metern Entfernung an einer alten, erfahrenen Amsel vorbeigehen, ohne dass die irgendein beunruhigtes Verhalten zeigte. Bei einer anderen Katze, die durchaus ab und zu mal jagte und gelegentlich auch einen Vogel erbeutete, mussten es schon mindestens zehn Meter Abstand sein, selbst wenn sie ganz entspannt unterwegs war.« Er legt eine Kunstpause ein, die Spannung steigt. »Es gab aber auch die Nachbarskatze, die geradezu spezialisiert auf Vögel war, ein echter Killer. Da gab es schon Vogelalarm von besonderer Güte, sobald sie nur aus dem Haus trat.«

Ich muss mich noch mal vergewissern: »Das heißt also: Wenn die Vögel cool bleiben, obwohl eine Katze in der Nähe ist, bedeutet das: Sie wissen, dass genau diese harmlos ist – und zwar nicht nur, weil sie gerade in der Sonne pennt, sondern ganz grundsätzlich.« Ralph bestätigt: »Genau.« Eigentlich sollte einen das gar nicht wundern, immerhin sind die meisten Vögel in meinem Garten ja keine Touristen, sondern leben dort zumindest über viele Monate im Jahr. »Eben! Das sind Nachbarn«, sagt Ralph. »Du weißt doch auch, welche Hunde, Katzen und Menschen in deiner Straße mehr oder weniger freundlich sind!« Wir quatschen noch ein bisschen weiter, als ich sehe, wie der Nachbarskater in unseren Garten schlüpft. Supervorsichtig durchquert er das Feindesland auf kürzestem Weg und verdrückt sich durch die nächste Hecke. Wer weiß: Vielleicht schützt es die Vögel ja sogar, dass wir unseren Kampfkater Rübe haben, der keine Artgenossen in meinem – seinem! – Garten duldet. Jetzt müsste er nur noch effektiver gegen Waschbären vorgehen.

Spoiler: Anfang 2021 wird eine Studie der Universität Exeter veröffentlicht, die entscheidende Hinweise dafür liefert, warum manche Katzen weniger jagen als andere und wie man diese Erkenntnisse bei den eigenen Freigängern nutzen kann.[3] Untersucht wurden 219 Haushalte im Südwesten von England mit insgesamt 355 regelmäßig jagenden und ihre Beute heimbringenden Katzen. Mindestens fünf Minuten am Tag Jagdspiele mit einer Angel zu machen (*fünf* popelige Minuten!!!), reduzierte die Zahl der erbeuteten Mäuse und anderer Säugetiere um 35 Prozent, hatte aber keinen Effekt auf die Vogeljagd.

Einen ähnlich hohen Effekt auf die Zahl der erbeuteten Säugetiere (minus 33 Prozent) und zudem der getöteten Vögel (minus 44 Prozent) hatte hochwertiges, getreidefreies Futter. Das mag die Erklärung für das peacige Verhalten unserer Katzen sein, denn wir haben nie anderes verfüttert – allerdings deshalb, weil Getreide und

Zucker im Futter langfristig für Katzen schlicht nicht gesund ist. Nun soll untersucht werden, welche Eigenschaft des Futters die Jagdbremse auslöst. Vielleicht ist es irgendein Nährstoff, den man auch günstigerem Futter zusetzen und so die Vogelpopulation schützen könnte. Das Forscherteam will schon bald darauf Antworten liefern.

Michael Quetting, der am Max-Planck-Institut für Verhaltensbiologie in Radolfzell das Jagdverhalten von Katzen erforscht, ist von den Ergebnissen nicht überzeugt: »Der Jagdtrieb ist doch Instinkt, den stellt man nicht ab, auch wenn man die Katzen noch so gut füttert!« Er sucht nach anderen Ansätzen, damit möglichst gar keine Vögel wegen der Schmusekatzen draufgehen. Während unseres Videogesprächs entschuldigt er sich einmal und verschwindet vom Bildschirm, um seine eigene reinzulassen. Katzen haben eben Personal … Einen Augenblick später ist er zurück und hält ein schwarzweißes Prachtexemplar in die Kamera. Quetting vermutet, dass die individuellen Unterschiede des Jagdtriebs vor allem von den Lebensgeschichten der Katzen abhängen: Haben sie es von der Mutter gelernt, haben sie jemals für sich selbst sorgen müssen?

Deshalb erforscht er Möglichkeiten, wie auch versierten Jägern der Erfolg vermasselt werden kann. Glöckchenhalsbänder funktionierten in der englischen Studie übrigens gar nicht, was Quetting nicht wundert: »Die Katzen lernen, sich bei der Jagd so zu bewegen, dass es nicht die ganze Zeit bimmelt – was ich übrigens bei Wesen mit so feinem Gehör ohnehin für eine Tortur halte.« Viel besser war die Wirkung von bunten Halsbändern: 42 Prozent bei erbeuteten Vögeln, jedoch null Wirkung bei Säugetieren. Tatsächlich handelt es sich bei dem Produkt »Birdsbesafe« um eine superbunte Krause um ein normales Halsband, die den Jäger wie einen Clown aussehen lässt. Das *kann* man süß finden … Sagen wir mal so: Hätten wir einen echten Vogelkiller zuhause, gäbe es keine Gnade, dann müsste er so ein Ding tragen.

Cooler soll jedoch das Produkt werden, das es künftig durch Michael Quettings Forschung geben soll: Ein mit künstlicher Intelligenz ausgerüstetes Halsband, das ständig die Bewegungsmuster der Katze checkt und bei typischen, zur Jagd gehörenden Moves einen Warnton ausstößt. Quetting: »Diese kleine Störung des Angriffs reicht den Vögeln meist zum Abhauen.« Ich drücke die Daumen, dass das Projekt klappt und etwas hervorbringt, das Katzen nicht stört, erschwinglich und am besten mit einer Wiederfindefunktion ausgestattet ist. Denn damit sich die Tiere beim Verheddern in Gebüschen oder dergleichen nicht selbst erwürgen, müssen Katzenhalsbänder sich leicht öffnen. Das klappt so zuverlässig, dass nur Anfänger lediglich *ein* Halsband kaufen …

Dawn Chorus

Es ist 4 Uhr morgens, draußen noch dunkel, und ich bin hellwach. Statt mich zu ärgern, liege ich einfach nur da und genieße die Gemütlichkeit meines Bettes, die frische Brise vom offenen Fenster und die Stille. Oft hört man schon um diese Uhrzeit den Verkehr auf der Bundesstraße im Tal mit jeder Minute stärker anschwellen, je nach Wind und Wetter scheint die Trasse direkt am Haus vorbeizuführen. Doch aktuell arbeiten immer noch viele Menschen von zuhause aus, und auch der Flugverkehr ist weiter eingeschränkt – die Ruhe ist herrlich.

Dann klingt ein zartes Zwitschern durch die stille Dunkelheit, gefolgt von seltsam gequetscht-knirschend klingenden Lauten, die sich dann wieder in melodischen Tönen auflösen. Guten Morgen, Hausrotschwanz! In unserer Nachbarschaft ist er der erste Vogel, der den neuen Tag begrüßt – ganze 70 Minuten vor Sonnenaufgang.[4] Wenn sich 20 Minuten später allmählich die Nacht zurückzieht und anfangs nur ganz trübes Licht einsickert, beginnen auch Rotkehlchen zu flöten und kurz darauf Mönchsgrasmücken und Amseln. Es ist dann immer noch eine Dreiviertelstunde hin, bis die Sonne sich über den Horizont erhebt, aber das Licht ist schon anders, die Welt wird zunehmend bunter. Zilpzalp und Blaumeise kommen dazu, während die Finken alle noch schweigen. Erst 20 Minuten vor Sonnenaufgang lässt der Distelfink sein etwas hektisch klingendes Zwitschern hören oder seine wie »Hatschi!« klingenden Rufe. Grünfink und Buchfink lassen sich noch etwas mehr Zeit.

Schließlich ist der ganze Chor unserer Nachbarschaft versammelt, und die Sonne geht auf. Und so zieht der »Dawn Chorus« 24/7 um den Globus: In jeder Minute beginnen irgendwo auf der Welt die dort wohnenden Singvögel ihren Morgengesang, in jedem Moment erscheint irgendwo die Sonnenscheibe gleißend über dem Horizont und bringt die Welt zum Strahlen. Ich habe gerade nicht weniger als ein Wunder erlebt, und dabei ist es noch nicht mal halb sechs.

Der Name des Gartens

Es ist Samstag, es ist Sommer, und es ist sonnig – was bedeutet das? Genau: Überall in der nahen und fernen Nachbarschaft brummen die Rasenmäher in den Gärten. Direkt hinter der Hecke ist die Geräuschkulisse immerhin deutlich interessanter, denn dort mäht ein glühender AC/DC-Fan mit Kopfhörer auf den Ohren, der sich immer mal wieder zu lautstarken Gesangseinlagen hinreißen lässt. Ich muss grinsen. Yeah man, let there be rock!

Auf meiner Seite vom Liguster ist es dagegen still, obwohl ich ebenfalls mähe – aber allein mit Muskelschmalz und meiner frisch erworbenen Sensensichel. Die Idee dazu weckte der Fund einer verrosteten und verbogenen Sichel im Schuppen, zurückgelassen von den früheren Bewohnern des Hauses. Ich wusste gleich: Das ist die Lösung! Damit kann ich erstens gezielt um üppig blühende Flecken herum arbeiten und das, zweitens, auch noch total Wnukdara! Drittens lässt sich das Mähgut lang abgeschnitten viel besser abräumen, als wenn es geschreddert wird wie beim E-Kantenschneider, der obendrein ja auch noch das Mikroplastik des rotierenden Fadens im Garten verteilt.

Die Idee mit der Sichel zu verfolgen, hat sich schon deshalb gelohnt, weil sie mir einen Anlass gab, in den Nachbarort zu einem wirklich einzigartigen Laden zu fahren: »Eisen Vetter«. Ich *liebe* den, jeder Besuch ist ein Erlebnis! Man tritt ein und muss sich entscheiden, ob es nach links zu den Haushaltswaren gehen soll oder nach rechts zum Garten- und Handwerkszeug. Links ist es auch interessant, aber für die echte Abenteuertour muss man nach rechts. Dahin biege ich meistens ab und tauche ein in eine fremde Welt aus Wasserwaagen, Schraubendrehern, auch in absurdesten Größen, Schleifpapier, diversen Maschinen, Schnur, verschiedensten Hacken, Schutzhandschuhen, Meißeln ... Es gibt hier *älles*, wie man in Schwaben sagt, und bei vielen Sachen ahne ich nicht mal, für welche Spezialzwecke sie gebraucht werden.

Durch die schmalen Gänge huschen geschäftig Mitarbeiterinnen und Mitarbeiter aus mehreren Generationen des Familienbetriebs und wissen stets genau, wo was zu finden ist. Meist muss man sich in eine Schlange einreihen, aber das macht nichts, denn unter den Wartenden gibt es immer spannende Lebensformen zu beobachten. Viele sind durch abgewetzte, staubige Hosen aus robustem Stoff mit seitlichen Taschen für Meterstäbe und Phasenprüfer als echte Handwerker zu erkennen, die vielerorts ja als ausgestorben gelten. Zumindest aber sind es Macher, die irgendetwas bauen, reparieren oder verschönern – absolut faszinierend! Ich wollte so was auch schon immer können, habe mir aber lange nur zugetraut, das Staubsaugerrohr unter die Bohrmaschine zu halten.

Nach und nach rückt man zum Tresen vor, wo sich die ganze Magie entfaltet. Der Kunde – es ist tatsächlich meist ein männliches Individuum – trägt sein Anliegen vor, was oft die Präsentation eines seltsamen Scharniers oder Rohrstücks umfasst. Daraufhin drehen sich Fachfrau oder -mann zu dem uralten, hölzernen Schrank mit lauter kleinen Schubladen um, die Beschriftungen tragen wie »Riegelschlaufen«, »Schaukelhaken«, »Hohlnieten« oder »Kofferbeschläge«. Zielsicher werden die richtigen Fächer aufgezogen und dann gemeinsam erörtert, ob sich mit dieser Schelle, Muffe oder Spezialschraube das Problem wohl lösen lasse. Manchmal entschwindet der Kunde auch gemeinsam mit den Experten in den Tiefen des Verkaufsraums oder sogar ins Lager hinter der schweren Metalltür, wo extrahohe Regale mit noch mehr Material gefüllt sind. Am Ende zieht er zufrieden mit den passenden Einzelteilen von dannen. Ist das nicht genial? Wie oft ist man gezwungen, Hunderterpackungen irgendwelcher Schrauben zu kaufen, obwohl man schon beim Bezahlen weiß, dass man 98 davon niemals brauchen oder – falls doch – grundsätzlich zu spät wiederfinden wird.

An das erste Hochgefühl, mit einer perfekten Lösung den Laden zu verlassen, kann ich mich noch gut erinnern. Marcus und ich waren beim Einzug ins Haus völlig verzweifelt, weil wir beim Aufstellen der »Ivar«-Regale merkten, wie uneben einige der Böden sind. Zuerst versuchten wir es mit dem Unterlegen kleiner Hölzchen, aber es war hoffnungslos. »Wenn die Seitenteile doch nur verstellbare Füße hätten, so wie bei Waschmaschinen«, sinnierte Marcus. Und siehe da: Vetter hatte so was. Wir mussten jeweils ein langes Loch in alle Standflächen der Seitenteile bohren, ein mit Zähnen versehenes Gewinde einhämmern, so dass es den ersten Teil des Lochs auskleidete, und dort dann die lange Schraube mit dem justierbaren Standfuß eindrehen. Funktionierte perfekt.

Dem ersten Besuch folgten noch viele weitere, und vom jüngsten habe ich also eine Sichel mitgebracht, deren Blatt nicht rund ist wie bei einem Druiden zum Mistelschneiden (und erst recht nicht golden), sondern länglich wie bei einer großen Sense. Außerdem braucht es einen Wetzstein, mit dem man während der Arbeit gelegentlich die Schneide nachschärft.

Irgendwann werde ich mich wohl auch mit dem Dengeln beschäftigen müssen, der Generalüberholung von Sensen und Sicheln. Bisher kannte ich das Wort nur aus *Werner*-Comics. Mein erster Garten befand sich übrigens in Spuckweite vom Flughafen Hartenholm, der Location seiner legendären Rennen. Aber die fanden lange vor beziehungsweise nach unserer Zeit dort statt. Die erste Veranstaltung muss wie ein Tornado über das platte Land gekommen sein: 200.000 Besucher fielen 1988 in den beschaulichen Ort Hasenmoor mit seinen gut 600 Einwohnern ein – und zwar völlig ungeplant, damit hatte niemand gerechnet. Zum Vergleich: Selbst beim weltweit größten Heavy-Metal-Festival in Wacken (das übrigens nur 40 Kilometer entfernt liegt) waren es bisher maximal halb so viele. Es gab keinerlei Logistik, die mit diesen Massen hätte fertig werden können, so dass sogar Gartenzäune abgerissen wurden, um damit wärmende Feuerstellen zu bestücken. 500 Menschen waren danach zwei Wochen mit den Aufräumarbeiten beschäftigt ... Trotz dieses Traumas gab es 30 Jahre später ein Revival, das jedoch laut Internetseite der Gemeinde diesmal »gründlich und umsichtig vorbereitet« war und in »ausgesprochen ruhiger und entspannter Atmosphäre« ablief – und das, obwohl immerhin auch 35.000 auswärtige Gäste und 5000 aus der Nähe dabei waren sowie Tausende irgendwie am Geschehen beteiligte Menschen und ihre Begleitungen. Im vergangenen Jahr waren es 45.000 Gäste. Tjä, und jetzt ist erst mal Corona, und zwar volles Roäääh – nix mit Massenveranstaltungen.

Aber zurück zum Sicheln. Eine besondere Technik braucht es nicht, die Bewegungen werden von allein schnell ökonomischer. Wenn man dazu neigt, mit der Sichel die Hand zu touchieren, die das Grasbüschel hält, helfen schnittfeste Handschuhe. Der einzige echte Nachteil – die gebückte Haltung – lässt sich gut dadurch ausgleichen, dass ich die Arbeit zeitlich schön verteilen kann. Es muss sich ja nicht »lohnen«, die Utensilien hervorzuholen, wenn es keine Maschinen aus dem Schuppen zu zerren gibt. Und weil ich keinen Lärm produziere, kann ich auch einen sonnigen Sonntag für Mäharbeiten nutzen, ohne jemanden zu stören. So habe ich also gestern ein bisschen was gemacht und sichelsense heute weiter gemütlich vor mich hin. Die Sonntagsstille ist herrlich, ich genieße das Gesumm von Bienen und Hummeln um mich herum und schaffe locker erstaunlich große Flächen. Schließlich liegt ein gewaltiger Haufen

Schnittgut im Garten – und ich habe schlagartig keinen Bock mehr. Kann das auch bis morgen warten? Absolut, finde ich, mache es wie Werner und öffne zur Belohnung eine Bügelflasche »Bölkstoff« mit maximaler Geräuschentwicklung: *FUMP!*

Aaah, der wunderbare Zauber der Gelassenheit, wenn sich durch Abwarten und Biertrinken Dinge von alleine erledigen oder neue Lösungen auftun. Am nächsten Tag ruft nämlich Markus Gastl zurück, der Gründer des Hortus-Netzwerks, und erzählt mir unter anderem von seiner Idee der Mulchwürste: Man greift sich portionsweise getrocknetes Mähgut und rollt das Material am Boden möglichst fest zusammen, wobei man zwischendurch die Ränder etwas einschlägt. Die entstehenden Rollen sind typischerweise so lang und dick wie ein kräftiger Männerunterarm und können nebeneinander als dichte Schicht auf die Beete gelegt werden. Das probiere ich sofort aus und bin begeistert, wie schnell und einfach es geht.

Spoiler: Falls es Nachteile bei Mulchwürsten geben sollte, habe ich bis heute jedenfalls keine entdeckt. Sie schützen den Boden vor extremen Temperaturen und Pladderregen ebenso wie vor Austrocknung. Man muss tatsächlich viel weniger gießen, und immer nur in das Loch, aus dem das Gemüse rausguckt. Die Erde bleibt locker und frei von unerwünschtem Bewuchs, so dass man bei der nächsten Pflanzung mit etwas Grubbern auskommt und nicht umgraben muss. Dadurch wird das Bodenleben viel weniger gestört, kann seinen Job tun und Humus aufbauen, der die Erde so schön feinkrümelig und fruchtbar macht. Beim Verrotten geben die Mulchwürste kontinuierlich Nährstoffe ab und lassen sich für eine Schneckenkontrolle bequem anheben. Das muss man bei gefährdeten Kulturen allerdings auch wirklich mindestens einmal am Tag tun, denn die Viecher verkriechen sich gerne darunter. Bei Bedarf lassen sich Mulchwürste easy auf eine andere Fläche umräumen, und obendrein sehen die Beete auch noch geradezu ordentlich aus, weil die Mulchschicht nicht so leicht vom Wind oder von Amseln zerpflückt wird. Es ist ein Traum!

Doch so richtig interessant wird es, wenn man beginnt, den Garten als System zu betrachten – und genau das ist Markus' Ansatz.

Krasses Machen

Eigentlich wollte ich bei dem Telefonat mit Markus Gastl nur ein Treffen ausmachen, doch er sprudelt gleich los. Grundlage der Hortus-Idee ist die Aufteilung der zur Verfügung stehenden Fläche in drei Bereiche mit verschiedenen Aufgaben. Obwohl das Konzept »Drei-Zonen-Garten« heißt, müssen diese aber nicht streng voneinander getrennt sein und können sogar auf einem Balkon verwirklicht werden. Die »Pufferzone« besteht aus einheimischen Gehölzen, die in Gärten meist als nach außen abschirmende Hecke angelegt sind und Tieren Nahrung, Schutz und Lebensraum bieten. In der »Ertragszone« wird angebaut, was die Gartenbesitzer selbst gerne essen möchten, während die »Hotspotzone« Futter für möglichst viele verschiedene Insekten bieten soll.

Das ist eine entscheidende Weiterentwicklung aus dem ursprünglichen Konzept der Permakultur. »Damals wurden die Bedürfnisse der Wildtiere kaum berücksichtigt, was aber auch nicht notwendig erschien«, sagt Markus. »Zu den von Bill Mollison seinerzeit definierten fünf Zonen gehörte die äußerste, die man sich selbst überließ, ohne einzugreifen. Doch solche Bereiche gibt es kaum noch, schon gar nicht in Deutschland.« Ein weiteres Problem für eine wilde Artenvielfalt liegt darin, dass sich selbst überlassene Flächen unter den hier herrschenden Bedingungen erst verbuschen und schließlich zu Wald werden – man nennt das »Sukzession«. »Das ist nichts Schlimmes, nur herrscht dort eben nicht die große Artenvielfalt, die wir uns wünschen«, sagt Markus. »Um möglichst vielen Wildbienen und den verschiedensten Schmetterlingen eine Lebensgrundlage zu bieten, braucht man magere Wiesen.« Grundlage dafür sind sandig-steinige, schnell austrocknende

Böden, auf denen sich meist nur ein eher schütterer Bewuchs hält. Doch genau deshalb blüht hier die Vielfalt: Endlich können die Spezialisten unter den Pflanzen ihren entscheidenden Vorteil gegenüber den konkurrenzstarken Arten ausspielen, die auf fetten Böden früher oder später alles andere platt machen. Viele Gräser gehören zu diesen Bullys, außerdem Löwenzahn, Winden, Brennnesseln und natürlich meine kriechenden Dauergegner Hahnenfuß und Fingerkraut. Faustregel: Wenn auf einer Wiese viel Grün und viel Gelb zu sehen ist, kann man getrost davon ausgehen, dass der Boden sehr nährstoffreich ist. »Natürliche Magerwiesen waren immer selten, eigentlich gibt es sie nur an steilen Hängen, wo sich nie fetter Boden entwickeln kann, weil Regenfälle immer wieder Erdreich weg ins Tal spülen«, erläutert Markus. An flachen Stellen düngt sich selbst steinigster Boden mit der Zeit von selbst auf – durch fallende Blätter und andere verrottende Pflanzenteile sowie heutzutage durch das Übermaß an Stickstoff in der Luft, das über den Regen eingetragen wird.[1]

»Um artenreiche Magerwiesen in großem Stil zu erhalten, braucht man eine Nutzung, die ständig Nährstoffe aus dem System entfernt – durch Beweidung, Mahd oder beides«, sagt Markus. »Blumenwiesen und Beete in der Hotspotzone müssen also unbedingt gemäht und das Mahdgut entfernt werden.« An dieser Stelle kommen die Mulchwürste ins Spiel, weil damit die im Pflanzenmaterial gespeicherten Nährstoffe bequem auf die Flächen der Ertragszone gebracht werden können, wo Dünger gebraucht wird. »Damit entsteht ein energetischer Kreislauf innerhalb des Gartens«, sagt Markus. Dieser Aspekt fehle wiederum in den typischen Naturgärten, die sich allein auf die Schaffung von Nahrung und Lebensraum für einheimische Pflanzen und Tiere konzentriert haben. »Den Kreislaufgedanken kann man auch verwirklichen, indem man das Mahdgut dem Nachbarn mit Gemüsegarten schenkt, falls man selbst keins anbauen will oder kann«, sagt Markus. Er selbst hat aktuell einen Garten ohne bewirtschaftete Ertragszone, weil er dort nicht mehr lebt – das Mahdgut bringt er zu seinem zweiten Garten am neuen Wohnort, der dafür umso stärker dem Nutzaspekt dient. Bevor wir noch tiefer in das Thema »Natürliche Dünger im Nutzgarten« einsteigen und den Rest der Woche weitertelefonieren, schlägt Markus mir vor, seine Gärten an einem der nächsten offenen Besuchstage mal anzuschauen.[2]

Und so fahre ich an diesem Sonntag, der seinem Namen mit tiefblauem Himmel alle Ehre macht, ins gut zwei Autostunden entfernte fränkische Beyerberg zum »Hortus Insectorum«. Der Name verrät schon gleich seinen Schwerpunkt. Abgesehen davon, dass alle Gärten in dem von Markus gegründeten Netzwerk sich Hortus plus Sonstwas nennen, verpflichten sich deren Besitzer, dem Drei-Zonen-Konzept zu folgen, überwiegend heimische Pflanzen zu setzen, keine chemischen Pestizide und Kunstdünger zu nutzen und möglichst viele Strukturelemente für wilde Tiere zu integrieren. »Jeder kann einen Hortus einreichen, wir bieten ein Netzwerk und persönliche Kontakte«, heißt es auf der Internetseite. »Wir sind kein Verein, wir erheben keine Mitgliederbeiträge, wir bekommen keine finanzielle Unterstützung. Aber wir fühlen uns alle dem Spruch verpflichtet: ‚Machen ist wie wollen, nur krasser‘.«

Ein krasser Macher ist Markus auf jeden Fall, halbe Sachen sind nicht sein Ding. Mit seiner damaligen Partnerin ist er mit dem Rad von Feuerland bis Alaska gefahren: 41.843 Kilometer in gut zweieinhalb Jahren. Sein »Insektengarten« und sein ganzes daraus folgendes Engagement sind die Einlösung seines Versprechens am Ziel, für die Natur aktiv zu werden und echte Veränderungen anzustoßen. 7500 Quadratmeter umfasst das Gelände, das er 2007 nach dem Kauf in einer Monsteraktion drastisch umgestaltet hat: Erst wurden 35 LKW-Ladungen Wiesenerde abgegraben und an einen Bauern verschenkt, dann die Fläche mit 24 LKW-Ladungen historischem Bauschutt (Vorteil: kein Plastik und anderer Müll), 12 LKW-Ladungen Sand und 250 Tonnen Kalkschotter aufgefüllt und hunderte Pflänzchen gesetzt. Dieser Einsatz für die Sache ist bewundernswert – und einschüchternd.

Bei meiner Ankunft am Gartentor warten dort schon einige Gäste. Wegen der aktuellen Coronaregeln darf Markus anders als sonst keine Führung mit Erläuterungen geben, sondern jeder muss allein oder allenfalls mit seiner eigenen Kleingruppe durch den Garten wandeln. Während die ersten losziehen, richtet Markus den Raum in der Scheune her, wo der Rundgang endet. Am liebsten würde ich ihn jetzt schon mit Fragen löchern, beobachte aber erst mal nur, wie er seine Bücher und Broschüren auslegt. Ich schätze ihn auf eine Größe von 1,75 Meter, und unter seinem blauen Hemd und den von der Anfahrt auf dem Rad hochgekrempelten grauen Hosen zeichnet sich keinerlei Speck ab. Seine geschnürten sandfarbenen Schuhe haben sehr dünne Sohlen, vielleicht sind es sogar Barfußschuhe. Es würde zu ihm passen, stets den Boden unter den Füßen fühlen zu wollen. Während er mit etwas Hilfe von mir Bierbänke und Klappstühle aufstellt, bewegt er sich ruhig und routiniert, aber nicht auf Autopilot, sondern sehr präsent. Da ist der Krankenpfleger erkennbar, sein Brotjob. Schließlich schiebt er seine Schirmmütze etwas zurück, sieht sich um und ist offenbar zufrieden. Mir fällt auf, dass er in beiden Ohren Hörgeräte trägt, obwohl er dafür mit Anfang 50 eigentlich zu jung ist. Ich will aber nicht nachfragen.

Stattdessen gehe ich selbst auf die Gartentour. Es gibt einen klar erkennbaren und teils mit niedrigen Zaunelementen abgegrenzten Rundweg entlang der hohen Hecken der Pufferzone. Mitunter ist es, wie durch einen kühlen grünen Tunnel zu wandeln, und wenn man an den geradezu wuchernden Himbeeren vorbeikommt, darf man davon naschen. Das lasse ich mir nicht zwei Mal sagen! Die steinigen Hügel und Senken in der Mitte des Geländes liegen in voller Sonne, überall summt und flattert es. Dazwischen gibt es viele flache, mit Beton ausgekleidete Tümpel mit nur wenig Wasser, in denen sich Wolken aus leuchtend grünen Algen gebildet haben. An einem sitzen fünf grüne Frösche. Daneben sind jeweils niedrige Ziegeldächer errichtet, die den Tümpeln Wasser zuleiten, wenn es denn mal regnet. Auffällig sind auch die vielen, bis zu mannshohen Steinpyramiden, die überall stehen. »Sie sind mein Dank an die Schöpfung, und jede hat einen Namen«, erzählt Markus, als wir alle den Rundgang beendet haben und uns in der Scheune mit den weit geöffneten Toren verteilen. Tatsächlich habe ich unter anderem Hoffnung, Absicht und Liebe entdeckt, aber auch Gier und Zerstörung. »Gerade die erschüttert viele Leute, weil ich sie aus Asphaltstücken gebaut habe, so dass an heißen Tagen der Teer runterfließt.«

Auch jetzt entsteht für einen Moment betretenes Schweigen, doch dann sprudeln die Fragen aus den Leuten heraus. Ja, es gibt auch ein paar nicht-heimische Pflanzen im Hortus Insectorum – Hauptsache, sie nützen den Tieren etwas und breiten sich nicht invasiv aus. Nein, in der Puffer- und der Hotspotzone wird nie gegossen, es sei denn, die Pflanzen sind gerade frisch gesetzt worden. Ja, Insektenhotels können nützlich sein, haben aber einige grundsätzliche Probleme, selbst wenn sie nicht völlig ungeeignet sind wie viele Produkte aus dem Baumarkt: »Durch die Konzentration auf einen Platz gibt es viele Verluste durch Pilzbesiedlung und durch Räuber, denn natürlich wissen auch die Vögel, dass es dort viel zu holen gibt«, sagt Markus. »Außerdem helfen Insektenhotels nur den 30 ohnehin häufigsten Wildbienenarten – was ist mit den anderen 520, die es sonst noch gibt?«

Besser sei es, verteilt im Garten verschiedene Strukturen zu errichten, die »Naturmodule«: Reisighaufen, Totholzelemente, Steinhaufen, Tümpel oder andere Wasserquellen. »Auch Brennnessel-Ecken für Schmetterlinge?« fragt jemand, und Markus antwortet geduldig: »Ja, es stimmt: Admiral, Kleiner Fuchs, Distelfalter und Tagpfauenauge brauchen als Raupenfutter Brennnesseln – aber die gibt es in unserer überdüngten Landschaft sowieso überall, das sind ja Stickstoff-Anzeiger! Im Garten kann man die also ruhig wegmachen und lieber etwas anderes pflanzen.« *Uaah*, und ich war so stolz darauf, dass ich die Brennnesseln bei mir in einem Eckchen dulde.

Nächste Frage: Muss man Obstbäume schneiden? »Es gibt den

Ertragsschnitt, aber brauchen Sie den wirklich, wenn Sie nicht mit dem Verkauf von Obst Ihr Geld verdienen und sowieso überall auf den Streuobstwiesen nicht geerntete Äpfel verfaulen? Außerdem gibt es den Erhaltungsschnitt, damit der Baum gesund bleibt und keine Äste abreißen, wodurch Wunden entstehen würden. Aber wenn das passiert, kann da eben der Specht einziehen.« Er lässt seine Worte einen Moment wirken und ergänzt dann:»Kurz: Ich schneide zur richtigen Zeit im Herbst genau so viel, wie ich Zeit und Lust habe. Und dann nehme ich auch besser einzelne große Äste raus als viele kleine Wassertriebe.« Kollektives Durchatmen: So viel Gelassenheit darf man sich in einem Hortus gönnen?

Dann kommt sie, die Frage aller Fragen: Wie geht das mit dem Mähen? Es stellt sich heraus, dass die Sache so ähnlich ist wie bei den Obstbäumen – zuerst muss man wissen, was das Ziel ist. Der regelmäßige»Ordnungsschnitt« dient dazu, Wege oder Nutzflächen dauerhaft kurz zu halten. Wenn man den Boden abmagern will, muss man drei Mal im Jahr radikal kürzen. Zuerst im Mai, wenn das Gras, das sich bei einem fetten Boden sonst durchsetzen würde, am saftigsten und energiereichsten ist, dann wieder sechs Wochen später und schließlich noch mal im September. Darüber hinaus ist die Staffelmahd am besten: Man schneidet immer da, wo es gerade am wenigsten blüht, und zwar immer dann, wenn man Mulchwürste für die Ertragszone braucht. So bedient man automatisch die verschiedenen Ansprüche der Insekten:»Ochsenaugen lassen ihre Eier zum Beispiel im Flug fallen, und zwar nur in hochstehendes Gras, während die Eiablage von Wiesenvögelchen ausschließlich in frisch gemähte Bereiche erfolgt«, sagt Markus. Ich ahne, dass es sich um Schmetterlinge handelt, gehört hatte ich die Namen zuvor noch nie. Im Herbst kann man dann alles kürzen – da braucht man ja auch die meisten Mulchwürste zum Abdecken über den Winter – und lässt nur ein paar hohe Stellen stehen, weil manche Arten das zum Überwintern brauchen. Markus:»Die müssen aber auch spätestens Anfang April weg sein.« Das klingt ebenfalls machbar und chillig.

Auch die großen Abers kommen auf den Tisch: die unordentliche Optik, die schrägen Blicke der Nachbarn. Ob Markus' Ideen von anderen im Dorf übernommen worden seien, möchte eine Frau wissen. »Das nicht unbedingt«, sagt er trocken und deutet auf den millimeterkurz geschorenen Rasen des Grundstücks gegenüber. Akzeptiert hätten ihn die Nachbarn inzwischen allerdings schon – immerhin hat er 2018 die »Bayrische Staatsmedaille für herausragende Verdienste um die Umwelt« bekommen, und seinen Garten schon in unzähligen Fernsehbeiträgen vorstellen dürfen. Ein bisschen gelte er aber immer noch als »der Spinner, der den besten Boden von Beyerberg hat abtransportieren lassen«.

»Die Frage nach der Ordnung kommt immer, und dazu kann ich nur folgendes sagen: Ich glaube ja schon, wenn ich mal tot bin, dann komme ich in den Himmel.« Pause. »Und ich stelle mir vor, dass da so eine Eingangstür zum Paradies ist, so ein großes schweres Eichentor, und ich weiß ganz sicher, wer da *nicht* stehen wird und darüber entscheidet, ob ich reindarf: mein Nachbar.« Die Leute schmunzeln. »*Wenn* da einer steht, dann ein Vertreter der göttlichen Schöpfung!« Und den muss Markus sicher nicht fürchten. »In der Bibel steht nirgendwo was von Ordnung«, sagt er. Wenn sich also überhaupt dereinst jemand wegen seiner Gartenaktivitäten rechtfertigen müsse, »dann sind es wohl eher die Fugenfreikratzer, Rasenfetischisten und Totspritzer, die eine Etage tiefer untergebracht werden, wo es dauerbeheizt ist.«

Damit sind die brennendsten Fragen geklärt, und nach und nach verabschieden sich die Besucher, viele mit Büchern und Broschüren unter dem Arm. Markus und ich räumen die Bänke und Stühle wieder weg, er schließt die Scheunentore, und wir gehen noch mal gemeinsam in den Garten. In der sonntäglichen Mittagsstille, wenn selbst die Vögel Pause machen, ist das Insektengebrumm besonders schön zu hören. So konsequent es ist, was Markus hier geschaffen hat: Geht es vielleicht auch kleiner, als 35 LKW-Ladungen Erde abzufahren? »Klar, Hauptsache man gräbt etwa 30 Zentimeter tief und der Durchmesser des Beetes beträgt mindestens 30 Zenti-meter – dann sind die Magerblumen weit genug von den anderen entfernt, um nicht überwuchert zu werden. Man kann auch in die Höhe gehen und ein Rondell mit Ziegelschutt füllen und diesen mit einem geeigneten Substrat abdecken. Oder man nutzt so viele Kübel, Wannen, alte Schubkarren und Ähnliches, wie man unterbringen kann – es müssen dann nur genug Löcher drin sein, damit das Wasser ablaufen kann. Und am besten immer auch Blumenzwiebeln von Frühblühern setzen, damit nach dem Winter gleich Nahrung da ist.«

Trotz der vielen sonnenbeschienenen Steinmauern und -türme sehe ich keine Eidechsen und frage, ob es auf dem Gelände welche gibt.»Nein«, sagt er knapp.»Hm, das wundert mich ja ...«, setze ich an.»Katzen«, stößt er zwischen zusammengebissenen Zähnen hervor. Oha, da habe ich einen wunden Punkt berührt. Offenbar gibt es viele Streuner in der Nachbarschaft mit ihren Höfen und Wohnhäusern.»In Siedlungsgebieten hat man keine Chance, die Katzen aus dem Garten fernzuhalten«, sagt Markus.»Deswegen werde ich wohl meine Grasfrosch-Population hier verlieren.« Die Frösche kommen im Frühjahr an die Laichgewässer, und die noch niedrige Vegetation bietet ihnen zu wenig Schutz.»Ihr Springen regt den Jagdtrieb der Katzen an, die mit den Fröschen spielen und sie verletzt liegenlassen oder mit einem charakteristischen Biss töten«, sagt Markus.»Anders als Marder fressen sie die Frösche ja nicht mal.« Er klingt dabei unendlich traurig, und ich schweige betreten, weil ... na ja, das Thema hatten wir ja schon. Sämtliche Warntöne und Clownskragen, die Vögel schützen mögen, nützen Amphibien und Reptilien gar nichts, wenn es keine Deckung gibt oder sie als wechselwarme Tiere an einem kühlen Morgen einfach zu langsam sind, um zu fliehen. *Verdammt.*

Ein Garten ist Glückssache

Am Nachmittag treffen wir uns am »Hortus Felix« in Herrieden wieder, Markus' zweitem Garten. Er ist 2800 Quadratmeter groß, und es gibt ebenfalls alle drei Zonen, doch der Schwerpunkt liegt hier auf dem Anbau von Nahrungsmitteln. Markus bewirtschaftet ihn gemeinsam mit seiner Frau Gerlinde Strnad, die heute auch da ist. Der Garten ist nach ihrem Kater benannt, der in seinen jungen Jahren durch das Gelände gestrichen und kurz nach dem Erwerb des Gartens gestorben ist. »Außerdem passt es: Felix, der Glückliche«, sagt sie. Es ist schon ein bisschen albern, wie sehr es mich freut, dass das Thema »Katzen« hier zur Abwechslung mal positiv verknüpft ist.

Das Gelände liegt am Hang zwischen anderen Schrebergärten und ist von einem hohen Zaun umgeben, der die Rehe draußen halten soll. Die Vorbesitzer haben dort 300 Edelrosen gepflegt und diese ebenfalls auf Führungen präsentiert. Vor meinem inneren Auge sehe ich schnurgerade Beete mit akkurat gestutzten Buchshecken drumherum und kann mir kaum einen größeren Unterschied zu heute vorstellen. Für den flüchtigen Blick wirkt es wild, fast überwuchert. Aber da es nicht der erste Permakulturgarten ist, den ich sehe, weiß ich: Es hat trotzdem alles seinen Platz, man muss einfach genauer hinsehen. Zum Glück ist hier eine Führung möglich, weil die Besucher sich auf zwei Gruppen aufteilen können – ohne Erläuterungen würde man wohl die Hälfte verpassen. Ich folge Gerlinde, die als Erstes loszieht, und muss mich zügeln, um sie nicht die ganze Zeit zu mustern. Sie ist schätzungsweise Ende 50, trägt legere Kleidung und hat weder Make-up aufgelegt noch größeren Aufwand mit ihren halblangen blonden Haaren betrieben, sondern sieht einfach so toll aus – von innen strahlend, kraftvoll, lebendig. *Uaah*, das klingt jetzt sehr dick aufgetragen, aber ich bin immer fasziniert von Frauen, die gleichzeitig Power, Gelassenheit und Warmherzigkeit ausstrahlen.

Als Erstes kommen wir an einer »Sonnenfalle« vorbei. Dabei wird durch einen halbrunden, sich nach Süden öffnenden Wall aus Steinen oder wie hier aus Reisig ein kuscheliges Kleinklima geschaffen, in dem man sehr wärmeliebende Pflanzen unterbringen kann – oder Tiere! Anstelle eines Beetes befindet sich hier nämlich ein Teich in der Mitte, der für Laubfrösche perfektioniert ist: Warm, nicht zu tief und mit viel Bewuchs drum herum. Außerdem wird der Teich jedes Frühjahr abgelassen und der Boden von Schlamm befreit, damit es keine Libellenlarven gibt, die den Laich fressen würden. »Eigentlich ist der ganze Garten eine Sonnenfalle, weil er an dem nach Süden gerichteten Hang den ganzen Tag Sonne bekommt und unser Gelände in der Mitte liegt«, erläutert Gerlinde. »Das heißt: Die kalten Winde bleiben oben, und die Fröste entstehen vor allem im Tal. ‚Weinbau-Klima' wird das auch genannt.«

Auf unserem Weg folgen weitere aus der Permakultur bekannte Elemente: Die sich in die Höhe windende Kräuterspirale und das in die Tiefe terrassierte Kraterbeet. »Das war zuvor ein völlig verschlammter Teich«, erzählt Gerlinde. »Den Schlamm haben wir als Dünger woanders genutzt und die Terrassen durch steiniges Substrat als Hotspot gestaltet.« Rund um den Kraterrand sind eckige rote Ziegelelemente mit Löchern so aufgebaut, dass sie wie Häuser aussehen. Die Insektensiedlung hat sogar einen Namen: Rotenburg. Wenige Schritte weiter kommen wir zur »Mehrzweckhalle«: einer mit durchsichtigem Wellplastik überdachten Pergola mit einem Brunnen in der Mitte, der schon bei der Übernahme des Gartens da war. Ein Holzdeckel dient als Schutz und als Tisch, ein mit Wein berankter Jägerzaun vom Wertstoffhof schließt den Bereich zu einer gemütlichen Nische mit Bank ab. Es gibt einen Pizzaofen aus Lehm, an der inneren Seite einer Holzwand hängen regengeschützt verschiedene Sensen. An der äußeren Seite sind mehrere Reihen von schmalen Mini-Regalen angebracht und mit Dachgartenpflanzen bestückt. Hier wird wirklich jedes Fleckchen für Pflanzen genutzt, die Menschen und Tieren Nahrung bieten.

Im nächsten Bereich wachsen Tomaten in einem so genannten »Keyhole-Beet«, ebenfalls ein Permakultur-Standard. Es heißt so, weil der Aufbau entfernt einem altmodischen Schlüsselloch gleicht. Die Version hier ist als rundes Hochbeet aus geschichteten roten Dachschindeln gestaltet, und eine Aussparung (wie für den Schlüsselbart) läuft vom Rand des Beetes spitz auf die Mitte zu. Dadurch lässt sich die von einem Gitter begrenzte Aussparung in der Mitte leichter mit Gartenabfällen befüllen. Diese kompostieren dort vor sich hin und geben dabei fortlaufend Nährstoffe an die Erde des Beetes ab. »Drei, vier Jahre muss man da gar nichts machen«, erzählt Gerlinde. »Danach kann man den Inhalt durch ein Rollsieb jagen und so die feinen Anteile herausholen und zum Beispiel als Anzuchterde für Jungpflanzen nutzen.« Zwischen den Tomaten hat ein Natternkopf seine Blattrosette ausgebreitet, was ebenso geduldet wird wie der Lerchensporn im »Schlüsselloch«.

Hangabwärts wird der Bereich von einem Hühnergehege begrenzt. Die Bewohner stammen von einem Verein, der Tiere aus Massenhaltung übernimmt, wenn sie nach einem Jahr, in dem sie sich beim Eierlegen verausgabt haben, »aussortiert« werden. Offenbar haben sie sich gut erholt, denn sie sehen richtig fit aus. Ein weißes Huhn kratzt außerhalb des Geheges am Drahtzaun herum, deshalb fragt jemand, ob es da nicht Probleme mit dem Fuchs gebe. Laut Gerlinde nicht: »Die Hühner gehen zuverlässig eine Stunde vor Sonnenuntergang in ihr Haus, dann geht eine zeitgesteuerte Klappe zu und öffnet sich erst wieder am nächsten Morgen.« Sehr cool, damit rückt das Thema Hühner auf meiner »Will-auch«-Liste gleich ein paar Zeilen höher.

Der Weg führt weiter, vorbei an einem »Mondsichelbeet«, bei dem wieder Dachschindeln am Hang so zu einer Mauer geschichtet wurden, dass dahinter Substrat aufgeschüttet werden konnte, bis eine ebene Fläche entstand. Sie ist kahl, weil die hier verbuddelten Zwiebeln der Frühblüher ihr Grün schon eingezogen haben und die etwas höher am Hang stehende Walnuss im Sommer zu viel

Schatten für Gemüse oder Hotspotpflanzen wirft. Der Baum steht neben einem Gartenhäuschen mit Kompostklo. Gerlinde erklärt, wie das funktioniert:»Der Urin wird getrennt gesammelt und über einen Trichter in einen Kanister geleitet. 1:10 verdünnt dient er als Dünger. Alle anderen Geschäfte landen in einem Auffangbehälter, in dem Würmer aus der Wurmfarm leben, und werden immer mit etwas Erde überdeckt.« Geleert werde der Behälter typischerweise im Februar, dann sei alles zu feinster Erde geworden. Man könnte die Hinterlassenschaften vom Kompostklo aber ebenso wie den Hühnermist auch in die Sammelbehälter der Keyhole-Beete geben.

Der Weg führt nun am Hang entlang, der mit Brombeeren zugewachsen ist.»Das Gelände lässt sich nicht nutzen, obwohl wir da schon mehrfach alles weggemacht haben«, sagt Gerlinde.»Anstatt uns da weiter zu verausgaben, haben wir es zur Wildniszone erklärt und halten es nach unten hin durch die Reihe von Sträuchern in Schach, die wir gepflanzt haben.« Wir gelangen zu einem Tunnelgewächshaus, in dem man stehen kann. Es ist aus Plastikfolie und deshalb erschwinglich, aber schlecht zu belüften und eigentlich viel zu heiß. Tomaten gibt es hier deshalb nicht, stattdessen haben Markus und Gerlinde alte Sorten gefunden, die gut draußen stehen können:»Haubners Vollendung« und»Frühzauber«. Wird sofort notiert. Auf den Gewächshausbeeten sind stattdessen Salate hochgewachsen. Gerlinde erzählt:»Wir lassen die blühen und Samen entwickeln, dann brauchen wir sie nur ein bisschen zu schütteln, und der Boden ist bedeckt mit Samen. Da passiert dann nicht viel, bis wir im Februar anfangen zu gießen – und dann haben wir weit vor der Saison lauter zarte, frische Salatpflänzchen.«

Wieder im Freien, führt der Weg an zwölf Solarpanels vorbei, die Strom für die Wasserpumpen in Batterien speichern, an einer Hütte für Bienen, die jedoch im Moment als Abstellraum genutzt wird, und immer wieder an offenen grünen Regentonnen mit Durchmessern wie LKW-Reifen. Weiter oben sieht man die Pufferzone aus Apfel- und Pfirsichbäumen. Es gibt viele »normal« aussehende

Beete, zum Beispiel mit Kartoffeln, und zum Abschluss der Runde noch das »Vulkanbeet«: ein mit Kürbis und Zucchini bewachsener Hügel mit einem »Schlot« für Gartenabfälle. Auch hier werden die Wilden geduldet: Rainfarn, Karde und Flockenblumen.

Schließlich kommen alle Besucher wieder am Eingang zusammen. »Und das alles esst ihr beide?« fragt jemand angesichts der Fülle in den Beeten. »Nö«, sagt Markus. »Wir verschenken auch viel.« Ein Weilchen wird noch locker gequatscht, dann ziehen alle von dannen. Gibt es eigentlich einen eigenen Begriff für das Fachsimpeln unter Gärtnern – so wie die »Benzingespräche« der Motorrad- und Autofans? Wahrscheinlich müsste man dann sowieso zwei Wörter haben, eins für die Freunde des aufgeräumten Ziergartens und eins für Hortusianer und ihre Sympathisanten – vielleicht »Rasenkonversationen« versus »Kraut-und-Rüben-Schnack«. Solche Gedanken gehen mir auf der Rückfahrt durch den Kopf, ein eindeutiges Zeichen, dass er übervoll ist und deshalb ein paar Schrauben freidrehen. Feuerwerksraketen aus Ideen zischen durch mein Hirn, sprühen bunte Funken und verglühen gleich wieder. Eine aber bleibt: Ich will auch einen Hortus, und er soll nach den Distelfinken benannt werden, die Marcus und ich so mögen. Wenn mein Garten so weit ist, werde ich ihn »Hortus Carduelis« taufen.

Als ich dann abends in meinem Möchtegern-Hortus stehe, ist es erst mal schwer, ihn nicht vor allem als defizitär zu betrachten. Es gibt fast keine Büsche und kein Gemüse außer den sechs Tomatenpflanzen, denen es in ihren zwei Plastikschutzhäuschen schon wieder viel zu eng ist – dieser Platz funktioniert also auch nicht. Die Kartoffeln sind total ins Kraut geschossen, die Stängel sind viel zu hoch und so empfindlich, dass sie schon bei geringsten Belastungen abknicken. Vermutlich liegt es daran, dass ich alles oberkorrekt machen wollte und sie wie in der Pflanzanleitung beschrieben auf Kompost gebettet eingegraben habe. Vielleicht waren das schlicht zu viel Nährstoffe, die dann das Wachstum der oberirdischen Teile übermäßig gepusht haben. Einmal hat ein heftiges Gewitter alles platt gemacht, und während es noch goss, sprang ich im Nachtzeug im Garten herum, um die Pflanzen wieder aufzurichten, irgendwie zu stabilisieren und dadurch möglichst zu retten. Aktuell ist offen, ob es am Ende überhaupt etwas zu ernten gibt. Und dann wuchert auch noch überall, wo ich nicht ständig hinterher bin, kriechendes Irgendwas herum, selbst in der Blumenwiese, die ja auf dem fetten Boden hier sowieso nur ein Vollflop werden konnte. Bestimmt kann man aus dem Garten eine Menge machen, aber wie soll ich das neben einem Vollzeit-Job schaffen? Das dauert dann ja ewig …

Dann flötet plötzlich die Amsel vom Dach unseres Hauses, und als hätte ihr Abendlied Zauberkräfte, übertönt es das innere Genöle einfach. Nein, das stimmt nicht, es legt sich sanft darüber wie eine tröstende Hand und lässt den hadernden Verstand still werden. Ich lausche. In den Himbeeren summt es noch, im Nachbargarten plätschert Wasser in den Koi-Teich, und aus der Ferne wehen Lachen und Grillduft heran. Bei den Nachtkerzen, die sich zwischen den Himbeeren selbst ausgesät haben, sind wieder viele neue Knospen am Start, und die »Nähte« an den Hüllen schon weit aufgerissen. Das Schauspiel, obwohl schon -zig Mal gesehen, will ich heute Abend unbedingt erleben. Himbeeren naschend schlendere ich herum, bis die erste Knospe aufspringt und sich vier große, hellgelbe Blätter in Rekordzeit wie eine Satellitenschüssel entfalten. Das Ganze dauert wirklich nur anderthalb Minuten, es sieht aus wie im Zeitraffer. Eine Blüte nach der anderen ploppt auf, sie leuchten wie kleine Laternen in die Sommernacht und entwickeln dabei auch noch einen wundervollen Duft, ganz zart zitronig-frisch. Ich freue mich schon darauf, morgen wieder die Frühaufsteher unter den Bienen und Hummeln dort frühstücken und anschließend mit dicken Pollenpaketen an den Beinen und gelb gepudertem Puschelpöppes davon fliegen zu sehen.

Lauter kleine Wunder … Mein Garten wird zwar vermutlich noch lange kein Hortus sein, aber massenhaft Glücksgefühle gibt es hier trotzdem schon zu ernten.

Maria hilf!

Unglaublich, ich fasse es nicht: Mein eigener Garten verarscht mich! Oder ist hier irgendwo eine versteckte Kamera? In dem wuchernden Dschungel, der als Blumenwiese gedacht war, leuchtet eine Blüte, die aussieht wie aus einer Kinderzeichnung. Sie erinnert an eine Margerite, nur dass hier jede einzelne Blütenzunge gestreift ist – und zwar so, dass sich zusammen ein breiter weißer Ring ergibt, dann zunehmend schmaler werdend erst ein knallroter, dann ein gelber. Auch die Röhrenblüten in der Mitte bilden Ringe: einen weinroten, einen weißen, noch einen weinroten und dann das gelbe »Bull's Eye«. Das Ganze erinnert an ein Mandala. Während ich noch mit offenem Mund dastehe, entdecke ich in der Nähe weitere Blüten mit ähnlich künstlich wirkender Optik. Ey, was für eine bekiffte Samenmischung haben wir hier ausgestreut?!?

Dass es nicht wirklich optimal läuft mit dieser Blumenwiese, ist schon länger klar. Vor allem wegen des fetten Bodens, aber auch weil das als unverzichtbar promotete Fräsen die Wurzeln des alten Bewuchses schreddert – und viele Varianten von *Schlimmaria schlimmensis* davon sogar davon profitieren. Aus jedem kleinen Stückchen kann sich ein neues Exemplar entwickeln, das ist Stoff für Horrorfilme! Anfangs habe ich die üblichen Verdächtigen noch rausgezupft, aber schon bald schlicht kapituliert. Außerdem habe ich die frisch angesäte Fläche natürlich brav gewässert, ganz wie es die gute fachliche Praxis verlangt. Markus Gastl rät in seinem Buch davon ab, weil seiner Erfahrung nach die Samen der erwünschten Blumenwiesenpflanzen gut an Trockenheit angepasst sind und mit der Restfeuchte des Bodens und dem morgendlichen Tau auskommen. Wer weiß, *vielleicht, vielleicht* wäre nicht zu wässern eine Bremse für die Fettwiesen-Bullys gewesen und ein Startvorteil für die zähen Kämpfer.

Tja, und von dem richtigen Schnitt für die Entwicklung einer dauerhaft artenreichen Blumenwiese wusste ich im April auch noch nichts. Nie wäre ich drauf gekommen zu mähen, kaum dass ein bisschen was gewachsen ist, schließlich sollte doch etwas Neues entstehen! Und dann war ich so happy, als die Fläche endlich bunt betupft und von Insekten umschwirrt war. Auch jetzt leuchten hier immer noch blaue Kornblumen, lila Borretsch, die Kornraden in Pink, sattroter Klatschmohn, Ringelblumen, mal orange, mal gelb, und die weißen Dolden der wilden Möhre mit ihrem tiefroten Mini-Klecks in der Mitte. Er soll den Anschein erwecken, als säße dort eine kleine Fliege: Ein Signal an Bestäuber, dass es hier etwas zu holen gibt. Überall herrscht emsiger Flugverkehr, und ich bewege mich supervorsichtig, damit sich die Insekten möglichst in der Nähe niederlassen und ich sie mir genauer angucken kann. Dabei reicht mir vorerst die Beobachtung, dass es viele *verschiedene* Arten sind, ich muss sie (noch) nicht zuordnen können.

Viele Menschen wollen neu entdeckten Pflanzen und Tieren sofort ein Namensschild anpappen – und machen anschließend einen Haken dran, als ob sie die Art allein durch diese Taufe kennen würden. Früher musste man immerhin in Bestimmungsbücher eintauchen, wenn man die Namen finden wollte, und die Details der Bilder und Beschreibungen immer wieder mit der Wirklichkeit abgleichen. Was dabei zwischen den eigenen Ohren passiert, kann eine

App wie Google Lens niemals ersetzen. Denn ganz nebenbei sammelt das Gehirn beim Herumblättern lauter Informationen und beginnt, neue Verbindungen zu knüpfen. Es wird immer leichter, subtile Unterschiede zu erkennen und dadurch die Arten auseinander zu halten. Das grobe Suchmuster »gelblich-dunkel gestreifter Leib = Biene oder Wespe« beispielsweise wird zunehmend feiner, erfasst mühelos immer mehr Details bis hin zu Verhalten und Flugmuster. Tatsächlich wird der Name immer irrelevanter, je vertrauter eine Pflanze oder ein Tier uns ist. Von Kindern bin ich mal gefragt worden, ob sie den Huflattich auch »Königsblatt« nennen dürften, das gefiele ihnen besser. Selbstverständlich!

Natürlich ist es trotzdem wichtig, den »offiziellen« Namen zu kennen – also die botanische Bezeichnung auf Latein, in diesem Fall *Tussilago farfara*. Er ist einzigartig, überwindet regionale und sprachliche Unterschiede und öffnet dadurch die Tore zu tieferem Wissen über das Wesen, um das es geht. Wenn ich weiß, dass ich eine Mohn-Mauerbiene – *Hoplitis papaveris* – vor mir habe, kann ich superfix recherchieren, was sie braucht, um sich in meinem Garten heimisch zu fühlen. In diesem Fall unter anderem blühenden Klatschmohn, mit dem sie ihre Niströhren auskleidet – ohne diese Tapete zieht sie nirgendwo ein, Punkt. So hübsch der orange blühende Goldmohn auch sein mag: Er ist nicht heimisch, und solche neumodischen Importe werden nicht akzeptiert. Treffer für Apps und Internet. Doch wenn ich meinen Garten für bisher darin nicht vorkommende heimische Tierarten attraktiver machen will, macht das Blättern in Bestimmungsbüchern wieder das Tor. Denn um es einer Mohn-Mauerbiene gemütlich zu machen, muss ich schließlich erst mal wissen, dass es so ein Wesen überhaupt gibt.[1]

Der erste neue (oder jedenfalls vor diesem Sommer nie gesehene) Bewohner meines Gartens war netterweise so auffällig, dass Ecosia schnell ein Ergebnis lieferte. Kleine Nebenbemerkung: Ich mag die Suchmaschine, weil damit Bäume gepflanzt werden, etwa einer pro 45 Anfragen, hieß es mal. Allerdings wäre ein Name geschickter gewesen, der sich so leicht zum Verb machen ließe wie der ihres größten Konkurrenten. »Das hab ich schnell geecosiat« funktioniert einfach nicht. Aber zurück zu meiner Entdeckung. Auf den Blüten des Muskatellersalbeis, der sich im Kiesbeet unter der Treppe richtig gut entwickelt hatte, saß ein beeindruckendes Fluginsekt: fast drei Zentimeter groß und tiefdunkelblau schimmernd. *Tadaaaa*: die Große Holzbiene. Sie lebt allein, mag es sonnig-warm und braucht morsches Holz für ihre Nistgänge und zum Überwintern. Vermutlich hat sie im alten Apfelbaum Quartier bezogen, unter dem oft frisches Bohrmehl liegt. Bauholz, Fachwerk oder Zäune werden übrigens nur angeknabbert und besiedelt, wenn sie eh morsch und renovierungsbedürftig sind.

Anfangs dachte ich, dass die Holzbiene besonders auf den Muskatellersalbei steht, weil ich sie da oft gesehen habe. Doch so spezialisiert ist sie gar nicht, sondern nutzt viele verschiedene Blüten. Trotzdem haben meine Beobachtungen mich mit dem Salbei versöhnt, und er darf bleiben, obwohl ich seinen Geruch so richtig fies finde: wie Achselschweiß, und zwar von der lange gereiften Sorte. Schon die zarteste Berührung der Blätter löst Flashbacks von Horrorfahrten in völlig überfüllten und brüllheißen Waggons der Regionalbahn aus. *Würg*. Der Vollständigkeit halber muss ich erwähnen, dass nicht alle Menschen den Geruch von Muskatellersalbei so negativ empfinden, sondern ihn einfach als »würzig« oder dergleichen beschreiben. Und wunderschön sind die pelzigen Blattrosetten und die großen Kerzen aus vielen pinkfarbenen Schmetterlingsblüten sowieso.

In meiner Blumenwiese gibt es übrigens noch eine weitere völlig abgefahrene Pflanze, die ich schon als Mariendistel identifiziert hatte. Ihre großen, grün-weiß gemusterten Rosetten aus stark gewellten steifen Blättern sind mit gefährlich aussehenden Stacheln ausgestattet. Daraus erhebt sich eine knallpinkfarbene Blüte von der Größe einer Orange, ebenfalls mit riesigen Zacken daran: die Klingonenversion einer Blume. Immerhin hat sich diese Optik ohne züchterische Eingriffe so entwickelt, was ich mir bei der Mandala-Blüte nicht vorstellen kann. Abends telefoniere ich mit Marcus (mein Gatte, mit »c«), der gerade verreist ist und auch erst mal nicht glauben will, dass diese Clownsblume wirklich in unserem Garten steht. Dann lässt er Google Lens auf das Foto los, das ich ihm geschickt habe. »Gib mal ,Regenbogen-Chrysantheme' ein«, sagt er und amüsiert sich köstlich über mein geschocktes »Wah!« Die Fotos zeigen Blüten, die so knallbunt sind, dass sie Nachbilder auf der Netzhaut hinterlassen. Meine Mandala-Blumen hat er auch gefunden: Tricolor-Chrysanthemen. Immerhin sind sie trotz ihres beunruhigenden Zweitnamens »Bunte Wucherblume« offenbar unproblematisch im Garten und könnten als ungefüllte Blüten sogar Nektar und Pollen bieten.

Nun gut, für meinen Hortus Carduelis muss ich ohnehin noch mal zurück auf Los. Als Erstes brauche ich eine Pufferzone an der südlichen und südwestlichen Grenze, wo es bisher entweder gar keine Hecken und Büsche gibt oder nur die hochgewachsenen Thujen-Säulen der Nachbarn. In seinem Buch *Drei-Zonen-Garten* beschreibt Markus Gastl, worauf man achten muss. Am besten mehrreihig und möglichst viele Arten pflanzen, mehr Planung sei nicht nötig – in der Natur entstehen vitale, artenreiche Hecken ja auch ohne Papierzeichnungen. Viele Jungsträucher zu kaufen und sie enger zu setzen, macht die Sache teurer und arbeitsintensiver, bietet aber auch die Chance für mehr Vielfalt in der Hecke und lässt sie schneller zuwachsen. Man solle es allerdings auch nicht übertreiben mit der Abgrenzung zur Umgebung: »Manche Schmetterlinge beispielsweise fliegen an einer dichten Hecke entlang, anstatt sie zu überfliegen, und können so den hinter der Hecke liegenden Gartenraum unter Umständen gar nicht erreichen.« Und Vorsicht: »Ein gemauerter Zaunsockel hindert alle Tiere, die nicht fliegen können, an der Einwanderung in Ihren Garten.« Das gibt es hier zum Glück nicht.

Doch welche Gehölze kommen überhaupt infrage? Heimische

Arten, so viel ist klar. Um diesen Punkt zu unterstreichen, lässt Markus diese gegen fremdländische antreten und listet auf, wie viele Arten fruchtfressender Vögel, pollensammelnder Wildbienen, Insekten und Säugetiere das jeweilige Gehölz nutzen. Das reduziert die Einkaufsliste schon mal um alle Arten, die in deutschen Gärten so verbreitet sind, dass sie fälschlicherweise für einheimisch gehalten werden. Ich sag nur: Forsythie. Omnipräsent, wirklich hübsch, aber steril und praktisch nutzlos für die Tierwelt.

Wer kennt dagegen die einheimische Kornelkirsche, die ebenfalls früh im Jahr wunderschön gelb blüht, aber Nektar, Pollen und Früchte bietet? Anfang März schickte Marcus mir das Bild eines üppig gelb blühenden Busches, den er in Stuttgart entdeckt hatte. Seine Frage:»Was ist das?« konnte ich nicht beantworten. Einige Tage später ging ich selbst dort vorbei und checkte ab: Die Zweige sind gegenständig, also so angeordnet wie die Arme am Körper eines Menschen. Das macht die Bestimmung leichter, weil es auf weniger Arten zutrifft als die wechselständige Anordnung. Als Eselsbrücke kann man sich das Wort HAGER merken. R für Rosskastanie fiel aus, ebenso E für Esche und A für Ahorn. Blieben G für die Geißblattgewächse, das fand ich unwahrscheinlich, und H für die Hartriegelgewächse. In der entsprechenden Rubrik meines Bestimmungsbuches fand ich sie dann, die Kornelkirsche. Man kann die Früchte essen, manche sprechen diesen sogar eine heilsame Wirkung zu, aber die Pflanzenart ist nicht verwandt mit der Obstkirsche, einem Rosengewächs.

Schon damals landete die Kornelkirsche auf meiner »Will ich auch«-Liste, die muss also auf jeden Fall in die Pufferzone – aber welche Gehölze will ich noch? Sie dürfen nicht zu groß werden, sonst nimmt die Hecke der Hotspotzone die Sonne. Sie sollten zu verschiedenen Zeiten blühen, damit es möglichst durchgehend Futter gibt. Verschiedene Blütenfarben wären auch schön … Und: Kann ich wirklich zweireihig pflanzen, oder wird dann der halbe Garten zum Puffer? Auch wenn es mir peinlich ist, es zuzugeben: Die Fülle an Möglichkeiten stresst mich schon wieder. Eigentlich mag ich es, tief in Detailwissen einzutauchen, aber dann brauche ich auch viel Ruhe, Zeit und Kritzelpapier, um darin nicht zu ersaufen. Noch besser ist es, mit jemandem sprechen, der sich auskennt und bei der Gewichtung der Details hilft. Und genau dafür habe ich Maria Stark engagiert.

Maria ist Naturgartenplanerin[2] und wurde mir von einer Freundin empfohlen. Ich könnte bei ihr eine herrliche Oase mit heimischen Wildpflanzen einfach in Auftrag geben, dann würde sie nach Absprache der individuellen Wünsche die Planung übernehmen, die Ausführung organisieren und sich auf Wunsch sogar um die Pflegemaßnahmen kümmern. So läuft es typischerweise bei Firmen – zum Beispiel hat sich die hier im Kreis ansässige Firma Kärcher von ihr eine preisgekrönte Anlage errichten lassen. Privatkunden nehmen meist nur Teile aus diesem Paket, und auch ich habe »nur« einen Beratungstermin gebucht – der allerdings auch schon mehrere Stunden dauern wird und für den Maria extra die gut 170 Kilometer vom Bodensee anreisen wird. Solche Strecken sind für sie nicht ungewöhnlich, weil zertifizierte Naturgartenplanungsbetriebe[3] in Deutschland noch nicht so verbreitet sind wie der »normale« Garten- und Landschaftsbau. Auch mit dem Hortus-Konzept ist Maria vertraut, sie beschreibt es sogar auf ihrer Internetseite. Beste Voraussetzungen also für eine Menge Input, der mich mit meinem Garten wirklich voranbringt. An einem heißen Sommertag ist es dann endlich so weit.

Unverblümte Wahrheiten

Schon nach wenigen Minuten im Einsatz zeigt sich, dass Maria Stark eine Frau von klaren Worten ist und ihren Namen zu Recht trägt. Ich kann mir gut vorstellen, wie sie sowohl Anzugträger als auch Baggerfahrer beeindruckt, wenn diese sie wegen ihrer langen blonden

Haare vorschnell in die Schublade »Püppchen« stecken wollen. Diesen Fehler habe ich zwar nicht gemacht, aber verblüfft bin ich auch erst mal, als ihr erster Kommentar zu meinem Garten lautet: »Die musst du rausmachen.« Wir haben den Rundgang beim Carport angefangen, und sie zeigt auf eine der kümmerlichen Herbstanemonen, die gerade mal eine einsame Blüte trägt. Sie erklärt: »Sie ist nicht heimisch und hier bei uns unheimlich konkurrenzstark. Sie breitet sich über Wurzelausläufer aus – wenn du die stehen lässt, gibt es in diesem Beet bald nichts anderes mehr.« Meinen Einwand, dass die sich hier doch offenbar total schwertun, lässt sie nicht gelten. »Mag sein, aber wenn sie sich erst mal etabliert haben, hält sie nichts auf.«

Hm, jetzt wo sie es sagt, erinnere ich mich dunkel: Diese Hartnäckigkeit wurde in dem Buch *Der antiautoritäre Garten* durchaus erwähnt – allerdings so freundlich formuliert, dass ich es für eine gute Idee hielt, sie im Carportbeet zu pflanzen. Schließlich liegt es meist im Schatten, bekommt nicht viel Regen, und von jenseits des Zaunes versucht ständig der Giersch, die Fläche zu erobern. Dem könnte die Anemone tatsächlich etwas entgegensetzen, meint Maria. »Behalt die Sache im Auge und setz am besten noch ein paar andere konkurrenzstarke heimische Pflanzen dazu. Es soll doch mehr Vielfalt entstehen!«

Während sie sich weiter umsieht, macht Maria Fotos, um sich später besser an Details des Gartens erinnern zu können, falls ich mal wegen einer Frage anrufe oder ihr Pflanzpläne zur Beurteilung schicken will. »In der Regel begleite ich die Menschen, die ich beraten habe, noch etwa sieben Jahre weiter«, erzählt sie. Auf der kleinen Fläche zwischen der Schmalseite des Carports und dem üppig von altem Efeu bewachsenem Schuppendach steht der Giersch in voller Blüte. »Den muss du alle zehn Tage mähen, bis die Wurzeln so geschwächt sind, dass man hier überhaupt eine Chance hat, etwas anderes zu pflanzen«, rät Maria. Ich gebe etwas beschämt zu, dass ich ihn absichtlich habe stehen lassen, weil die Insekten ihn gut finden und die Samen gerne von den Vögeln gefressen werden. Sie rollt belustigt mit den Augen: »Keine Angst, Giersch wird nicht aussterben. Ob der hier steht oder nicht, ist völlig wurscht. Wir wollen doch artenreiche Flächen schaffen, um die Spezialisten zu unterstützen, die es ‚da draußen‘ schwer haben.« Oh Mann, ich mit meinem Widerstand, etwas gut Gedeihendes wegzumachen. Nur bei Disteln bin ich nicht so zimperlich, schließlich gehe ich öfter im Dunkeln barfuß durch den Garten – da gilt das Wnukdara-Prinzip dann auch mal für mich.

Wir wenden uns dem nächsten Beet zu, und Maria fragt, welches Konzept ich für den Holunder hätte. »???« »Nun, soll er wie ein Busch wachsen oder eher wie in Baum?« Ich bin für Baum, sie auch. Dann sei es nötig, das ganze »mehrstämmig aufzuasten«, sprich: »Man sucht sich mindestens drei, manchmal auch vier oder fünf starke, von unten kommende, Triebe aus, die keine Schadstellen haben«, erklärt Maria. »Die belässt man, während alle Seitentriebe bis auf etwa einen Meter Höhe herausgenommen werden – später kann man auch noch höher gehen.« Das Ziel ist, eine schirmartige Krone zu schaffen, unter der es hell genug ist, um Stauden zu pflanzen. Sie zeigt mir, welche Äste auf jeden Fall raus sollten, und geht mehrfach auf die andere Straßenseite, um den Gesamteindruck des Holunders besser erfassen zu können. »Das ist der Trick beim Schneiden.« Tatsächlich fällt aus dieser Perspektive auf, dass der Holunder auf der linken Seite viel zu wuchtig wirkt. Ich freue mich schon darauf, seine Erscheinung zu harmonisieren.

Für die weitere Gestaltung der Vorgartenbeete schlägt Maria vor, noch einen weiteren Baum zu setzen. Infrage kämen ein niedriger Zierapfel, eine Kornelkirsche als Hochstamm oder eine Eberesche mit ihren wertvollen orangefarbenen Früchten, eventuell als Säulenform. Dafür müsste allerdings einer der Sommerflieder weichen, der bei Naturgartenfreunden als potenziell invasiver Neophyt ohnehin nicht beliebt ist. Als »Neupflanzen« gelten alle, die keine botanischen Ureinwohner sind (so genannte »indigene« oder »autochthone«

Arten) und sich auch nicht vor 1492 aus den Mittelmeerländern und dem westasiatischen Raum hier etablierten, sondern erst danach ihren Weg nach Deutschland gefunden haben. Irgendeine Grenze muss man halt ziehen, und da bot sich das Jahr an, in dem Europäer den amerikanischen Kontinent entdeckt haben. Heute weiß man, dass dies nicht wirklich der erste Kontakt war, aber eben der folgenreichste – unter anderem, weil fortan immer öfter exotische Pflanzen den Weg in die »alte Welt« fanden.

Doch das ist verdammt lange her, und so lautet die typische Reaktion: Also, wenn sich Pflanzen schon vor Jahrhunderten hier gut eingelebt haben, warum sollten sie dann nicht auch als hierher gehörend gelten? »Diese Frage zeigt, wie schwer es den meisten fällt, die immensen Zeiträume zu erfassen, die evolutionäre Beziehungen brauchen, um sich zu entwickeln«, schreibt Douglas Tallamy in *Nature's Best Hope*. Als Beispiel führt er europäische Schilfarten an, die vor rund 500 Jahren erstmals nach Amerika eingeschleppt wurden – denn so herum lief der Austausch natürlich auch. »In Europa versorgen diese Schilfgräser 170 Insektenarten. Nach Hunderten von Jahren werden sie in Nordamerika nur von fünf Insektenarten als Nahrungsquelle genutzt«, zitiert er eine Studie. Die »Zugehörigkeit« könne daher nicht allein durch den Ablauf einer gewissen Zeitspanne definiert werden, findet er. Man müsse vielmehr auf die Funktion schauen: »Eine Pflanze sollte als zugehörig angesehen werden, wenn sie sich wie eine indigene Pflanze verhält – also dieselbe ökologische Produktivität erreicht wie in ihrem Herkunftsland.«

Meiner Meinung nach wäre es noch wichtiger, wie ökologisch nützlich eine eingeführte Pflanze verglichen mit denen ist, deren Platz sie einnimmt. Und da sieht es für den Sommerflieder nicht wirklich gut aus. *Buddleja davidii* ist nämlich nur ein schicker Blender, dessen Nektar zwar große Anziehungskraft auf Bienen, Taubenschwänzchen, Admirale und Tagpfauenaugen hat, aber anders als die von Maria vorgeschlagenen Arten sonst nichts bietet – so gut wie kein Futter für Raupen oder andere Blattfresser, keine

Nistmöglichkeiten, keine Pollen für Wildbienen. Immerhin liefert er der heimischen Tierwelt wenigstens die Blütennahrung, viele andere Neophyten und auch moderne Zuchtsorten einheimischer Pflanzen sind in dieser Hinsicht völlig nutzlos.

Und dann gibt es da noch das Gerücht, wonach der Nektar nur wenig nahrhaft sei, dafür aber viel süchtig machendes Koffein enthalte, so dass die unterernährten und dauerbedröhnten Blütenbesucher ihre Fortpflanzung nicht mehr auf die Reihe bekämen. Vermutlich sind das Fake News, denn die Behauptung hält einer Recherche schlicht nicht stand. Sie lässt sich nur auf eine Person zurückführen, deren Untersuchung dazu nicht verfügbar und damit nicht überprüfbar ist. Andere Belege habe ich nicht gefunden, und auch der daraufhin befragte Schmetterlingsexperte Erk Dallmayer kennt keine. Als einer der Koordinatoren des Tagfalter-Monitorings vom renommierten Helmholtz-Zentrum für Umweltforschung, einer der größten derzeit in Europa laufenden Bestandsaufnahmen, halte ich ihn für die bessere Quelle. Seiner Beobachtung nach ist der Sommerflieder für Schmetterlinge sofort deutlich weniger attraktiv, sobald in der Nähe ihre wirklichen – einheimischen! – Lieblingsblumen blühen, vor allem Wasserdost, Flockenblumen, Skabiosen und Karthäusernelken.

Der wichtigste Aspekt, um Neophyten ökologisch zu bewerten, ist aber die Frage, ob sie invasiv sind – also heimische Arten verdrängen.[4] Das tut der Sommerflieder am stärksten ausgerechnet auf den sandigen oder steinigen Magerflächen, die für die Spezialisten unter den heimischen Pflanzen und Tieren so wichtig sind. Um die Ausbreitung zu verhindern, sollte man die Blüten daher vor der Samenreife abschneiden und in der Mülltonne entsorgen. Das habe ich schon immer gemacht, weil ich die braunen Rispen hässlich finde und zudem den Eindruck habe, damit die Blütezeit zu verlängern. Aber ganz ehrlich: Das dauert *Stun-den* und nervt mich inzwischen derart, dass ich einem Austausch sehr aufgeschlossen gegenüberstehe.

Doch erst mal gehen Maria und ich durch, was ich in den Vorgartenbeeten sonst noch so gepflanzt oder stehen gelassen habe, und ich merke bestürzt: Das Sammelsurium und die kruschtige Optik sind mir peinlich. Irgendwann sagt Maria: »Der Vorgarten sollte idealerweise so aussehen, dass es bei den Leuten Interesse an Naturgärten weckt und sie sich dann im Gespräch wundern, dass man da so wenig Arbeit reinstecken muss.« Autsch.

Schließlich wandern wir ums Haus in den hinteren Garten. Bei der Buche rät Maria ebenfalls zum Aufasten und dazu, den Efeu wegzumachen, um dieser Ecke die »Friedhofsatmosphäre« zu nehmen. Weil sowieso nur die Altersform blüht und fruchtet, statt Ranken auszubilden, könne ich alle am Boden herumkriechenden Ausläufer rausmachen, ohne Vögeln und Insekten Futter wegzunehmen. »Sei ruhig radikal, so als ob du den Efeu vernichten wolltest – er wird trotzdem wiederkommen.«

Im Schatten unter dem Sonnendeck erläutert Maria dann ein paar Hintergründe zum Thema Saatgut für Blumenwiesen. Die meisten Mischungen sind so zusammengestellt, dass sie möglichst billig sind und trotzdem erst mal tolle Effekte erzielen. Das heißt: Sie enthalten häufig knallfarbige, nicht-heimische Arten und nutzlose Zuchtformen, vor allem aber einen hohen Anteil einjähriger Blumen. Das bringt zwei Probleme mit sich: Erstens ist der ökologische Nutzen solcher Blühflächen gering. »Mit unseren echten Wildblumenwiesen hat das nichts zu tun, Raupennahrung ist zum Beispiel fast nie dabei«, sagt Maria. »Aber wer Schmetterlinge im Garten haben will, muss ihren Raupen etwas zu futtern geben!« Zweitens: Ohne die in jedem Jahr wieder aufwachsenden Stauden (mehrjährige Pflanzen) kann sich keine dauerhaft stabile Blumenwiese entwickeln. Die Einjährigen brauchen offenen Boden, um sich selbst auszusäen, aber auf den meisten Flächen wird dieser schnell von den typischen Allerweltsunkräutern besetzt. Kann ich nur bestätigen: Kriechendes Fingerkraut, Kriechender Hahnenfuß, Ackerwinde, Löwenzahn und Massen von Spitzwegerich – vermutlich, weil ich dessen Keimlinge nicht erkannt habe. »Schon im zweiten Jahr ist von der bunten Pracht meist nichts mehr übrig, und um daran etwas zu ändern, muss man ganz von vorne anfangen«, sagt Maria. *Mist.*

Die Lösung liegt darin, hochwertiges Saatgut von Anbietern zu verwenden, die sich besondere Qualitätskriterien auferlegt haben. Maria empfiehlt unter anderem die Firmen Rieger-Hofmann und Syringa, deren Mischungen auf verschiedene Ökosysteme abgestimmt sind – zum Beispiel sonnige oder schattige Säume, feuchte oder trockene Böden – und zudem passend zur Region innerhalb Deutschlands. Das ist vor allem dann wichtig, wenn man in großem Stil Pflanzensamen in der Landschaft ausbringt, zum Beispiel bei Renaturierungsmaßnahmen. Meine Gegend ist laut dem Verband deutscher Wildsamen- und Wildpflanzenproduzenten (VWW) das Ursprungsgebiet 11 »Südwestdeutsches Bergland« beziehungsweise das größere Produktionsgebiet 7 »Süddeutsches Berg- und Hügelland«.[5] Natürlich ist so aufwendig produziertes Saatgut teurer, aber wenn eine Blumenwiese dafür bei entsprechender Pflege über Jahre stabil ist, relativiert sich das schnell.

Maria empfiehlt, nach dem Pflanzen der Büsche in der Pufferzone passende Saum-Mischungen einzusäen und diese ruhig mit etwas Saatgut für Einjährige zu ergänzen. So hat man den bunten Effekt im ersten Jahr und danach eine schöne Blütenfülle, solange die Büsche noch klein sind. Wenn sie größer werden und Schatten werfen, werden viele Blumen nach und nach verschwinden, weil ein neuer Lebensraum entstanden ist. Vor dem Pflanzen und Einsäen braucht der Boden allerdings noch eine Vorbehandlung, um die Allerweltsunkräuter auszubremsen. Ein Rezept für die hier bei mir herrschenden Verhältnisse: Die oberste, am stärksten durchwurzelte Schicht von etwa 10 Zentimetern wegnehmen, dann 20 bis 30 Zentimeter tief umgraben, dabei Wurzelunkräuter so gut wie möglich entfernen und alles 1:1 mit Sand abmagern. 2:1 wäre eigentlich noch besser, erhöht aber eben auch den Aufwand.

Mein Hirn ist zu diesem Zeitpunkt schon ziemlich durchgeknetet angesichts der Fülle an Informationen und der Aussicht auf das, was hier alles passieren muss. Aber Maria ist noch nicht fertig mit mir, denn über den größten Teil des Gartens – meinen »Rasen« – haben wir ja noch gar nicht gesprochen. »Wenn du hier wirklich etwas verändern willst, musst du vorgehen wie beim Giersch: Wenn man den so genannten »C-Strategen« regelmäßig das Meiste ihres Blattwerks raubt und dadurch schwächt, haben irgendwann auch andere Pflanzen eine Chance.« Denklahm (und ich fürchte mit leicht geöffnetem Mund) gucke ich sie nur fragend an, und sie passt ihre Ratschläge an meine aktuelle Aufnahmefähigkeit an: »Mähen. Kurz. Alle zehn Tage.« Schnappatmung! Sie setzt noch eins drauf: »Noch besser wäre ein Mähroboter.« Jetzt bin ich wieder ganz da: »Niemals! Ich habe gerade erst wieder Bilder von verletzten Igeln gesehen.« Sie wischt den Einwand weg: »Das Ding soll ja nicht nachts laufen oder in der Dämmerung, sondern nur von 11 bis 15 Uhr, aber das eben jeden Tag.« Sinnvoll wäre das aber ohnehin nur, wenn das Gerät verfügbar wäre und nicht extra gekauft werden müsste. Nun, das ist bei mir nicht der Fall, deshalb ist das Thema eh durch. Ob ein Rasenmäher ohne Motor auch funktionieren würde, frage ich erst gar nicht, weil ich selbst nicht dran glaube – allein schon, weil die Fläche so buckelig ist.

»Deine Nachbarn haben mehr Artenvielfalt im Rasen als du«, sagt Maria, und ich brauche einen Augenblick, um zu merken: Sie meint das ernst. »Ich vermute, hier waren früher Streuobstwiesen«, erläutert sie. »Wenn in den Gärten seitdem nichts anderes passiert ist, als dass alle ein bis zwei Wochen gemäht wurde, dann sind viele der Blumen von früher noch da – Schafgarbe, Margeriten, Glockenblumen«, erläutert sie. »Es geht ihnen nicht unbedingt gut, aber wenn man die Fläche jetzt mal hochwachsen lassen würde, kämen sie wieder zur Blüte, wenn auch vielleicht erst im zweiten Jahr.« Bei solchen Flächen kann also eine Pflegeumstellung reichen, um zu einer Blumenwiese zu kommen, die mit jedem Jahr schöner wird.

Gemäht würde fortan nur noch selten. Der erste Termin wäre dann, wenn die Margeriten blühen, also je nach Standort ungefähr Mitte Mai.

Bei einer stabilen artenreichen Blumenwiese hält man sich an die traditionellen Mahdtermine: In der ersten Junihälfte wurde früher das Heu für das Winterfutter der Tiere gemacht. Heute widerstrebt einem das, weil die Wiese zu dem Zeitpunkt so schön aussieht. Doch man sollte ja ohnehin nie die ganze Fläche gleichzeitig rasieren, sondern einen Teil stehen lassen – somit bleibt was fürs Auge und für die Insekten. Mehr noch: Im gemähten Teil kommt es zu einer Nachblüte, so dass es auch im Hoch- und Spätsommer noch genug Nahrung für Brummer und Flatterer gibt. Im September wurde dann ein zweites Mal gemäht – Öhmd genannt – und das weniger nahrhafte Heu als Einstreu für die Ställe genutzt. Will man das nachahmen, sollte man sich eine Zeit mit mehreren sonnigen Tagen aussuchen, das Schnittgut ein paar Tage liegen lassen und gelegentlich wenden, damit reife Samen noch ausfallen können. Auch bei der Herbstmahd sollte ein Teil der Fläche als Rückzugsort zum Überwintern und zum Schutz von abgelegten Eiern stehen gelassen werden.

Schließlich widmen wir uns noch den Sträuchern, die für die Pufferzone infrage kommen. Meine Ideenliste ist schnell vom Tisch: »Die werden viel zu hoch für deinen Garten«, warnt Maria. In der Liste der Gärtnerei Strickler finde ich Sträucher, die schon allein wegen ihrer Namen haben will: »Immerblühende Mandelweide«, »Purpur-Schlehe«, »Zimtrose«... »Die Pflanzen allein aufgrund ihrer Namen auszuwählen, wäre nicht gerade schlau«, bemerkt Maria trocken. »Wichtiger wäre zu wissen, wie sich eine Art unter bestimmten Bedingungen verhält.« Die Schlehe und die Zimtrose können zum Beispiel Ausläufer bilden und dadurch sehr dominant werden. In meinem Garten sollte das Risiko jedoch gering sein. Wir verabreden, dass ich mich in Ruhe mit der Liste befasse und zudem online die erweiterte Suchfunktion der Gärtnerei nutze, bei der man eine Obergrenze für die Größe angeben kann. Mit meiner Auswahl soll ich dann einen Pflanzplan erstellen und ihr zur Begutachtung schicken. Sie empfiehlt mir, anderthalbreihig versetzt zu pflanzen: Die zweite Reihe wird dann so gesetzt, dass sie sich jeweils vor die Lücken der ersten einfügt.

Mehr als sechs Stunden ist Maria nun schon hier, und die Arme hat auch noch den Rückweg vor sich. Vorher habe ich noch eine letzte Frage: Ich habe mir überlegt, in der Nähe des Apfels eine Kirsche zu pflanzen, damit die schon mal wachsen kann, solange der große Baum noch steht. Ist das eine gute Idee oder wird dann die Schattenfläche im Garten zu groß?»Nicht in deiner Lebenszeit«, sagt sie trocken. Ich muss wohl etwas kariert geguckt haben, denn sie fügt hinzu:»Was denn? Bäume pflanzt man nie für sich, den Apfelbaum hat ja auch jemand anderes gesetzt, und jetzt profitierst du davon.« Auch wieder wahr.

Wunder wirkender Wegerich

Einige Tage später. Gerade dacht ich noch:»Pass auf, wo du hintrittst bei all den Kleeblüten«, da bin ich schon barfuß in eine Biene getreten. Fluchend über meine Unachtsamkeit, die der Biene das Leben kostet, schnappe ich mir schnell ein paar Blätter Spitzwegerich. Inspiriert durch meinen Heilpflanzenkurs habe ich über die Jahre an mir und anderen die verschiedensten Darreichungsformen getestet, und eine davon ist nach meiner Erfahrung allen anderen überlegen: Man muss frische Blätter des Wegerichs (es geht mit allen Arten) zerkauen und die entstehende Masse auf den Stich packen. Dann werden die Beschwerden schnell besser.

Schwierig an dieser Behandlung: Man muss 24 bis 48 Stunden dranbleiben und immer wieder neue Wegerich-Pampe auflegen. Das kann sehr unpraktisch sein, falls sich der Stich an einer ungünstigen Stelle befindet – sagen wir mal: am Fuß. Deshalb habe ich mich wider besseres Wissen von der schnellen ersten Linderung einlullen lassen und mir eingeredet: War ja keine Wespe, bin ja nicht mit meinem ganzen Gewicht drauf gelatscht, hab bestimmt gar nicht den ganzen Inhalt der Giftblase injiziert bekommen, *bla bla bla*.

Und jetzt liege ich mitten in der Nacht hellwach auf dem Sofa, auf das ich umgezogen bin, um Marcus nicht mit meiner Unruhe zu stören. Der Fuß ist geschwollen und juckt höllisch, Kühlung nutzt gar nichts. Um 3:45 Uhr habe ich schließlich die Faxen dicke: Ich brauche Wegerich, und zwar sofort! Zum Glück weiß ich, wo ich im dunklen Garten herumfingern muss, um die richtigen Blätter an ihren charakteristischen längsparallelen Adern tastend zu erkennen. Wieder im Haus, zerkaue ich fünf Blätter, packe den Matsch dick auf alle geschwollenen Stellen und sorge mit einem fest darum gewickelten alten Tuch dafür, dass nichts verrutscht. Das Jucken stoppt praktisch sofort, und ich erinnere mich an daran, wie ich mal einem Jungen mit Spitzwegerich bei einem Wespenstich helfen konnte. Er hörte sofort auf zu schluchzen, riss die Augen auf und flüsterte ehrfürchtig: »Kirsten! Das ist ja eine *Zauberpflanze*!«

Absolut. Lieber Spitzwegerich, du nervst in der Blumenwiese, aber ich werde dich nie wieder Unkraut nennen. Deine Heilkraft ist der Wahnsinn, der Effekt der Packung hält über Stunden, und ich bin unendlich dankbar, dass ich endlich schlafen kann.

Erde an Kirsten!

Der September geht stramm auf die Tag-und-Nacht-Gleiche zu, den offiziellen Herbstbeginn, und ich habe mein Herz an Christine Hélène verloren. Zwei Wochen nach dem Pflanzen hat sie mitten in heftigstem Pladderregen, der über Tage anhielt, die erste Blüte hervorgebracht: cremeweiß mit apricotfarbenen Akzenten und herrlich duftend. Ihre Nachbarin habe ich vor allem wegen ihres Namens ausgesucht: Lykkefund. Das ist Dänisch und bedeutet so viel wie Glücksgriff oder tolle Entdeckung. Da würde wohl keiner Nein sagen, und ich als Halbdänin schon mal extra nicht.

Es war ein Tipp von Maria, einige »Rambler-Rosen« in den Garten zu holen, die nach dem englischen Wort für wandern oder umherschweifen benannt sind. Mit ihren langen und biegsamen Trieben können sie auch ohne Klettergerüst an tragfähigen Bauteilen und Bäumen hochranken, sind pflegeleicht, brauchen keinen Rückschnitt und bieten Nahrung für Insekten und Vögel – perfekt für jeden Naturgarten. Ich will damit das Metallgitter der Treppe vom Sonnendeck in den Garten aufhübschen, aber man kann mit Ramblern auch abgestorbene Bäume, die man wegen des wertvollen

Totholzes stehenlassen möchte, mit Blättern und Blüten schmücken und zusätzlich aufwerten.

Apropos Totholz – nein, ich wollte ja »Biotopholz« sagen: Ich habe jetzt auch endlich welches im Garten. Der erwähnte Regensturm hat bei meinen Nachbarn zwei knorrige Äste eines Apfelbaums abgerissen. Auf meine Frage, ob ich die wohl bekommen darf, wirkten sie zwar deutlich verwirrt, aber ich durfte. Der kleinere Ast begrenzt nun die Rosenpflanzung und der größere liegt dekorativ etwas unterhalb meines Apfelbaums. Mit seiner Rundung dient er als Stopper für das Fallobst, das ich immer dort deponiere. So ist es ein bisschen aufgeräumter, als wenn die angematschten Äpfel überall rumliegen, aber Amseln und andere Tiere kommen trotzdem noch gut dran. Ja, ich weiß: Das könnte den Apfelwickler fördern. Aber was soll's: Obstmaden sind wichtige Nahrungsquellen für Vögel, Igel und andere. Außerdem liefert diese Vor-Ort-Kompostierung Nährstoffe für den Baum selbst.[1]

Es war übrigens das erste Mal, dass ich etwas »gehortelt« habe, wie es die Leute aus dem Hortus-Netzwerk nennen. Wieder so ein toller neuer Begriff, den ich sofort in meinen persönlichen Wortschatz übernommen habe. Es ist das Gegenteil von neu gekauft und umfasst die ganze Palette von gefunden, umfunktioniert, geschenkt bekommen, jemandem abgeschwatzt ... Ich weiß nicht, ob »gebraucht gekauft« auch als gehortelt gilt, in meiner Welt aber schon – vor allem, wenn es um Dinge geht, die der Verkäufer sonst weggeworfen hätte. In den Online-Kleinanzeigen hat immer mal wieder jemand Holz abzugeben, aber je größer und toller die Stücke sind, desto weniger wüsste ich, wie ich sie in den Garten schaffen sollte.

Anfangs habe ich noch überlegt, ob ich einfach dekorative Äste aus dem Wald mitnehme, und fragte Markus Gastl bei meinem Besuch im Hortus Insectorum, ob ich damit potenziell problematische Insekten in den Garten schleppen könnte. »Du stellst die falsche Frage«, sagte er freundlich. »Was immer du mitbringen könntest, würde bestenfalls die Vielfalt in deinem Garten erhöhen. Die entscheidende Überlegung sollte sein: Könnte es dem Ökosystem des Waldes schaden, wenn du dort etwas wegnimmst?« Touché. Darüber habe ich zwar durchaus nachgedacht, aber den Punkt allzu schnell als vernachlässigbar abgehakt. Ich hätte ja nur wenig genommen, ein oder zwei größere Äste, die derzeit ohnehin massenweise im Forst rumliegen. Doch was würde es bedeuten, wenn das alle machen würden? Unter diesem Aspekt müsste man künftig alle Handlungen prüfen, hörte ich neulich einen Naturschützer sagen. Die typische Abwehrreaktion »Dann darf man ja gar nichts mehr!« stimmt nicht unbedingt. »Was wäre, wenn das alle machen würden?« könnte ja auch bedeuten, dass sich alle respektvoll verhalten und auf »ehrenhafte« Weise ernten: Nur dort, wo es viel gibt – nie mehr nehmen als nötig – nie mehr als die Hälfte des Vorhandenen.

Um an Biotopholz zu kommen, habe ich also nichts aus dem Wald mitgenommen, sondern stattdessen eine schwäbische Hausfrau belästigt. Hinter einem Haus zwei Straßen den Hang hoch war eine große Fichte gefällt worden, und die Überreste lagen ewig am Rande des Weges zu den Streuobstwiesen herum. Bei jedem Spaziergang hatte ich begehrliche Blicke darauf geworfen und vergeblich nach jemandem Ausschau gehalten, den ich fragen könnte. Irgendwann stapfte ich dann entschlossen hin, um zu klingeln. Leider gab es mehrere Namen und Knöpfe, so dass ich per Versuch und Irrtum irgendeinen drücken musste. Das »Ja?« kam allerdings nicht wie erwartet aus der Gegensprechanlage, sondern von einem der zurückgesetzten Balkone dieses extrem terrassierten Hauses. Ich musste erst mal wieder zurück auf die Straße, um Blickkontakt herstellen zu können.

Ich entdeckte eine Dame, vermutlich Ende 60, deren »M'r gäbbet nix«-Aura selbst mit dem Abstand von drei Stockwerken deutlich wahrnehmbar war. Die Situation war maximal blöd: Ich musste ihr meine Frage über diese Entfernung zubrüllen, obwohl ich nicht mal wusste, ob sie überhaupt zuständig ist. Trotzdem setzte ich an:

»Der Baum, der oben am Weg liegt. ..« Sofort fiel sie mir ins Wort: »Der kommt weg.« Es klang sehr abweisend, und ich glaubte ihr kein Wort. Betont launig ergänzte ich: »Ach, dann ist der schon vergeben? Ich hätte einige Äste davon für meine Gartengestaltung brauchen können.« Sie wiederholte: »Das kommt alles weg«, in einem Ton, der dem Zuschlagen einer Tür in nichts nachstand. Das war also ein Satz mit X, aber vielleicht hatte sie auch mein Anliegen gar nicht verstanden, sondern geglaubt, dass ich mich über den unordentlichen Holzhaufen beschweren wollte. Statt von der Abfuhr entmutigt zu sein dachte ich: Es wird sich schon irgendwas anderes ergeben. So war es dann ja auch, und da kommt bestimmt noch mehr.

Aktuell habe ich sowieso nichts anderes im Kopf als die Pufferzone. Die Büsche sind schon da, weil ich nicht riskieren wollte, dass alles ausverkauft ist, bis ich zur Pflanzung bereit bin: je zwei pinkfarben blühende Zimtrosen, Purpur-Schlehen mit rötlichem Laub, ausdauernd gelb blühende Strauch-Kronwicken und Winterblühende Duftheckenkirschen. Letztere sind zwar nicht heimisch, aber eine wertvolle Ergänzung in der Hecke – der Name sagt alles. Dazu kommt je ein Exemplar der Kornelkirsche, von der ich ja schon geschwärmt habe, und Kreuzdorn – nicht wirklich hübsch, aber interessant für gut 60 Insekten- und Vogelarten. Außerdem eine Felsenbirne als Zwergform, die wunderschöne Blüten hervorbringt, aus denen bei Vögeln beliebte und sogar essbare blau-violette kugelige Früchte werden und die obendrein noch eine attraktive gelborange-rote Herbstfärbung entwickelt. Schließlich wären da noch ein üppig gelb blühender Blasenstrauch und die Immerblühende Mandelweide. Der Namensgeber hat zwar maßlos übertrieben, aber vier Monate lang – von April bis Juli – ist sie eine wichtige Futterquelle für Bienen.

Die vergangenen Wochen habe ich damit verbracht, die für sie vorgesehenen Flächen zu roden – und das meine ich wörtlich. Der aus den Blumenwiesensamen hervorgegangene Bewuchs war schnell geschnitten, aber entlang der unteren, südwestlichen Grenze des Gartens war der Boden auf den ganzen zwölf Metern Länge anderthalb Meter breit mit Efeu zugewuchert. Schon nach kurzer Zeit hatte ich Blasen an den Händen vom endlosen Reißen an den Ranken. Sie bildeten ein kaum durchdringliches Netz bis tief in der Erde. Wann immer ich glaubte, ein Stückchen Fläche freigelegt zu haben, musste ich nur ein bisschen mehr hacken, um wieder neue Ausläufer zutage zu fördern. Die Erinnerung an Marias Satz, wonach der Efeu selbst nach gründlichsten Rodungen wiederkommt, war dabei auch nicht wirklich ermutigend. Irgendwann erzählte mir die Nachbarin jedoch, dass die Ausbreitung des Efeus das Ergebnis von mindestens 30 Jahren war, in denen ihm niemand Einhalt geboten hatte. Das klang schon besser: Vermutlich ist er dann nicht schon im nächsten oder übernächsten Jahr auf bestem Wege, die Fläche erneut so effektiv zu erobern.

Während ich vor mich hin rackerte, wälzte ich in Gedanken die Frage, wie es danach weitergehen sollte. Nach dem Stöbern in Marias Bücherkiste hatte ich mehrere Titel bestellt, von denen mich zwei fast in den Wahnsinn getrieben haben: *Der unkrautfreie Garten* von Reinhard Witt sowie *UnkrautEX*, ebenfalls von Witt zusammen mit Katrin Kaltofen. Bitte nicht falsch verstehen: Die Bücher sind fantastisch und prallvoll mit jahrzehntelang gesammeltem Wissen darüber, wie man Naturgärten neu anlegt. Und natürlich müssen sie darstellen, wie man es hundertprozentig richtig macht, rumdilettieren kann man schließlich auch ohne fachlichen Input. Was mich jedoch fertigmacht, sind die apokalyptisch anmutenden Warnungen, dass alle Halbherzigkeiten garantiert bestraft werden. Fingerkraut, Winde und Hahnenfuß auf Lebenszeit. Dass dies keine leeren Drohungen sind, weiß ich ja nur zu gut.

Sollte ich also wirklich aufs Ganze gehen, die Fläche abbaggern lassen und dann mit Schotter und einer Decke aus magerem Substrat auffüllen? Die Büsche werden in diesem Szenario jeweils in ein Bett gesetzt, dem zur Hälfte Kompost beigemischt wird – und zwar solcher, der aus Grünschnitt hergestellt und zudem erhitzt wurde, um dadurch alle darin enthaltenen Samen abzutöten. Als ich laut darüber nachdachte, was das wohl kosten würde und wie selbst ein kleiner Bagger überhaupt in den Garten gelangen könnte, fiel Marcus die Kinnlade runter. »Sag mal, geht's noch?«, fragte er fassungslos. »Erde an Kirsten!!! Über so was könntest du vielleicht – *vielleicht!* – nachdenken, wenn uns das Grundstück gehören würde.« Alles gut, ich hatte das eh nicht ernsthaft vor. Damit blieb aber die Frage: Wie erziele ich dann das bestmögliche Ergebnis – viele Blumen, wenig Bullys?

Ton, Steine, Sand

Erde an Kirsten ... Das klingt lange in mir nach. Egal, ob man darunter den Boden unter der Grasnarbe oder unseren Planeten versteht: Was würden die wohl zu den empfohlenen drastischen Maßnahmen sagen? Markus Gastl rät irgendwo auf der Internetseite des Hortus-Netzwerkes, dass man ruhig radikal sein soll, aber da hat sich bei mir gleich alles gesträubt. Nur: warum? Bei anderen finde ich es bewundernswert, keine halben Sachen zu machen, und bin über die Ergebnisse begeistert. Auch David Seiferts Hortus Statera in Pörnbach-Puch südlich von Ingolstadt, den ich im August besucht habe, fand ich umwerfend.

David hatte erst drei Jahre zuvor von dem Konzept des Drei-Zonen-Gartens gehört, die Inhalte förmlich aufgesaugt und kurz darauf mit der Umgestaltung der 2000 Quadratmeter an seinem Haus begonnen. Der Oberboden wurde abgezogen und die Fläche mit Schutt und Ziegeln eines über 100 Jahre alten Hauses neugestaltet, das in der Nähe gerade abgerissen wurde. Der Bauherr war happy, die Entsorgungskosten sparen zu können und lieferte drei LKW-Ladungen des wunderbar unbelasteten Materials an. Mit welcher Fee muss man eigentlich per Du sein, damit sich solche Gelegenheiten gerade zum passenden Moment ergeben? Zusätzlich ließ David 13

Tonnen große Steine, Wurzelstöcke und ganze Baumstämme als Gestaltungselemente herankarren. Aus der flachen Wiese wurde so eine Landschaft mit bewachsenen Hügeln, großen Sandflächen und Teichen verschiedener Tiefe. Für die flachen besorgte David sich sogar die Genehmigung, gezüchtete Gelbbauchunken einzusetzen, in der Hoffnung, dass sich die stark gefährdeten Kröten dort vermehren und neue Gebiete besiedeln mögen.

Das alles ist so zielstrebig und konsequent, dass einem schwindelig werden kann. Und genau das ist ganz bestimmt ein wichtiger Teil meines Unbehagens. Wer Bagger anrücken lässt, muss eine sehr klare Vision dafür haben, was mit dem gesamten Gelände passieren soll. Meine Klarheit bewegt sich noch überwiegend auf dem Level von »Ungefähr hier könnte ja auch ein Teich ganz nett sein«. Diese nebulös herumwabernden Ideen können ziemlich anstrengend sein, aber sie zwingen mich auch, den Macher-Modus zu verlassen und nicht auch noch den Garten als einzige To-Do-Liste zu sehen. Sie fordern mich auf, eine weichere, spürende Haltung einzunehmen, mich bei der Gestaltung des Gartens schrittweise voranzutasten und in Verbindung mit diesem Stückchen Land zu gehen. Die Frage lautet immer: Passt es wirklich, was ich mir da gerade ausgedacht habe? Und wenn ich dann auf die Antwort lausche, fühlt es sich falsch und geradezu brutal an, großflächig das genaue Gegenteil von dem zu erzwingen, was die Natur hier von selbst hervorbringt. Je mehr ich den Boden als lebendiges System betrachte, desto weniger erträglich finde ich es, sein So-Sein derart zu missachten. Eine Veränderung will ich allerdings trotzdem, und es schadet auch nicht, wenn's schnell geht ... *Orrr!*

Zum Glück gibt es ja auch noch Marias Empfehlung: umgraben und Sand untermischen, vorher Grasnarbe abziehen. Mit dem so genannten »Placken« lässt sich der Boden nämlich recht effektiv entfetten. Das geht zum Beispiel mit Rasenschälmaschinen, die man über die Fläche schiebt wie einen Mäher, um anschließend den Grasteppich bahnenweise einfach aufzurollen. Die Dinger kann man tageweise ausleihen. Ich schaue endlos Videos dazu, die allerdings praktisch immer von Herstellerfirmen oder Serviceanbietern gedreht worden sind. Leider finde ich keine unabhängigen Berichte, ob das wirklich so toll funktioniert. Mein Verdacht: Ja, tut es – wenn man eine gepflegte, ebene Fläche zu bearbeiten hat und der Boden genau richtig feucht ist. Meine Wiese ist aber kein Golfplatz, sondern eher eine Buckelpiste und meist entweder trocken-hart oder lehmig-matschig – und keiner weiß, welche Bedingungen an den vorgebuchten Leihtagen herrschen. Mit einem Tag würde ich nämlich nicht auskommen, weil ich die Maschine ja erst noch holen müsste. Und wie das gehen soll, ist logistisch auch völlig ungeklärt. Alles viel zu aufwendig und mit Kosten im dreistelligen Bereich auch zu teuer für ein fröhliches »Ich probier's einfach mal aus!«

Bei meinen Recherchen bin ich allerdings auch an einem Handgerät vorbeigekommen, dem »UniErd Wiesenschäler«: Ein zwei Millimeter starkes, etwa quadratisches Metallblatt mit rundherum scharfen Kanten und einer stark abgeschrägten Seite. Es soll sich wie ein Messer unter die Grasnarbe treiben lassen, die dadurch abgesäbelt wird. Der Erfinder Erhard Mundil, ein freundlicher älterer Herr, führt das Gerät in einem kleinen Video vor. In wenigen Minuten arbeitet er sich durch einen Quadratmeter Gras – schnaufend zwar, aber schließlich sei er auch schon 80 Jahre alt. »Wenn einer 20 oder 30 ist, der macht das doppelt so schnell«, sagt er fröhlich. Auf einem stark verunkrauteten Boden soll es genauso gut funktionieren. Das Ding ist mir sympathisch. Es knattert und stinkt nicht, kostet mit nicht mal 40 Euro kaum ein Drittel der Tagesleihgebühr für die Rasenschälmaschine und ist auch in schwer zugänglichen Ecken einsetzbar. Natürlich wird die Arbeit damit deutlich länger dauern – wie lang, muss sich zeigen, denn der im Video bearbeitete Boden ist völlig anders als der in meinem Garten. Ich probier's einfach mal aus.

Mein Fazit nach einigen Tagen: absolut genial! Ganz nach Wunsch kann man entweder wirklich nur die Grasnarbe abheben oder Stücke in Ziegelstein-Größe abstechen. Für diesen Weg habe ich mich entschieden, um mehr Unkrautwurzeln loszuwerden. Lehmige Böden wie in meinem Garten dürfen für diese Arbeiten allerdings nicht zu trocken sein, sonst braucht die Sache mehr Kraft, als ich persönlich zu bieten habe. Doch auch wenn es gut läuft und das Metallblatt in die Erde eindringt wie das Messer in die Butter, ist es durchaus eine Schufterei – inklusive Blasen an den Händen und Muskelkater an seltsamen Stellen. Obwohl ich Rechtshänder bin, macht sich bei mir vor allem die Verbindung zwischen dem großen Brustmuskel und dem linken Arm bemerkbar. Das Wegschleppen der Erdplacken ist auch nicht ohne. Beim ersten Mal war es wie im Comic: Ich wollte schwungvoll einen gut gefüllten Mörtelkübel hochheben, aber der blieb wie festgenagelt am Boden. Zum Glück gibt es Schubkarren. Die Placken kann man mit der Erdseite nach oben unter Hecken deponieren, kompostieren oder zur Modellierung von Hügelelementen nutzen. Weil ich noch keine Idee für eine Verwendung habe, lade ich sie erst mal einfach nur auf einen Haufen ab, der erstaunlich schnell wächst. Spoiler: »erst mal« kann verdammt lang werden …

Irgendwie finde ich es befriedigend, mich anstrengen zu müssen. Es fühlt sich fair an, schließlich hat die Erde zuvor auch alles gegeben, um diese Pflanzendecke hervorzubringen. Aber da ist immer noch die Sache mit dem Sand. 50:50 hatte Maria gesagt. Schnell mal rechnen: Bei der typischerweise genannten Umgrabetiefe von 30 Zentimetern liegt dann die benötigte Sandmenge bei insgesamt fast zehn Kubikmetern – das sind deutlich mehr als zehn Tonnen!!! Die Kosten dafür sind erstaunlicherweise gar nicht so hoch, wie eine schnelle Recherche ergibt. Aber wo sollte das überhaupt abgeladen werden, wie viele Jahre brauchen ein oder zwei Menschen, um zehn Tonnen Sand zu schaufeln und unterzumischen? Das ist doch komplett irre! Und was heißt eigentlich »untermischen«, so ganz praktisch, wie geht das bei diesem zähen Lehmboden? Brauche ich das wirklich? Was ist, wenn ich es einfach lasse? Wird es wieder ein Flop? Aaahhhh!!!

Schon bei meiner morgendlichen Barfußrunde durch den Garten geht die Gedankenmaschine wieder los, und meine Laune verdüstert sich wie ein Gewitterhimmel. Diese offenen Fragen frustrieren mich total, und außerdem bin ich frustriert darüber, *dass* ich frustriert bin – wegen Gartengestaltung, herrje, die soll doch Spaß machen! Inzwischen weiß ich: Sobald sich das Denken in einem solchen Hadern festgefahren hat, komme ich kein Stück weiter, indem ich noch mehr Kraft investiere und weitere Informationen anschleppe oder Argumentationslisten aufstelle. Dann hilft nur noch, die Notbremse zu ziehen: Mich geschlagen zu geben und anzuerkennen, dass ich gerade absolut nicht weiterweiß und nichts tun kann, außer das So-Sein der aktuellen Situation anzunehmen. Doch der Knoten löst sich nur dann, wenn ich dabei freundlich mit mir umgehe, so richtig bemutternd und tröstend.

Wie wichtig es ist, mitfühlend mit sich selbst umzugehen, habe ich ja schon erzählt – aber »darf« man das auch, wenn es um Nichtigkeiten geht, ist das nicht kindisch? Nein, es ist menschlich. Auch Erwachsene sind enttäuscht, frustriert und traurig, wenn trotz größter Anstrengungen gerade nichts so läuft, wie sie es sich gewünscht hätten. Sich dann gut um sich zu kümmern, ist keine verweichlichte Selbstbezogenheit, sondern geradezu ein Dienst an der Menschheit. Denn wann zickt man andere an, obwohl man doch sonst eine umgängliche Person ist, beginnt sogar Streit mit den Lieblingsmenschen und benimmt sich ganz allgemein ruppig und rücksichtslos? Eben: Wenn einem zumute ist, als ob man eigentlich auf den Arm möchte, Daumen im Mund.

Das zu erkennen und zu akzeptieren ist schon mal die halbe Miete. Doch für eine echte Veränderung ist es meiner Erfahrung nach entscheidend, diese Gefühle dann nicht sofort mit künstlichem positivem Denken zuzukleistern, sondern sie zu erlauben und sich ihnen bewusst zuzuwenden – liebevoll! Mein Weg dafür: eine innere Figur auftreten zu lassen, die absolut gelassen und warmherzig ist und mich selbst in meinen unsouveränsten Momenten annimmt.

Erstaunlicherweise gibt es inzwischen Forschung dazu, die zeigt: Aus der Perspektive einer wohlwollenden dritten Person mit sich selbst zu sprechen, also »du« und den (Kose-)Namen als Anrede zu nutzen, wirkt nachweislich beruhigend. Vermutlich, so heißt es, weil man sich dann automatisch von dem ganzen Drama distanziert.

Um die Perspektive dieser dritten Person einzunehmen, kann man sich an Vorbildern orientieren wie einer verehrten Lehrerin oder dem geliebten Opa. Es kann aber auch eine Filmfigur sein, ein Tier oder ein Engel – was immer am besten funktioniert. Bei mir war es lange eine Art Fee, extrem würdevoll und gütig und mit abgefahren coolem Kleid. Das habe ich mir nicht mal bewusst ausgesucht, die Vorstellung war einfach so da. Inzwischen reicht mir die Stimme. Entscheidend ist, dass die Figur oder die Stimme ausschließlich superliebevoll ist, so dass man sich maximal geborgen und angenommen fühlt. Man darf ihr *alles* sagen, nichts ist zu albern, zu wenig »der Rede wert«, zu peinlich oder zu beschämend. Mit etwas Übung geht das auch mitten im größten Chaos, aber am besten ist natürlich ein ruhiger Moment mit sich allein.

Und so bekommt meine Feenstimme in der morgendlichen Meditation auf dem Sofa ihren Auftritt und fragt sanft: »Hey Liebes, was ist denn los?« Weil solche inneren Meetings für mich nichts Neues mehr sind, kooperiert der frustrierte, hadernde, maulige Teil von mir sofort, statt bockig zu schweigen. Und während es manchmal eine Weile braucht, um die eigene Pestlaune zu »durchfühlen« und ihren tieferen Grund zu erfassen, ist die Antwort diesmal sofort da: »Die ganze Logistik rund um die Umgestaltung des Gartens überfordert mich gerade völlig. Es nervt nur noch und macht überhaupt keinen Spaß mehr. Am liebsten würde ich alles hinwerfen. Ist doch eh nicht mal sicher, ob die ganze Schufterei überhaupt etwas bringt.« So, jetzt ist es raus, es ist kein Vogel tot vom Baum gefallen, und die Welt dreht sich weiter. Die liebevolle Über-Figur sagt dann genau das, was ich gerade brauche, um mich besser zu fühlen. Minimum-Trostlevel: »Ja, das war auch gerade alles ein bisschen viel.«[2]

Viele stehen solchen Selbstgesprächen äußerst skeptisch gegenüber, akzeptieren seltsamerweise aber eine *schimpfende* innere Stimme als völlig normal – sprechen oft sogar laut aus, wie sie von dieser heruntergeputzt werden. »Ich bin aber auch zu blöd!«, motzen sie sich schon bei Mini-Missgeschicken wie einem umgestoßenen Glas Wasser an. So was würde die souveräne, liebevolle Über-Figur niemals tun: Sie äußert keine Kritik. *Null.* Es wird gar nichts bewertet oder relativiert nach dem Motto: »Freu dich doch lieber, dass du sauberes Wasser zum Trinken hast.« Es wird nur gekuschelt. In diesen Momenten geht es nicht darum, konkrete Ideen für die nächsten Schritte zu entwickeln, sondern den Körper aus seiner Stressreaktion zu holen. Und meist ist schon recht bald spürbar, wie sich innerlich etwas verändert: als ob sich ein Knoten im Bauch löst, der Atem leichter fließt, die Stirn sich glättet und dadurch der Blick weiter wird. So fühlt es sich jedenfalls bei mir an, und das tut unendlich gut. Es ist nämlich vor allem das innere Sträuben gegen die aktuelle Situation, das so viel Energie kostet und sich so fies anfühlt – als würde man mit Betonschuhen durch Sirup waten.

Zum ersten Mal fand ich diesen Widerstand gegen das Hier und Jetzt in *The Power of Now*[3] von Eckhard Tolle thematisiert. Das Buch hat mich völlig geflasht, weil ich sofort gespürt habe, mit einer großen Wahrheit in Berührung gekommen zu sein. Allerdings bot der Text wenig praktische Hilfe dafür, *wie* man den gegenwärtigen Moment willkommen heißt, so wie er eben ist, idealerweise völlig wertfrei. Heute weiß ich, dass gerade dieser Anspruch den Weg dahin verbauen kann – weil man sich dann womöglich auch noch dafür geißelt, wenn man das Jetzt gerade so richtig zum Kotzen findet. »Schmerz ist unvermeidlich, Leiden ist optional« soll angeblich eine buddhistische Weisheit sein. So wahr das auch sein mag: Da schwingt schnell ein Unterton von »Bist halt selbst schuld« mit. Auf die Frage, wie das denn geht, den Widerstand gegen die aktuelle Situation loszulassen, schreibt Tolle sinngemäß: »Genauso, wie man die Hand öffnet, um etwas Heißes fallen zu lassen.« Na, herzlichen

Dank für diesen sensationellen Tipp à la »Wie man einen Olympiasprint gewinnt? Einfach am schnellsten rennen!«

Im Laufe der Jahre habe ich von vielen weisen Menschen gehört und gelesen, wie man sich ihrer Ansicht nach dem Ideal nähert, das Hier und Jetzt vorbehaltlos anzunehmen. Die meisten ihrer Vorschläge habe ich ausprobiert, vieles war tatsächlich hilfreich, aber so richtig gefunzt hat nichts davon. Bis ich in einem Artikel ein paar Worte des Zenlehrers Ezra Bayda las, und es *klick* machte. »Loslassen zu wollen ist auf subtile Weise dasselbe [wie Widerstand gegen das, was ist]«, sagt er. Es gehe vielmehr um das *Seinlassen*: Anerkennen, was ist, ohne es ändern zu wollen. »Es muss uns nicht gefallen, aber wir müssen es auch nicht als Feind sehen.« Ich wusste sofort: Das ist es, das benennt genau den Punkt, den ich immer als »Da passt was nicht« empfunden hatte.

Es geht nicht darum, die Welt neutral zu betrachten – das ist ohnehin vergebens. Das Gehirn ist dafür gemacht, alles in »Mag ich/fühlt sich gut an«, »Mag ich nicht/fühlt sich nicht gut an« oder bestenfalls »Ist mir egal« einzuteilen. Es geht darum, auch »Mag ich nicht« *erst mal* die Existenz zu erlauben und aus dieser Haltung heraus zu entscheiden, ob und wie man handeln möchte. Wenn man loslassen, wegatmen, auflösen, seinen Frieden damit *machen* will, ist schon wieder eine Menge Energie im Spiel, mit dem sich sträubenden »Will ich nicht!« umzugehen. Seitdem übe ich mich im Seinlassen, und ganz ehrlich? Meistens scheitere ich noch. Besser wird es erst, seitdem das Selbstmitgefühl dazu gekommen ist – auch dann, wenn sich mein Verstand wie Rumpelstilzchen aufführt. Und wenn sich dadurch echte Gelassenheit breit macht, ändert sich magischerweise immer, *immer* auch etwas im Außen.

So auch diesmal. Kurz nachdem meine »Fee« in der Meditation ein bisschen *pattpattpatt-wuschelwuschel* gemacht hat, fällt mir auf, dass es ganz in der Nähe auf dem Lagerplatz einer Schotter und Kies vertreibenden Firma auch Sandhaufen gibt. Da ich inzwischen stolze Besitzerin eines gebrauchten Hängers bin, könnte ich mir ja vielleicht dort den benötigten Sand nach und nach holen und so verarbeiten, wie es zeitlich zu schaffen ist – anstatt zehn Tonnen auf einmal ordern zu müssen und mir eine halbe Düne in die Auffahrt kippen zu lassen. Ein Anruf bestätigt: Das geht. Projekt Pufferzone kann also weitergehen.

Retter der Regenwürmer

Bis die Fläche endlich nackig ist, neigt sich schon der Oktober seinem Ende entgegen. Es gibt schon Nachtfröste, und je nach Wetterlage schleppe ich die 15 Büsche ständig entweder in die dunkle Waschküche oder wieder raus ins Licht. Die Zeit läuft mir davon, die Dinger müssen in den Boden! Der hat mir noch mal allzu deutlich gezeigt, wie wichtig es ist, ihn mit Sand aufzulockern: Es hatte ergiebig geregnet und beim Herumlaufen auf der Fläche sammelten sich jedes Mal so dicke Lehmklumpen an meinen Gummistiefeln, dass ich kaum noch damit gehen konnte. Superklebriges Zeug, dass sich nur mühsam entfernen lässt. Es funktionierte auch überhaupt nicht, den Boden mit der großen Hacke zu lockern und dabei die Unkrautwurzeln zu entfernen. Es ging nur vorwärts, wenn ich mich mit der kleinen Hacke und dem Unkrautstecher durcharbeitete. Ich habe echt keine Ahnung, wie das mit dem Untermischen von Sand funktionieren soll.

Doch die Erkenntnis ist nahe, denn heute ist es so weit: Mit dem Hänger geht es die vier Kilometer zum Lagerplatz der Schotterwerke. Die Körnung soll idealerweise bei 0/2 oder 0/3 liegen, also eine Mischung aus winzigen bis maximal drei Millimeter großen Bestandteilen. Es gibt aber nur noch feineren Sand mit 0/1. Geht das auch? Der Zeremonienmeister des Platzes murmelt etwas, das in Richtung einer positiven Antwort geht, also machen wir den Deal. Über eine Rampe geht es hoch auf die Waage, um das Leergewicht zu bestimmen. Während der Meister den Bagger klar macht, warte ich einfach ab, doch so läuft das offenbar nicht. Wild gestikulierend signalisiert er mir, dass ich runter muss von der Rampe und wo ich mich mit dem Hänger platzieren soll. Also fahre ich noch mal eine Runde durch die gelblichen Dünen verschiedener Schotterarten, bis ich korrekt vor seiner bereits gefüllten Schaufel stehe. Ich bin richtig aufgeregt, während ich im Rückspiegel beobachte, wie der graue Sand auf den Hänger regnet. Dann fahre ich eine weitere Runde, wieder hoch auf die Waage, und ziehe schließlich mit 560 Kilo Sand von dannen – für 18 Euro, inklusive Obolus für die Kaffeekasse.

Zuhause angekommen, besteht das nächste Abenteuer darin, den Hänger rückwärts in den Carport zu fahren. Ohne Marcus als Lotsen hätte ich das nicht geschafft, jedenfalls nicht ohne zwischendrin mal kurz durchzudrehen (so viel zum Thema »Seinlassen«). Er bringt dann die ersten beiden Schubkarren von dem fluffigen, geradezu streichelzarten Sand zur künftigen Pufferzone, lädt sie auf dem von mir durchgearbeiteten Bereich ab und gräbt diesen dann beherzt mit dem Spaten durch. Die entstehenden dicken Erdbrocken zerteilt er gleich selbst ein bisschen, dann arbeite ich mit dem »Krümo« nach. Dieser Bruder des Wiesenschälers, den ich seinerzeit gleich mitbestellt hatte, besteht ebenfalls aus einem scharfkantigen quadratischen Blatt, aber mit lauter großen Löchern. Damit funktioniert das Zerkleinern der schweren Erdklumpen und das Untermischen des Sandes recht gut, so dass am Ende eine ebene Oberfläche entsteht. Kurz bevor es zu dunkel wird, kommt der erste Busch in den Boden, eine Strauch-Kronwicke.

So geht es dann weiter. Während die zweite Coronawelle über Deutschland hinwegrollt, erlaubt die Arbeit im Homeoffice, morgens so früh anzufangen, dass ich die Mittagspause für das Wühlen in der Erde nutzen kann. Das lohnt sich wirklich, ich finde ohne Ende Wurzeln von Quecke, Winde, Löwenzahn. Außerdem richtig viele, fette Regenwürmer, die ich in die Wiese setze. Okay, zugegeben: Die meisten machen eine kleine Flugreise. Ich hoffe, dass sie sich woanders verkriechen, bis wir mit der Bodenbearbeitung fertig sind.

Marcus meint, er würde beim Umgraben allerdings schon immer mal wieder versehentlich welche zerteilen. »Werden das dann wirklich zwei Tiere, wenn man einen halbiert?« formuliert er einen weitverbreiteten Glauben. *Nope.* Bestenfalls überlebt der vordere Teil, weil es offenbar leichter ist, einen Pöppes nachwachsen zu lassen als einen Kopf. Immerhin: Die Verluste sind viel geringer, als wenn wir hier mit Powertools angetreten wären. Davon gehe ich jedenfalls aus, und an irgendwas muss ich mich klammern, um dieser elenden, viel zu lange dauernden Buddelei einen Sinn zu geben. Es wird immer kälter, schon vier Tage nach der ersten Sandfuhre ist der Garten morgens zum ersten Mal glitzernd gefroren.

Mitte November wird dann plötzlich ein übermannsgroßes Paket vor die Tür gestellt: die »Große Schwarze Knorpelkirsche, Halbstamm«, deren Bestellung ich völlig vergessen hatte. Herrje, das jetzt auch noch! Beim Auspacken erscheint ein Bäumchen mit dunkellila erscheinender Rinde, dessen Stamm ich gerade so mit Daumen und Zeigefinger umgreifen kann. Die bescheidene Krone ist blattlos und die nackten Wurzeln stecken in einer eng am Stamm befestigten Tüte. Wurzelnackte Bäume soll man am so schnell wie möglich pflanzen, und zwar in frostfreier Wetterlage.[4]

Am nächsten Morgen ist der Himmel sternenklar, als ich um 6 Uhr meine Runde durch den Garten drehe, ich sehe sogar eine Schnuppe! Es ist viel kälter als angesagt, ich fühle Raureif auf dem Gras an den Fußsohlen. *Mist!* Mit der aufgehenden Sonne legt sich dann erst mal Nebel über das Tal, bevor er sich langsam auflöst und herrlich sonnigem Wetter weicht. Vom Fenster meines Büros aus pflanze ich die Kirsche in meiner Vorstellung an verschiedene Plätze: Wie nah darf sie am Apfelbaum sein, ohne dass sich die beiden in die Quere kommen, wo wird dereinst der Schattenwurf genau richtig sein? Es ist ein seltsames Gefühl, Fakten für Jahrzehnte zu schaffen … Doch schließlich fällt der Entschluss, und ich lege den Umfang des Pflanzlochs mit Steinen aus, damit Marcus aktiv werden kann. Der hat nämlich heute frei, während ich zurück an den Schreibtisch muss.

Er gräbt wie ein Wilder, weil das Loch deutlich größer sein muss als das vorhandene Wurzelwerk, das viel lockere Erde um sich braucht, um gut anwachsen zu können. Am Ende haben wir einen Krater von 50 Zentimeter Tiefe und fast einem Meter Durchmesser, den ich abends mit einer Treppe aus Ziegelsteinen ausstatte, damit ein eventuell hineinplumpsender Igel wieder rausklettern kann. Die Aufnahmen unserer kleinen Kamera zeigen, dass immer noch mindestens einer in unserem Garten unterwegs ist.

In der nächsten Nacht ist es noch frostiger, bis minus 6 Grad, am Tag wieder sonnig. Ich entscheide, dass der Baum trotzdem in die Erde muss und stelle ihn zur Vorbereitung mit den Wurzeln in einen Eimer Wasser, wo er mehrere Stunden tanken soll. Nächstes Problem: Der Aushub ist viel zu lehmig, um als »lockere Erde« durchzugehen. Also schäle ich bei den aus der Pufferzone entnommenen Quadern die Grasschicht ab, zerkrümele sie (wieder werden viele Regenwürmer umgesiedelt) und mische sie mit der Erde, die ich noch in den Tomatensäcken rumstehen hatte. Dabei tauchen unzählige fette Larven auf, die der Recherche zufolge »Goldglänzende Rosenkäfer« werden wollen. Wie zur Bestätigung taucht auch ein totes Exemplar davon in der Erde auf: fast rechteckig kompakt, gut anderthalb Zentimeter lang und immer noch grün-bronze schimmernd, als hätten die Flügeldecken eine changierende Metalliclackierung. Ich lasse einen Pflanzsack mit Erde übrig, in dem sie alle versammelt überwintern dürfen. Er kommt zusammen mit dem vor dem Schuppen gekehrten Laub, das ich locker in eine der offenen Erdtüten gepackt habe, in eines der Tomatenhäuschen. Dann ist erst mal Feierabend.

Tags drauf ist es endlich so weit. Marcus schlägt den Stützpfahl in den Boden, und zwar so, dass er eine Handbreit vom Stamm entfernt ist, etwa zehn Zentimeter unterhalb des Kronenansatzes endet und entgegen der Hauptwindrichtung steht – bei uns also Westen. Wir hatten den perfekten Pfahl tatsächlich im Schuppen rumliegen, ich habe keine Ahnung mehr, für welches Projekt der gedacht war, aus dem dann nichts geworden ist. Wenn sich so was irgendwann doch noch sinnvoll nutzen lässt, feiere ich jedes Mal eine Party. Dann hält Marcus die Knorpelkirsche auf der richtigen Höhe, während ich die Erde einfülle und mit den Händen sorgfältig in die Zwischenräume der Wurzeln verteile, unterstützt durch gelegentliches Rütteln des Bäumchens. Ich habe mir angelesen, dass man so viel Erde auffüllt, dass sich die Oberfläche schließlich eine Handbreit unter der als Wulst erkennbaren Veredelungsstelle befindet.

Kleiner Exkurs, um mal kurz die Fachbegriffe für Obstbäume zu erläutern, mit denen ich bisher einfach so um mich geworfen habe. Wird als Eigenschaft »Halbstamm« angegeben, beträgt beim ausgewachsenen Baum die Länge vom Boden bis zur Krone 100 bis 120 Zentimeter. Diese Form passt in typische Hausgärten, weil der Platzbedarf überschaubar ist und man noch recht gut an die Früchte gelangt. Die ursprünglichere Form ist jedoch der »Hochstamm« mit 160 bis 180 Zentimetern, der auf Streuobstwiesen gepflanzt wurde, um von der Wiese darunter Tierfutter und Einstreu besser ernten zu können. Daneben gibt es noch spezielle Zuchtformen, die besonders klein bleiben (»Buschbaum«), säulenartig wachsen oder flächig an einem Spalier. Eins haben alle gemeinsam: Sie entstehen durch »Veredelung«. Der untere Teil mit der Wurzel entstammt einer sehr ursprünglichen Sorte, die mehr oder weniger starkwüchsig ist. Diese »Unterlage« wird schräg abgeschnitten und mit einem ebenfalls angeschnittenen Ast der Obstsorte verbunden, deren Früchte man am Ende ernten möchte. An dieser »Veredelungsstelle« verwachsen die beiden und leben fortan als Mischwesen weiter. Das ist übrigens waschechtes Klonen, wurde aber bereits in der Antike erfunden.

Bei meiner Kirsche kann ich schließlich den Boden festtreten, alles ordentlich gießen und noch etwas nacharbeiten – abgesacktes Bäumchen hochziehen, Erde nachfüllen. Am Ende gibt es zur umliegenden Wiese immer noch einen Rand von etwa zehn Zentimetern, um es in den kommenden Monaten einfacher zu machen, das junge Bäumchen immer mal wieder gezielt kräftig zu wässern. Zum Schluss binde ich die Kirsche mit einer Achterschlinge aus Jute so am Pfahl fest, dass der Stamm selbst bei heftigem Wind stabil bleibt und keine der neugebildeten Feinwurzeln abreißt. Als Finish kommt eine dicke Mulchschicht aus Holzchips auf die Baumscheibe: Hilft gegen Austrocknen und hält konkurrierenden Bewuchs fern. Ich hatte vergessen, einen neuen Sack zu besorgen, aber der Rest im Schuppen reicht noch genau. Yeah, solche Punktlandungen sind auch ein Grund zum Feiern!

Schon am nächsten Tag wird wieder an der Pufferzone herumgegraben. Eine Woche später, pünktlich zum Beginn des Dezembers, fällt zum ersten Mal Schnee. Er hält nur wenige Tage, aber es bleibt kalt und düster. Ich wage mich nur noch dick eingemummelt ans Buddeln, Spaß ist was anderes. Jetzt habe ich dabei auch meist einen Podcast oder Musik auf den Ohren, was ich sonst nie brauche, wenn ich im Garten oder Wald bin, auch nicht beim Joggen. Die Heckenkirsche hat in der Waschküche zwei Blüten hervorgebracht, und ich weiß nicht, wie ich das finden soll. Immerhin duften sie wunderbar frisch. Es fällt noch mal Schnee, taut wieder weg und hinterlässt einen Alptraum aus Matsch. Ich muss aufpassen, wie ich mich auf der Fläche bewege, um frisch gelockerten Boden nicht gleich wieder mit meinem Gewicht zu verdichten. Währenddessen überlege ich hin und her, ob ich gleich danach einsähen soll oder erst im Frühjahr – beides kann vorteilhaft sein oder auch nicht.

Schließlich gibt ein einziger Grund den Ausschlag gegen die Aussaat: Ich kann einfach nicht mehr, ich will hier endlich fertig werden. Am Samstag, dem 19. Dezember ist es dann endlich vollbracht. Alle Büsche sind im Boden, die ganze Pufferzone durchgehackt, mit Sand aufgelockert und eingeebnet. Knapp drei Tonnen haben wir insgesamt eingebracht. Durch das Abschälen der obersten Schicht waren zwar nur noch 20 statt 30 Zentimeter Erdboden zu lockern, aber für eine 50:50-Mischung hätte es rein rechnerisch trotzdem doppelt so viel Sand sein müssen. Ich glaube allerdings, dass das entweder gar nicht gegangen wäre oder jedenfalls nicht mit unseren Mitteln.

Ich bin komplett erledigt, aber auch richtig glücklich, diesen Eingriff in den Garten und den Boden von Hand und mit Muskelkraft geschafft zu haben – gewaltfrei sozusagen. Die allermeisten Regenwürmer leben noch, der abgegrabene Boden ist noch da und kann anderswo im Garten verwendet werden – wozu auch immer. Darüber denke ich im nächsten Jahr nach. Jetzt erst mal Winterschlaf.

Der Wert des Wirsings

An einem der ersten Märztage stehe ich mit der Küchenwaage im Waschkeller und rühre Saatgut-Mischungen für meine Pufferzone zusammen. Inzwischen weiß ich endlich auch, wann ein Standort fachlich korrekt als »sonnig« angesehen wird. Das Buch von Reinhard Witt bot eine schöne Definition: Die Fläche muss im Hochsommer täglich mehr als vier bis fünf Stunden Sonne bekommen. Alles unter zwei Stunden gilt als schattig, alles dazwischen wird als »halbschattig« bezeichnet.

Und so bekommt der »sonnige« Schenkel der L-förmigen Fläche einen Mix aus »Bunter Saum« und »Wärmeliebender Saum« von Rieger-Hofmann, der häufiger im Schatten von Nachbars Thujen liegende Teil eine Allround-Blumenwiesenmischung von Syringa. Die meisten Wildblumensamen sind so winzig, dass man nur lächerlich kleine Mengen pro Quadratmeter braucht und diese am besten mit einem Füllstoff streckt, damit sie sich überhaupt gleichmäßig verteilen lassen. Viele schwören auf Sand, andere auf Sägemehl, ich habe mich für Maisschrot entschieden und gleich mitbestellt. Um bloß alles richtig zu machen, halte ich mich genau an die Herstellerangaben: Zwei Gramm Saatgut plus zehn Gramm Schrot reichen schon für einen Quadratmeter. Mit Esslöffel und Gewichtskontrolle auf der Waage verschaffe ich mir ein Gefühl für diese Menge, und los geht's.

Mit dem Meterstab neben der Fläche arbeite ich mich partienweise vor, lockere erst den Boden ein bisschen und streue dann die Samenmischung aus. Dabei muss ich mich sehr zurückhalten, nicht doch mindestens doppelt so viel zu verteilen wie vorgegeben. Die korrekte Menge wirkt trotz des Füllstoffs einfach verschwindend gering. Nächster Schritt: für guten Bodenkontakt sorgen. Wildblumensamen brauchen typischerweise Licht, um zu keimen, deshalb werden sie nicht in die Erde eingearbeitet, sondern nur mit einer Walze angedrückt. Weil ich so etwas nicht besitze, habe ich mir für diese Aktion ein Tool gebaut. Ein Schnittrest aus Spanplatte (Baumarkt, ein Euro) wurde in zwei Teile zersägt, beide etwas größer als ein Din-A-4-Blatt. Im Karton »Ikea-Reste« gab es acht robuste Textilbänder, mit denen eigentlich Schränke oben an der Wand fixiert werden, damit sie nicht umkippen. Davon habe ich immer zwei miteinander verbunden und so auf die Bretter geschraubt, dass sie jeweils zwei Halteriemen für die Füße bildeten. Und wie immer freute ich mich wie Bolle, dass es sich gelohnt hatte, solchen Kleinkram gut sortiert aufzuheben.

Jetzt muss sich meine MacGyver-Version einer Walze allerdings erst mal bewähren. In Socken schlüpfe ich in die Schlaufen und stapfe roboterhaft mit den Brettern an den Füßen zur ersten Ecke der Pufferzone. Systematisch arbeite ich mich Schritt für Schritt über die Fläche und plätte mit meinem Körpergewicht die lockere Erde mitsamt der Samen. Tschakka, funktioniert! Es ist geradezu meditativ, auf diese Weise den Boden zu bügeln, mich dabei von der Morgensonne bescheinen und den Blick über den schon nicht mehr ganz so winterschläfrigen Garten schweifen zu lassen. Bei der Frühjahrsinventur konnte ich vieles auf der Haben-Seite verbuchen, vor allem: Alle Büsche haben überlebt! Ich war nur etwas enttäuscht, dass die Kornelkirsche nicht geblüht hat, dabei war das gar nicht zu erwarten: Sie braucht drei bis fünf Jahre bis zur ersten Blüte. Wann beginnt diese Rechnung eigentlich, ab der Keimung oder wenn sie an ihren endgültigen Platz gesetzt wird?

Krokusse, Blausterne, Winterlinge und Schneeglöckchen waren auch wieder da, und die Traubenhyazinthen haben sich sowieso überall ausgebreitet – ebenso wie die knallbunten Kissenprimeln, die so fröhlich aussehen in dem noch winterlichen Grau-Braun. Angeblich sollen sie eine gute Insektenweide sein, ich sehe aber nie ein Tier daran. Dagegen ist beim Lungenkraut, das sich mit seinen hübschen rosa bis violett gefärbten Blüten von selbst zwischen Hecke und Hasel etabliert hat, immer was los. Ebenso in den Erdbeerbeeten, in denen sich eine bodennahe Pflanze mit entzückenden blauen Mini-Blüten ausgebreitet hat. Das müsste Efeu-Ehrenpreis sein, *Veronica hederifolia*, aber ohne Gewähr. Bis zum Frühjahrsputz wird es weitgehend abgeblüht sein, schützt bis dahin noch den Boden und lässt sich dann leicht entfernen. Daran könnten sich die anderen kriechenden Kollegen mal ein Beispiel nehmen.

Zwei Zitronenfalter flattern vorbei, die sich hier schon ganz früh im Jahr gezeigt hatten. Das kann doch nur bedeuten, dass sie den Winter über hier im Garten waren, oder? Gut verborgen in *meinem* Reisighaufen! Das motivierte mich, in der Südecke der Pufferzone, an der ich gerade vorbeistapfe, noch einen zweiten anzulegen. Die Stelle liegt fast durchgängig im Schatten, deshalb würde dort vermutlich eh nichts Gescheites wachsen. Schließlich ist die gesamte Fläche platt getrampelt, und ich kann nichts weiter tun als zu warten, wie sich die Magie von Erde, Samen und dem angesagten Regen entfaltet. Der kommt nachmittags erst nur als enttäuschend kurze Husche, entwickelt sich dann aber in der Nacht zu einer wunderbar gleichmäßigen Dauerberieselung. Ist doch nett, wenn die Dinge einfach mal so laufen, wie sie sollen.

Als nächstes will ich die Ertragszone weiter ausbauen. Die Tomaten werde ich in das ehemalige Kartoffelbeet zwischen Beeren und Gartenzaun umsiedeln und dort einfach mal austesten, ob sie mit genug Abstand zueinander vielleicht auch ohne Regenschutz auskommen. In den Plastikhäuschen soll dagegen Salat wachsen, der ist dort sogar schon eingezogen. Als Pflanzgefäße dienen zwei rechteckige Mörtelkübel, die ich am Boden durchlöchert und auf je zwei umgedrehte große Eimer gestellt habe. Anschließend habe ich zuerst eine Drainageschicht eingefüllt und dann schöne braune Erde vom Abraumhaufen plus etwas Kompost. Voilà, das neue Zuhause für jeweils drei von der Biogärtnerei im Nachbarort vorgezogenen Pflücksalate. Meine Hoffnung: So geschützt werden die zarten Jungpflänzchen auch die noch zu erwartenden Nachtfröste gut überstehen und zudem von den Schnecken verschont bleiben. Falls ich mir die Schleimbrut mit der Erde selbst in die Kübel geschaufelt haben sollte, scheint mir das immer noch beherrschbarer als meine Salate gegen *alle* Schnecken des Gartens verteidigen zu müssen. Die Eimerlösung sieht übrigens bescheuert aus, kostet dafür aber nichts, nicht mal Aufwand: Es sind die Reste von einem Schwung ehemaliger Rauputzbehälter, die ich mal im Sommer gehortet hatte.

Ich will aber noch mehr Gemüse anbauen, am liebsten Kohlrabi, Wirsing und vielleicht auch Broccoli, und dafür mindestens noch ein weiteres Beet anlegen. Darüber hatte ich schon länger nachgedacht, als die Tagesschau-Sprecherin Judith Rakers mit ihrem charmanten Buch *Homefarming* über Gemüseanbau und Hühnerhaltung die Lust darauf so richtig angeheizt hatte. Es klingt alles so easy bei ihr, dass Marcus und ich ernsthaft den Garten abscannten, wo denn wohl Platz wäre für eine kleine Schar. Vier Hühner müssten es schon sein, es sind ja gesellige Tiere. Aber was sollen wir mit rund 800 Eiern pro Jahr? Weitere Bedenken tauchten auf, und so schoben wir das Hühnerthema erneut auf Wiedervorlage. Ein neues Gemüsebeet erscheint wesentlich überschaubarer, der Platz ist auch schon klar, nämlich direkt unterhalb der bisherigen Ertragszone. Ein Hochbeet im Keyhole-Style soll es werden, und zwar mit einer Trockenmauer, damit es auch optisch was hermacht. Solche Konstruktionen habe ich bei den Hortusleuten immer wieder gesehen, inklusive Making-Of-Bildern – das sah alles machbar aus. Spoiler: Ich weiß manchmal echt nicht, ob ich diesen blauäugigen Anfangsoptimismus feiern oder verfluchen soll …

»Aber was bringt denn der ganze Aufwand?«, fragt Marcus und meint damit nicht, ein Hochbeet zu bauen, sondern das viele Hacken und Gießen, den Kampf gegen die Schnecken – und den Frust, wenn sie gewinnen. Die Frage ist absolut berechtigt. Tomaten und Beeren sind eine Sache für sich, die sind gekauft häufig einfach nicht so lecker. Und bei Salat und frischen Kräutern ist es genial, wenn ich die Blättchen genau dann pflücken kann, wenn ich sie nutzen will, und obendrein in der perfekten Menge. Aber die meisten Gemüsesorten bekommen wir in der Saison problemlos in verschiedenen, sogar fußläufig erreichbaren Läden – in Bioqualität. Welchen Unterschied machen dann die paar Kohlköpfe aus meinem geplanten Beet? Es hat ja null mit Selbstversorgung zu tun, nur einige wenige Mahlzeiten mit der eigenen Gemüseernte bestreiten zu können.

Und dennoch. Für mich ist das auch Ernährungssouveränität: Zu wissen, was es braucht, um einen Wirsing wachsen zu lassen, wie die Blüten einer Salatgurke aussehen und wonach man Kartoffelpflanzen absuchen muss. Falls ich jemals auf selbst angebautes Obst und Gemüse *angewiesen* wäre, würde ich nicht bei Null anfangen. Zugegeben: Wenn auf einer Skala die Zehn für komplette Selbstversorgung stünde, hätte ich wahrscheinlich nicht mal die zweite Stufe erklommen – aber es gibt ja nichts zu verlieren. Jede Erfahrung ist ein Goldklümpchen für den persönlichen Wissensschatz. Außerdem fühlt es sich einfach genial an, etwas zu ernten, das man selbst gepflanzt und gepäppelt hat. Ich muss dann immer an Tom Hanks denken, wie er in dem Film *Verschollen* triumphierend in die Nacht grölt: »Yeaaahhh! Seht euch nur mein Werk an!!! Ich habe Feuer gemacht!!! *Ich* habe Feuer gemacht!!!« Und obwohl es eigentlich völlig vermessen ist, muss ich auch den am wenigsten angefressenen

Kohlkopf zum Himmel recken und mit meiner tiefsten Stimme rufen: »Öööch habe einöön Wörsing wachsen lassöön!!!«

Der wichtigste Beruf der Welt

Vor vielen Jahren stand bei einer Vorstellungsrunde jemand auf und sagte: »Hallo, ich bin Klaus, und ich habe den wichtigsten Beruf der Welt.« Er ließ uns einen Augenblick rätseln und beobachtete dabei die Gruppe sehr genau – offenbar waren wir weitere Probanden in seiner persönlichen Feldforschung. Auch ich überlegte, was er wohl sein könnte: Bäcker, Arzt, Feuerwehrmann? »Ich bin Bauer«, sagte er schließlich, und in dem darauffolgenden Gemurmel hörte ich viele Versionen von »Ach klar, natürlich!«

Vermutlich hatte Klaus genau diese Reaktion immer wieder erlebt. Hier in Deutschland sind wir so sehr daran gewöhnt, üppigst und »just in time« mit Nahrungsmitteln versorgt zu sein, dass wir sie als allzu selbstverständlich ansehen und vergessen, wer dafür am meisten geackert hat – im wahrsten Sinne des Wortes. Und so wurde Klaus' Statement auch diesmal einfach nur hingenommen, ohne dass später jemand zu ihm gegangen wäre und nach Details über seine Landwirtschaft gefragt hätte. Ich übrigens auch nicht. Damals ahnte ich ja noch nicht, wie es ist, selbstgehätschelten Kohl zu feiern und Freudentänze über zwei Schalen voll eigener Erdbeeren zu vollführen – oder aber im Schlafanzug bei Pladderregen das vom Gewittersturm geknickte Kartoffelgrün irgendwie aufzurichten. Ich wusste noch nicht, wie heftig Gefühle sein können, wenn eine ganze Ernte auf dem Spiel steht. Und dabei hat das bei mir ja nicht mal eine existenzielle Bedeutung: Selbst, wenn alle Tomaten verfaulen sollten, habe ich trotzdem zu essen und mein Einkommen. Heute würde ich Klaus auf jeden Fall ausfragen: Was für einen Hof hast du denn, wohin gehen deine Erzeugnisse, wie läuft es so bei dir? Stattdessen bin ich heute nicht mal mehr sicher, ob er wirklich Klaus hieß.

Wie auch immer sein Name gewesen sein mag: Sein Beruf ist wirklich der allerwichtigste. Denn was Bauern weltweit tun oder lassen, wird darüber entscheiden, ob wir als Menschheit überleben. *Das ist mein voller Ernst!* Natürlich schrauben noch viele andere Akteure an unser aller Zukunft herum, aber die Landwirtschaft ist ein ungehobener Schatz von Lösungen für viele der größten Bedrohungen weltweit wie Klimawandel, Dürren, Verlust fruchtbarer Böden, Wasserverschmutzung, Artensterben. Aktuell allerdings ist ihre (Mit-)Verantwortung für diesen wahren *Clusterfuck* an Problemen so groß, dass »Weiter so« schlicht keine Option ist.

Das ist übrigens nicht nur meine Privatmeinung, sondern das Fazit einer von der Bundesregierung unter Kanzlerin Angela Merkel eingesetzten Kommission, in der leitende Vertreter der Landwirtschaft, Umwelt und Tierschutzorganisationen, Wirtschafts- und Verbraucherverbänden sowie wissenschaftliche Experten zusammengearbeitet haben. In der Kurzfassung ihres Berichts[1] heißt es: »Verschiedene, nicht zuletzt auch politische Faktoren haben zu Wirtschaftsweisen geführt, die weder ökologisch noch ökonomisch und sozial zukunftsfähig sind. [...] Eine unveränderte Fortführung des heutigen Agrar- und Ernährungssystems [scheidet] aus ökologischen und tierethischen wie auch aus ökonomischen Gründen aus.« *Bähm!*

Es erscheint mir fast wie ein Wunder, dass eine solche Aussage auch vom Deutschen Bauernverband mitgetragen wurde, der mir zuvor nur als Neinsager aufgefallen ist. Seine bisherige Verweigerungshaltung gegenüber jeglichen Veränderungsansätzen erinnert Sarah Wiener, prominente Köchin, Landwirtin und EU-Parlamentarierin, sogar an das Phänomen, wenn sich Geiseln mit den sie festhaltenden Tätern solidarisieren: »Sie sind die ersten Opfer und verteidigen ein agroindustrielles System und eine Subventionierung, durch die sie selbst in den Abgrund geführt wurden.«[2] Welche Zauberkraft hat nun diesen Sinneswandel herbeigeführt?

Felix Prinz zu Löwenstein, der als Vorstandsvorsitzender des

BÖLW (Bund Ökologische Lebensmittelwirtschaft) in die »Zukunftskommission Landwirtschaft« berufen worden war, sieht mehrere Gründe, vor allem: Die ZKL hat sich die Frage gestellt, welche Landwirtschaft man sich in einer idealen Welt denn *wünschen* würde und dann erst darüber diskutiert, wie man dahin gelangen könnte. Zudem zeigte schon die breite Zusammensetzung der Kommission, dass die notwendigen Veränderungen nicht den Bauern allein aufgebürdet werden sollen. »Mit dem gemeinsamen Zukunftsbild konnten wir fragen: Wer muss was leisten, damit es wahr wird?«, sagt Felix zu Löwenstein.

Indirekt hatte sogar Corona zum Gelingen beigetragen, weil es die ZKL zu Online-Sitzungen zwang. Statt aufwendiger Präsenztreffen mit endloser Agenda, bei denen das Verständnis für andere schon aufgrund von Erschöpfung schnell abrauscht, waren viele kürzere Meetings der Arbeitsgruppen möglich und dadurch kam es zu einer intensiveren Sacharbeit. »Da kommt man sich auch menschlich näher – selbst online – und erkennt die Zwangslage, aus der ein anderer argumentieren muss«, sagt Felix zu Löwenstein. »Hinzu kam, dass es durch die Anwesenheit der Wissenschaftlerinnen und Wissenschaftler nicht möglich war, sich gegenseitig nur die Meinungen der eigenen Verbände um die Ohren zu hauen.«

So fruchtbar der Prozess auch war: Die eigentlichen Veränderungen, die auch gesellschaftlich mitgetragen werden müssen, stehen uns ja noch bevor, beispielsweise die Bereitschaft, mehr für Nahrungsmittel zu bezahlen. Am Ausgangspunkt für den fatalen Weg, den die Landwirtschaft nach dem Zweiten Weltkrieg genommen hat, stand zunächst ein ehrenwertes Ziel: eine gute Versorgung mit Nahrungsmitteln sicherzustellen. Das ist wirklich gelungen, und diese Leistung sollte man auch mal feiern, finde ich. Macht aber kaum einer, die Fülle wird nicht nur als selbstverständlich genommen – siehe oben –, sondern soll auch noch möglichst billig zu haben sein. Während 1950 Nahrungsmittel, Getränke und Tabakwaren noch 44 Prozent der Konsumausgaben ausmachten, waren es 2020 noch 15,5 Prozent.[3] Ja, ich weiß: Es gibt auch in Deutschland viele Menschen, die mit jedem Cent rechnen müssen. Deshalb dürfen sie mit steigenden Lebensmittelpreisen nicht allein gelassen werden, wenn das System »Hauptsache viel und billig« korrigiert wird.

Niedrige Preise sind ohnehin nur möglich, weil Kosten »externalisiert« werden. Nur ein Beispiel dafür: Es wird immer aufwendiger, sauberes Trinkwasser bereitzustellen, insbesondere auch, weil es durch die Landwirtschaft stark belastet wird. Die Zeche zahlen aber nicht die Verursacher, sondern alle Bürger, etwa über höhere Steuern und Gebühren. Die Profiteure dieses Systems sind allerdings kaum jemals die Landwirte selbst, deshalb ist es unfair, dass es meist wie Bauern-Bashing klingt, wenn über den Status Quo berichtet wird. Doch Landwirte könnten auch als Hoffnungsträger gefeiert werden, weil sie Werkzeuge an der Hand haben, die den fatalen Trend in Richtung Untergang nicht nur stoppen können, sondern sogar *umdrehen*. Aber dazu kommen wir später. Heldenreisen führen leider immer erst mal durch ein Tal der Tränen.

»Weiter so« ist keine Option

Eigentlich muss man den Blick auf die ganze Welt richten, um zu betrachten, was die Ernährungs- und Kaufentscheidungen der Menschen in Deutschland verursachen – gemeinsam mit der Lebensmittelwirtschaft, die diese bedient. So werden allein 3,9 Millionen Tonnen Soja von weither importiert, um damit ein Drittel der Eiweißversorgung der hier lebenden Nutztiere abzudecken. Dazu kommen Rohwaren wie Palmöl und natürlich all die heißgeliebten exotischen Leckereien wie »Südfrüchte«, Gewürze, Kaffee und Kakao. Der Konsum und das Wirtschaften in Deutschland sind daher mitverantwortlich, was auf den globalen – nicht nur den hiesigen – Anbauflächen gut oder schief läuft.

Wo die Menschheit als Ganzes steht, wurde in einer hochgeachteten Forschungsarbeit eingeschätzt, die unter dem Namen »Planetary Boundaries« bekannt geworden ist.[4] Die Studien haben für neun biophysikalische Systeme der Erde die Grenzen ermittelt, innerhalb derer sie funktionieren sowie lebensfreundliche Bedingungen auf unserer wunderschönen blauen Murmel erlauben – und festgestellt, wie weit diese bereits überschritten sind. Noch gibt es die Hoffnung, dass wir es zurück in die sicheren Zonen schaffen können, aber die Zeit rennt. Schätzungen zufolge trägt die Landwirtschaft weltweit entscheidend dazu bei, dass die planetaren Systeme aus dem Ruder laufen. Allein der Anteil an der Produktion von Treibhausgasen wird mit mindestens 20 und bis zu 30 Prozent eingeschätzt. *30!!! Prozent!*

In Deutschland werden der Landwirtschaft gut 13 Prozent der Treibhausgas-Emissionen zugeordnet, doch diese Zahl ist unvollständig. So sind weder die im Ausland auftretenden Effekte einbezogen, die zum Beispiel durch den Anbau von Soja für deutsches Vieh entstehen, noch die energiefressende Herstellung von Kunstdüngern – diese wird der Industrie zugerechnet. Ein Großteil der Emissionen ist keineswegs unabwendbar, sondern auf die Produktionsmethoden und die vorherrschenden Formen der Tierhaltung und -fütterung zurückzuführen. Kleiner Teaser vorweg: Um die Welt zu retten, ist es nicht nötig, sich ausschließlich vegan zu ernähren. Tatsächlich könnten innovative Tierhaltungsformen zu echten Gamechangern gegen den Klimawandel werden und würden *gleichzeitig* das Tierwohl massiv verbessern. Wahr ist aber auch: In großem Stil lässt sich das nur umsetzen, wenn sich zugleich der durchschnittliche Verbrauch von Fleisch und anderen tierischen Produkten drastisch reduziert.

Extrem problematisch ist unter anderem die übermäßige Düngung, egal ob synthetisch oder mit Gülle. Das belastet die Gewässer und die Luft, lässt dadurch Teiche und Seen zuwuchern und Stickstoff auf magere Standorte regnen. Die Bullys lieben das, während sich die genügsamen Pflanzen immer weniger behaupten können. Ade schmetterlingsbunte Artenvielfalt, hallo Kriechendes Fingerkraut & Friends. Umgekehrt sind einst fruchtbare Böden so ausgelaugt, dass sie austrocknen und sich als Staubwolke vom Acker machen – und das ist kein durch die jüngsten Hitzesommer über uns gekommenes Schicksal, sondern menschengemacht. Eine der wichtigsten Ursachen ist synthetischer Dünger. Dieser versorgt die Pflanzen zwar sehr direkt mit den wichtigsten Mineralien, tut aber nichts für den Bodenaufbau. Tatsächlich ist er sogar schädlich für die humusbildenden Bodenlebewesen – und es ist der Humusgehalt, der darüber entscheidet, wie gut die Erde Wasser halten und überhaupt erst aufnehmen kann, wenn es regnet.

Wir sind alle daran gewöhnt: Nach einem Guss ist das Wasser in den Gräben neben den Feldern schlammig-braun. Es ist aber kein Naturgesetz, dass der Oberboden bei Regen im wahrsten Sinne des Wortes den Bach runtergeht (was übrigens auch die Ökologie der Bäche und Flüsse schädigt). Das zeigt ein Test, bei dem man eine Handvoll Erde in ein Sieb legt und dieses in einen Wasserbehälter hängt. Je ausgelaugter der Boden ist, desto schneller zerfällt er einfach. Seine Partikel vermischen sich mit dem Wasser und machen es zu einer bräunlichen Brühe mit einem traurigen Häufchen am Boden des Gefäßes. Lebendige, humose Erde hält dagegen vor allem durch das Geflecht unsichtbarer Pilzfäden und den von ihnen produzierten »Kleber« namens Glomalin zusammen. Sie bilden Aggregate mit vielen Poren, die sich mit Wasser vollsaugen können wie ein Schwamm. Im Test lösen sich dann nur wenige Partikel, und das Wasser im Gefäß bleibt über lange Zeit klar.

Um Humus aufzubauen, müssen im Untergrund verschiedenste Lebewesen aktiv werden. Dazu gehören Bakterien, Insekten und Spinnentiere, Asseln, Springschwänze, Regenwürmer und auch die bereits genannten Pilze, die mit den Wurzeln Symbiosen eingehen. *Wie* bedeutsam deren Beitrag zu einem gesunden und ertragreichen Wachstum ist, wird erst langsam in seiner ganzen Tragweite erfasst.

Der Boden ist ein lebendiger Organismus und nicht nur ein Substrat, das die Pflanzen am Umfallen hindert! Das Problem: Das System wird nachhaltig geschwächt, wenn man die Erde aufwühlt – doch kaum etwas wird so sehr mit Ackern und Gärtnern verbunden wie umgraben und pflügen. »Viele Erzeuger glauben, dass Pflügen die Bodeneigenschaften verbessern würde«, schreibt Gabe Brown in seinem Buch *Dirt to Soil*. Auch er hat es so gelernt und lange geglaubt. »Nichts könnte falscher sein. Pflügen zerstört sofort die Bodenaggregate, verringert deutlich die Kapazität für die Wasseraufnahme und beschleunigt den Abbau von Humus.« Der darin gebundene Kohlenstoff entweicht dann als CO_2 in die Atmosphäre.[*] Es macht die Äcker zusätzlich anfällig für Erosion durch die Elemente, wenn sie mit schweren Maschinen verdichtet werden und monatelang nackt bleiben. An heißen Sommertagen können die Temperaturen in den oberen Zentimetern eines unbewachsenen Bodens bis zu 60 Grad erreichen! Sprich: Höllenbedingungen für alle Wesen, die dort leben und für eine fruchtbare Krume sorgen sollen.

Hecken und Bäume, die den Wind brechen und ein feuchteres Kleinklima entstehen lassen könnten, wurden fast überall entfernt, damit sich die Felder effektiver bearbeiten lassen – ebenso wie Knicks (niedrige Erdwälle mit Gebüschen), Steinmäuerchen, Teiche und Tümpel. Die so genannten Flurbereinigungen waren politisch gewollt und sicher oft auch sinnvoll, um lauter Mini-Äcker zu größeren Einheiten zusammenzulegen. Doch damit gingen eben auch unzählige Schlupfwinkel für Tiere verloren. Dr. Johannes Steidle, Professor im Fachbereich Tierökologie der Universität Hohenheim, sieht darin den Hauptgrund für den massiven Rückgang der Insektenpopulationen und damit auch der Tiere, die sich von ihnen ernähren: »Damit Insekten überleben können, benötigen sie Lebensräume: Fraßpflanzen, Pflanzen, an denen sie ihre Eier ablegen

---

[*] Korrekterweise müsste es immer »CO_2-Äquivalente« heißen, weil bei vielen Prozessen auch andere Treibhausgase wie Methan und Lachgas beteiligt sind und diese gemäß ihrer höheren Schadwirkung zu berücksichtigen sind. Bei offiziellen Berechnungen wird dies üblicherweise auch getan.

können, Lücken im Boden, blühende Wildpflanzen, Hecken ...«, erläutert er in einer Pressemitteilung. »Monokulturen mit Nutzpflanzen sind für Insekten hingegen in etwa so attraktiv wie eine geteerte Fläche.« Das ist übrigens auch für die Landwirtschaft selbst problematisch, denn wenn es kaum noch Vögel, Amphibien und nützliche Insekten gibt, fehlen die natürlichen Gegenspieler zu jenen Wesen, die in den landwirtschaftlichen Kulturen Schaden anrichten können.

Und damit, Freunde der lebendigen Natur, wären wir bei den Pestiziden. Von finanziell interessierter Seite wird ja regelmäßig versucht, deren Rolle beim Artensterben kleinzureden, aber ganz ehrlich: Kann man sich wirklich auch nur eine Sekunde darüber wundern, dass es für Insekten und viele andere Tiere problematisch ist, wenn unfassbare Mengen synthetischer Gifte in ihrem Lebensraum ausgebracht werden? *Duh!*

Eigentlich sollten solche Substanzen ja nur als Notmaßnahme eingesetzt werden, stattdessen sind sie in den allermeisten Betrieben von vornherein systematisch eingeplant. Von den im Jahr 2020 zugelassenen 283 Wirkstoffen für Pflanzenschutzmittel wurden laut Bundesamt für Verbraucherschutz (BVL) 27.841 Tonnen im Inland verkauft, davon fast 99 Prozent an »berufliche Verwender«, also vor allem an Bauern, aber auch an Forst- und Gartenbetriebe.[5] Und damit war 2020 zumindest in dieser Hinsicht ein ganz normales Jahr, denn die Menge der puren Wirkstoffe bewegt sich in Deutschland seit über 40 Jahren um den Wert 30.000 Tonnen herum. Betrachten wir die im Inland zugelassenen 980 Zubereitungen mit diesen Giften, die noch mal allerlei, häufig verstärkend wirkende, Zusatzstoffe enthalten, sind wir bei Mengen um die 80.000 verkauften und wohl auch ausgebrachten Tonnen Pestizide. *Jedes verdammte Jahr.*

»Alleine Äpfel werden etwa 30 Mal pro Saison gespritzt, Weinreben bis zu 17 Mal und Kartoffeln bis zu 11 Mal«, sagte Barbara Unmüßig, seinerzeit Vorstand der Heinrich-Böll-Stiftung, als der aktuelle »Pestizid-Atlas« veröffentlicht wurde.[6] »Welche Mittel, wann, wo und in welchen Mengen gleichzeitig in Tankmischungen oder nacheinander in Spritzserien einsetzt wurden bzw. werden, wird von Landwirt*innen in Spritzbüchern eingetragen«, schreibt Dr. Verena Riedl, Teamleiterin Biodiversität der Umweltorganisation NABU, in einer aktuellen Broschüre.[7] »Ein Problem ist jedoch, dass diese Anwendungsdaten weder zentral erfasst noch auf Bundesebene ausgewertet werden.« Die Kontrolle vor Ort lasse ebenfalls zu wünschen übrig, schon allein aus organisatorischen Gründen. Auch ein nachgelagertes Monitoring gibt es nicht. Von offizieller Seite prüft also niemand, ob die theoretisch ermittelten und im Zulassungsverfahren als sicher eingestuften Konzentrationen überhaupt den realen Verhältnissen in freier Wildbahn entsprechen. Spoiler: Tun sie nicht. Das hat unter anderem das deutschlandweite so genannte »Kleingewässer-Monitoring« gezeigt, eine Studie im Auftrag des Umweltbundesamtes unter der Leitung des Helmholtz-Zentrums für Umweltforschung (UFZ). »In über 80 Prozent der Proben wurden die als sicher geltenden Grenzwerte deutlich überschritten«, sagt Verena Riedl.[8/9]

Bedenklich hohe Rückstände werden auch anderswo gefunden, wenn man danach sucht: in Böden, in der Luft, auf Obst und Gemüse im Einkaufskorb, im Urin der Menschen.[10] Natürlich liegt das auch an der heute sehr empfindlichen Analytik – aber mit dieser lässt sich eben auch belegen, dass viele Substanzen bereits in diesen winzigen Spuren schädlich sind und wie diese Schadwirkung mit steigender Konzentration wächst. Auch bei neu entwickelten, als »bienenfreundlich« vermarkteten Mixturen kommt meist schon bald heraus, dass die angeblich bessere Verträglichkeit nur eine Illusion ist. Schon die Idee, dass man überhaupt im Labor sichere Grenzwerte ermitteln könnte, stellt die typische Hybris unserer Zeit dar: den Glauben, alles kontrollieren zu können. In der Praxis gibt es einfach zu viele Variablen: Bodenverhältnisse, Topografie, Wetter und nicht zuletzt, welche Mittel in welcher Abfolge und Menge tatsächlich eingesetzt werden. Diese »Cocktail-Effekte« machen es fast unmöglich, abzuschätzen, welche Belastungen der natürlichen Welt tatsächlich zu schaffen machen und wie sich das auswirkt. »Die Komplexität der Natur kann einfach nicht im Labor oder in kleinen Freiland-Mikrokosmen nachgestellt werden«, sagt Verena Riedl. Die Folge: Lebewesen, die den Boden fruchtbar machen und halten, werden stark geschwächt oder gleich getötet, ebenso Amphibien, Fische und andere Wassertiere, die Insekten, alle Wesen, die sich von ihnen ernähren und alle, die sich von Insektenfressern ernähren. Auch in Naturschutz- und so genannten »FFH«-Gebieten[11] ist die Lage kaum besser. Das zeigte unter anderem die so genannte »Krefeld-Studie«, die nach vielen verhallten Warnungen endlich die Gesellschaft aufgerüttelt hat. Danach sind allein zwischen 1989 und 2016 rund drei Viertel der Biomasse an Fluginsekten verschwunden – also nicht die Zahl der Arten, sondern die Menge der Individuen. Und die untersuchten Flächen befanden sich nicht in einer Monokultur aus endlosen Maisfeldern, sondern in Naturschutzgebieten.

Das liegt vor allem daran, dass ganz normal bewirtschaftete Äcker – also inklusive Pestizideinsatz – unmittelbar an die geschützten Gebiete angrenzen oder sogar mittendrin liegen können.[12] In einer Studie der Universität Koblenz-Landau wurden die Insekten in 21 Naturschutzgebieten untersucht, und überall trugen die Tiere Pestizide in sich, im Schnitt knapp 17 verschiedene Gifte. Die Spanne reichte von sieben bis 27, insgesamt wurden 92 Substanzen in die Analyse einbezogen.[13] Würde man wenigstens den Schutz dieser besonderen Gebiete ernst nehmen, müssten also ausreichend große Pufferzonen eingerichtet werden, in denen überhaupt keine Gifte ausgebracht werden dürfen. Diese müssten mindestens mehrere hundert Meter breit sein, idealerweise sogar zwei Kilometer, meint das Leibniz-Institut für ökologische Raumentwicklung – weil manche Insekten nun mal so weit aus den Schutzgebieten herausfliegen.[14] Den Berechnungen der Forscher zufolge wären damit mehr als die Hälfte aller Ackerflächen in Deutschland betroffen. Ich muss nicht hellsehen können, um die Chancen für diesen Vorschlag vorherzusagen.

Der Vollständigkeit halber sei erwähnt, dass natürlich auch andere Phänomene des deutschen Lebensstils den Insekten zu schaffen machen (könnten): Das Zubauen natürlicher Flächen, der Straßenverkehr, die Lichtverschmutzung, der Feinstaub, die Windkraftanlagen und vielleicht auch der Mobilfunk. Doch es ist eindeutig: Für den großen Schwund ist all das verantwortlich, was die industrielle Landwirtschaft ausmacht. Das zeigen auch die Ergebnisse der Langzeitstudie »Biodiversity Exploratories«, bei der seit 2006 die ökologische Entwicklung auf genau definierten Plots von 50x50 Metern erfasst wird: »Je mehr Ackerflächen in der Umgebung unserer Untersuchungsflächen sind, desto stärker ist der Rückgang«, sagt einer der Studienleiter, Dr. Manfred Ayasse, Professor an der Universität Ulm, in einer Radio-Reportage des Bayrischen Rundfunks und nennt damit eine der wichtigsten Erkenntnisse der Untersuchung.

Die Nationale Akademie der Wissenschaften Leopoldina stellt in einer aktuellen und umfassenden Stellungnahme abschließend fest: »Der Rückgang der biologischen Vielfalt in der Agrarlandschaft ist so dramatisch, dass in Zukunft ernsthafte Folgen für die Funktionsfähigkeit der Agrarökosysteme und für das Wohlergehen des Menschen zu erwarten sind.«[15] Anders ausgedrückt: Wir müssen dringend etwas verändern – und zwar nicht mal aus Liebe zu Eintagsfliegen, Mücken und Springschwänzen, sondern um unseren eigenen Arsch zu retten.

Was geht – und zwar sofort

Wir brauchen also eine schonendere Landwirtschaft, und – *tadaaaa!* – die haben wir sogar schon: den Biolandbau. Denn einige Bauern haben sich schon vor Jahrzehnten auf die Heldenreise gewagt, es anders zu machen – zu einer Zeit, als sie dafür bei anderen

Bauern und auch den Leuten im Dorf schräg angesehen oder sogar angefeindet wurden. Ein Internet, über das man sich gegenseitig unterstützen und austauschen konnte, gab es nicht. Dank dieser Pioniere haben wir heute ein etabliertes, international reguliertes, gesetzlich geschütztes und kontrolliertes Alternativsystem, dessen Produkte leicht am Biolabel der EU erkennbar sind: ein aus weißen Sternchen geformtes Blatt auf hellgrünem Hintergrund. Inzwischen gibt es praktisch jedes Lebensmittel auch in »bio« – selbst so genannte »Convenience-Waren« wie Tütensuppen, Backmischungen und Aufbackbrötchen – und vieles davon nicht nur in spezialisierten Läden, sondern auch in normalen Supermärkten oder sogar bei Discountern.

Den gesetzlich geschützten Grundstandard für »bio« gibt die EU-Ökoverordnung von 1991 vor, die seitdem mehrfach erweitert und aktualisiert wurde. Ein verarbeitetes Lebensmittel muss zu mindestens 95 Prozent ökologisch produziert sein, um das Label tragen zu dürfen. Kunstdünger und chemisch-synthetische Pestizide sind verboten. Umweltauflagen und Vorgaben für die Tierhaltung gehen weiter als die für alle Bauern geltenden Regeln. Und bei praktisch allen Punkten sind die Anforderungen der Verbände wie Demeter, Naturland oder Bioland noch strenger, als es die EU vorgibt.

Kontrolliert wird das alles durch behördlich zugelassene Zertifizierungsagenturen – so wie der TÜV und die Dekra den Zustand von Maschinen und Autos prüfen. Jeder Betrieb ist mindestens einmal jährlich zu einem verabredeten Termin dran, je nach Produkt (oder bei Auffälligkeiten) auch häufiger. 20 Prozent aller Kontrollen erfolgen unangekündigt. Oft wird kritisch gesehen, dass die Geprüften ihre Kontrollstellen selbst aussuchen und bezahlen, doch nach Ansicht von Experten wie Dr. Ulrich Hamm, langjähriger Leiter des Fachgebiets Ökologische Agrarwissenschaften der Universität Kassel, funktioniert das System sehr gut; für grundsätzliches Misstrauen gebe es keinen Anlass. Im Prinzip gilt das auch für die Überwachung des Bioanbaus außerhalb der EU, nur ist das Potenzial für

Probleme in vielen Ländern größer. Deshalb überprüfen viele namhafte Biohersteller ihre Rohwaren zusätzlich selbst, um sicher zu sein, dass diese wirklich nach Ökostandards produziert wurden und einwandfrei sind. Auch Handelsketten lassen oft den Anbau von Frischwaren wie Obst und Gemüse zusätzlich kontrollieren.

Viele Menschen betrachten Bioprodukte dennoch skeptisch und fürchten, abgezockt zu werden. Natürlich *gibt* es auch Mauscheleien und Missstände, und längst nicht bei allen Betrieben herrscht die Landlust-Idylle, die viele sich von einem Bauernhof wünschen. »Trotzdem ist der Biolandbau als System schon allein deshalb besser, weil er praktisch ohne synthetische Pestizide auskommt«, sagt Dr. Verena Riedl vom NABU. Die Absatzmengen der zubereiteten Pflanzenschutzmittel, die für den Biolandbau zugelassen sind, lag 2020 bei gut acht Prozent der gesamten im Inland verkauften Menge. »Dabei handelt es sich aber um Naturstoffe, die nicht annähernd so toxisch sind wie synthetische Mittel, sowie um Chemikalien wie Kupfer.« Gerade dieses Element hat allerdings auch die unerwünschte Nebenwirkung, sich im Boden anzureichern, deshalb wird intensiv nach Wegen geforscht, künftig möglichst darauf verzichten zu können.

Wie vertrauenswürdig die Biobranche in Sachen Pestizide ist, zeigt das so genannte »Ökomonitoring«.[16] Bei diesen zusätzlichen, 2002 eingeführten Kontrollen werden unter Regie des Verbraucherschutzministeriums Baden-Württemberg pro Jahr rund 800 Proben von Bio- und konventionellen Produkten auf Schadstoffe überprüft und verglichen – und am eindrucksvollsten sind die Ergebnisse bei den Pestizidrückständen. »Konventionelle Ware weist in etwa 90 Prozent der Fälle deutliche Belastungen auf, im Mittel sind sie bei Frischware etwa 1000 Mal höher als bei Bioprodukten«, sagt Ellen Scherbaum, seit vielen Jahren Leiterin des Programms. Zu drei Vierteln sind die Bios ganz frei von Pestiziden, und nur in zwei Prozent der Fälle werden Rückstände gemessen, die zu hoch sind, um durch Abdrift von konventionellen Feldern entstanden sein zu können[17] und somit auf einen absichtlichen Einsatz der jeweiligen Mittel hinweisen.

Selbst wenn mir die Umwelt und die Insekten egal wären und ich mich nur für meine eigene Gesundheit interessierte, würden mich diese Untersuchungsergebnisse umtreiben. Denn die gesetzlich festgelegten Grenzwerte für die einzelnen Pestizide werden zwar auch bei den konventionellen Produkten nur selten überschritten – in etwa fünf Prozent der Fälle. Aber fast immer sind mehrere der 750 beim Ökomonitoring erfassten Mittel nachweisbar oder sogar »sehr viele«, wie Ellen Scherbaum sagt. Einen Summengrenzwert gibt es aber nicht, das heißt: Solange die Mengen für die *einzelnen* Substanzen unter ihren jeweiligen Grenzwerten bleiben, ist das Produkt immer noch »verkehrsfähig«, wie es im Amtsdeutsch heißt. Das gilt auch dann, wenn Rückstände von 20 verschiedenen Pestiziden nachgewiesen werden, wie es beispielsweise bei konventionellen Weintrauben offenbar öfter vorkommt. Was dieser Chemiemix bei den Konsumenten so anstellt, weiß niemand, denn untersucht wird nur, wie die Einzelsubstanzen wirken. Die Früchte gründlich zu waschen, reicht auch nicht immer und verlagert das Problem lediglich in den Wasserkreislauf.

Jenseits der Pestizide ist die Situation allerdings nicht so eindeutig schwarz-weiß. Es lässt sich nicht belegen, dass der Biolandbau grundsätzlich *immer* besser wäre. Dafür wirken zu viele Faktoren auf die konkreten Betriebe und das von ihnen bearbeitete Land ein. Hält man die Bedingungen jedoch gleich, gelangt man zu beeindruckenden Ergebnissen. Urs Niggli, der bis 2020 insgesamt 30 Jahre lang das renommierte Forschungsinstitut für biologischen Landbau (FiBL) in der Schweiz leitete, beschreibt in seinem Buch *Alle satt? Ernährung sichern für 10 Milliarden Menschen* ein seit 40 Jahren laufendes Experiment.[18] Unter wissenschaftlicher Begleitung des FiBL und eines staatlichen Forschungsinstituts werden auf einem Hof in der Schweiz verschiedene Anbausysteme miteinander verglichen: Auf je vier zufällig angeordneten Parzellen, die alle auf demselben Feld liegen und somit identischen Boden- und Witterungsbedingungen ausgesetzt sind, werden die gleichen Feldfrüchte auf dieselbe Weise angepflanzt. Eine erste Zusammenfassung der Ergebnisse wurde 2002 (also nach 21 Jahren) im renommierten Wissenschaftsmagazin *Science* veröffentlicht. Danach gab es in den biologisch bewirtschafteten Böden allein 40 bis 80 Prozent mehr Regenwürmer, die entscheidend für die Fruchtbarkeit der Erde sind, und die Gesamtmasse der Bodenlebewesen war fast doppelt so hoch. Zudem waren die Populationen wichtiger Schädlingsvertilger unter den Insekten und Spinnen 175 bis 220 Prozent größer. Und das alles, obwohl auch die Bioparzellen mit schweren Maschinen bearbeitet und gepflügt wurden. Da geht also sogar noch was.

Der Biolandbau mag also nicht perfekt sein – aber er *existiert*. Jetzt. Damit bietet er aktuell die beste Antwort auf die Frage: »Was geht? Was lässt sich sofort umsetzen?« Selbst, wer überhaupt keine Zeit und Lust hat, sich mit den Hintergründen der Lebensmittelproduktion zu beschäftigen, kann also schon beim nächsten Einkauf entscheidend zur Lösung der geschilderten Probleme beitragen: Einfach bei so vielen Produkten wie möglich die Biovariante wählen, idealerweise von den strengeren Anbauverbänden wie Bioland, Naturland oder Demeter.[19] Denn dort finden sich besonders viele Produzenten, die »bio« wirklich mit Herzblut betreiben, permanent nach besseren Wegen suchen und meist deutlich über das hinausgehen, was sie laut der EU-Standards leisten müssten. So schreibt Demeter seit 2013 vor, dass auf mindestens zehn Prozent der bewirtschafteten Flächen besonders auf Biodiversität geachtet werden muss. Ich habe in den vergangenen Jahren viele Akteure der Biolandwirtschaft besucht, auf der Messe Biofach getroffen oder über Reportagen kennengelernt, und war meist tief beeindruckt von ihrem Engagement.

Doch könnte hundert Prozent »bio«[20] die Weltbevölkerung von acht oder bald noch mehr Milliarden Menschen satt machen – und zwar nicht nur mit irgendeinem Getreidebrei, sondern vielfältig und mit ausreichenden Mengen an Proteinen? Mit dieser Frage hat sich Felix zu Löwenstein bereits 2011 in einem Buch beschäftigt, und die Antwort gleich in den Titel gepackt: *Food Crash – Wir werden uns ökologisch ernähren oder gar nicht.* Allerdings sagt selbst er als hochrangiger Vertreter der Branche auch:»Weitermachen wie bisher, nur eben in bio – das funktioniert nicht.« Ähnlich sieht es auch Urs Niggli.[21] Es stimmt zwar, dass der Bio- im Vergleich zum konventionellen Landbau mehr Platz braucht, um die gleiche Menge an Nahrungsmitteln zu erzeugen. Ein Beispiel: Getreidepflanzen dürfen nicht so eng gesetzt werden, wenn man Schimmelbefall vermeiden will, ohne Gifte spritzen zu müssen. Doch erstens ist der behauptete Unterschied laut Niggli häufig bewusst übertrieben und zweitens stehen riesige Flächen zusätzlich für die Ernährung von Menschen zur Verfügung, sobald Getreide und Soja nicht länger an Tiere verfüttert werden.»Feed no Food« lautet das Motto.

Die Welt ökologisch und zugleich vegan zu ernähren, würde allerdings nicht funktionieren: Für eine ausreichende Versorgung mit Proteinen ausschließlich aus pflanzlichen Quellen reichen die Ackerflächen laut Niggli nicht. Zudem sind laut FAO 70 Prozent der weltweit für Landwirtschaft nutzbaren Flächen Grünland, und viele davon taugen auch für nichts anderes. Aber selbst, wenn man Ackerland daraus machen *könnte*, wäre das fatal. Grünland umzubrechen setzt viel CO_2 frei, während es vor allem mit dem richtigen Weidemanagement große Mengen Kohlenstoff im Boden binden kann. Dieses Potenzial, der Klimakrise auf natürliche Weise entgegenzuwirken, wird derzeit noch völlig unterschätzt. Davon werde ich später noch ausführlich erzählen. Kühe, Ziegen oder Schafe sind mit Gras, Kräutern und Gestrüpp optimal ernährt,[*] wilde Pflanzen und Tiere können zurückkehren, und es entsteht proteinreiche Nahrung für Menschen – nur eben nicht in den Massen, wie wir sie bisher gewohnt sind. Schweine und Hühner könnten nur noch in

---

[*] Auf Hochleistung gezüchtete Rassen kommen allerdings nicht ohne Zusatzfutter aus.

dem sehr reduzierten Umfang gehalten werden, der sich mit einer völlig anderen Fütterung erreichen lässt: Die Tiere dürften fressen, was sie beim Wühlen und Picken in der Erde selbst finden, und zusätzlich landwirtschaftliche Nebenprodukte wie Kleie und taugliche Bioabfälle bekommen.

Um ohne Kunstdünger auszukommen und mit viel weniger Mist die Äcker fruchtbar zu halten, müssen langfristig unbedingt auch die menschlichen Hinterlassenschaften genutzt werden. Andernfalls verlieren die Böden ständig Nährstoffe, die über die Toilette weggespült werden – meist auch noch mit Trinkwasser! Die Exkremente als Klärschlamm auf den Äckern zu auszubringen, ist aus verschiedenen Gründen heikel, deshalb braucht es intelligentere Systeme. An diesem spannenden Thema wird schon länger geforscht, und es gibt auch bereits Ideen, wie das logistisch funktionieren könnte – aber all das ist eine ganz andere Geschichte.

Für eine zukunftstaugliche Landwirtschaft reicht es also nicht, lediglich alles auf »bio« umzustellen. Zumal auch im Ökolandbau vielfach nicht nachhaltig produziert wird: Monokulturen, energiefressende und bodenverdichtende Maschinen, auslaugende Bodenbearbeitung und übermäßige Bewässerung finden sich hier ebenfalls. Es braucht also ein Upgrade, das weitgehend ohne diese Methoden auskommt, Lebensraum für Wildtiere bietet und zudem gute Ernten liefert – selbst angesichts von extremer werdenden Wetterbedingungen. Und wieder gibt es Pioniere, die neue Pfade beschreiten, auch wenn sie unterwegs angegriffen oder lächerlich gemacht werden. Dabei können sie längst beeindruckende Erfolge vorweisen. Gerade die Auswirkungen des Klimawandels mit seinen Dürren und Unwettern auch in Deutschland zeigt, dass sie auf dem richtigen Weg sind. Ihre Methoden tragen viele Namen, die bekanntesten sind »Permakultur« und »Aufbauende Landwirtschaft«, und sie haben das Potenzial, die Welt zu retten – kleiner hab ich's tatsächlich nicht.

Mehr davon gibt es im nächsten Kapitel, jetzt brauche ich erst mal eine Verschnaufpause im Garten.

Das 5000-Kilo-Puzzle

Der heftige Regenschauer ist immer noch nicht ganz durch, aber Kater Bibi und ich haben das Bedürfnis nach frischer Luft. Ich lasse ihn durch die Tür zum Garten raus, hole mir selbst ein Sitzkissen aus der Waschküche und setze mich damit in eine Wolldecke gewickelt auf die Schwelle. Kaum sitze ich, wird Bibi von einem dicken Tropfen mitten auf den Kopf getroffen und will sofort empört zurück ins Haus rennen. Ich fange ihn auf der Flucht ab und hebe ihn auf meinen Schoß. Kurzes Gezappel, dann entspannt er sich: Oh, *daaaaas* ist ja gemütlich, so weich, trocken und warm eingekuschelt in die Welt zu gucken. Der Regen wird wieder stärker, während die knapp über dem Horizont stehende Abendsonne weiter leuchtet, die Luft im Tal in goldenen Glitzernebel verwandelt und im Osten einen kräftigen Regenbogen in den Himmel malt. Ich bin völlig verzaubert, und Bibi vielleicht auch.

Tags drauf ist das Wetter nach einem nebligen Start endlich mal sommerlich. Es ist inzwischen Anfang Juni, und sowohl der Saum in der Pufferzone als auch die Blumenwiese wuchern vor sich hin. Von der Terrasse aus wirkt es so chaotisch, dass Marcus das Gebiet »Field of Shame« nennt. Doch aus der Nähe sieht man, wie bunt es dort tatsächlich ist: Mohn ist dabei, Borretsch, Esparsette, Natternkopf, Wundklee, Kamille, eine Mariendistel, Kornblumen ... Eigentlich hätte ich irgendwann einen so genannten »Schröpfschnitt« machen müssen, laut Maria ist es so weit, wenn der Bewuchs so hoch ist wie eine Halbliter-Bierflasche. Man mäht dann auf die Höhe einer *umgefallenen* Bierflasche und schwächt damit alle Gräser und andere unerwünschte Gewächse. Doch offenbar gehöre auch ich zu denen, die erst den richtigen Zeitpunkt verpassen und sich später nicht zum

Mähen durchringen können, »weil es so schön blüht«. Da ist jetzt so ein Leben! Überall summt und brummt es. Wann immer ich das auf mich wirken lasse, breitet sich in mir Zufriedenheit aus, dass die Schufterei nicht umsonst war. Auch wenn es nicht die perfekte Poster-Blumenwiese ist: Es ist besser als vorher.

Ich entdecke zwei unbekannte Käfer, die auf dem Wundklee miteinander an der nächsten Generation arbeiten: schwarz mit beigen Zeichnungen. Die Bestimmung ergibt, dass es sich um Trauer-Rosenkäfer handelt. Ich sehe Mini-Bienen mit gelben Pluderhosen aus Pollen auf dem Hahnenfuß, andere buddeln offenbar in meinem Erdhaufen rum, und gelegentlich brummt eine schwarzblaue Holzbiene oder eine Hornisse vorbei. Das freut mich so, mein Garten lebt! Ich habe zwei halbe Whiskyfässer und andere coole Gefäße gehortelt und nach den Vorgaben aus Markus Gastls Buch als Mini-Magerbeete gestaltet: Eine dicke Schicht Ziegelschotter einbringen, mit einem Vlies abdecken und darauf eine magere Substratmischung aus Sand, Fugensplit und Gartenerde zu gleichen Teilen ausbringen. Den Ziegelbruch habe ich kostenlos auf dem Recyclinghof bei uns im Ort mitnehmen dürfen. Die diensthabende Dame hatte zwar große Fragezeichen in den Augen, aber sie ließ mich gewähren. In der Sammelecke entdeckte ich sogar noch einen richtig großen intakten Tontopf, der sich ebenfalls prima nutzen ließ. An Pflanzen habe ich solche ausgesucht, die besonders Schmetterlinge mögen, unter anderem Fenchel, den die Raupen von Schwalbenschwänzen gerne fressen. Bisher hat sich aber noch keine blicken lassen. Dafür sind zwei Igel und ein Grünspecht regelmäßig da, Horden verschiedener Gartenvögel und Fledermäuse.

Die Tomaten haben wegen des nasskalten Frühlings doch noch ein Dach bekommen, diesmal ein richtig stabiles mit dicken, in den Boden getriebenen Balken. Wenn der Regen schräg kommt, werden die Blätter zwar trotzdem nass, aber es streicht ja auch der Wind durch und trocknet sie wieder. Zudem gibt es nun endlich mehr Platz für die Diven, weil ich sie mit viel mehr Abstand gesetzt habe: Buschtomate »Jani«, Salattomate »Moneymaker« und Weinbergtomate »Matina«. Das Wetter war mitunter so nass-kalt, dass lange gar nichts passierte, aber jetzt wachsen sie und entwickeln Blüten. Von anderen Gärtnern höre ich Klagen über schon jetzt verdorbene Tomatenernten, aber bei mir sieht es bisher gut aus, *toi, toi, toi.*

Wenn ich aber so richtig angeben will, präsentiere ich mein neues Keyhole-Beet, in dem jetzt tatsächlich Mangold, Kohlrabi, Radieschen und natürlich Wirsing wachsen. Doch diesmal versetzen mich nicht die Pflänzchen in einen Triumphtaumel, sondern: *Öch habö einö Trockenmauer gebaut!!!* Rund! Auf einer Fläche mit 20 Zentimeter Gefälle! Und mit eigentlich völlig bescheuertem Material. Das kam so ...

Nach meinem Entschluss, ein Keyhole-Beet bauen zu wollen, startete ich erst mal einen Suchauftrag für Steine in den Kleinanzeigen. Es hagelte Ergebnisse, und ich hortelte ungeliebte Wackersteine rund um ein frisch erworbenes Haus, einen Rest Kies von einem kleinen Bauprojekt und 13 ½ übriggebliebene große Steinquader. »Wofür brauchst du die denn?«, fragte Marcus. Keine Ahnung, da wird sich schon was ergeben. »Soll ich mitkommen?«, bot er an, als ich zum Abholen in den Nachbarort fahren wollte. »Wenn du Lust hast, gerne«, antwortete ich locker. *Alter*, ich wäre verloren gewesen ohne ihn, die Steine waren sauschwer. Als wir alle verladen hatten, hing der Golf verdächtig tief über dem Asphalt. »Gnadenlos überladen«, sagte Marcus trocken. Zum Glück war die Fahrtstrecke nach Hause nur kurz und verlief überwiegend durch 30er-Zonen. Mit der Schubkarre beförderten wir die Dinger in den Garten, um sie erst mal an der Hauswand zu stapeln. Erst mal... *zwinker-zwinker.* Als ich den ersten mit einem gezielten Fußtritt etwas dichter an die Wand schieben wollte, bewegte der sich kein bisschen. Null. Ich versuchte es nochmal, mit dem gleichen Ergebnis. Es war wie im Comic. Marcus prustete los, ich muss wohl völlig fassungslos ausgesehen haben. Spaßeshalber wogen wir dann den halbierten Stein: 20 Kilo.

Das heißt, wir hatten insgesamt *540 frickin' Kilo* durch die Gegend geschleppt, und zwar mehrfach. Irre.

Kurz darauf kam endlich ein Angebot für Steine, die sich zu einer Trockenmauer verbauen ließen. Ein absoluter Knaller, wie ich fand: Abbruchsteine eines Hauses von 1740! Sie sahen toll aus, sandgelb und mit lauter Abdrücken und Einschlüssen fossiler Muscheln und Schnecken. Als ich mit der ersten Fuhre auf dem Hänger zuhause ankam, fiel Marcus allerdings die Kinnlade runter: »Was ist *das* denn? Das ist doch Schrott, da musst du ja puzzeln!« Ich strahlte ihn an: »Genau!« In Wirklichkeit war ich längst ziemlich verunsichert. Als nach mehreren Touren (um den Hänger nicht zu überladen) schließlich ein mannshoher Haufen Steine in unterschiedlichsten Formen in der Auffahrt lag, waren meine Zweifel mindestens genauso groß. Was hatte ich mir da schon wieder aufgehalst? Warum konnte ich nicht Brotrezepte ausprobieren oder puzzeln, wie es andere Leute in diesen Coronazeiten machten? Also – *normales* Puzzeln, 1000 Teile »Löwen in der Serengeti« oder so was.

Der Anfang war easy: Für das Fundament stach ich ringförmig die Grasnarbe ab und stapelte die Placken umgedreht in der Mitte. Den Ring füllte ich dann mit all den Steinen, die ich im Winter aus der Pufferzone gepuhlt hatte und ergänzte sie mit dem gehorteten Kies. Die Menge passte genau, Rest Null, ich war von mir begeistert: *Fump!* Tags drauf stand ich allerdings ratlos vor der Fläche und den ersten Steinen, die Marcus mir von oben runtergekarrt hatte. Ich hatte mir zuvor intensiv überlegt, wie ich die Steine setzen wollte, doch schon wenige Blicke auf die reale Situation zeigten, dass keiner dieser Pläne funktionieren würde.

Trotzdem wuchtete ich ein paar von den großen Klötzen herum, um ein Gefühl für die Aufgabe zu bekommen. Das gelang, und lässt sich am besten mit *Mistmistmist* beschreiben. Doch statt wieder in Schleifen von »Was habe ich mir nur dabei gedacht, alles Wahnsinn, yadda, yadda« zu verfallen, machte ich erst mal einen Haken dran und vertiefte mich in Tutorials. Schon das erste Video war sehr aufbauend: Ein Fachmann, der in seinem eigenen Garten mit unterschiedlichsten Steinresten ganz casual ein Mäuerchen meiner Größenordnung errichtet und immer wieder Sachen sagt wie: »Jaaaa, wenn man es *gaaanz* korrekt machen wollte, müsste man jetzt ... aber das geht auch so.« Das tat gut.

Als nächstes pilgerte ich zu Eisen Vetter und besorgte ein paar Steinbearbeitungswerkzeuge: Ein Scharriereisen, Fäustel, Meißel und Gummihammer. War aber auch nichts, die Steine teilten sich grundsätzlich an anderen als den gewünschten Stellen. Schließlich holte ich zehn Schubkarren Steine heran und legte sie grob nach Form und Größe sortiert auf der Wiese aus. Wie man das so macht beim Puzzeln. Und dann fing ich einfach an, schleppte dicke Klötze von hier nach da und zurück, drehte sie in alle Richtungen und bekam schließlich drei Viertel des Umfangs gut passend. Dafür biss ich mir beim letzten Viertel dieser ersten Reihe die Zähne aus und lernte eine wichtige Regel: Rechtzeitig aufhören, bevor der Frust überhandnimmt. Denn müde plus mieslaunig ist gleich dramatisch gesteigerte Wahrscheinlichkeit für gequetschte Finger.

So ging das mehrere Wochen, in denen das runde Mäuerchen langsam – *sehr* langsam – kniehoch wurde. In der Mitte hatte ich mit einer Balkonsichtschutzmatte aus Rohrgeflecht einen Turm integriert, in den Kompostmaterial gegeben werden kann. Weide, idealerweise selbst geflochten, wäre mir lieber gewesen, aber das bekam ich nicht auch noch gestemmt. Die Erde holte ich nach und nach von meinem Abraumhügel und sammelte dabei extrem lehmige Anteile – Tiefenaushub aus dem Pflanzloch der Kirsche – und stellte die Säcke zum Verschenken in die Kleinanzeigen ein. Vielleicht, so meine Idee, könnte das ja was für Kinder zum Spielen sein. Nach einer Weile meldete sich tatsächlich jemand: Die Leiterin einer Tierpension mit viel Platz hatte sich bereit erklärt, eine auf 40 Kilo herangewachsene Schildkröte bei sich aufzunehmen – und für den Boden ihres Geheges wurde jede Menge Lehm gebraucht. *Kannze dir nich ausdenken, so was.*

Bis zuletzt war unklar, wie zum Geier ich einen geraden Abschluss meiner Trockenmauer hinkriegen sollte. Die Lösung kam wieder über die Kleinanzeigen: Eine Straße unter uns hatte jemand alte Rasenkantensteine zu verschenken. Eigentlich waren das ziemlich hässliche Dinger, viele zudem morsch oder sogar zerbröselt, aber ich fand trotzdem genug weitgehend intakte Exemplare und dazu ein paar Bruchstücke, um die Rundungen auszufüllen. Nach kräftigem Abbürsten sahen sie sogar ganz okay aus.

Und dann war es neulich tatsächlich geschafft. In drückender Schwüle, mit herankriechenden bleigrauen Wolken und bei bedrohlichem Grollen habe ich mit großer Geste den letzten Stein gesetzt. Das Gewitter zog allerdings enttäuschenderweise einfach vorbei – ein bisschen Lightshow zur Feier des Augenblicks wäre mehr als angemessen gewesen!

Hoffnung ist pflanzbar

Schloss Blumenthal in Aichach strahlt einladend fröhlich mit sonnengelben Mauern, weißen Sprossenfensterrahmen und dunkelgrünen Lamellentüren in diesen Sommertag. Die Gemeinschaft der hier lebenden Menschen[1] hat zu einem Permakulturkurs mit Warren Brush[2] eingeladen, den ich in der Mittagspause für ein Gespräch treffen möchte. Im Biergarten des Innenhofs warte ich im Schatten einer großen Kastanie, die offenbar besser mit der Miniermotte zurechtkommt als viele andere ihrer Art und nur wenige vorzeitig vertrocknete Blätter trägt.

Vielleicht helfen ihr ja die Spatzen dabei, die hier allgegenwärtig sind. Sie tschilpen in den Büschen, flattern ohne Scheu herum und huschen zwischen den Stühlen umher, um den Kies nach Brotkrumen abzusuchen. Sonst ist kaum jemand hier, die meisten Menschen sind beim Mittagessen, nur ein paar Kinder spielen auf der Wiese. Die Energie des Ortes sickert auf so wohltuende Weise in mich ein, wie ich es vor allem vom Einkuscheln in meine Bettdecke kenne. Alles fühlt sich *richtig* an. Ich genieße das Gefühl umso mehr, weil mein Hirn bis heute früh viel darüber zu sagen hatte, was das hier eigentlich solle: An einem freien wolkenlosen Sonntag zwei Stunden im Auto durch die Gegend zu gurken, um mit einem Amerikaner zu sprechen, wo es doch auch hierzulande so viele tolle Permakulturleute gibt …

Es ist vor allem seine langjährige Erfahrung mit großen Projekten und sehr trockenen Standorten, die mich interessiert – schließlich sieht sich auch Deutschland der Aussicht auf noch mehr Dürre und Starkregen gegenüber und zudem der Notwendigkeit, die Landwirtschaft in großem Stil zu verändern. Seit über 30 Jahren gestaltet Warren weltweit nachhaltige Systeme für Gemeinden, private und öffentliche Einrichtungen und humanitäre Organisationen, auch in Afrika und dem Nahen Osten. Ich habe viel Hoffnung aus Berichten gezogen, die zeigten: Mit den richtigen Methoden lässt sich selbst der staubigste Boden wieder so beleben und begrünen, dass sich nach und nach die ganze Landschaft verändert: Bäume wachsen, die Tiere kehren zurück, vertrocknete Quellen und Brunnen führen wieder Wasser, und es gibt verschiedenste Nahrungsmittel zu ernten. Das erscheint so sehr wie ein Wunder, dass ich unbedingt die Chance nutzen wollte, aus erster Hand davon zu hören. Und zwar von jemandem, dem ich vertrauen kann, denn Warren ist eng verbunden mit mehreren Menschen, denen ich eng verbunden bin. In diesem Netz soll nun ein neuer, direkter Faden geknüpft werden.

Mit ruhigen Schritten kommt Warren aus dem Haus, gekleidet in ein grob gewebtes beigefarbenes Hemd, Jeans und Hut. Auch das Armband aus Lederschnüren ist so stimmig wie vom Kostümbildner ausgesucht. »Du hast dich auf meinen Lieblingsplatz gesetzt«, sagt er erfreut und bittet dann um Verzeihung dafür, eine Sonnenbrille tragen zu müssen: Sein linkes Auge sei wegen einer Verletzung aus der Kindheit sehr empfindlich. Hinter den runden, bernsteinfarbenen Gläsern ist sein freundlicher Blick gut zu erkennen, deshalb wäre mir die Brille nicht mal negativ aufgefallen, doch ich mag seine Höflichkeit. Überhaupt hat er die Ausstrahlung eines Menschen, dem ich sofort Welpen, Kinder und mein ganzes Erspartes anvertrauen würde.

Wir tauschen uns eine Weile über unsere Hintergründe und die gemeinsamen Bekannten aus, dann will ich wissen, ob das wirklich geht – dieses »Greening the desert«, die Wüste grün und fruchtbar zu machen. Er nickt: »Sure. But you have to plant the rain first.« Den Regen pflanzen! Das klingt wunderschön. Und funktioniert – wie? Er geht zunächst ein paar Schritte zurück zu der Frage, was Permakultur überhaupt ausmacht: »Viele Leute sehen Beete mit mehreren gemeinsam wachsenden Gemüsesorten, Komposthaufen oder eine Kräuterspirale und sagen: Das ist Permakultur. Doch das sind nur einige ihrer Werkzeuge. Tatsächlich ist Permakultur eine Design-Wissenschaft für menschliche Siedlungen, die sich an natürlichen Gesetzmäßigkeiten orientiert und *mit* diesen arbeitet.« Alles andere koste zu viel Energie und verursache Verluste. »Diese Sichtweise ist unabhängig vom ökologischen Landbau, auch ein konventioneller Bauer mit endlosen Soja-Feldern kann sie einnehmen und beginnen, verlustreiche Praktiken zu verändern«, sagt Warren. »Häufig bedeutet das, etwas zu bremsen – wie etwa den Abfluss und die Verdunstung des Wassers.«

Um vertrocknetes Land wieder fruchtbar zu machen, müsse dafür gesorgt werden, dass jeder verfügbare Tropfen dem Boden erhalten bleibt. Nur ein Beispiel, mit welchen Methoden das erreicht werden kann: Man errichtet Rinnen, die das Wasser auffangen und allenfalls langsam mäandernd abfließen lassen, so dass unterwegs möglichst viel davon in den Boden einsickern kann. »Das Tolle: Dieses Design ist bei Dürren *und* drohender Überflutung nützlich«, sagt Warren. Der nächste Schritt besteht darin, den Boden so aufzubauen, dass er die Feuchtigkeit auch halten kann. Das hatten wir schon: Humus ist der Gamechanger. Damit er sich in einem völlig ausgelaugten Boden neu aufbauen kann, muss man organisches Material einarbeiten, das idealerweise gleich auch die notwendigen Mikroorganismen enthält – wie beispielsweise Kompost. Noch mehr Schub bekommt die Sache, wenn man die winzigen Helfer zudem in speziell angesetzten Kulturen vermehrt und auf diese Weise gleich in größeren Mengen ausbringen kann.

Parallel können die ersten Büsche und Bäume gesetzt werden. Schon sehr früh Pflanzen ins Spiel zu bringen, ist entscheidend, denn nichts fördert den Humusaufbau effektiver als der Austausch zwischen den feinen Wurzeln und den symbiotisch mit ihnen verbandelten Pilzen – Mykorrhiza genannt. Die Pflanzen bieten ihnen Nährstoffe, die sie per Photosynthese aus Licht und Luft gebildet haben, während ihren Wurzeln über das Geflecht zartester Pilzfäden Wasser und Mineralien zugeleitet werden. Unter Bewuchs, so die Erkenntnis, entwickelt sich der Bodenaufbau am besten, und mit jedem Prozentpunkt mehr Humus können pro Quadratmeter 16 Liter mehr Wasser gespeichert werden. »Wenn man das System so aufbaut, dass vorhandene Feuchtigkeit immer besser verfügbar bleibt, dann verbessert sich die Situation schnell«, sagt Warren. Zumal mit dem Bewuchs auch die natürlichen Wasserkreisläufe wieder in Gang kommen können – inklusive mehr Tau und schließlich sogar mehr Regen.

Ich denke an den Film *Unsere große kleine Farm*, in dem die geschilderten Methoden angewandt wurden, allerdings ohne sie näher zu erläutern. John Chester, der mit seiner Frau Molly die Apricot Lane Farms übernommen hat, ist Dokumentarfilmer und hat den Prozess von Anfang an mit der Kamera begleitet. Die Idee, einen richtigen Kinofilm daraus zu machen, habe er in den ersten fünf Jahren allerdings nicht mal vor sich selbst zugegeben, verrät er in einem Podcast. So wurden viele Momente nur mit dem Handy eingefangen, auch die Ankunft auf der Farm und in welchem Zustand Molly und John den Boden dort vorfanden: betonhart und mit leblosem, durch die Finger rinnenden Staub darauf. Und was dann für eine Veränderung im Laufe von nur sieben Jahren geschehen ist! Die Hänge der Hügel ziert ein Muster aus geschwungenen, dem Gefälle folgenden und mit Obstbäumen gepflanzten Gräben, es gibt einen See, leuchtend bunte Blüten, und auf üppigen Weiden grasen Kühe und Schafe, wühlen Schweine und picken Hühner. Und überall dazwischen tummeln sich wilde Tiere: Schmetterlinge, Bienen und

Marienkäfer, Singvögel und Kolibris, Falken und Eulen, Mäuse und Schlangen.

Bei diesen Bildern jubelt alles in mir: »Ja! So sollte Landwirtschaft sein!« Schon klar: Der Film stellt eine poetische Verdichtung dar, doch wie weit mag diese von der Realität entfernt sein? Warren lebt in der gleichen Gegend, kennt die Farm und bestätigt die im Film dargestellte Geschichte. »Die Gründer hatten allerdings viel finanzielle Unterstützung, damit lassen sich schneller spektakuläre Erfolge erzielen«, sagt er. »Ich sehe das nicht kritisch, es ist toll, wenn vermögende Menschen sich bei solchen Projekten engagieren. Aber die Prinzipien selbst lassen sich auch ohne so große Investitionen anwenden.« Wissen und Erfahrung sind dagegen Gold wert. Die Techniken anzuwenden, muss auch nicht unbedingt Permakultur genannt werden, manche Akteure haben ähnlich ausgerichteten Systemen andere Bezeichnungen gegeben wie zum Beispiel regenerative oder aufbauende Landwirtschaft. Die meisten Namen zeigen gleich, worum es geht: pimpen statt plündern.

In Deutschland brauchen wir das genauso wie in der Sahelzone. Auch hier lautet nicht erst seit den Dürren der vergangenen Jahre die entscheidende Frage: Was muss getan werden, damit das Wasser nicht einfach in Bäche und Flüsse abläuft, sondern flächenhaft in den Boden eindringen kann?[3] Philipp Gerhardt, Experte für die Planung regenerativer Landnutzungssysteme[4], schildert in seinen Vorträgen und Artikeln, wie wichtig die geschilderten Versickerungsgräben sind, um die Fruchtbarkeit von Äckern und Grünland zu erhalten. Angesichts von extremen Wetterlagen wie Dürren, Stark- oder Dauerregen ist es dringend nötig, etwas zu verändern – auch hier bei uns und selbst dann, wenn das Gefälle eher gering ist. Weitere Elemente helfen, den Wind zu bremsen, der den Boden austrocknet wie ein Fön und die Feldfrüchte stresst. Nach Angaben des Heckenexperten Georg Müller steigt der Ertrag dadurch im Schnitt um 15 Prozent, unter manchen Bedingungen sogar um bis zu 50 Prozent. In kargen Gebieten können Erdwälle oder Lesesteinmauern die Luft beruhigen, doch Hecken oder Baumreihen sind besser, weil die Pflanzen an heißen Tagen zusätzlich kühlen. Falls jetzt jemand einwerfen möchte, das sei doch alles gar nicht neu: Hat auch keiner behauptet. Es wird nur endlich neu entdeckt, dass solche Strukturen unverzichtbar sind.

Gerade bei Hecken und Baumreihen zeigt sich ein weiteres wichtiges Prinzip der Permakultur: Jedes Element sollte möglichst viele Funktionen erfüllen. Mit gezielt ausgewählten Arten schützen Hecken nicht nur die Äcker vor zu viel Wind und Hitze, sondern können weitere Produkte liefern wie etwa essbare Früchte, Arznei-rohstoffe, flechtbare Gerten und Holz für Hackschnitzel. Obendrein bieten sie Unterschlupf für Insekten, Vögel, Fledermäuse und Klein-tiere, von denen viele die Feldfrüchte vor deren Feinden bewahren. Richtig angelegt, können Hecken sogar Weiden wolfsicher einhegen, meint Georg Müller. Inzwischen ist zudem die Rolle von Hecken für die Kohlenstoff-Speicherung interessant geworden. Das machen sie nämlich ähnlich effektiv wie der Wald, so eine Studie des Thünen-Instituts für Agrarklimaschutz.[4] Danach würden bereits zehn Millionen Tonnen CO_2 gebunden, wenn die in den vergangenen 60 Jahren gerodeten Hecken wieder angepflanzt würden. Für diese Maßnahme müsste man 0,3 Prozent der landwirtschaftlichen Fläche »hergeben«, doch aufgrund der genannten positiven Effekte sind trotzdem kaum Ertragseinbußen zu erwarten, eher im Gegenteil.

»Bisher gab es kaum Untersuchungen zu Hecken, die sich über-haupt mit dem Thema Kohlenstoff-Speicherung beschäftigt haben – und wenn, dann wurde der Boden nicht tief genug untersucht und somit das Potenzial deutlich unterschätzt«, sagt die Studienleiterin Sophie Drexler. »Auch die Wurzeln und der oberirdische Teil des Wurzelstocks wurden nicht angemessen berücksichtigt, die ja auch dann erhalten bleiben, wenn eine Hecke alle acht bis zwölf Jahre weit heruntergeschnitten wird.« Man nennt das »auf den Stock setzen«, und es ist notwendig, damit eine Hecke langfristig auch im unte-ren Teil schön dicht bleibt. Leider wirkt diese Pflegeaktion wie ein brutaler Kahlschlag, selbst wenn man nie mehr als ein Fünftel der Hecke gleichzeitig bearbeitet, wie es die Naturschutzorganisation NABU empfiehlt. Deshalb kommt es immer wieder zu Zwischenfällen, in denen aufgebrachte Passanten die Arbeiten stören und sogar die Polizei rufen. »Das Verständnis für die Hintergründe fehlt, auch deshalb wird die Pflege oft vernachlässigt«, sagt Sophie Drexler. Puh, ob ich in der Lage sein werde, bei meiner Pufferzonenhecke so radikal zu sein? Allerdings: Wenn ich mir meine Busch-Babys so ansehe, kann ich mir damit wohl noch ein paar Jahre Zeit lassen.

Am besten erfüllen Hecken ihre verschiedenen Funktionen, wenn sie nicht nur dicht sind, sondern auch aus einheimischen Arten bestehen, und zwar vielen verschiedenen. Wegen ihrer unterschiedlichen Ansprüche entwickeln sie dann insgesamt mehr Biomasse als bei einer gleichförmigen Gestaltung. Optimal ist es, wenn es in der Reihe hier und da auch einen Baum gibt. Alex Don, einer der Co-Autoren der Studie, fasst zusammen: »Es gibt kaum eine Klimaschutzmaßnahme im Agrarbereich, mit der auf so wenig Fläche so viel Effekt erzielbar ist.« Und dabei wurde noch nicht mal berücksichtigt, wie wunderschön solche divers gestalteten Hecken sind, die zu unterschiedlichen Zeiten und in buntesten Farben blühen, fruchten und Herbstlaub bilden.

Ähnlich begeistert darf man sein, wenn Äcker mit Baumreihen aufgewertet werden. Auch sie speichern Kohlenstoff im Holz und im Boden, sorgen für ein günstigeres Kleinklima und unterstützen die lokalen Wasserkreisläufe. Solche Agroforstsysteme sind das Spezialgebiet von Philipp Gerhardt, der allerdings lieber einen weniger technischen Begriff nutzt und von Baumfeldwirtschaft spricht.[5] Besonders gerne arbeitet er mit der Kreuzung aus einer heimischen und einer nicht heimischen Pappelart, die besonders schnell wächst und dadurch in Rekordzeit die gewünschten Ziele erreicht. Das geht so: Im April oder Mai werden im Vorjahr geschnittene Steckhölzer dieser Pappeln so in den Boden geschoben, dass sie etwa 60 Zentimeter tief darin verschwinden und nur zu einem Drittel in die Luft ragen. »Sie bewurzeln sich sehr schnell und legen dann los«, sagt Philipp Gerhardt. Schon bald sprießen die Blätter und brechen den Wind, kühlen die Luft, fördern die Taubildung, lockern den Boden und sammeln Kohlendioxid ein.

Bis zum nächsten Sommer können die Pappeln bei guten Bedingungen bereits auf imposante 2,50 bis 3 Meter heranwachsen, so dass sie ihre Umgebung noch stärker positiv beeinflussen: »Gehölze erhöhen messbar die Taubildung auf einer Länge, die dem Sieben- bis Achtfachen ihrer Höhe entspricht«, sagt Philipp Gerhardt. »Obendrein wachsen die Pappeln sehr gerade, so dass man schon in 20 Jahren nutzbares Sägeholz ernten kann.« Das Pappelholz ließe sich gut dort nutzen, wo hochwertige und langsam wachsende Holzarten eine Verschwendung sind: für das Heizen mit Hackschnitzeln, für Paletten, Schalungen sowie Möbel und Innenausbauten mit Multiplex. Sogar Papier könnte man theoretisch daraus herstellen. »Zwar ist die Industrie in diesem Bereich noch stark auf Nadelholz ausgerichtet, aber das wird sich schon in den nächsten zehn Jahren sehr verändern.«

Das Tempo der Pappeln ist ein großer Vorteil gegenüber neu angepflanzten Hecken, doch vielen Landwirten ist es ebenso wichtig, dass sie damit weiter Herr über ihre Flächen bleiben. Denn Hecken sind heute so streng geschützt, dass sie – einmal angelegt – nicht mehr entfernt werden dürfen. Außerdem werden die überwachsenen Quadratmeter auch noch bei der Berechnung der Fördergelder abgezogen. Da winken viele ab. Und was den Wermutstropfen angeht, dass es keine einheimischen Arten sind: »Sie können ja schon im ersten Herbst durch andere Bäume oder Sträucher ergänzt werden, die im Schutz der jungen Pappeln viel besser gedeihen«, sagt Philipp Gerhardt. Diese Arten können mit Nüssen oder Früchten einen zusätzlichen Ertrag bringen oder besondere Qualitäten für Tiere bieten – am besten beides.

Das alles zeigt: Menschen können den Garten Eden nicht nur kaputt machen, sondern paradiesische Zustände auch wieder herstellen. Es ist möglich, die Fruchtbarkeit der Böden selbst angesichts zunehmender Trockenheit und anderer »Extremwetterereignisse« zu erhalten, ja sogar zu steigern, und *gleichzeitig* die Landschaft wieder schöner und lebendiger zu machen. Und jetzt kommt noch ein Knaller: Würden wir Menschen diesen Weg in großem Stil gehen, könnte das obendrein die Dynamik des Klimawandels bremsen! Denn ein Plus an Humus aufzubauen, bedeutet ja vor allem, mehr C vom CO_2 in den Boden zu bringen und dort zu halten – das erdige Gold besteht nämlich zu 58 Prozent aus Kohlenstoff. Pro Kilogramm organisch gebundenem Kohlenstoff werden der Atmosphäre etwa 3,71 Kilogramm CO_2 entzogen.

Wie cool wäre es, wenn in den Humusaufbau – der ja sowieso geschehen *muss*, wenn wir auch in den nächsten Jahrzehnten noch etwas essen wollen – genauso viel Hirnschmalz investiert würde wie in die Techno-Fantastereien, bei denen das CO_2 mit energiefressenden Maschinen in unterirdische Lagerstätten gepumpt werden soll. Die Natur hat uns so ein System – betrieben mit Solarenergie! – doch längst geschenkt. Zum Glück haben inzwischen genug Pioniere mit der Umsetzung angefangen, dass schon klar ist: Es funktioniert wirklich. Eine bessere Zukunft ist pflanzbar!

Pimpen statt Plündern

Auf dem Tempelhof hat der Mulch die Ernten gerettet – trotz der beispiellosen Dürren in den vergangenen Jahren. Tatsächlich ist es in Mitteleuropa während unserer ganzen Zeitrechnung »nach Christus« nicht so trocken gewesen wie in den Jahren 2015 bis 2018. Das haben Forscher von der Universität Cambridge anhand von Isotopenanalysen der Jahresringe von Bäumen, verbautem und fossilem Holz ermittelt. Und in den darauffolgenden Jahren war es ja keineswegs besser. Auch am Infotag der Gemeinschaft Tempelhof im schwäbischen Hohenlohe[6] im Juli 2020 ist es heiß, während wir uns aufgeteilt in zwei Gruppen die landwirtschaftlichen Flächen des Ökodorfs anschauen. Seit 2014 werden hier auf 12 Hektar Acker inzwischen 50 Sorten Gemüse sowie Getreide angebaut, außerdem gehören 20 Hektar Grünland dazu.

Die aufbauende Landwirtschaft ist hier keine Theorie und die Permakultur keine Strategie für die überschaubare Fläche eines Hausgartens, sondern bildet die Grundlage für die Ernährung der rund 150 Bewohner und ihrer vielen Gäste. Die Ernte ist üppig genug, um die Hälfte davon an weitere feste Abnehmer sowie im Hofladen zu verkaufen. »Wir brauchen Lösungen für die Fläche. Wie kann Permakultur in der Landwirtschaft funktionieren?«, hatte mir Stefan Schwarzer wenige Tage zuvor in einem Telefongespräch gesagt. Der Permakultur-Designer und Wissenschaftler hat 20 Jahre lang für das Umweltprogramm der Vereinten Nationen (UNEP) in Genf gearbeitet, lebt ebenfalls in der Gemeinschaft und hat den Anstoß dafür gegeben, dass hier ein »Reallabor« für aufbauende Landwirtschaft entstanden ist: Sie wird praktiziert, erforscht und weiterentwickelt.[7] Denn wenn der Boden nicht mehr tief gepflügt und mit herkömmlichen Maschinen beackert werden soll, sondern in großem Stil mit Mulch, Unter- und Zwischensaaten gearbeitet wird, muss viel ausprobiert werden, was bei den örtlichen Gegebenheiten jeweils am besten funktioniert. Es gilt, ganz neue Erfahrungsschätze zu sammeln, und dabei ist so viel zu beachten, dass einem ganz schwindelig werden kann.

Zum Beispiel wird hier eine der ersten fünf produzierten neuen Maschinen eingesetzt, mit denen man Gemüse-Jungpflanzen direkt in die Mulchschicht setzen kann.[8] Das geht so: Zuerst wird der Mulch – zum Beispiel früh geernteter Grünroggen – dick auf der Erde verteilt. Die Maschine schneidet dann Mulch und Erde so auf, dass die mitfahrenden drei Menschen die Jungpflanzen einsetzen können, und drückt die schützende Schicht danach wieder zusammen. »Vorher mussten wir erst pflanzen, dann den Mulch verteilen und schließlich die Jungpflanzen von Hand wieder freiwuscheln – das ist natürlich viel aufwendiger«, erzählt Maya Heilmann bei unserem Rundgang. Die junge Frau sieht mit ihrer hellen Haut und dem goldroten Flechtzopf wie eine Irin aus, stammt aber aus Kalifornien. Gemeinsam mit ihrem Mann Sebastian Heilmann leitet sie das Landwirtschafts-Team, in dem insgesamt zehn bis zwölf Menschen in unterschiedlichen Arbeitszeitmodellen beschäftigt sind.[9]

Im so genannten »Marktgarten« wird Feingemüse in Mischkulturen und mit Untersaaten angebaut. So wächst beispielsweise Salat zwischen Broccoli und wird geerntet, sobald die petrolgrünen Köpfe Platz brauchen. Besonders effektiv ist es, die Fläche dreidimensional zu nutzen und Pflanzen gemeinsam wachsen zu lassen, die verschiedene Höhen erreichen und zugleich auch unterschiedliche Bodenschichten durchwurzeln. Doch es ist geradezu eine Kunst, herauszufinden, welche Kulturen sich unter den gegebenen Bedingungen gut vertragen oder sogar gegenseitig unterstützen. Große Maschinen sind für diese Art des Anbaus nicht geeignet, hier braucht es die umsichtig arbeitenden Hände kundiger Menschen und mit Muskelpower (oder auch mal mit Akkus) betriebene einfache Geräte.

Auf den neun Parzellen wird Fruchtfolge praktiziert, wobei immer jeweils zwei zur »Gründüngung« pausieren: Hier wachsen Pflanzen, die den Luftstickstoff im Boden anreichern können, weil sie mit so genannten »Knöllchenbakterien« an den Wurzeln zusammenarbeiten. Zwischen die Parzellen wurden Obstgehölze gesetzt, die außer ihren Früchten auch Lebensraum für Tiere bieten. Ebenfalls wichtig: Die Erde darunter wird gar nicht mehr gestört, so dass sich dort das Bodenleben unbeeinträchtigt entwickeln kann. Es bildet ein Reservoir, aus dem sie in die benachbarten Beete einwandern – mit einer Geschwindigkeit von zehn bis zwanzig Metern pro Jahr. Ein Waldgarten mit Nussbäumen ist ebenfalls bereits angelegt, aber noch zu jung für Erträge. Bis es so weit ist, bekommen die Pflanzen der bodennäheren Stockwerke umso mehr Licht: Beerenbüsche, nahrhafte Stauden und Kräuter. Ein etablierter Waldgarten mit vielen in Kultur angebauten Wildpflanzen bietet dauerhaft verschiedenste Nahrungsmittel und reguliert sich dabei weitgehend selbst – ohne Umgraben, Wässern oder Düngen. Und je weniger der Mensch eingreifen muss, desto ungestörter können Insekten, Vögel und andere Wildtiere dort leben.»Langfristig müssen wir Menschen uns mehr von Kulturen ernähren, die nicht einjährig sind wie Getreide und viele Gemüse, sondern mehrjährig wie Stauden, Büsche und Bäume«, sagt Maya. Denn jede Bearbeitung des Bodens wirkt erodierend, selbst wenn man dabei sehr schonend vorgeht.»Wir erproben hier von rund 200 Kulturen, was genießbar ist und wirklich Freude macht. Aus Süßeicheln kann man beispielsweise Mehl für Brot machen.«

Sie führt uns zu den Gewächshäusern, in denen lange Reihen von Tomaten mit leuchtend roten Früchten stehen. Auch hier wird der Boden so wenig wie möglich bearbeitet, und stattdessen Winterspinat ausgesät. Er wird im Frühjahr tief heruntergeschnitten, und dann werden die Tomatenpflänzchen direkt eingesetzt. Eine Weile wächst der Spinat noch mit, bis er zu stark mit den Tomaten konkurrieren würde. Dann wird er wieder geschnitten und mit viel Mulch erstickt.»Wenn Mulch nicht nur Abdeckung sein, sondern auch zu Dünger werden soll, muss es darunter feucht sein«, erzählt Maya. »Wenn sich dadurch etwas Schimmel bildet, macht das unserer Erfahrung nach nichts, solange der Stängel der Pflanze keinen Kontakt zum Mulch hat.« Super, das beantwortet eine Frage, die in meinem Garten auch schon aufgetaucht ist.

Als wir wieder ins Freie treten, steigt in der Nähe zwitschernd eine Lerche auf, und mir wird sofort das Herz weit – wie immer, wenn ich ihren Gesang höre. Er betört mich auf eine Weise, als wäre ich ein Teenager und mein Schwarm hätte mir zugelächelt. Als Feldvögel haben es Lerchen in der industrialisierten Landwirtschaft furchtbar schwer, und es erfüllt mich mit tiefer Freude, dass sie und viele andere Tiere hier Lebensraum finden. Außer Hecken und Bäumen gibt es Blühstreifen und mehrere neu angelegte Teiche zur Wasserversorgung, aus denen sich gerade Biotope für Frösche, Kröten und Ringelnattern entwickeln. Außerdem wird beim Mähen der Wiesen darauf geachtet, dass Altgrasstreifen stehen bleiben. Andernfalls würde innerhalb eines Tages die Futter- und Lebensgrundlage der dort lebenden Insekten verschwinden. Das ist umso dramatischer, als die Schnittzeitpunkte wetterbedingt in der ganzen Region ähnlich sind. Eigentlich müsste es verpflichtend sein, solche rettenden Rückzugsorte zu bewahren. Sie helfen auch, Gräser, Kräuter und Blumen zu erhalten, die das Schneiden nicht gut vertragen.

Aus der Besuchergruppe fragt jemand nach der Proteinversorgung der Gemeinschaft. »Da gibt es noch eine große Lücke«, räumt Maya ein. »Wir haben 200 Zweinutzungshühner[10] und hatten mal 70 Milchziegen, aber deren Management haben wir irgendwann nicht mehr geschafft.« Es solle künftig wieder eine Herde geben, denn mit grasenden Tieren funktioniere der Bodenaufbau schneller. »Im Moment gibt es hier jedoch niemanden, der sich für diese Aufgabe berufen fühlt.« Um die Lücke bestmöglich zu füllen, werden reichlich proteinreiche Hülsenfrüchte wie Alblinsen und Edamame (Soja) als Untersaaten gepflanzt sowie Pferdemist und Schafwollpellets als Dünger zugekauft.

Natürlich ist auch der Umgang mit den eher unerwünschten Tieren ein Thema, sprich all jene, die sich über die Kulturpflanzen hermachen wollen. So werden Kohlweißlinge mit Netzen von den Köpfen ferngehalten, die auch recht gut gegen Nacktschnecken funktionieren. Grundsätzlich seien ihrer Erfahrung nach Mulchbeete nicht stärker gefährdet als andere, wichtiger sei die Lage: »Die größten Probleme gibt es bei den Beeten am Rand.« Da Schnecken als »Aufräumer« besonders gerne an geschwächte und gammelige Pflanzenteile gehen, gibt es Ablenkungsfütterungen mit angerottetem Pflanzenmaterial, zudem werden die Kulturpflanzen mit so genanntem »Komposttee« gespritzt. Das Gebräu ist reich an nützlichen Mikroorganismen und schützt die Pflanzen gegen schwächende Einflüsse wie zum Beispiel Mehltau verursachende Pilze – so ähnlich wie beim Menschen die »guten« Bakterien auf der Haut oder im Darm schon durch ihre pure Existenz potenzielle Krankheitserreger in Schach halten. Zudem arbeitet Maya gemeinsam mit Biosaatgutfirmen daran, möglichst robuste Sorten zu züchten.

Sie nennt die Landwirtschaft hier »Biointensiven Anbau«, einen Begriff, den ich in jüngster Zeit häufiger gehört habe. Er soll wohl verdeutlichen, dass sich mit bodenschonender Bearbeitung, natürlicher Düngung, der Pflanzung mehrerer Kulturen auf der gleichen Fläche und kleinteiligen Fruchtfolgen ein hoher Ertrag erwirtschaften lässt. Ich finde ihn trotzdem unglücklich gewählt, weil »intensiv« eher an die Ausbeutung des Landes denken lässt als an eine Partnerschaft mit der Natur. Übrigens war es schon immer ein Märchen, dass große, auf wenige Produkte spezialisierte Höfe mit riesigen Monokulturen und Kunstdüngereinsatz besonders effektiv wären – vor allem, wenn man den immensen Energieeinsatz dieses Wirtschaftens ehrlich berücksichtigt. Weltweit sind es auch heute noch die Kleinbauern, die am meisten Menschen ernähren. Laut Dominik Ziller, Vizepräsident des International Fund for Agricultural Development (IFAD) und zuvor Abteilungsleiter im Bundesministerium für Entwicklung und Zusammenarbeit, haben sie vor allem wegen vielfältiger Mischkulturen sogar höhere Flächenerträge als die Großen.

Als beispielhaft gilt der Permakultur-Hof »Ferme du Bec Hellouin«[11] in der Normandie, auf dem fast ausschließlich in Handarbeit plus Pferd enorme Mengen verschiedenster Nahrungsmittel produziert werden. Wie die Chesters aus dem Film waren auch Perrine und Charles Hervé-Gruyer keine Bauern, als sie das landwirtschaftliche Projekt 2006 starteten. Sie sehnten sich nach einer sinnvollen Aufgabe, engem Kontakt zu einem Stück Land und hochwertigen Nahrungsmitteln für ihre Familie.

Der Anfang sei schwer gewesen, erzählt Charles bei der Führung einer deutschen Besuchergruppe: Der Boden war schlecht, und sie hatten null Ahnung. Doch indem sie intensiv recherchierten und mutig ausprobierten, bauten sie nach und nach ihr Wissen auf und erwirtschafteten schon vier Jahre später so viel Ertrag, dass sich unter anderem das nationale Forschungsinstitut für Landwirtschaft (INRA, Institut National de la Recherche Agronomique) für ihre Methoden interessierte und eine Studie startete. Gut drei Jahre lang wurden 1000 Quadratmeter Ackerfläche genau analysiert: Was geht rein – auch an Arbeitszeit – und was kommt dabei rum? Ergebnis: Im dritten Jahr erwirtschaftete das Stück einen Umsatz von 55.000 Euro,[12] während dieser auf herkömmlichen Äckern in Frankreich *pro Hektar*, also dem Zehnfachen der Fläche, durchschnittlich 30.000 Euro beträgt – bei gleichem Zeitaufwand. »Das hat hier eingeschlagen wie eine Bombe, es war in allen Zeitungen«, sagt Charles. Ihm zufolge orientieren sich in Frankreich inzwischen 80 Prozent aller neu startenden Biohöfe an diesem »Micro-Ferme«-Modell.

Es ist verdammt gut, dass es solche krassen Macher-Frauen und -Männer gibt wie die von Bec Hellouin und vom Tempelhof. Sie korrigieren die Bilder, die aus dem Sumpf des kollektiven Gedächtnisses aufsteigen, wenn die Worte »Handarbeit« und »Pferd« im Zusammenhang mit Landwirtschaft fallen. Da sieht man rückenquälende Plackerei auf steinigen und rissigen Böden vor dem inneren Auge, hohlwangige Kinder, die mit nackten und rotgefrorenen Füßen auf dem Feld mitschuften müssen, und armselige Portionen Haferschleim, Steckrüben oder Kartoffeln auf dem Teller. All das hatte weniger mit der Landwirtschaft an sich zu tun als damit, dass Bauern praktisch überall durch die Obrigkeit ausgebeutet wurden und am meisten unter Kriegszeiten litten. Aber die Vorstellung dieses kargen, beschwerlichen und freudlosen Daseins hat sich tief in die Volksseele eingebrannt.

Die gepimpte Handarbeit von heute kann dagegen prachtvolle Fülle hervorbringen und zutiefst befriedigend sein: »Unsere Gärten sind Oasen der Biodiversität und Orte echter Freude und Schönheit zum Leben und Arbeiten«, schreiben Perrine und Charles auf ihrer Internetseite. Tatsächlich ist das Vogelgezwitscher während der Führung, die an einem sonnigen Juni-Tag stattfand, *echt* laut, es übertönt mitunter fast Charles' Erläuterungen.

Auch den Wissenschaftlern, die sich mit der Produktivität des Hofes beschäftigten, fiel auf, wie viele Wildtiere sich auf dem Gelände tummeln. Das liegt auch daran, dass Bec Hellouin viele verschiedene Habitate umfasst, wie etwa den angrenzenden Fluss, Teiche, Gebüsche und den Waldgarten. Tatsächlich wirkt das üppig bewachsene Gelände mit seinen verschlungenen Wegen fast wie ein verwunschener Garten. *Miraculous Abundance*, wundersame Fülle, heißt auch die englischsprachige Ausgabe des Buches, in dem Perrine und Charles von ihrem Weg erzählen. Darin thematisieren sie auch, wie mühsam dieser mitunter war – unter anderem deshalb, weil die auf moderne Weise betriebene alte Landwirtschaft mehr Arbeitskräfte braucht, als die Farm zunächst bezahlen konnte. Also mussten die beiden lange alles allein stemmen, inklusive der Suche nach Informationen, dem zunehmenden öffentlichen Interesse und dem Familienleben mit vier Kindern. Der höhere Arbeitskräftebedarf in der aufbauenden Landwirtschaft wird mal als Chance, mal als Problem betrachtet. Tatsache ist, dass aktuell auf vielen Höfen dringend Helfer gesucht werden. Doch Stefan Schwarzer ist optimistisch: »Es haben auch immer mehr Menschen Bock auf diese Arbeit, statt irgendwelche sinnlosen Bürojobs zu machen.«

Der Weg zurück zu kleineren, divers aufgestellten Bauernhöfen ist aber auch aus einem Grund wichtig, der gar nichts mit Bodenerhalt, Umweltschutz und Artenvielfalt zu tun hat: Er bietet mehr Ernährungssicherheit. Weil das Motto für Bauern seit Jahrzehnten »Wachse oder weiche« heißt, sind seit 1971 rund 75 Prozent der Höfe in Deutschland verschwunden. Oder besser gesagt: Sie sind überwiegend in spezialisierten Großbetrieben aufgegangen. Deren Erzeugnisse müssen nun über weite Strecken transportiert werden, um die Menschen zu erreichen. Das macht die Versorgung der Regionen extrem anfällig. Wie schnell das ganze System wackelt, hat die Coronapandemie gezeigt: Es reicht schon, dass LKW nicht wie gewohnt fahren können, warum auch immer. Auch deshalb bilanziert Urs Niggli in seinem Buch zum Thema Welternährung: »Die kleinbäuerliche Landwirtschaft, die teure Technologien meidet, dafür das Naturkapital schonend und clever einsetzt, ist also ein Modell der Zukunft.«

Für die Bauern scheint dieser Weg vor allem dann lukrativ zu sein, wenn sie wieder in direkteren Kontakt mit den Verbrauchern kommen. Das ist der Punkt, an dem alle aktiv werden müssen, die Umwelt- und Artenschutz wichtig finden. Die Recherche der Angebote in der Gegend kann einem niemand abnehmen – zu individuell sind die persönlichen Wünsche und Möglichkeiten, zu vielfältig die verschiedenen Modelle. Da werden Hofläden ausgebaut und mitunter gemeinsam mit anderen Betrieben geführt, es gibt Abos für Gemüsekisten oder Onlineshops von Erzeugergemeinschaften. Auch auf dem Wochenmarkt kommt man in direkten Kontakt mit den Anbietern und kann bevorzugt die Produkte von deren Höfen erwerben statt die im Großmarkt zugekaufte Ware. Ein Traum wären Internetseiten, die alle ökologisch ausgerichteten Betriebe der Region auflisten und mit kleinen Steckbriefen Angebot, Standards und Werte beschreiben würden.

Die engste Verflechtung zwischen Bauern und Verbrauchern besteht bei der Solidarischen Landwirtschaft[13], kurz Solawi genannt. Das Konzept: Private Haushalte tun sich mit einem oder mehreren landwirtschaftlichen Betrieben zusammen und legen gemeinsam fest, welche Lebensmittel es geben und wie gewirtschaftet werden soll – in der Regel mindestens nach offiziellem Biostandard. Daraus ergibt sich eine Kostenschätzung, auf deren Grundlage festgelegt wird, was die Verbraucher in der Gruppe an den Betrieb zahlen müssen. Ob der meist monatlich zu zahlende Beitrag für alle gleich ist oder es Staffelungen gibt, wird innerhalb der Gruppe ausgehandelt. Ein Bauer aus einem solchen System hat mal in einem Interview gesagt: »Es ist ein Traum! Ich kann endlich meinen Hof so bewirtschaften, wie es sein sollte: Mit vielfältigen Erzeugnissen und nicht nur so wenigen Produkten, dass mich zwei Wochen schlechtes Wetter gleich in den Ruin treiben können.«

Das wirtschaftliche Risiko verteilt sich also auf viele Schultern und wird dadurch für den Hof leichter tragbar. Vorteil für die Verbraucher: Maximale Mitbestimmung darüber, wie die eigenen Lebensmittel hergestellt werden – und auch darüber, wie sehr Bodenaufbau und Artenschutz einbezogen werden sollen. Mehr geht nur, wenn man selbst buddelt und frühmorgens ein paar eigene Kühe oder Ziegen melkt. Positiv in diesem System ist zudem, dass es weniger Verschwendung gibt: Auch krumme Möhren werden geschätzt und verzehrt statt weggeworfen. Inzwischen gibt es schon 433 Solawis in ganz Deutschland, über hundert weitere finden sich gerade zusammen.[14] In meiner Nähe habe ich bisher leider keine gefunden, sollte ich vielleicht selbst eine gründen? Nun, erst mal muss dieses Buch fertig werden.

Von meinem Hortus Carduelis will ich dagegen gar nicht reden: Die Worte »Garten« und »fertig« stoßen sich gegenseitig ab wie Wasser und Öl. Aber das frustriert mich nicht mehr (okay: seltener), seit ich mal mit einer Expertin für das Thema »achtsames Putzen« gesprochen habe. Ja, so jemanden gibt es. Damals merkte ich an, dass Putzen auch deshalb als unbefriedigend empfunden gelte, weil man nie fertig werde. »Stimmt, das ist wie mit dem Atmen«, antwortete sie so trocken, dass ich lachen musste. Recht hat sie: Nur wer tot ist, hat wirklich alles erledigt. Da hab ich doch lieber immer was zu tun.

Der Planet heißt Erde

Heute ist wieder Maulwurftag, sprich: Es finden größere Erdbewegungen im Garten statt. Das Rundbeet hat sich etwas gesetzt und braucht ebenso Nachschub wie das Tomatenbeet, was die Gelegenheit bietet, die Pufferzonen-Abraumhalde wieder etwas zu verkleinern. Es ist faszinierend, welch herrlich dunkelbraunes, feinkrümeliges Substrat aus den dort abgeladenen Grasplacken geworden ist. Begeistert schaufele ich das braune Gold in Eimer und schleppe einen nach dem anderen zu den Beeten. »Homegrown tomatoes, homegrown tomatoes ... what'd life be without homegrown tomatoes«, trällere ich gut gelaunt den Countrysong von Guy Clark vor mich hin. »There's only two things that money can't buy and that's true love and homegrown tomatoes!«

Die Botanik-Professorin Robin Wall Kimmerer würde sicher lächeln, wenn sie mich hören könnte. Wenn sie mit ihren Studenten auf Exkursion ist und jeder für sich im Waldboden herumbuddelt, beginnt immer irgendwann jemand leise zu singen, erzählt sie in ihrem Buch *Geflochtenes Süßgras*. Sie wartet sogar voller Spannung auf diesen Moment, weil er ihr zeigt, dass die Erde wieder ihren ganz speziellen Zauber ausgespielt hat: »Studien haben kürzlich ergeben, dass der Geruch nach frischem Humus bei Menschen psychologische Reaktionen auslöst«, schreibt sie. »Das Atmen im Duft von Mutter Erde regt die Freisetzung des Hormons Oxytocin an, das auch die Bindung zwischen Mutter und Kind oder zwischen Liebenden fördert.« Das wäre doch mal ein völlig neuer Ansatz zur Rettung der Welt: Alle Politiker und Konzernmanager regelmäßig Humus schnüffeln lassen!

Das Potenzial von Humus, die Dynamik des Klimawandels zu bremsen, hatte ich ja schon erwähnt. Zur Erinnerung: Ein Plus von einem Kilogramm Humus mit seinen 58 Prozent Kohlenstoff entzieht der Atmosphäre gut zwei Kilogramm CO_2. *Yay!* Oder? Ehrlich gesagt: Ich muss erst mal recherchieren, ob das wirklich so toll ist oder nur Pillepalle. Was wäre denn überhaupt nötig, um das Ruder wirklich herumzureißen? In vorindustriellen Zeiten betrug der CO_2-Gehalt in der Atmosphäre 280 ppm (parts per million), heute sind wir bei über 400 ppm. »Um das Klima zu stabilisieren, müssten also ungefähr 100 ppm CO_2 wieder aus der Atmosphäre entfernt werden«, schreiben Stefan Schwarzer und Ute Scheub in ihrem Buch »Die Humusrevolution«.

Okay, und wie viel kann nun der Humusaufbau dazu beitragen? Die Schätzungen dazu fallen sehr unterschiedlich aus, schon allein deshalb, weil das Forschungsfeld recht neu ist. Der UN-Klimarat IPCC sieht das jährliche globale Speicherpotenzial von Kohlenstoff in den Böden bei 0,8 bis 1,2 Gigatonnen. Letzteres wäre immerhin genug, um den aktuellen jährlichen CO_2-Ausstoß in die Atmosphäre zu binden. Konkret müsste man dafür weltweit den Humusgehalt der landwirtschaftlich genutzten Böden jährlich um vier Promille erhöhen, rechnete die französische Regierung anlässlich der Weltklimaverhandlungen 2015 in Paris vor und nannte es »4 per 1000« (in Deutschland meist »4-Promille-Initiative«).[15]

Andere Modellrechnungen, deren Ergebnisse Uta Scheub und Stefan Schwarzer in ihrem Buch auflisten, kommen zu deutlich optimistischeren Zahlen zum globalen Speicherpotenzial von Kohlenstoff in Böden – insbesondere durch eine andere Bewirtschaftung von Weiden, gerne auch mit Rindern. Diese gelten als klimagefährdend, weil sie Methan ausstoßen. Doch das Problem liegt nicht bei den Tieren selbst, sondern in der Art, wie sie üblicherweise gehalten und gefüttert werden, inklusive Getreide und Soja. »It's not the cow – it's the how«[*] heißt es unter den Fans des »holistischen/ ganzheitlichen Weidemanagements«. Dabei dürfen die Rinder nicht nur so viel wie möglich raus – was ja allein schon selten geworden ist – sondern werden auf eine Weise über die Flächen gelenkt, die sich an den Bedürfnissen der Futterpflanzen und der mit ihnen verbundenen Bodenlebewesen orientiert. Zu den Details komme ich später noch, erst mal nur so viel: Diese Form der Grünlandbewirtschaftung baut ordentlich Humus auf.

»Nachhaltiges Weidemanagement hat das Potenzial, mehr Kohlenstoff zu speichern als jede andere landwirtschaftliche Praxis«, schreibt die renommierte Expertin Anita Idel in ihrem Buch *Die Kuh ist kein Klima-Killer!* Wenn man es richtig macht, lassen Weiden in Sachen Kohlenstoff-Speicherung sogar den Wald hinter

---
[*] »Es ist nicht die Kuh, es ist das Wie.«

sich. Der Grund liegt in der besonderen Physiologie von Gräsern, bei denen permanent Wurzeln absterben. Daraus wird direkt im Boden Humus gebildet, ohne dass ein Teil des Kohlenstoffs wieder in die Atmosphäre ausgast, wie es bei oberirdisch aufliegendem Pflanzenmaterial der Fall ist.

Die optimale Nutzung der Gräser bietet eine riesige Chance, denn Grasland bedeckt 40 Prozent der Landflächen der Erde (ohne Grönland und die Antarktis) und macht 70 Prozent der Flächen aus, die von der Welternährungsorganisation FAO als landwirtschaftlich nutzbar eingeordnet werden. Modellrechnungen, die dies berücksichtigen, halten die jährliche Bindung von bis zu 23 Gigatonnen Kohlenstoff für möglich.»Rein theoretisch wäre das Klimaproblem damit in ungefähr zehn Jahren erledigt«, schreiben Scheub und Schwarzer. Wie lange es tatsächlich dauern würde, per CO_2-Entzug (»Sequestrierung«) die Atmosphäre wirksam zu entlasten, ist schwer zu sagen – selbst dann, wenn ab sofort alle Bauern der Welt maximal humusaufbauend arbeiten würden. Denn neben dem Einfluss aller anderen Wirtschaftszweige spielen auch solche Dinge wie das Entweichen von Klimagasen aus Moor- und auftauenden Permafrostböden eine Rolle sowie die Pufferwirkung der Ozeane.

Die Experten sind sich jedenfalls einig: Auch der effektivste Humusaufbau ist kein weißmagisches Ritual, das die Menschheit von anderen notwendigen Veränderungen erlösen würde.

Und dennoch: Die Hinwendung zum Boden bringt völlig neue Prioritäten in das Mainstream-Denken. Plötzlich wird es wichtig, sich um das Wohlergehen von Lebensformen zu kümmern, die überwiegend nicht mal sichtbar sind, geschweige denn niedlich. Das verändert mit der Zeit die innere Einstellung zum nicht-menschlichen Leben auf eine so tiefgehende Weise, dass viele zu Beschützern der Natur werden.[16] Wie gesagt: Bauern können die Superhelden in der Geschichte der Menschheit sein, doch es müssen viele mitmachen, *richtig* viele.

Einer von ihnen ist Christoph Trütken. Schon immer ist er

andere Wege gegangen als in der konventionellen Landwirtschaft üblich, hat beispielsweise nie Pestizide eingesetzt. Gemeinsam mit seiner Frau Birgit bewirtschaftet er den Antoni-Hof im Schwarzwald[17] nach den Regeln des Biolandbaus und geht auch da häufig über die offiziellen Anforderungen hinaus. Für die Haltung seiner Milchkühe gab es beispielsweise 2013 den Tierschutzpreis des Landes Baden-Württemberg. 2018 entdeckte Trütken die Möglichkeit, mit dem so genannten »Carbon Farming« den Humusaufbau auf seinem Land zu pushen, dadurch dem Klimawandel entgegenzuwirken und als Teilnehmer eines Pilotprojektes für CO_2-Zertifikate gleichzeitig Einkommen zu erwirtschaften.

Doch zunächst galt es, über drei Jahre mit verschiedenen Methoden zu experimentieren – ohne zu wissen, ob und was tatsächlich am Ende dabei rumkommt. Fruchtfolgen, Untersaaten, Gründüngung, feiner Kompost, Tierexkremente und holistisches Weidemanagement: das ganze Programm. Vorher und nachher wurden GPS-gelenkt insgesamt 850 fingerdicke Bodenproben von 34 Feldern aus 25 Zentimetern Tiefe entnommen. Schon die Ausgangslage war ein gutes Zeugnis für Trütkens Arbeit: Seine Äcker enthielten 4,8 bis 5,5 Prozent Humus, während sonst in Deutschland ein bis vier Prozent typisch sind. Die Messungen drei Jahre später überstiegen dann alle Erwartungen. Die Böden hatten insgesamt 1500 Tonnen CO_2 aufgenommen, fünf Mal mehr als das, was die Experten der Zertifizierungsfirma als gutes Ergebnis eingestuft hätten. »Bis zu drei Prozent mehr Humus in drei Jahren, das hätten die Wissenschaftler nie für möglich gehalten«, erzählt Trütken. Vielleicht darf man ja doch auf die kühnsten Schätzungen zum Humusaufbau hoffen...

Kritiker sehen CO_2-Zertifikate allerdings als Ablasshandel, der den Ausstoß von klimaschädlichen Gasen eher in Gang hält, statt Einsparungen zu belohnen. Und überhaupt: Was ist, wenn Bauern Geld für Humusaufbau einstreichen und danach ihre Felder so bewirtschaften, dass der gespeicherte Kohlenstoff wieder frei wird? Vielleicht bin ich naiv, aber Letzteres halte ich für wenig wahrscheinlich. Wer die ganze Landbearbeitung umgekrempelt und erfolgreich einen Boden fruchtbarer gemacht hat, kehrt sicher nicht zum alten System zurück. »Bei der Übergabe oder dem Verkauf eines Hofes muss man allerdings aufpassen, wenn es danach nicht in die falsche Richtung gehen soll«, sagt Christoph Trütken. Eine Möglichkeit wäre zum Beispiel eine Stiftung zu gründen, die als Eigentümer den Hof verpachtet und in deren Satzung festgelegt ist, nach welchen Kriterien gewirtschaftet wird. Solche Entscheidungen liegen jedoch noch in der Zukunft. In der Gegenwart haben sich die Mühen für Trütken nicht nur finanziell gelohnt, sondern auch das nächste Dürrejahr besser durchstehen lassen.[18] Zwar trocknen auch humusreiche Böden ein, wenn es wochenlang überhaupt nicht regnet und affenheiß ist, aber sie sind aufnahmebereiter, *wenn* der Regen dann kommt. »Es war sofort wieder alles grün«, erzählt Trütken. »Inzwischen habe ich viele hundert Bäume und Hecken gepflanzt, um günstigere Mikroklimate und mehr Schatten zu schaffen.« Und noch mehr Kohlenstoff zu speichern.

Also auf zum fröhlichen Humusaufbau! Irgendwann in möglichst ferner Zukunft möchte ich selbst kompostiert werden. Das wird tatsächlich als »Reerdigung« bereits angeboten: Der Leichnam wird für 40 Tage unter kontrollierten Bedingungen in einem »Kokon« auf ein Bett aus Stroh und Blumen gelegt und soll dabei zu schöner, feinkrümeliger Erde werden (bei den Knochen muss man allerdings nacharbeiten). Ersten Studienergebnissen zufolge funktioniert das wohl ganz gut. Leider darf man den bei der Reerdigung entstehenden Kompost bisher nicht im eigenen Garten verbuddeln, aber vielleicht kommt das ja noch. Dann passt auch der letzte Vers des Tomatenliedes, dem am Schluss allerdings offenbar die Reime ausgegangen sind: »When I die, don't bury me – in a box in a cemetery – out in the garden would be much better – Cause I could be pushin' up homegrown tomatoes!«[*]

---

[*] Wenn ich sterbe, begrabt mich nicht in einem Kasten auf dem Friedhof. Draußen im Garten wäre viel besser, denn dann könnte ich selbstgezogene Tomaten hervorbringen.

Waldmeister

Diesmal hatte ich mich innerlich gewappnet – und war trotzdem wieder bis auf die Knochen erschüttert über das Ausmaß der Zerstörung in meiner alten Heimat, dem Bergischen Land. Vor einem Jahr hatte ich nur noch vor mich hin stammeln können: »Ach du Scheiße, ach du Scheiße, ach du *Scheiße*!!!« Am Ende eines wieder mal viel zu trockenen Sommers hatte ich meine Familie besuchen wollen, nachdem ich aus verschiedenen Gründen, nicht zuletzt Corona, fast ein Jahr lang nicht hier gewesen war. Aus Richtung Köln kommend begab ich mich auf die A4, die viele Weitblicke auf die Landschaft erlaubt – und wo ich auch hinsah, waren riesige Flächen, ja ganze Hügel und Höhenzüge komplett braun. Da standen nur noch Gerippe, es lebte kein Baum mehr. *Kein einziger.* Ich war fassungslos.

Natürlich hatte ich davon gehört, wie sehr die Fichten unter der Trockenheit leiden, dadurch dem Borkenkäfer ausgeliefert sind und viele schließlich eingehen, aber auf *diesen* Anblick des flächenhaften Massensterbens war ich trotzdem nicht vorbereitet gewesen. Inzwischen weiß ich, dass Satellitendaten zufolge in Deutschland zwischen 2018 und April 2021 unfassbare 501.000 Hektar Wald abgestorben sind.[1] Diese Fläche ist knapp doppelt so groß wie das Saarland, das ja immer für solche Vergleiche herhalten muss. Das Bergische Land ist tatsächlich eine der am schlimmsten betroffenen Regionen. Wie konnte es sein, dass Familie und Freunde bei keinem Telefonat auch nur ein Wort darüber gesagt hatten?

Vielleicht lag es daran, dass kaum jemand eine echte Herzensverbindung zu den düsteren Fichtenforsten hatte – auch ich nicht. Sie waren halt da und sahen aus, wie sie eben aussahen: Eine Ansammlung etwa gleich großer Nadelbäume, zwischen deren Stämmen es praktisch leer war und abgesehen von etwas Moos kaum etwas Lebendiges gab. Von »Artenvielfalt« ganz zu schweigen. Die Ödnis war also schon lange vor der Dürre und den Käfern da. Sie ließ sich allerdings leicht ausblenden, denn an den sonnenbeschienenen Weges- und Waldrändern wuchsen ja Büsche und Kräuter und boten bei Spaziergängen, Joggingrunden oder Radtouren einen durchaus gefälligen Anblick. Außerdem sahen aus der Ferne alle Hügel und Hänge schön grün aus, sogar im Winter, was will man mehr? Jetzt sind viele kahl, die abgestorbenen Bäume bereits gefällt und abgeräumt, der entblößte Boden den Elementen ausgesetzt: Wind, Starkregen, Knallsonne, wir hatten das schon.

Fakt ist: Die Fichte gehörte nie in die Mittelgebirge. Ihr natürliches Verbreitungsgebiet in Deutschland liegt oberhalb von 800 Metern, durch die Klimaerwärmung inzwischen eher noch höher. Es war nie ein Geheimnis, dass sie in tieferen Lagen weniger vital und ständig vom Borkenkäfer bedroht ist – vor allem, wenn sie in großflächigen Monokulturen steht. Angepflanzt statt selbst gewachsen wurzelt sie zudem eher flach und wird dadurch vergleichsweise leicht von Stürmen umgerissen. Ich erinnere mich noch gut an die ersten Orkane, die so heftig waren und so viele Flächen plattlegten, dass nicht mehr nur Meteorologen, sondern ganz Deutschland ihre Namen kannte: Vivian und Wiebke. Sie zogen Ende Februar 1990 im Abstand von wenigen Tagen über das Land und verursachten

Schäden in bis dahin nie gekannter Höhe. Spätestens seit damals gilt der »Umbau« der Wälder als wichtiges Ziel: hin zu gemischten Beständen mit deutlich weniger Fichte und dafür mehr Laubbäumen. Doch die Dürrejahre haben schonungslos offengelegt, wie wenig davon im Bergischen tatsächlich umgesetzt worden ist.

Das hat auch Dr. Carola Paul überrascht. Die Wissenschaftlerin von der Abteilung Forstökonomie und nachhaltige Landnutzungsplanung der Universität Göttingen war im Frühjahr 2020 als Referentin zu einer Tagung des Oberbergischen Kreises über die Zukunft des Waldes eingeladen und sagt im Telefongespräch: »Ich war tatsächlich beeindruckt davon, in welchem Ausmaß die Fichte in der jüngeren Vergangenheit – also vor den Dürrejahren – noch gepflanzt worden war.« Einer der Gründe mag darin liegen, dass im Kreis der Anteil von Privatwald mit 72 Prozent der Fläche ungewöhnlich hoch ist[2] und die Grundstücksgrößen überwiegend unter 20 Hektar liegen. Deren Eigentümer sind in der Regel keine hauptberuflichen Waldbauern und hätten sich neben ihren normalen Jobs damit beschäftigen müssen, wie man aus den Monokulturen nach und nach einen echten Mischwald macht. Ich muss ich mir nur das Delta zwischen meinen Plänen für den Garten und deren Umsetzung ansehen, um mir lebhaft vorstellen zu können, warum daraus so häufig nichts geworden ist.

Außerdem wächst die Fichte einfach deutlich schneller als viele Laubbäume und lässt sich besser verkaufen, weil der Markt immer noch stark auf Nadelbäume fokussiert ist. »Damit ist sie selbst dann noch rentabel, wenn sie verfrüht umfällt, da können andere Bäume einfach nicht mithalten«, sagt Carola Paul. Obendrein gibt es bei so genannten »Kalamitäten«, also großflächigen Sturm-, Käfer- oder vergleichbaren Schäden, steuerliche Erleichterungen und Unterstützungszahlungen. »Das erhöht natürlich den Anreiz, Fichte zu pflanzen.«[3] Theoretisch gelten diese Regelungen für andere Baumarten ebenso, aber nötig waren sie in der Vergangenheit praktisch nur für die Fichte.

Angesichts der aktuellen Schäden gilt das alles nicht mehr: Massen an Fichtenholz haben den Markt geradezu überflutet, so dass die Sägeindustrie billig einkaufen kann. Besonders bitter: Da zugleich eine gewaltige Nachfrage herrscht und ein Teil der Ernte nach China verschifft wird, erleben Verbraucher trotzdem eine Verknappung auf dem Holzmarkt und müssen deutlich höhere Preise zahlen. »Im Holzboom gehen Forstbetriebe leer aus«, fasst ein Bericht der Tagesschau zusammen. Und so stehen viele Waldbesitzer, die auf das Einkommen aus dem Holzverkauf angewiesen sind, vor großen finanziellen Problemen – häufig selbst dann, wenn sie längst begonnen hatten, mehr Laubbäume zu pflanzen. Wie sie in Interviews mit betont nüchternen Worten versuchen, die Fassung zu bewahren und doch kaum die Tränen zurückhalten können, schnürt auch mir die Kehle zu. Dabei sind es nicht nur die finanziellen Sorgen, die ihre tiefe Verzweiflung ausmachen, oder der erbärmliche Anblick der vielen nadellosen Stämme mit abplatzender Rinde. Es ist auch das Wissen, dass hier das Lebenswerk des Vaters oder Großvaters zerstört wurde – und das, was sie selbst ihren Kindern und Enkeln hinterlassen wollten.

»Man darf nicht vergessen, dass die Fichtenmonokulturen einst ihren Sinn hatten«, sagt Hans-Friedrich Hardt, den ich an einem sonnigen Morgen Anfang September besuche. Er hatte bei der Tagung des Oberbergischen Kreises den Waldbauernverband NRW vertreten, eine Vereinigung privater Waldbesitzer. »Nach dem Krieg waren viele Flächen kahl wegen der Reparationszahlungen, und zudem wurde viel Holz für den Wiederaufbau gebraucht. Da war man einfach auf die Geschwindigkeit angewiesen, mit der die Fichte nachwächst.« Er seufzt und fügt hinzu: »Aber es war immer ein Katastrophenbaum.« Wir sind in den Wäldern oberhalb der Bevertalsperre unterwegs, die seit 1897 Hardts Familie gehören. »Der Urgroßvater war beim Talsperrenbau mit dem Kauf der Flächen betraut, und die Bauern wollten meist nicht nur die Teile im Tal verkaufen, sondern auch die angrenzenden bewaldeten Hügel«, erzählt Hans-Friedrich Hardt. »Die wurden aber nicht gebraucht, deshalb hat mein Urgroßvater sie dann erworben.« Inzwischen bewirtschaftet die fünfte Generation – Sohn Christian – den etwa 190 Hektar großen Besitz. Schon als er den Betrieb 2016 übernahm, war der Fichtenanteil mit nicht mal 50 Hektar für hiesige Verhältnisse eher klein, doch 40 davon sind bereits abgestorben und der Rest wird wohl auch noch folgen. Deren Wert ist damit einfach so verpufft. Die Bäume lassen sich zwar noch gut nutzen, wenn man sie schnell fällt, aber nach Abzug der Kosten dafür bleibt angesichts der aktuellen Marktsituation nichts übrig. Eigentlich hätten diese Bäume nach und nach entnommen werden sollen und so über viele Jahre den Betrieb mit Kapital für Investitionen und Christian Hardt mit einem Einkommen versorgt.

Heute zeigt mir Hardt Senior allerdings Beispiele für alles, was ihn trotz allem hoffnungsvoll stimmt – und mich auch. Wie die Fläche, die elf Jahre zuvor von einem Sturm plattgelegt wurde und nun schon wieder dicht ist. Von ganz allein haben sich Pioniergehölze wie Birken, Weiden und Ebereschen angesiedelt, die kaum mehr brauchen als viel Licht, und die mit ihrem Laub den bei Fichtenmonokulturen meist total verarmten Boden nähren. Wie schnell diese »Sukzession« geht, zeigen auch die Forschungsflächen im Brandenburgischen Treuenbrietzen, die zuvor von einem verheerenden Waldbrand zerstört worden waren: Schon im nächsten Jahr wuchsen die ersten Pappeln und begannen, das Mikroklima auf den Störflächen so zu verändern, dass auch die Keimlinge anderer Arten bessere Startbedingungen bekamen.

Um es nicht allein dem Zufall zu überlassen, was hier langfristig wächst, hat Hans-Friedrich Hardt viele Eichen angesiedelt und diese bewusst gesät, statt Jungbäume zu pflanzen. »Nach dem Sturm konnten wir sehen, dass keine der gefallenen Eichen eine Pfahlwurzel hatte«, erzählt er. »Und warum hatten sie die nicht? Weil die Hauptwurzel beim Pflanzen gekürzt werden muss, um sie überhaupt in die Erde zu bekommen.« Diese kaum vermeidbare

Verkrüppelung kann der Baum also nie wieder ausgleichen. Um die Aussaat noch effektiver zu machen, setzen Waldbewirtschaftende mitunter gezielt auf Hilfe aus der Tierwelt, indem sie Kästen mit Eicheln und Bucheckern aufstellen, aus denen sich Eichhörnchen und Eichelhäher bedienen können. Etwa ein Drittel der im Boden versteckten Wintervorräte wird nicht genutzt und kann auskeimen. Solche natürlich gewachsenen Bäume haben nicht nur ein optimal ausgebildetes Wurzelwerk, sondern sind schon mit den ersten erscheinenden Keimblättchen an die Bedingungen gewöhnt, die in ihrer Umgebung herrschen. Dagegen wird ein Setzling aus der Baumschule meist gepäppelt und gewässert, bis man ihn plötzlich in der freien Wildbahn aussetzt, wo es gerade auf großen Pflanzflächen sehr ungemütlich werden kann. Längst nicht alle überleben, vor allem, seit immer wieder extreme Trockenheit den Wäldern zusetzt. Da Pflanzungen teuer sind, kann es einen Betrieb schnell ruinieren, wenn mit dem Baumnachwuchs auch die Investition in die Zukunft stirbt.

Sukzession und »Naturverjüngung« – also von selbst keimende Bäume wachsen zu lassen – gibt es dagegen umsonst, und sie sind aus ökologischer Sicht der sinnvollste Weg, wie auch große Schadflächen wieder zu Wald werden zu lassen. Es etablieren sich dann vor allem die am besten angepassten Arten und Individuen, ein Mix aus Bäumen verschiedenen Alters und unterschiedlicher Abstände zueinander entsteht. »Solche Arten- und Strukturvielfalt ist entscheidend, damit das System Wald funktionieren kann«, sagt Dr. Jeanette Blumröder, Expertin für Wald- und Naturschutz von der Hochschule für Nachhaltige Entwicklung Eberswalde, die das Forschungsvorhaben in Treuenbrietzen angestoßen und betreut hat. Und zu diesem System gehören eben nicht nur die wirtschaftlich erwünschten Bäume, sondern *alle* Pflanzen und Tiere, außerdem der Boden mit seinen Lebewesen, Wasser und Regen, Luft und Wind – plus sämtliche Prozesse, die aus all diesen Teilen ein Ganzes machen.

Die besten Startbedingungen bietet es, Störflächen nicht zu

räumen, sondern die vertrockneten, verkohlten oder im Sturm umgeworfenen Bäume einfach stehen und liegen zu lassen. Der Grund: Sie schützen den Boden, die zarten Keimlinge sowie gesetzte Jungbäume, indem sie Wind, Starkregen, Sonneneinstrahlung und Hitze deutlich abmildern. Drohnenaufnahmen mit Wärmebildkameras konnten zum Beispiel zeigen, wie viel kühler es selbst unter den fast nadellosen »Dürrständern« noch ist: 18 Grad versus 35 Grad auf der benachbarten geräumten Kahlfläche. Dieser Unterschied ist entscheidend, weil die Verdunstung nicht linear verläuft: Verdoppelt sich die Temperatur, verdreifacht sich die Wasseraufnahme in die Luft – einem entblößten Boden wird das Wasser förmlich ausgesaugt. Dabei können die Temperaturen, denen er ausgesetzt ist, sogar noch viel höher werden. Es ist inzwischen nicht ungewöhnlich, an einem heißen Tag mit hoher Sonneneinstrahlung auf spärlich bewachsenen Flächen deutlich über 60 Grad zu messen. Totholz aus stärkeren Stämmen schützt nicht nur passiv vor solchen Extremen, sondern kann im entstehenden Mulm – den weichen, zunehmend zersetzten Holzfasern – viel Wasser speichern und dieses bei Hitze kühlend wieder abgeben. Schließlich nährt es den Boden und verbessert dadurch dessen Kapazität, Feuchtigkeit zu halten.

Der Haken an der Sache: Da viele Menschen diese Hintergründe nicht kennen, kann man sicher sein, sich mit dieser Strategie Protest einzuhandeln. Emsiges Aufforsten und Pflanzaktionen mit Schulklassen kommen einfach besser rüber als »Wir lassen das ganze Chaos einfach so, lehnen uns zurück und gucken mal, was da so von allein wächst.« Und auch ohne Druck von außen scheint es vielen Forstleuten und Waldbesitzenden schwer zu fallen, nicht aktiv zu werden. Zu tief ist das Streben verinnerlicht, die Entwicklung steuern zu müssen, um marktfähiges Holz ernten zu können. Doch statt »vom Sägewerk her zu denken«, wie Jeanette Blumröder es nennt, zwingen die Klimaveränderungen zu einer neuen Sichtweise: »Wie schaffen wir es, dass auf den großen Störflächen überhaupt wieder Wald wächst?«

Hans-Friedrich Hardt folgt dem Motto »Nicht alle Eier in den gleichen Korb legen!« und hat deshalb manche Flächen geräumt und neu bepflanzt, aber ebenso Erfahrungen mit der natürlichen Waldentwicklung gesammelt. So ließ er die beim Orkan Kyrill 2007 umgefallenen Bäume liegen: »Das spart Kosten, bietet dem Boden und den Jungbäumen Schatten und hält die Rehe fern.« Ohne die Barrieren durch kreuz und quer liegendes Holz kommen Keimlinge nur hoch, wenn die Zahl der daran knabbernden und sich schubbernden Wildtiere durch intensive Bejagung niedrig gehalten wird. Ob es *wirklich* notwendig ist, Rehe und Hirsche zu erschießen, sorgt immer wieder für hitzige Diskussionen. Doch unter den mit Sukzession und Naturverjüngung arbeitenden Praktikern ist mir bisher nur eine Meinung begegnet: Es geht nicht anders, zumindest, solange sich die landschaftlichen Strukturen in Deutschland nicht drastisch ändern. Die Tiere profitieren davon, dass viele Waldstücke klein sind, an Futter bietende landwirtschaftliche Flächen grenzen und auch innen durch viele Fahrwege lauter »Waldränder« mit entsprechendem Bewuchs bieten. Die jetzt abgestorbenen Fichten stehen zu lassen, ist allerdings heikler, als Windwurf nicht zu räumen: Irgendwann kracht der obere Teil herunter und könnte Menschen schwer verletzen, die in dem Waldstück arbeiten. Denn ganz ohne steuernde Eingriffe überlassen die Hardts die Sukzessionsflächen nicht sich selbst, sondern nehmen gelegentlich Birken raus oder pflanzen gewünschte Baumarten dazu. Sein Kompromiss: »Höhere Stümpfe belassen, dann gibt es auch noch Schatten und Windschutz für die Jungbäume und zugleich genug Licht, damit sie sich schneller entwickeln.«

Der vielbeschworene »Waldumbau« ist für Hardt ohnehin nichts Neues: »Da sind wir seit 120 Jahren dran.« Bereits seine Vorfahren haben viel und mit verschiedensten Baumarten experimentiert, weil sie mit schlechten Bodenverhältnissen zu kämpfen hatten: »Der Wald hier war völlig übernutzt, sogar die Streu wurde herausgeholt.« Das Ziel war damals wie heute das gleiche: Eine möglichst große Vielfalt zu schaffen, so dass es Laub- und Nadelbäume im Wald gibt, Tief- und Flachwurzler, heimische und durchaus auch fremdländische Baumarten sowie alle Altersgruppen. Nach Ansicht vieler Experten macht er damit alles richtig:»Ich würde immer dazu raten, zu mischen, damit man in jede Richtung Puffer hat«, sagt zum Beispiel Carola Paul. Wirklich in *jede*, es reicht nicht, sich nur auf Hitze und Dürre einzustellen – auch mit Spätfrösten, Stürmen und massiven Regenfällen muss gerechnet werden. Ironischerweise könnte es durch die globale Erwärmung in Mitteleuropa sogar kälter werden als bisher, weil sich die großen Meeresströmungen verändern. Paul:»Keiner kann sagen, was kommt.«

Vielfalt auf allen Ebenen ist eine der wichtigsten Grundlagen des Dauerwaldes, einer bereits 1921 von dem Forstwissenschaftler Alfred Möller vorgeschlagenen Form des Waldbaus, bei der man die Bewirtschaftung als unbedarfter Spaziergänger kaum bemerkt. Anders sieht es in den so genannten »Altersklassenwäldern« aus, die in Deutschland mit einem Anteil von rund 90 Prozent immer noch weit überwiegen. Wie der Name impliziert, sind dort alle größeren Bäume gleich alt, weil sie nach der jüngsten großen Ernte (Hieb) zur selben Zeit gepflanzt wurden. Wie Säulen stehen sie auf den Flächen, die alle 40 oder sogar alle 20 Meter von Schneisen durchzogen sind, um mit großen Maschinen durchforsten und fällen zu können. Das dahinterstehende System galt lange als besonders effizient, doch es hatte schon immer gravierende Nachteile für die Biologie des Waldes, ihn so eintönig und maschinengerecht zu gestalten. Die geballt auftretenden Klimaextreme der vergangenen Jahre haben das lediglich schonungslos offengelegt.»Dauerwälder sind wesentlich besser mit der Hitze und der Trockenheit zurechtgekommen«, sagt der Forstwissenschaftler Wilhelm Bode, ehemals Leiter der Saarländischen Forst- und Naturschutzverwaltung und später Waldsprecher des NABU auf Bundesebene. Er ist einer der engagiertesten Verfechter des Dauerwald-Prinzips, das er in einer Fülle von Lehrvideos erläutert.[4]

Dabei wird der sich überwiegend naturverjüngende Bewuchs der Waldfläche so gesteuert, dass es Bäume jeden Alters gibt und dadurch auf allen »Etagen« Äste, die das Sonnenlicht einfangen. Der Bewuchs ist so dicht, dass idealerweise jeder Quadratmeter des Bodens jeweils nur wenige Minuten am Tag besonnt wird. Diese Lichtverhältnisse ergeben sich, indem man Bäume einzeln so entnimmt, dass in regelmäßigem Abstand »Lichtschlote« entstehen. Auf Bildern sehen die Sonnenstrahlen dann mitunter wie Scheinwerfer aus. Wenn zudem die Waldränder schön dicht gehalten werden, entsteht insgesamt ein windruhiges Binnenklima im Wald, das auch im Sommer feuchter bleibt und Hitze ebenso effektiv abpuffert wie Frost. Um diesen Zustand zu erhalten, darf eine Fläche beim Fällen von Bäumen nie zu stark aufgelichtet werden. Was das konkret heißt, erläutert Wilhelm Bode in seinem Buch *Dauerwald – Leicht gemacht!* Sobald der Durchmesser einer Schlagfläche größer sei als die umgebenden Bäume hoch, entstehe das Klima einer Freifläche und somit sei die Fällung als Kahlhieb einzuschätzen: »Es handelt sich um eine *bioklimatische* Definition.« Auch der Waldökologe Dr. Pierre Ibisch, Professor an der Hochschule für Nachhaltige Entwicklung Eberswalde, warnt vor der gerade jetzt viel zu beobachtenden Praxis, Bäume »freizustellen«, um sie von Konkurrenten um Wasser zu befreien oder jungen Bäumen mehr Licht zu verschaffen und sie dadurch schneller wachsen zu lassen: Viele der großen Bäume würden auf diese Weise kommende Hitzejahre nicht überleben. Gerade Buchen leiden schnell, wenn sie vereinzelt stehen müssen.

Im Gegensatz zum Altersklassenwald, der »in periodischer Wiederkehr auf den Anfangszustand einer Steppe zurückgeworfen wird« (Bode), bleibt also beim Dauerwald das Waldgefüge durchgängig erhalten – daher der Name. Es kann sich ein reiches Bodenleben entwickeln, das die Bäume ernährt, gegen Insektenbefall stärkt und miteinander vernetzt – ein wichtiger Grund, warum Dauerwälder sehr produktiv sind und viel Holzzuwachs entstehen lassen. Ein weiterer liegt darin, dass er innen »mit Chlorophyll ausgefüllt ist«, wie Wilhelm Bode sich ausdrückt. »Jedes Blatt einzeln betrachtet bekommt zwar weniger Sonnenlicht, aber der Wald als Ganzes kann viel mehr Photosynthese betreiben als ein Altersklassenwald.« Auch dass die Jungbäume lange beschattet bleiben und dadurch anfangs nur langsam wachsen, ist – anders als man intuitiv meinen würde – ein Vorteil: Der Baumnachwuchs wächst dadurch schön gerade und wird wesentlich robuster als Artgenossen, die im Licht schnell in die Höhe geschossen sind. All das ermöglicht sehr gute Holzernten: Im Schnitt entstehe in einem Dauerwald mindestens zehn Prozent mehr Holz als in einem vergleichbaren Altersklassenwald, sagt Bode. »Ich kenne aber auch Dauerwälder, die schaffen 50 oder – bei besonderen Gunstbedingungen – sogar fast 100 Prozent mehr an Holzerzeugung.«

Doch wie baut man einen Altersklassenwald so um, dass er zum Dauerwald wird? In groben Zügen ist das schnell erklärt: Über die ersten etwa 15 Jahre werden stetig insgesamt etwa ein Viertel der hohen Bäume entnommen, während bereits die neue Vielfalt verschiedenster heimischer Baumarten keimt. Mitunter muss man dem etwas nachhelfen und zum Beispiel Streu mit Baumsamen aus anderen Laubmischwäldern verteilen. Fremde Baumarten können auch eingebracht werden, allerdings immer nur mit wenigen Exemplaren. Insgesamt sollten die heimischen Arten mit mindestens 70 Prozent deutlich überwiegen, und zwar mit der ganzen Palette auch der forstwirtschaftlich bisher wenig genutzten Arten. Diese haben häufig sehr interessante Eigenschaften: Der Feldahorn beispielsweise ist anspruchslos, sehr trockenresistent und bietet ein gutes Holz. Mit fremden Arten lieber zurückhaltend zu sein, kann davor bewahren, böse überrascht zu werden. Um nur zwei Beispiele zu nennen: Die als Fichtenersatz gepflanzte Douglasie kommt weit weniger gut mit Trockenheit zurecht als erhofft, und die ebenfalls aus Nordamerika stammende Spätblühende Traubenkirsche wächst unter hiesigen Bedingungen nicht schön aufrecht, sondern buschig, und kann sich obendrein invasiv ausbreiten. Auf die heimische Vielfalt der Bäume zu setzen, bereichert dagegen das Leben auf allen Ebenen: Es gibt dann auch mehr der zugehörigen Bodenlebewesen, Pilze, Flechten und Moose sowie Insekten und Vögel.[5] Insgesamt machen sie das »System Wald« deutlich resilienter.

In der folgenden Phase des Umbaus zum Dauerwald, die typischerweise weitere 30 Jahre dauert, wachsen in den Lücken die einstigen Keimlinge zu stattlichen Bäumen heran. Es braucht insgesamt also fast ein halbes Jahrhundert, bevor der Wald den produktiven und klimastabilen Zustand erreicht hat, in dem man ihn mit der weiteren Bewirtschaftung halten will. Angesichts der Dringlichkeit, mit der wir resilientere Wälder brauchen, ließ mich diese Information erst mal trocken schlucken. Doch Wilhelm Bode hat noch ein Ass im Ärmel: den Forst von Kalebsberg in Mecklenburg. Er zeigt, welche krassen Verbesserungen schon innerhalb der ersten Umbauphase erreicht werden können. Das Video von seinem Spaziergang mit Holger Weinauge, der den etwa 280 Hektar großen Betrieb seit 2009 bewirtschaftet, zeigt das bis in untere Etagen üppig belaubte Unterholz im sanft-grünen Dämmerlicht mit hier und da einfallenden Sonnenstrahlen. Niemand würde vermuten, wie deprimierend es noch wenige Jahre zuvor hier aussah, als Holger Weinauge mit seiner Arbeit begann: leere, leblos wirkende Säulenhallen aus gleichförmigen Baumstämmen. Für Vorher-Nachher-Vergleiche hält Weinauge Fotos hoch und verweist auf Landmarken wie einen großen Stein, um es überhaupt erfassbar zu machen, dass es sich um die gleiche Fläche handelt.

Doch so sehr ein Dauerwald einem natürlichen Wald ähneln mag – er ist keiner. Die Bewirtschaftenden können sich diesem Ideal allerdings weiter annähern, indem sie möglichst viel Totholz von stärkeren Stämmen im Wald belassen – also nicht bloß daumendicker Jungwuchs und Äste. Holger Weinauge hat im Dauerwald von Kalebsberg 20 Prozent der dicken, alten Bäume »in die Ewigkeit entlassen«, wie Wilhelm Bode es poetisch nennt. Das heißt: Sie sind ausgewählt und entsprechend gekennzeichnet, um stehen zu bleiben, bis sie ihr natürliches Lebensende erreichen. Auf diese Weise dienen sie unzähligen Tieren als Nahrungsquelle und Unterschlupf und speichern zudem beim langsamen Vermodern viel Wasser. »Das sind alles kleine Kühlschränke, die für ein besonderes Innenklima sorgen«, sagt Holger Weinauge. In dieser Funktion seien sie wertvoller, als wenn er sie geerntet und verkauft hätte.

Kleiner Hinweis am Rande: Ja, beim Vermodern wird im Holz gespeichertes Kohlendioxid wieder frei, aber ähnlich langsam wie zuvor das Wachstum des Baumes war. Es ist also absurd, diesen Prozess mit der Verbrennung von Holz zu vergleichen, wie es Fans der Kamine und Pelletheizungen gelegentlich tun. Zudem entweicht nicht alles in die Luft, sondern ein Teil des CO_2 wird als Humus gespeichert, und auf diesen Nachschub an Nahrung ist der Boden dringend angewiesen. Denn biologisch gesehen ist jede Holzentnahme ein Verlust für den Wald. Forscher schätzen, dass die typische Totholzmenge in deutschen Wäldern maximal ein Fünftel dessen ist, was natürlicherweise da wäre. Die volle Menge erreicht ein bewirtschafteter Forst natürlich nie, nicht mal annähernd – schließlich kann jedes Stück Holz nur verwertet *oder* liegen gelassen werden. Doch wie viel muss man Wäldern mindestens lassen, um deren Funktion zu erhalten? Etwa 300 Jahre lang galt es als nachhaltig, so viel zu nutzen, wie nachwächst. Die waldökologische Forschung zeigt jedoch: Es dürfen nur 50 bis 80 Prozent davon sein. Laut Bode wächst allerdings erst allmählich das Verständnis dafür, dass man Totholz nicht als Nutzungsverzicht sehen dürfe, sondern als eine systemische Bereicherung des Wirtschaftswaldes, deren produktiver Beitrag noch gar nicht abzuschätzen sei.

Wer mit Wald so umgehen will, dass dieser kraftvoller und resilienter wird, muss auch bei der Holzernte komplett umdenken: Sie ist in einem diversen und dichten Mischwald deutlich kniffliger als im gleichförmigen Altersklassenwald. Die ausgewählten Stämme müssen einzeln entnommen werden, und zwar mit Motorsäge und leichten bodenschonenden Maschinen, oder besser noch mit

Rückepferden – also Arbeitstieren, die darauf trainiert sind, gefällte Bäume zur nächsten Sammelstelle zu ziehen. Auf diese Weise braucht man laut Bode nur alle 60 oder sogar nur alle 120 Meter einen für schwere Fahrzeuge befahrbaren Weg. Dadurch werden viel weniger Flächen massiv verdichtet, was das Bodenleben schont und eine bessere Verteilung des Wassers in der Fläche erlaubt, statt es auszubremsen und aus dem Wald abzuleiten. Ein mit einem dichten Netz von Rückegassen zerschnittener Wald hat zudem kein intaktes Binnenklima mehr, auf das es im Klimawandel entscheidend ankommt. Außerdem: Je enger das Raster der Wege gestaltet ist, desto mehr Boden wird vergeben, auf dem Bäume wachsen könnten: Bei einem 20-Meter-Abstand, der für die großen Vollernter (»Harvester«) gebraucht wird, steht laut Bode mindestens ein Fünftel der Fläche nicht mehr für die Holzproduktion zur Verfügung. Allein diese ökonomische Sicht sollte verhindern, dass man bei der Erwähnung von Rückepferden sofort als Ökoträumer abgestempelt wird, dessen Ideen eher was für Mittelalter-Märkte sind. Typisches Argument: »Wie soll das denn großflächig gehen? Dafür gibt es doch gar nicht genug Anbieter.« Stimmt, aber der Bedarf wächst ja auch nicht über Nacht auf 100 Prozent.

Im Betrieb der Familie Hardt im Bergischen Land haben die Harvester auf den abgestorbenen Fichtenschlägen ihre letzten Einsätze gehabt. »Die Verdichtung des Bodens können wir uns nicht mehr erlauben«, meint Hans-Friedrich Hardt. Auf den Mischwaldflächen werden die Bäume inzwischen mit Motorsäge, Trecker und Seilwinde geerntet. »Ohne die Arbeit und die Kosten für Pflanzungen und Pflege der Jungbäume können wir es uns leisten, dass die Ernte aufwendiger ist.« Wir kommen an einer imposanten Buche vorbei, und der Waldbauer in vierter Generation bemerkt meinen bewundernden Blick: »Die ist bestimmt 140 Jahre alt, aber innen schon faul, das Holz ist wertlos«, sagt er. »Aber das macht nichts, solche Bäume lässt man stehen – sie sind wichtig für Spechte und viele andere Tiere.«

Kein Leben ohne Wald

Bisher ging es vor allem darum, was passieren muss, damit sich weiterhin möglichst viel Holz ernten lässt. Doch um unsere Lebensgrundlagen zu erhalten, brauchen wir vom Wald etwas anderes noch dringender, nämlich die so genannten »Ökosystemleistungen«. Intakter Wald liefert Sauerstoff für unsere Atmung und hilft gegen den Klimawandel, indem er viel Kohlenstoff bindet. Gerade davon brauchen wir zum Weltretten so viel wie möglich, dazu später mehr. Zudem wirkt Wald lokal ausgleichend auf das Klima der umgebenden Landschaft, wobei in heißen Sommern vor allem die Kühlung bedeutsam ist. Ein großer Baum kann an einem sonnigen Tag rund 400 Liter Wasser in die Luft schwitzen und so die Umgebung mit der Energiemenge von 280 Kilowattstunden kühlen und zudem befeuchten. »Das entspricht fünf Haushalts-Klimaanlagen, die 24 Stunden laufen«, schreiben Ute Scheub und Stefan Schwarzer in ihrem Buch *Aufbäumen gegen die Dürre*.[6]

Dass Bäume so viel Wasser ziehen können, lässt manche befürchten, auf diese Weise würde der Boden »leergesaugt«. Es so zu sehen, verkennt jedoch die größeren Zusammenhänge des Wasserhaushaltes. Erstens: Wenn es pladdert, leiten Laubbäume viel Regen dem Grundwasser zu und füllen die Speicher sehr effektiv auf. Zweitens: Gerade, *weil* sie transpirieren und zudem mit den so genannten »Bio-Partikeln«[*] perfekte Kondensationskerne in die Luft entlassen, sorgen sie für neuen Regen. Lange dachte man, dass den vor allem die Ozeane bringen, doch inzwischen hat die Wissenschaft herausgefunden: »Ungefähr die Hälfte aller Niederschläge, die auf Kontinente fallen, wird vom Land selbst produziert und davon bis zu 80 Prozent von Pflanzen«, so Ute Scheub und Stefan Schwarzer. Je weiter eine Region vom Meer entfernt sei, desto höher steige der Anteil des vom Land produzierten Niederschlags: »Er erreicht

---

[*] Bakterien, Pilzsporen, Pollen

in manchen Gebieten der Welt sogar über 90 Prozent.« Vor allem Wälder sind die großen Regenmacher, wie Scheub und Schwarzer detailreich erläutern. Ihr Fazit: »Trockenheit entsteht nicht durch Regenmangel, sondern es regnet nicht mehr, weil Wälder und Bio-Partikel verschwinden.«

Das heißt: Der Zustand der Wälder beeinflusst nicht nur das globale Klima, sondern ganz direkt die Lebensbedingungen vor Ort – auch hier bei uns: Ob die Sommertemperaturen erträglich bleiben, ob wir langfristig genug Trinkwasser haben, wie üppig Feldfrüchte wachsen können und wie gut es den wilden Pflanzen und Tieren geht. »Die Bewirtschaftung nach Dauerwald-Prinzipien – also mit Laubholz-dominiertem gemischten Baumbestand und ohne dabei Kahlflächen entstehen zu lassen – ist für mich daher gesetzt«, sagt die Forstwissenschaftlerin und Waldökologin Dr. Susanne Winter, Programmleiterin Wald bei der Naturschutzorganisation WWF. »Wir brauchen aber auch Wälder ganz ohne Holzeinschlag als Referenzflächen.« Nur so könne man vergleichen, wie sich ein Wald im Klimawandel entwickelt, wenn er sämtliche Biomasse behalten darf. Nicht nur, damit es genug Totholz gibt, sondern auch all die schräg, gekrümmt, gedreht oder gegabelt wachsenden Bäume, die in bewirtschafteten Wäldern meist entfernt werden. Denn durch diese Wuchsvarianten entstehen kleinräumige Nischen mit anderen Lebensbedingungen, die mehr Artenvielfalt erlauben. Bisher lässt sich meist nur ahnen, auf welche Weise die hinzukommenden Lebensformen das ganze System beeinflussen mögen.

Wie viel Waldfläche aus der Nutzung genommen werden soll, ist eigentlich nach der »Nationalen Strategie zur biologischen Vielfalt« schon seit 2007 beschlossen: fünf Prozent.[7] »Geschafft haben wir allerdings erst rund 3,5 Prozent«, sagt Susanne Winter. Immer wieder ist die Forderung zu hören: Die Gesellschaft müsse es finanziell belohnen, wenn ein Wald gut oder gar nicht bewirtschaftet wird und dadurch viele Ökosystemleistungen erbringt. Als Bewertungsparameter könnte die kühlende Wirkung dienen, die sich gut per

Satellit bestimmen lässt. Dieses Vorhaben in Gesetzestexte zu fassen, ist jedoch ungeheuer herausfordernd, und obwohl es von mehreren Organisationen Vorschläge dazu gibt, ist die Umsetzung bisher nicht in Sicht. Wer nicht warten will: Es gibt Initiativen, die geeignete Wälder über Spenden aus der Nutzung nehmen.[8]. Auf diese Weise habe ich ein Fleckchen Buchenwald von der Größe unserer Wohnfläche »gepachtet« und sogar schon besucht. So will ich auch künftige Geburtstagsgeschenke einsetzen. Die Idee, Wald zu besitzen und für ihn zu sorgen, fand ich immer toll – und näher dran werde ich wohl nicht kommen.

Nach neuen Erkenntnissen sind für den Erhalt der Artenvielfalt sogar zehn Prozent nicht genutzte Wälder nötig. Sie sind das politisch gesetzte Ziel der EU-Biodiversitätsstrategie, und auch Naturschutzorganisationen stehen dahinter. Hinzu kommen 20 Prozent der Wälder in Naturschutzgebieten, die zwar bewirtschaftet werden können, aber sanft: Der pflegliche Umgang mit dem Waldökosystem muss im Mittelpunkt stehen. Wenn dann auf den verbleibenden 70 Prozent eine naturnahe, dauerwaldartige Bewirtschaftung stattfände, wäre das aus der Sicht von Susanne Winter der richtige Weg, Wald zu erhalten *und* Holz nutzen zu können. Es gehe auch darum, ein Vorbild für andere Länder zu sein, auf deren Wälder das Weltklima zwingend angewiesen ist. Wir können schlecht den Nutzungsverzicht im Amazonasgebiet anmahnen, solange wir unsere eigenen Hausaufgaben nicht machen.

Doch wo stehen wir überhaupt aktuell mit der Holznutzung in Deutschland? Den Daten der Studie »Alles aus Holz« des WWF und der Universität Kassel[9] zufolge wurden 2021 von der üblichen Einheit »Rundholz ohne Rinde« 76 Millionen Kubikmeter geerntet, verbraucht wurden inklusive der Importe jedoch 104 Millionen Kubikmeter. Könnten unsere Wälder diese Menge auch allein liefern, so dass wir ohne Holz aus anderen, womöglich Raubbau betreibenden Ländern auskommen könnten?[10] Für die Antwort muss man den jährlichen Zuwachs in den deutschen Wäldern kennen. Da dieser inklusive Rinde ermittelt wird, muss für den Vergleich die oben genannte Zahl der »Rundholz-Äquivalente« entsprechend angepasst und dabei auch die Ernteverluste einbezogen werden. Dann landet man bei einem Verbrauch von 133 Millionen Kubikmetern – und das geben unsere Wälder nicht her, nicht mal nach der alten Definition von Nachhaltigkeit.

Denn der Holzzuwachs liegt nach den aktuell verfügbaren Zahlen aus der dritten »Bundeswaldinventur« von 2012 bei 121 Millionen Kubikmetern jährlich. »Mit diesen Zahlen darf man aber keine Verfügbarkeitsmodelle mehr erstellen, weil sie die Verhältnisse der zehn Jahre *vor* der Erhebung abbilden, also von 2000 bis 2010«, sagt Dr. Rainer Luick, der bis zu seinem Ruhestand Professur für Natur- und Umweltschutz an der Hochschule für Forstwirtschaft in Rottenburg war. »Inzwischen haben sich die Voraussetzungen jedoch drastisch verändert, und das wird sich auch in der Auswertung der vierten Bundeswaldinventur zeigen, die übrigens längst veröffentlicht sein sollte. Wir müssen davon ausgehen, dass der Zuwachs inzwischen nur noch halb so hoch ist wie zuvor.« Das würde bedeuten, dass wir nur noch knapp 50 Millionen Kubikmeter Holz nachhaltig ernten können. Ähnlich äußerte sich auch Andreas Bolte, Leiter des Thünen-Instituts für Waldökosysteme, das die Bundeswaldinventuren erstellt. In einem Interview mit der *Süddeutschen Zeitung* sagte er im Frühjahr 2023: »Die Menge an Holz, die jedes Jahr genutzt werden kann, weil ebenso viel nachwächst, kann sich bis 2040 halbieren.«

Mehr zu importieren, kann jedoch kein Weg aus dieser Verknappung sein, denn auch weltweit betrachtet leben wir der WWF-Studie zufolge bereits jetzt von der Substanz. »Global sind drei Milliarden Kubikmeter Holz nachhaltig nutzbar, und vielleicht wären auch vier möglich, falls wir die Nachhaltigkeit nicht ganz so streng auslegen«, sagt Susanne Winter. »Wir liegen aber jetzt schon deutlich darüber, je nach Berechnungsgrundlage bei 4,3 bis fast 5 Milliarden Kubikmeter.« Der WWF hat verschiedene Szenarien bis 2050 durchgespielt und keine realistische Möglichkeit gefunden, mit der sich die Lücke zwischen der gewünschten und einer nachhaltigen Nutzung schließen lassen würde, beispielsweise durch Aufforstungsprogramme. Winter: »Es reicht einfach nicht.« Die einzig logische Schlussfolgerung: Wir alle müssen mit Holz wesentlich sparsamer umgehen.

Stattdessen sind Deutschland und die Welt wie Geisterfahrer immer schneller in Richtung Verschwendung unterwegs. Weniger als die Hälfte des in Deutschland verbrauchten Holzes wird für eine »stoffliche Nutzung« verwendet, und das meiste davon sind kurzlebige Produkte wie Kartonagen, Hygiene- und andere Papiere. »Produkte mit langer Lebenszeit und damit langer Speicherung von Kohlenstoff machen nur 15 Prozent des in Deutschland stofflich genutzten Holzes aus«, sagt Rainer Luick. Mehr als die Hälfte des deutschen Holzverbrauchs wird verbrannt. Die Idee, verstärkt Holz »energetisch zu nutzen« und damit fossile Quellen zu ersetzen, bringt besonders viel Schub für den Irrweg. Der Trend geht zu immer mehr und immer größeren Kraftwerken, in denen Holzpellets oder Hackschnitzel verheizt werden. Denn das Verbrennen von Holz gilt per EU-Richtlinie offiziell als klimaneutral, weil dabei nur so viel Kohlendioxid ausgestoßen wird, wie der Baum vorher aufgenommen hat und dieses ja wieder in die nachwachsenden Bäume eingebaut werden kann. Doch das ist zu kurz gedacht.

Zugegeben: Es *klingt* erst mal logisch, jedenfalls wenn man davon ausgeht, dass deutlich mehr Holz nachwächst als verbraucht wird. Doch diese Rechnung geht ja nicht auf – siehe oben: Wir verwenden deutlich mehr Holz als nachwächst. Hinzu kommt, dass die Verbrennung mit der stofflichen Nutzung konkurriert, bei der ein Teil des im Holz gespeicherten Kohlenstoffs gebunden bleibt, statt gleich komplett durch den Kamin zu gehen. Auch aus Sägeresten kann man mehr machen als Pellets für die Heizung, beispielsweise Dämmstoffe herstellen oder Spanplatten für Möbel. Zudem werden Pellets immer häufiger eben nicht aus dem angeblichen Abfall hergestellt, wie investigative Recherchen zeigen, sondern aus hochwertigem

Stammholz. Es wird so getan, als wenn nur die Sägewerke ausgefegt würden, während tatsächlich riesige Waldflächen für die Pelletproduktion gefällt werden. Noch wichtiger für eine ehrliche Bilanz der Energiegewinnung aus Holz: Wären die Bäume im Wald geblieben, hätten sie weiter Kohlenstoff gespeichert – und noch für sehr lange Zeit sogar zunehmend mehr, wie aktuelle Forschungen zeigen. Das Bundesumweltministerium bilanziert: »Heizen mit Holz ist entgegen der weitverbreiteten Meinung nicht klimaneutral.«

Es ist aber lukrativ. Wer von fossil auf Holz umsteigt, bekommt häufig öffentliche Fördergelder und für das entweichende Kohlendioxid müssen keine der zunehmend teuren CO_2-Zertifikate gekauft werden. Obendrein dürfen sich die Länder die CO_2-Menge gutschreiben lassen, die sie gegenüber einer fossilen Energiebereitstellung »eingespart« haben. So lässt sich die nationale Treibhausgas-Bilanz deutlich hübscher frisieren – und das wird gerne genutzt. Doch allein das riesige Pellet-Heizwerk DRAX in Großbritannien frisst mehr Holz als das gesamte Land selbst erntet. Es stammt unter anderem aus Kahlschlägen in Kanada, wie eine BBC-Recherche belegen konnte. Auch Deutschland ist bereits falsch abgebogen: Mehrere Großkraftwerke wollen auf Holz umstellen und auch Kommunen planen verstärkt neue Wärmekonzepte mit Holz. Da dem Wald weltweit jetzt schon zu viel abgefordert wird, *kann* neue Nachfrage in diesen Größenordnungen nicht ohne noch mehr Raubbau an den Wäldern der Welt befriedigt werden.[11/12]

Und das, wo wir sie dringender brauchen denn je, um der Atmosphäre so viel CO_2 wie möglich zu entziehen. Das würde selbst dann gelten, wenn wir per Zauberspruch ab morgen überhaupt keine Treibhausgase mehr ausstoßen würden. Denn ein Großteil von dem, was uns in den kommenden Jahren Probleme bereiten wird, befindet sich schon in der Atmosphäre. An *der* Schraube kann also nur gedreht werden, indem der Luft möglichst viel Kohlendioxid entzogen wird. Und damit sind wir wieder bei den dringend benötigten nicht bewirtschafteten Wäldern. »Die durchschnittliche

Holzmenge – ‚Vorrat' genannt – beträgt in deutschen Wirtschaftswäldern etwa 320 Kubikmeter pro Hektar – und ein natürlicher Wald hätte 600 bis 800«, sagt Susanne Winter. Das heißt: Wenn ein Wald einfach wachsen darf, entsteht in den kommenden entscheidenden Jahrzehnten erst mal ein immens hoher Zuwachs an Holz mit entsprechend viel gespeichertem Kohlenstoff. Doch auch dort, wo weiter Holz geerntet werden soll – immerhin auf rund 90 Prozent der Flächen – geht noch was. So nimmt ein dichter Dauerwald mehr Kohlenstoff auf als typische Forstflächen: Mehr Blätter machen mehr Photosynthese, brauchen mehr Kohlendioxid, lassen mehr Holz wachsen. »Naturnah bewirtschaftete Wälder bieten uns den Rohstoff Holz und zugleich eine Klimaschutzleistung als CO_2-Senken – solange wir weniger entnehmen als zuwächst«, sagt Susanne Winter und ergänzt:»Davon profitieren außerdem all die Lebewesen, die vom Wald abhängen.«

Mit einem Seufzer lehne ich mich im Schreibtischstuhl zurück und schaue aus dem Fenster auf den bewaldeten Hang der anderen Talseite. Der Anblick tut immens gut; selbst auf die Entfernung sickert etwas von der beruhigenden Wirkung der Bäume in mich ein. »Ohne Wald kann ich nicht leben«, habe ich früher immer gesagt und eigentlich »wohnen« gemeint – aber instinktiv genau das richtige Wort gewählt. Und doch zerre auch ich mit meinen Bedürfnissen und meinem Konsum an ihm herum. Ich liebe *gedruckte* Zeitungen, Zeitschriften und Bücher – und füge der Welt gerade selbst noch ein neues hinzu, herrje. Es gehört zu meinem Berufsalltag, bei Interviews, für Konzepte oder wenn ich Gedankenknoten lösen will, Papier vollzukritzeln. Immerhin: Für all das nutze ich kaum noch jungfräuliche Blätter, sondern alles, was eine beschreibbare Rückseite hat. Es gibt dafür eigens eine Sammelschublade am Schreibtisch und außerdem ein Kästchen für kleinere Notizzettel, beispielsweise aus zerschnittenen Briefumschlägen. Ich drucke möglichst selten etwas aus, nutze nur gebrauchte Kartonagen und kaufe ausschließlich Recycling-Klopapier. Glücklicherweise sind die Zeiten vorbei, in denen das ein echtes Opfer für den Hintern war. Und statt weiter massenhaft Taschentücher zu verbrauchen, schneuze ich seit gut zwei Jahren in Läppchen aus einem alten Biberbetttuch. Das hat sich übrigens als echter Livehack erwiesen, denn damit macht selbst heftigster Schnupfen keine wunde Nase mehr. Dass sie gewaschen werden müssen, fällt nicht ins Gewicht, weil sie kaum Platz in einer sowieso laufenden Maschine einnehmen.

Sind solche Bemühungen um ein ressourcenschonendes Leben bestenfalls niedlich? Vielleicht, schließlich ist da auch noch die Pelletheizung im Keller. Als Mieter haben wir das zwar nicht entschieden, aber freudig begrüßt: Juhu, endlich können wir eine nachwachsende statt einer fossilen Wärmequelle nutzen! Die Landung auf dem Boden der Tatsachen war hart. Da ich es hasse zu frieren, war also die Frage wieder mal: Was geht? Und so nahm ich mir an einem Samstag mal fünf Stunden, um im Internet abzutauchen und zu lernen, was man an Heizungsanlagen alles einstellen und optimieren kann. Und siehe da: Während wir vorher unser kleines Pelletlager innerhalb von zehn Monaten aufgebraucht hatten, reichte es auf einmal drei Monate länger. Aktuell sind wir auf dem Weg zu fünf bis sechs Monaten mehr. Dafür habe ich nur ein bisschen rumprobiert, einige Male den Hersteller mit Detailfragen belästigt, muss jetzt je nach Wetter öfter manuell nachregeln und bei ungewöhnlichen Duschzeiten vorher »einmal aufbereiten« drücken. Aber: alles ohne frösteln.

Erneut zieht der Wald meinen Blick an, und ich mache das Fenster auf, um frische Luft zu schnappen. Irgendwo in der Nachbarschaft hat jemand gegen die Abendkühle ein Feuer angezündet. Ich *liebe* den Geruch von Holzrauch, immer noch, und ohne meine Recherchen zum Thema Wald hätte ich selbst auch einen Kaminofen. Ein echtes Feuer ist eben wunderbar sinnlich: Es duftet, die Wärme ist intensiver spürbar, es knackt und knistert, die Flammen tanzen in verschiedenen, sich ständig ändernden Farben auf den Scheiten ...
Eine Art Staubsauger-Heulen reißt mich aus meinen Gedanken. Wie

immer um 19 Uhr beginnt die Heizungsanlage Pellets für die nächsten 24 Stunden aus dem großen Stoffsack zu saugen. Eine Weile sausen sie rappelnd durch die Rohre, und ich weiß, dass sich jetzt der Holzduft im Lagerraum intensiviert. Schließlich verebbt erst das Rappeln, dann das Heulen und kurz darauf springt mit einem gedämpften »Wuff« der Brenner an. Danke, ihr Bäume, dass ich es warm haben darf.

Gasthaus zum Igel

Einige Tage vor der Uhrumstellung drehe ich abends noch eine Runde durch den Garten. Es ist erstaunlich hell, was aber nicht an der »Sommerzeit« liegt, sondern an all den Lichtern der Zivilisation, die von der Wolkendecke zurückgeworfen werden. Grüßend lege ich meine Hand kurz an den alten Apfelbaum, der immer ausgehöhlter wird.

Kürzlich ist mir eine spannende neue Sichtweise auf die Pilze begegnet, die dafür verantwortlich sind.[13] Danach bringen diese den Baum keineswegs um, sondern zersetzen nur ohnehin abgestorbenes Holz und machen es als Nährstoffquelle für den Baum verfügbar. Er wird dadurch zu einer leichteren Röhre und bleibt so noch lange erstaunlich stabil. Die Stärke hohler Eichen, die sogar heftigsten Stürmen widerstehen können, sollen den Ingenieur John Smeaton im 18. Jahrhundert zu seinem neuen Design für Leuchttürme inspiriert haben.

Ein paar Schritte weiter duftet es zart nach Harz: Die Weymouthkiefer von nebenan war tatsächlich abgestorben und vor einigen Monaten gefällt worden. Es stellte sich heraus, dass meine Nachbarn das Holz nicht behalten wollten, und so bekam ich von den hilfsbereiten Baumpflegern nacheinander mehrere herrliche Stammstücke über den Zaun gereicht. Einige davon begrenzen jetzt eine Fläche, deren Mitte ein Schlupfwinkel für Käfer, Eidechsen und Blindschleichen sein soll: Ein tiefes Loch, locker mit einer Mischung aus Sand, Erde, Rindenmulch, Laub und Totholzstücken gefüllt – unter anderem von den Schnittarbeiten an der Kirsche eines anderen Nachbarn in der Straße. Obendrauf habe ich eine kleine Pyramide mit übriggebliebenen Steinen vom Rundbeet-Puzzle gebaut und darin eine gehortete Dachpfanne so integriert, dass sie einen Regenschutz bildet und einen leichten Zugang ins Innere erlaubt. In die Lücken zwischen den Steinen habe ich mehrere Hauswurze gesetzt. Die Fläche drumherum bekam eine Drainageschicht aus Schotter und eine dicke Lage Sand zum Abschluss. Zuerst hatte ich Kaninchendraht in die Sandschicht eingelegt, das soll Tiere effektiv davon abhalten, die Fläche als Klo zu nutzen. Mir war aber nicht wohl dabei: Was, wenn scharfkantige Stellen die Blindschleichen verletzten würden, die das Gebilde hoffentlich nutzen werden? Und so entfernte ich das Drahtgeflecht wieder. Es würde mir wenig ausmachen, gelegentlich einen Haufen wegmachen zu müssen. Zum Schluss setzte ich ein paar Sandtymian-Pflanzen und legte einige Aststücke dekorativ aus. Spoiler: Bis heute habe ich nie Kacke entdeckt, aber auch keine Zeichen dafür, dass mein Konstrukt von Reptilien genutzt würde – oder von sonst irgendwem. Nachgucken kann ich allerdings auch nicht, ohne alles kaputt zu machen.

Ein Rascheln lässt mich aufhorchen. Jetzt muss ich doch mal die Taschenlampe benutzen, der Lichtstrahl erfasst einen kleinen Igel. *Zu klein* für Ende Oktober? Auf dem Handy öffne ich das Flowchart »Igel gefunden, was tun?«, das ich neulich vom »Verein der Igelfreunde Stuttgart und Umgebung«[14] heruntergeladen habe und starte bei »Herbst«. Der erste Schritt fragt danach, ob das Tier verletzt oder krank wirkt. Nein. Prima. Die Antwort auf die nächste Frage, wann der Igel entdeckt wurde, ist auch gut: Dämmerung oder nachts. Aber »groß und kräftig«? Nope. Kleine, zierliche Igel soll man wiegen, sie sollten in dieser Zeit über 400 Gramm schwer sein. Mein Geselle bringt es jedoch nur auf knapp 300 Gramm. *Mist.* Laut Chart ein Fall für die Igelstation. Darauf bin ich jetzt echt nicht eingestellt, es ist inzwischen fast 22 Uhr, und ich weiß nicht mal, ob wir überhaupt eine Igelstation in der Nähe haben.

Im Karton nehme ich ihn mit in den Keller und schaue ihn genauer an. Er zeigt viele positive Zeichen: Die Augen sind klar und »knopfig«, und er hatte sich eingerollt, bevor ich ihn in den Karton gesetzt hatte. Seine Silhouette fand ich auch rund, ohne eine deutliche Einkerbung hinter dem Kopf, die so genannte »Hungerfalte«. Fliegeneier oder -maden entdecke ich nicht, nur einige fette Zecken. Und ... Flöhe. Scheiße, natürlich hat er Flöhe! Igel sind bekannt dafür. *Mistmistmist*. Er atmet jetzt schwerer, das alles regt ihn bestimmt sehr auf. Ich bringe ihn lieber wieder zurück in den Garten und stelle ein Tellerchen mit etwas Katzenfutter – nass, ohne Gelee oder Sauce – dazu. Ungewürztes Rührei wäre auch gegangen, aber keinesfalls Milch, Obst oder Gemüse. Nur: Wie oft habe ich gepredigt, dass man kein Futter offen rumstehen lassen soll, weil sich daran auch andere Tiere bedienen? Ich brauche eines dieser Futterhäuschen, das nur Igel nutzen können – keine Katzen, Waschbären oder Ratten.

Auf der Seite der Igelfreunde finde ich am nächsten Tag eine Bauanleitung. Aus überflüssigen Regalbrettern und anderen Holzresten zimmere ich einen Rahmen mit zwei Eingängen, der auf eine Platte geschraubt wird. Neben den Eingängen werden innen Wände montiert, die es gierigen Tatzen unmöglich machen, das Futter zu erreichen. Ein Igel kann jedoch einfach darum herumgehen. Schließlich braucht es noch ein schwingendes Hindernis in den Eingängen, was Ratten offenbar effektiv draußen hält, während es Igeln wurscht ist. Ich löse diese Anforderung mit Brettchen, die an Schnüren aufgehängt in der Öffnung baumeln. Die Dachplatte mache ich mit einem Rest Gitterfolie vom Tomatenhaus wetterfest und lege sie einfach oben drauf, beschwert mit dem letzten gehorteten Rasenkantenstein vom Rundbeetbau. Alles aus Resten! Ich komme mir schon wieder vor wie MacGyver. Innen wird alles mit gefalteten Zeitungsseiten ausgelegt, die man täglich wechseln soll, und in die

Futterkammer kommen dann zwei Tellerchen mit Katzenfutter und Wasser.

In der ersten Nacht war niemand dran, aber dann! Jeden Abend stelle ich etwas Frisches raus, und die Aufnahmen der strategisch platzierten Kamera zeigen, dass es auch wirklich von einem oder mehreren Igeln genutzt wird. Gelegentlich auftauchende Waschbären versuchen dagegen erfolglos, sich das Leckerchen zu angeln. Ab Dezember kommt dann niemand mehr, und ich kann nur hoffen, dass der oder die Igel in den Reisighaufen ihre Plätzchen für den Winterschlaf gefunden haben. Da ich das meiste Laub liegen lasse, müsste genug dagewesen sein, damit sie es sich warm und gemütlich einrichten konnten.

Pünktlich zur Tag-und-Nacht-Gleiche im März, dem Frühlingsbeginn des Sonnenkalenders, gibt es dann das erste Lebenszeichen: Ein leises Husten aus dem Reisighaufen unter der Hasel. Eine Woche später nimmt die Kamera dann einen Igel auf, wie er die Linse beschnüffelt. Er sieht richtig munter und proper aus. Ob das der Leichtfuß vom Herbst war? Ich möchte es gerne glauben.

Die Magie der Rindermäuler

Willkommen, du schöne Unbekannte! In der Pufferzone wächst eine Pflanze, die ich noch nie gesehen habe, schon gar nicht bei mir im Garten. Sie ist stark behaart und trägt lauter fünfblättrige Blüten in zauberhaftem Blau-Lila. Die Suche ergibt: »Gemeine Ochsenzunge«. Das wäre jetzt nicht unbedingt der Name, der sich mir aufgedrängt hätte, doch »Blaustern« oder so etwas war vermutlich längst vergeben. Eigentlich war es sogar sehr schlau von den Taufpaten, den Namen nach den Blättern auszuwählen: Schließlich sind sie länger präsent als die Blüten und wurden früher offenbar wie junger Spinat gegessen und auch für medizinische Zwecke genutzt.

Bei der Recherche, welche Insekten der neue Gartenbewohner wohl anlocken könnte, lerne ich auf der Seite des Biologen und Wildbienen-Experten Dr. Paul Westrich[1] etwas Neues: Erstaunlich viele Wildbienen fliegen zwar verschiedene Pflanzen an, um sich Nektar zu holen, sind aber sehr wählerisch beim Sammeln von Pollen.

Das nennt man »oligolektisch«. Manche spezialisieren sich dabei immerhin auf eine Pflanzengattung, andere jedoch wirklich nur auf eine einzige Art. Auch für meinen Neuzugang gibt es solche Spezialisten, vor allem die Ochsenzungen-Sandbiene und die Ochsenzungen-Seidenbiene, außerdem sechs Pelzbienen-Arten. Die will ich alle schon wegen ihrer entzückenden Namen in meinem Garten haben! Wie groß die Chancen dafür sind, muss ich dagegen eher nicht so genau wissen – manchmal möchte ich mich einfach nur ein bisschen freuen, hier zumindest das *Potenzial* für mehr buntes Leben geschaffen zu haben.

Zur Freude trägt auch bei, dass von der langen Liste wichtiger Pollenquellen, die Westrich aufzählt, schon viele in meinem Garten zu finden sind. Inzwischen experimentiere ich auch immer mehr damit herum, zusätzliche Nistmöglichkeiten für Insekten anzubieten, beispielsweise die Sandfläche und ganz aktuell eine Reihenhaussiedlung für Bienen: ein Brett mit drei unterschiedlich großen verschiedenfarbigen Häuschen darauf. Ich ahne nicht mal, welche Funktion das Teil hatte, bevor ich es vom Sperrmüll meiner Nachbarn mitnehmen durfte, aber es ist tipptopp in Schuss und soll nun mit Schilf- und Bambus-Röhrchen ausgestattet werden. Die bestellten Niststeine – Ziegel mit sorgfältig gestalteten Löchern – passen leider knapp nicht mal in das größte der drei Häuschen. Außerdem stellt sich heraus, dass sich die erwählte Wand nicht dazu eignet, etwas Schweres aufzuhängen. Was nun?

Der Platz wäre perfekt: sonnige Lage und freie Anflugbahn. Im Vorjahr stand dort eines der Gewächshäuser, doch seit ein Wintersturm die Plastikhülle gekillt hat, steht da nur noch das Gerippe des Metallrahmens. Bisher war ich zu ...ähm ... beschäftigt, um ihn wegzuräumen, was sich jetzt als Vorteil erweist (ich liebe es, wenn sich Aufschieberitis auszahlt). Mit einem Rest Gitterfolie vom Tomatenhausbau improvisiere ich einen Regenschutz und säge zwei Seitenteile eines Ikea-Regals aus dem Fundus passend. Ein Regalboden war da auch noch, und für den zweiten wird eines der Bücherregale umorganisiert. Mit dieser Konstruktion kann unten weiter Salat im Kübel wachsen, und oben unter dem Regenschutz finden die zwei Niststeine auf der ersten Etage ihren Platz und die Reihenhaussiedlung auf dem Brett darüber.

Zwei Wochen später sind schon ein paar Wohnungen im Bienenstein bezogen und mit einem Deckel verschlossen. Ein weiteres Tier entdecke ich beim Herumkrabbeln in einem der Löcher, allerdings ist es ganz schwarz und sieht eher wie eine große fliegende Ameise aus. Bei den Steckbriefen auf Paul Westrichs Seite gibt es einige Bienen, die optisch durchaus infrage kommen, deren Verbreitungsgebiet oder Lebensweise aber nicht passt. Die beste Schnittmenge bieten die Gewöhnlichen Maskenbienen: ausgesprochene Lebenskünstler, die mit verschiedensten Lebensräumen, Nistmöglichkeiten und Futterquellen zurechtkommen. Damit ist diese Art zwar keine Rarität, wird sich dafür aber in meinem Garten ganz bestimmt wohl fühlen.

Ursprünglich hatte ich ja den Plan, gezielt Habitate für besondere Arten zu gestalten. Aus dieser Denke entstammt der Versuch, den Schwalbenschwanz mit Fenchel und weiteren Futterpflanzen für seine Raupen anzulocken, aber das hat nicht geklappt. Leider weiß man bei solchen Flops nie genau, woran es gelegen hat: War es das Wetter, sind die nächsten Schwalbenschwänze vielleicht viel zu weit weg, um meinen Garten finden zu können, bin ich nur zu ungeduldig, oder habe ich letztlich doch nicht die richtigen Bedingungen geboten? Diesen »Ziel-orientierten« Ansatz von Naturschutz auch noch für mehrere seltene Arten zu verfolgen, birgt für meinen Geschmack zu viel Frustpotenzial.

Trotzdem halte ich ihn für wertvoll, um im eigenen Garten oder auf dem Balkon überhaupt ins Tun zu kommen – mir hat es jedenfalls sehr geholfen. Bücher wie *Tiere pflanzen* von Ulrike Aufderheide bieten viele Informationen darüber, mit welchen Gewächsen sich Habitate für bestimmte Insekten- oder Vogelarten gestalten lassen. Damit hat man schon mal Ansatzpunkte zum Ausprobieren.

Irgendwann musste ich mich allerdings der Erkenntnis beugen: Ich bin hier nicht der Chef. Im Nutzgarten schaffe ich es noch halbwegs, die Illusion von Kontrolle aufrechtzuhalten, doch überall sonst im Garten wirkt die pure Lebenskraft der Natur so viel stärker, dass ich mich ihr nur ergeben kann. Warum auch nicht, es ist ohnehin völlig vermessen zu glauben, ich wüsste irgendwas besser als sie selbst. Ich wäre zum Beispiel nie auf die Idee gekommen, hinter die große Hasel, zwischen Liguster- und Benjeshecke, Lungenkraut zu pflanzen. Von allein hat es seinen Weg dorthin gefunden, breitet sich stetig aus und erfreut mich und die Hummeln im Frühjahr mit hübschen Glöckchenblüten in verschiedenen Pinkschattierungen.

Selbst in puncto Bullys übe ich mich in Gelassenheit. Im wahrsten Sinne des Wortes, denn vom kriechenden Fingerkraut *nicht* genervt zu sein, schaffe ich noch nicht. Beim Giersch geht's schon besser, der ist wenigstens essbar, und mit dem Löwenzahn bin ich bereits völlig versöhnt. Seine sonnengelben Blüten sind einfach wunderschön und nähren zudem etwa 70 Wildbienen- und ähnlich viele Schmetterlingsarten. Idealerweise schaffe ich es, die Köpfe abzurupfen, wenn sie wieder geschlossen und kurz davor sind, zur Pusteblume zu werden. Okay, zugegeben: Die meditative Runde durch den Garten macht nicht *ganz* so lange Spaß, wie sie dauern müsste, um alle zu erwischen. Es sind Massen! Der zehn Liter fassende Eimer ist verdammt schnell voll. Das System ist also weit davon entfernt, perfekt zu sein, bremst aber trotzdem die Ausbreitung – vor allem in Richtung meiner Nachbarn. Eine Invasion samentragender Schirmchen könnte ihre bisherige Geduld mit meiner Wildnis dann doch überstrapazieren.

Mit solchen gezielten Eingriffen bin ich also durchaus eine bedeutende Wirkkraft im Garten – das ist der wesentliche Unterschied zu meiner Laissez-faire-Haltung von 2019. Anders als damals mähe ich ja auch, nur eben ohne zerstörerische Maschinen, in Etappen und zudem absolut unperfekt. Einen Schönheitspreis werde ich mit meinem Garten deshalb wohl nie gewinnen, aber er bietet so immer

Futter und Verstecke für Insekten – und das Potenzial für positive Entwicklungen, die ich nie hätte planen können. Das ist zumindest meine Hoffnung, seitdem ich das Buch *Wildes Land* von Isabella Tree gelesen habe. Deren Erfahrungen zeigen nämlich, dass mitunter die spannendsten Entwicklungen gerade deshalb passieren, *weil* (zu) wenig gemacht wird.

Los ging es 2001, als die Autorin und ihr Mann Charlie Burrell auf ihrem Landgut Knepp Estate[2] südlich von London die konventionelle Milchwirtschaft aufgeben mussten. Eine weitere Intensivierung stand an, und die dafür notwendigen Investitionen konnten sie schlicht nicht mehr stemmen. Wegen ihrer »laienhaften Liebe zu Wildtieren« machten sie eine echte Kehrtwende und beschlossen, ihr Land gezielt verwildern und nur noch extensiv beweiden zu lassen. Die Einkommensquellen für dieses »Rewilding« bildeten verschiedene Fördertöpfe sowie der Verkauf von Fleisch der Weidetiere.

Knepp war das erste Renaturierungsprojekt dieser Art in Großbritannien und so erfolgreich, dass dort inzwischen Übernachtungsmöglichkeiten und Safaritouren für Besucher angeboten werden – Eintrag auf der Bucketlist! Nachtigallen, Turteltauben, Kiebitze, Eulen und viele andere bedrohte Vogelarten haben sich neu angesiedelt, ebenso verschiedenste Fledermausarten, Reptilien und seltene Schmetterlinge. Den größten Anteil an dieser Entwicklung, die mich mit riesiger Freude und Hoffnung erfüllt, hatten und haben die Weide- und Nutztiere, die neu auf die zuvor völlig ausgebeuteten Wiesen zogen: einige robuste Schweine-, Rinder- und Pferderassen sowie Rot- und Damhirsche. Tatsächlich machen gerade die »Großen Graser« sehr viel mehr, als nur die Wiesen nicht verbuschen zu lassen.

»Die Beweidung ist ein Schlüsselfaktor für unsere Biodiversität«, sagt der Ökologe und Insektenforscher Dr. Herbert Nickel, Mitbegründer des Vereins Naturnahe Weidelandschaften.[3] Unter ihrem Einfluss entstehen verschiedenste Biotope auf den Flächen: Manche Stellen werden bevorzugt beweidet, wenn dort gerade etwas

Leckeres wächst, andere wegen dorniger Disteln gemieden oder weil dort ein größere Menge Kot fallen gelassen wurde. »Dort bilden sich so genannte ‚Geilstellen' mit höherem Bewuchs, der dort in Ruhe blühen und fruchten kann und in dem es eine Menge Insekten gibt«, erläutert Nickel und gerät ins Schwärmen: »Jede dieser Stellen ist ein Unikat, jede sieht anders aus! Es ist ein Genuss, sich diese anzugucken und zu studieren, was da alles wächst und blüht und krabbelt.«

Vor allem, wenn Rinder etwas fallen lassen, geht die Post ab. Wann immer ein Fladen auf die Erde pladdert, wird er sofort von Fliegen und Käfern gekapert, die dort ihre Eier ablegen. »Ein Rind gibt pro Jahr etwa 10 Tonnen Kot ab, daraus können etwa 100 Kilogramm Insektenbiomasse entstehen«, erklärt Herbert Nickel. Nun sind Schmeißfliegen und Dungkäfer nicht gerade die größten Sympathieträger der Tierwelt, doch eigentlich hätten sie mehr Credit verdient. Der Grund: Sie und ihre Maden sind bestes, proteinreiches Futter für Vögel. Es ist besonders für die Küken wichtig, die allein mit Mücken kaum aufgepäppelt werden können. Laut Nickel können sich aus den hundert Kilogramm Insekten etwa 10 bis 50 Kilogramm Körpermasse der nächsthöheren »trophischen Ebene« entwickeln, also Vögel, Fledermäuse, Reptilien und Amphibien. »Fast noch wichtiger ist aber, dass der Dung immer da ist – auch wenn Eisheilige sind«, sagt Nickel. »In diesen typischen Kältephasen des Frühlings sterben sonst nämlich viele Jungvögel, weil es zu wenig Fluginsekten gibt.« Er zitiert eine wissenschaftliche Übersichtsarbeit eines Amerikaners, nach der ein großer Teil der mitteleuropäischen Vogelarten von Dungkäfern profitiert.

Das gilt allerdings nur dann, wenn die Weidetiere keine Wurmmittel oder Antibiotika bekommen haben, die sie über den Kot ausscheiden: »Solche Haufen oder Fladen sind wenig oder gar nicht von Insekten besiedelt«, sagt Nickel. »Zum Glück sind die Rinderrassen, die sich für eine ganzjährige Weidehaltung eignen, robust genug, um auch ohne vorbeugende Wurmbehandlungen gesund zu bleiben.«

Und wenn doch mal ein Tier stärker befallen sei, könne es gezielt im Stall behandelt werden.

Damit die Sache funktioniert, dürfen sich maximal 0,3 bis maximal 0,7 »Großvieheinheiten« pro Hektar auf der Fläche tummeln. Ein Großvieh bringt gut 500 Kilogramm Gewicht auf die Waage und entspricht damit einem erwachsenen Rind. »Entscheidend ist: Es muss so viel Vegetation zur Verfügung stehen, dass nie alles abgefressen werden kann«, sagt Herbert Nickel. »Auch im Winter muss noch genug ‚Überstand' als Rückzugsraum für Insekten, ihre Brut und auch für Vögel da sein.« Theoretisch würde das auch mit Schafen gehen, doch heutzutage stehen sie meist in so großer Zahl auf den Flächen, dass sie diese weit herunterrasiert hinterlassen – wie es sich für lebendige Rasenmäher gehört. »Die Schafweiden meiner Kindheit waren viel artenreicher, aber in den letzten Jahren habe ich kaum mehr ein gutes Beispiel für Schafbeweidung gesehen«, sagt Nickel. Das spornt mich an, danach zu suchen.

Der Einfluss grasender Tiere auf die Landschaft ist aber mit dem Fressverhalten und den Ausscheidungen längst nicht auserzählt. Auf vielgenutzten Pfaden lässt ihr Tritt den Bewuchs schütter werden und bietet so Nistmöglichkeiten für Insekten, die freie Erde oder Sandflächen für ihre Nester brauchen. An feuchten Stellen hinterlassen ihre Hufe tiefe, wassergefüllte Löcher im Matsch, in denen Rot- und Gelbbauchunken gerne ihre Eier ablegen. Tümpel bleiben offen, weil der saftige Uferbewuchs gerne gefressen wird, und es gibt lehmige Suhlstellen, aus denen sich Mehl- und Rauchschwalben Baumaterial für ihre Nester holen. All das ist selbst mit der sanftesten Mahd nicht zu erreichen. Obendrein kann es weitere positive Veränderungen bringen, wenn man die Tiere machen lässt – völlig unerwartet. So siedelten sich auf Knepp seltene Schmetterlings- und Vogelarten nicht nur in überraschend großer Zahl an, sondern mitunter auch in Habitaten, die ihnen nach Lehrbuchmeinung eigentlich gar nicht hätten zusagen dürfen. Das zeigt: Unser Wissen ist unvollständig, und der Versuch, so etwas Komplexes wie ein Ökosystem nachzubauen, bietet den erwünschten Arten vielleicht gar nicht das, was sie wirklich brauchen. »Wie Naturschützer allmählich erkennen, liegt der Schlüssel zum Erfolg von Knepp in der Konzentration auf ,selbstgesteuerte ökologische Prozesse'«, schreibt Isabella Tree. »*Rewilding* ist ,Renaturierung durch Loslassen': Die Natur darf das Steuer selbst in die Hand nehmen.«

Immer wieder zeigen Untersuchungen auch von Projekten in Deutschland, wie sehr Landschaften aufleben, wenn sie als extensive Weiden genutzt werden: Wo vorher praktisch nichts war, tummeln sich nach mehreren Jahren tausende Kröten, Frösche und Molche verschiedener Arten, in anderen Studien verdoppelten oder verdreifachten sich innerhalb von sechs bis zwölf Jahren die Zahlen von selten gewordenen Vögeln wie Neuntöter, Heidelerche, Braunkehlchen, Bluthänfling, Steinschmätzer und Ziegenmelker. Sogar der Wiedehopf zieht mitunter wieder ein, ein absolut cooler Vogel, dessen abgefahrene Federhaube besonders bei Kindern ähnlich gut ankommt wie der lustige wissenschaftliche Name: *Upupa epops*.

Extensive Weiden bieten eine ideale Nutzung gerade für feuchte Flächen oder flussnahe Wiesen, die zum Puffer für Hochwasser werden können. Solche Areale zu entwässern, lässt große Mengen Kohlendioxid aus dem Boden in die Atmosphäre entweichen, was wir ja nun gar nicht brauchen können. Wenn dann womöglich auch noch Mais für Biogas angebaut wird, ist der Irrsinn komplett. Stattdessen könnten dort urwüchsige Taurusrinder und Konikpferde oder Wasserbüffel ein cooles Leben führen und dabei ein vielfältiges Biotop erschaffen, das nicht nur unzählige andere Tierarten anlockt, sondern durch Wanderwege und Aussichtspunkte auch Menschen erfreuen kann.

Bei aller Idylle: Die Rinder genießen auch auf den paradiesischsten Weiden selten ihre volle Lebensspanne, sondern werden zur Fleischgewinnung getötet – allerdings so, dass sie dabei keinerlei Stress, Angst oder Leid erleben müssen. Sie bleiben in ihrer gewohnten Umgebung und bekommen den betäubenden Schuss direkt auf der Weide oder einem ihnen gut bekannten abgezäunten Bereich. Der entscheidende Moment kommt unerwartet und ohne Drama, so dass nicht mal die anderen aus der Herde groß Notiz davon nehmen. Wer sich selbst davon überzeugen will, kann Videos dazu ansehen, zum Beispiel vom Uria-Hof in Balingen[4], den ich 2015 selbst besucht habe. Dort wirkt Ernst Hermann Maier, der viele Jahre und bis zum finanziellen Ruin für diesen stressfreien »Weideschuss« gekämpft hat.

Für viele tierliebende Menschen bleibt das Töten der Tiere trotzdem inakzeptabel – doch darauf zu verzichten, schafft auf den extensiven Weiden den Tod nicht ab. Greift der Mensch nicht in die Herdenentwicklung ein, reguliert sich der Bestand unter anderem dadurch, dass Tiere über den Winter verhungern – so läuft es in der freien Wildbahn auch[5]. Bei dem niederländischen Renaturierungsprojekt Oostvaardersplassen wurde zuerst mit diesem Ansatz gearbeitet, aber das langsame Abmagern und Sterben der Tiere wurde von der Öffentlichkeit nicht toleriert. Kann ich gut verstehen.

Wenn dagegen insbesondere Rinder auch als Quelle für erstklassiges Fleisch genutzt werden können, erhöht sich die Chance, dass diese naturfreundliche Landwirtschaft nicht nur in ausgewiesenen Naturschutzgebieten umgesetzt wird. Doch damit Flächen, die nur noch extensiv genutzt werden, ähnliche Einnahmen erzielen wie zuvor, müssten die Bauern zusätzliche Prämien bekommen. »Das kostet uns als Gesellschaft nichts extra, das Geld ist da«, sagt Herbert Nickel. »Die Agrarsubventionen müssten halt anders als bisher gelenkt werden.«

Wer Fleisch essen möchte, aber die industrielle Ausbeutung von Tieren ablehnt, kann sich also nach Produkten von Weiderindern umschauen. Viele Anbieter versenden diese auch, Adressen hat der Koch und Autor Felix Olschewski auf seiner Internetseite[6] zusammengetragen. Er rät dazu, sich erst in der näheren Umgebung umzusehen und somit die Chance zu nutzen, regionale und kleinere Anbieter zu unterstützen und diese persönlich kennenzulernen.

Außerdem bietet Olschewski Tipps, wie man nicht nur die »edlen« Teile eines Rindes in der Küche verwenden kann, sondern alle: »Nose to Tail« (Ganztiernutzung) ist ein wichtiger Aspekt für wirklich nachhaltigen Fleischkonsum. Zwar stammt nicht jedes Weidefleisch von extensiv gehaltenen Tieren mit ihrem Superimpact für die Artenvielfalt, aber es lohnt sich immer, die Weidehaltung als Kunde zu unterstützen – schon allein, weil es dadurch weniger zerstörerisches Grünlandmanagement gibt.

Für Insekten und alle, die von ihnen leben, ist das typische Grünland nämlich kaum besser als eine Wüste. In der Regel wachsen dort nur drei Hochleistungsgräser: Deutsches Weidelgras, Wiesenschwingel und Wiesenlieschgras. Intensive Düngung lässt diese Turbogräser so schnell wachsen, dass neben ihnen kaum ein anderes Kräutlein hochkommt. Schon deshalb sind hier nur wenig Insekten zu erwarten, denn viele Arten brauchen ganz bestimmte Gräser und andere Wiesenpflanzen für ihre Eiablage, die sie in dieser Einöde schlicht nicht finden. Auch Nektar und Pollen gibt es kaum, wenn bestenfalls der Löwenzahn es gerade so zur Blüte schafft, bevor zum ersten Mal gemäht wird. Je nach Region folgen bis zum Herbst zwei bis sechs weitere Schnitte, von denen jeder – wir erinnern uns – für bis zu 80 Prozent der Insekten den Tod bedeutet. Gewalzt und gestriegelt wird das Grünland häufig auch noch, mitunter sogar mit Pestiziden gespritzt.[7]

Dabei geht es auch ganz anders. Denn auch auf intensiv genutzten Wiesen können Rinder geradezu magische Veränderungen bewirken, bei denen es nur Gewinner gibt – inklusive der Landwirte. Das Zauberwort heißt ganzheitliches Weidemanagement.

Gras wächst doch schneller, wenn man dran zieht – oder so ähnlich

»Es macht jetzt einfach viel mehr Spaß«, sagt Viviane Theby, als ich sie im Sommer 2020 auf dem Scheuerhof in der Eifel[8] besuche. »Wir stehen manchmal eine halbe Stunde entspannt bei der Herde und genießen das einfach – das haben wir früher nie gemacht, dafür hatten wir gar nicht die Zeit.« Früher, das waren die 30 Jahre, in denen der Scheuerhof ein Milchviehbetrieb war. 2016 gaben Viviane und ihr Mann Karl schließlich auf: »Es war nur noch ein riesiges Verlustgeschäft.« Sie stellt Kaffee und zwei Sorten Muffins auf den Tisch: mit und ohne Zucker. Viviane hat ihre lockigen hellroten Haare mit einem stoffumfassten grünen Haargummi zurückgebunden. Trotz ihres Outdoor-Jobs ist ihre Haut sehr hell und gesprenkelt mit Sommersprossen – typisch für »echte« Rothaarige.

In der Umbruchzeit suchte sie nach Möglichkeiten, Permakultur mit Tierhaltung zu verbinden und entdeckte bei der Recherche den TED-Talk von Allan Savory über die Vorteile des ganzheitlichen Weidemanagements. »Was er erzählte, fand ich ungeheuer spannend und auch plausibel, das wollte ich unbedingt ausprobieren«, sagt Viviane und fügt mit einem halben Achselzucken hinzu: »Ich muss immer alles selbst ausprobieren.« Savory lernte während seiner Arbeit als Ökologe in Afrika ab den 1950er Jahren, dass Grasland nicht nur unter *Über*nutzung leidet, sondern auch durch *zu wenig* Beweidung. Wenn man es »in Ruhe lässt« – sprich: wilde und domestizierte Weidetiere verbannt –, wird es in feuchten Gegenden von Büschen und Bäumen überwachsen. In trockenen Zonen vergreisen die ungenutzten Gräser und sterben ab. Damit stirbt auch das mit ihnen verbundene Bodenleben, das zuvor über die Wurzeln mit Nährstoffen versorgt wurde, und es kommt bedrohlich schnell zu den wohlbekannten Folgen: Humusschwund, Austrocknung,

Erosion. Das Land wird schließlich zur Wüste. Heute weiß man: Gräser *brauchen* die großen Weidetiere für eine optimale Entwicklung. Über Äonen der gemeinsamen Evolution haben sie Strategien entwickelt, um gut damit zurechtzukommen, dass an ihnen herumgeknabbert wird. So wachsen sie anders als andere Pflanzen von der Basis her statt an den Sprossspitzen und wehren sich auch nicht mit Bitterstoffen oder Giften dagegen, gefressen zu werden – es regt ihr Wachstum sogar an, wenn die Bedingungen stimmen.

Diese werden in einem natürlichen Ökosystem von großen Fleischfressern wie Bären, Wölfen, Löwen und Leoparden geschaffen: Wo es sie gibt, bleiben die Herden eng zusammen, trampeln dadurch einen Teil des Grases zu einer schützenden Mulchschicht nieder und bedecken die Fläche recht gleichmäßig mit ihren düngend wirkenden Ausscheidungen. Weil sie deshalb schon bald weiterziehen müssen, wird das Gras nicht zu tief heruntergefressen: Die Blätter können weiter Photosynthese betreiben und von der Sonne die Energie ziehen, um sich zu erholen – der Boden bleibt fruchtbar. Nach einer Weile sind die Pflanzen dann wieder bereit dafür, von einer grasenden Herde verbissen zu werden. Diese Art der Beweidung nachzuahmen, hat viele Namen, am häufigsten wird jedoch »Mob Grazing« genutzt. Dabei wird die zur Verfügung stehende Fläche durch mobile Zäune in kleine Parzellen abgeteilt, auf denen die Tiere – meist Rinder – nahe beieinander jeweils für kurze Zeit weiden, oft nur wenige Stunden. Danach bekommen die Gräser eine »Rastzeit« von meist 30 bis 70 Tagen. Je trockener die Wetterbedingungen sind, desto länger muss die Pause sein – bis hin zu vielen Monaten. Mob Grazing ist längst nicht das einzige Werkzeug des ganzheitlichen Weidemanagements, aber eines der wichtigsten.

Früher hätte ich Viviane wohl als erstes gefragt, was an dieser Form der Beweidung für die Eifel interessant sein soll, einem berüchtigten Regenloch. Doch auch hier ist durch den Klimawandel nichts mehr, wie es war. Bei meinem Besuch Mitte August ist seit vielen Wochen nicht ein Tropfen gefallen – der dritte Dürresommer in

Folge. Auch heute ist es so heiß und schwül, dass wir vorerst drinnen bleiben. Wir sitzen in einem großen, fast grell erleuchteten Raum, dessen Mitte von einer Fläche aus zusammengeschobenen Tischen beherrscht wird. Vor einer Küchenzeile in der Ecke steht ein wohl 50 Liter fassender Bottich, in dem belüftet durch eine Aquarienpumpe ein Gebräu aus Kompost und Wasser vor sich hin blubbert: Die erwünschten Mikroorganismen, die Viviane im Garten, auf Feldern und Wiesen ausbringen will, brauchen Sauerstoff.

Durch das Fenster kann ich die Herde aus aktuell 103 Rindern sehen, überwiegend milchkaffeebraune und kompakt wirkende Tiere. Auch einige Kälber sind dabei, die an der Seite ihrer Mütter aufwachsen. Es sind Glanrinder, eine alte robuste Rasse aus der Eifel, die hochwertiges Fleisch liefert. »Die Tiere werden direkt hier auf dem Hof getötet und in einer mobilen Box geschlachtet«, sagt Viviane. »Sie sind sehr zutraulich, und unser Schlachter geht so ruhig und umsichtig mit ihnen um, dass alles völlig stressfrei abläuft. Ich will hier keine aufgerissenen Augen sehen!«

So trocken es aktuell ist, so nass war der Winter: Wochenlang hat es endlos geschüttet. »So hoch stand das Wasser auf den Flächen«, sagt Viviane und zeigt mit den Fingern gut fünf Zentimeter. »Für die Bodenlebewesen war das fast noch schlimmer als die Trockenheit.« In diesem Sommer sei außerdem ihr Management nicht optimal gewesen, gibt sie selbstkritisch zu. »Wir haben die Rinder in dem Rhythmus umgesetzt, der sich eingespielt hatte, und dabei wurden die Weiden doch zu weit heruntergefressen«, erzählt sie. »Das zeigte mir noch mal, dass es kein Schema gibt, dem man einfach blind folgen kann.« Tatsächlich ist das ganzheitliche Weidemanagement eher ein virtuoses Jonglieren mit verschiedensten Variablen. Welche davon wie verändert werden muss, hängt jeweils von den äußeren Bedingungen ab und von den Zielen, die gerade im Vordergrund stehen. Der entscheidende Unterschied ist, dabei nicht nur das Wohl der Rinder, sondern auch das der Bodenlebewesen im Blick zu behalten.

Wegen dieser Betrachtungsweise steht der Scheuerhof trotz der Fehler der vergangenen Wochen jetzt besser da als die konventionell wirtschaftenden Betriebe in der Nachbarschaft: »Die werden schon im September das Winterfutter für die Tiere aufgebraucht haben und müssen dann zukaufen, wir sind dagegen noch so gut versorgt, dass ich entspannt sein kann.« Um das Gras zu schonen, hat sie einen Heuballen aus dem Vorrat geholt und flächig ausgerollt, damit auch davon ein Teil in den Boden getrampelt wird: »Die Hälfte für die Rinder, die andere für das ‚Vieh‘ unter der Erde.«

Ich kann nur erahnen, wie sehr Landwirte umdenken müssen, um so etwas durchzuziehen und diese »Futterverschwendung« zugunsten der Bodenlebewesen zu ertragen. Viviane bestätigt: »Beim ganzheitlichen Weidemanagement muss man alles anders machen, als man es gelernt hat. Es widerspricht allem, was man für richtig hielt.« Wie auf Stichwort kommt Vivianes Mann zur Tür herein, der von der ganzen Sache lange nichts wissen wollte und dem sie die Flächen zum Ausprobieren regelrecht abtrotzen musste. »Karli, willst du auch was sagen?« ruft sie ihm zu, und er zögert erst, platzt dann aber heraus: »Ich konnte das einfach nicht glauben: Die Hälfte vom Gras verschwinden und niedertrampeln lassen, und dann soll der Ertrag höher sein als vorher?!?« Doch genau das ist geschehen – obwohl das Wetter es ihnen so schwer gemacht hat. »Die Erträge können sich tatsächlich verdoppeln«, sagt Viviane. »Das nimmt einem keiner ab, denn so was gibt es in der Landwirtschaft sonst einfach nicht.« Der alte Spruch muss also abgewandelt werden: Gras wächst üppiger, wenn man gelegentlich daran rupft, drauf rumtrampelt und es dann lange genug in Ruhe lässt.

Win-Win-Win-Win…-Situation

»Es ist mir egal, was irgendjemand über mich denkt. Außer Kühe. Ich will, dass Kühe mich mögen!« Der Text auf dem T-Shirt eines Teilnehmers fasst perfekt zusammen, wie die Menschen drauf sind, die sich heute zum »Mob Grazing Field Day« auf Gut Temmen[9] in der Uckermark eingefunden haben. Wie Viviane wollen sie Rinderhaltung ganz anders betrachten als üblich und nehmen dafür auch Gegenwind in Kauf. Ich bin hier, weil ich von diesen Leuten möglichst viele kennenlernen möchte.

Die Begeisterung für das ganzheitliche Weidemanagement hat mich seit dem Besuch in der Eifel nicht mehr losgelassen. Wann gibt es das schon, dass anders zu wirtschaften so viele Gewinner hervorbringt? Da hätten wir zunächst all die Spaziergänger, die der Anblick von genüsslich mampfenden Kühen glücklich macht und mit liebevollen Gefühlen zu diesen herrlichen Tieren erfüllt. Das gehört für mich genauso zur Rettung der Welt wie der Bodenaufbau als »Win« für alle Menschen. Eigentlich umfasst dieser ja sogar drei Wins: Kohlenstoff-Speicherung wirkt gegen den Klimawandel, die Wasserkreisläufe erholen sich, der Boden wird fruchtbarer. All das trägt dazu bei, dass wir alle auch für die Zukunft auf erträgliche Lebensbedingungen sowie genug Nahrung und Trinkwasser hoffen können.

Die nächsten Gewinner sind die Landschaft und all ihre wilden Bewohner – schon deshalb, weil kaum noch gemäht und gegüllt wird. Hinzu kommt, dass Mob Grazing am besten mit einer Vielfalt von Gräsern und Kräutern funktioniert, die durch die lange Pause zwischen den Beweidungen sogar blühen können: Das bietet Insekten Futter und damit auch allen, die sich von ihnen ernähren. »In dem höheren Aufwuchs können außerdem manche Bodenbrüter wieder ihre Nester bauen«, sagt Nils Holger Zahn von der Hochschule für Nachhaltige Entwicklung in Eberswalde, der auf

Gut Temmen eine Studie zum Mob Grazing leitet. In Gefahr sind die Eier und Jungvögel auch bei enger Beweidung nicht: »Die Kühe gehen meist ganz vorsichtig um die Nester herum, das konnten wir bei einer Kiebitzbrut mal beobachten.« Die Bewirtschaftung von Grünland neu zu denken, ist entscheidend für die Artenvielfalt, denn es ist die Heimat von mehr als der Hälfte aller in Deutschland beobachteten Tier- und Pflanzenarten »Artenreiches Grünland erreicht in Mitteleuropa Spitzenwerte von über 60 Pflanzenarten auf einem Quadratmeter«, schreibt eine Wissenschaftlergruppe um den Biologen Peter Sturm. »Pro Pflanzenart rechnet man als Faustregel mit 8-10 vorkommenden Tierarten.«

Um all die Wins, die Bauern aufstapeln können, geht es heute Vormittag in dem zum Seminarraum umgestalteten Stall. Gespannt lauschen die rund 100 Teilnehmer dem Experten für Weidemanagement, Manuel Winter, zugleich Gründer der Beratungsfirma Change Grazing.[10] Sein Hut, der Koppelgürtel an der Jeans und die Cowboystiefel geben ihn als Westernreiter zu erkennen, der Slogan auf dem schwarzen T-Shirt ist der Teaser für seinen Vortrag: »It's not the cow, it's the how«. Mit charmantem österreichischem Akzent lüftet er die Geheimnisse der deutlich höheren Erträge, darunter das exponentielle Wachstum. Corona hat die Kurve berühmt gemacht: Erst gibt es lange nur eine minimale Steigung und dann plötzlich einen steilen Ausschlag nach oben. So entwickelt sich auch das Wachstum von Gras – aber eben nur, wenn man ihm zwischen den Beweidungen genug Ruhezeit gewährt und es dadurch tiefer reichende Wurzeln ausbilden kann. Es ist wichtig, die richtigen Arten zu wählen, die dabei nicht so schnell »überständig« werden, also ausreifen und damit zu viel Futterwert verlieren.

Einen weiteren Vorteil kann ein Betrieb dadurch erzielen, dass er wie Gut Temmen die Äcker beweiden lässt, wenn darauf in den Pausenjahren die Gründüngung wächst. So erzeugt die Fläche auch in dieser Zeit einen Ertrag. Der dritte Vorteil liegt in einem guten Fleischansatz bei den Tieren, weil sie auf einer hoch aufgewachsenen

Weide pro Bissen mehr Pflanzenmasse aufnehmen. »Man kann bei Kälbern Zuwachsraten von fast anderthalb Kilogramm pro Tag erreichen, das schaffen manche nicht mal mit Kraftfutter im Stall«, sagt Winter. Bei Milchkühen spielen noch andere Faktoren eine Rolle, dazu später mehr.

Die Erfahrungen auf Gut Temmen, das seit 2017 mit Mob Grazing arbeitet, bestätigen: »Wir haben eine höhere Flächenleistung und können Dürrejahre besser überstehen«, sagt Ruven Hener, stellvertretender Leiter des Rinderbereichs. Tatsächlich könnte auf den sandigen Böden Brandenburgs ein bodenaufbauendes Management entscheidend dafür sein, ob hier künftig überhaupt noch Landwirtschaft möglich ist. Hener kann noch weitere Vorteile aufzählen, wie etwa geringere Medikamenten- und Behandlungskosten, weil die Tiere durch die natürliche und kräuterreiche Kost[*] gesünder sind[*] und zudem nicht ständig entwurmt werden müssen. »Früher wurde das zwei Mal pro Jahr gemacht, aktuell haben wir zweieinhalb Jahre nicht behandelt«, sagt Hener. Der Zeitraum könnte sich sogar noch weiter ausdehnen lassen, denn die Kotproben bestätigen: Bisher kommen die Tiere prima ohne die Mittel klar. Wenn gewährleistet ist, dass die Tiere immer Wasser und Schatten haben und sich der Umgang mit den Zäunen eingespielt hat, ist das Mob Grazing nicht aufwendiger als eine übliche Weidehaltung. Gegenüber einer Stallhaltung wird das Hofteam sogar entlastet, unter anderem, weil das Mist- und Güllemanagement entfällt.

Ganz entscheidend für einen entspannten Alltag ist jedoch, das »Low Stress Stockmanship« zu beherrschen, um die Rinder von einer Weide zur nächsten zu leiten. Das Wort »Stock« bedeutet Nutztierbestand, mit Stöcken hat es nichts zu tun, im Gegenteil: Beim LSS werden die Tiere weder mit Hilfsmitteln noch mit rudernden Armen gescheucht und auch nicht angebrüllt, sondern mit einer

---

[*] Vielfältige Kost reduziert offenbar auch den Methanausstoß von Rindern durch Kräuter mit Tanninen und Fumarsäure wie Spitzwegerich oder Erdrauch.

für sie verständlichen Körpersprache sanft gelenkt. Was von außen völlig unspektakulär aussehen kann, erfordert von den »Kuhflüsterern« viel Konzentration und Einfühlungsvermögen. »Wir sind mittlerweile so weit, dass eine Person es allein schafft, auch Herden mit 300 Tieren von einer Weide über eine andere hinweg auf die nächste zu treiben«, sagt Ruven Hener. »Selbst bei einer längeren Strecke können sich die Mitarbeiter auf den schönen Spaziergang mit den Kühen freuen, weil alles stressfrei abläuft.« Irgendwie mag ich es, dass er mit dem hellen Leinenhemd und dem Strohhut selbst wie ein entspannter Urlauber aussieht, als er davon erzählt.

Es ist aber auch das Mob Grazing an sich, das für Ruhe in der Herde sorgt, weil die Tiere immer die Fülle einer üppig hohen Weide geboten bekommen und das fressen dürfen, was ihr Körper am besten verwerten kann. Auch enger zusammenzustehen macht ihnen nichts aus, es entspricht ihrem natürlichen Verhalten. Man muss ohnehin nicht sofort den Rückweg auf die gerade verlassene Fläche versperren, so dass sie sich dort gemütlich hinlegen und wiederkäuen können. Das heißt also: Auch die Rinder gehören beim ganzheitlichen Weidemanagement zu den Gewinnern.

Am Nachmittag geht es raus zu den Parzellen, die für die wissenschaftlichen Untersuchungen genutzt werden. Inzwischen haben sich am Horizont dunkle Wolken zusammengeballt, doch die Brandenburger kennen ihr Wetter und winken nur ab: »Das wird nix.« Stimmt. Nach einigen Erläuterungen zu den in der Studie angewandten Messtechniken geht es los: Die Mitarbeiterin schreitet mit ruhigen Schritten den Zaun ab und sammelt die Pfähle ein. Die Herde aus etwa 170 cremefarbenen bis milchkaffeebraunen Uckermärkern folgt ihr erwartungsvoll, ist dann jedoch von der großen Zuschauergruppe abgelenkt: Offenbar vermuten sie, dass die Action bei uns stattfinden könnte. Eng beieinander kommen sie direkt auf uns zu, checken die Lage und drehen dann bald wieder ab – dabei bewegen sie sich wie ein Fischschwarm. Als der Zaun schließlich offen ist, strömen sie auf die neue Fläche und beginnen zu mampfen.

Von da an sind in dem hohen Aufwuchs kaum mehr als ihre Rücken-linien zu sehen.

Zur Erinnerung: Die Tiere sind keineswegs hungrig in die neue Parzelle gezogen, sondern waren vorher auf einer Fläche, die noch vor wenigen Stunden ebenso üppig aussah. Und noch etwas gilt es im Hinterkopf zu behalten: Umgerechnet auf die Gesamtfläche, die Gut Temmen für die Ernährung seiner Rinder nutzt, liegt der Besatz bei deutlich unter einer »Großvieheinheit« – also in der gleichen Größenordnung wie bei der extensiven Beweidung, obwohl es ganz anders aussieht. Höher als 2 GV geht es laut Nils Zahn wohl auch nicht, das heißt: Mob Grazing ist keine Strategie, um die Fleischwirt-schaft zu pushen und den Konsum anzutreiben.

So, nun wie versprochen zu den Milchkühen, mit denen das ganzheitliche Weidemanagement genauso gut funktioniert – auch dann, wenn sich die Flächen nicht direkt am Hof befinden und man den Tieren mit einem mobilen Melkstand folgen muss. Die Frage ist vielmehr, ob die gewählte Rasse überhaupt für Weidehaltung ge-eignet ist und mit höher gewachsenem Gras, Kräutern und Heu aus-kommt. Gut 5000 Liter Milch lassen sich damit pro Jahr erzeugen, während eine auf Hochleistung gezüchtete Kuh heutzutage deutlich über 10.000 Liter pro Jahr produzieren kann und dafür zwingend zusätzlich Getreide und Soja braucht – also »Menschenfutter«.

Wer Milchprodukte von Kühen kaufen will, die möglichst viel auf die Weide dürfen und mit Gras und Heu gefüttert werden, muss sich mit den gesetzlichen Vorgaben der Label auskennen, um nicht auf Trittbrettfahrer hereinzufallen. Nur der Begriff »Heumilch« ist gesetzlich als »garantiert traditionelle Spezialität« geschützt. Die-sen Begriff oder die Abkürzung »g. t. S.« findet man auch auf der Packung, und dazu das Label: eine gelbe Sonne mit blauer Mitte, in der sich ein Kreis aus EU-Sternen befindet. Heumilchkühe erhalten im Sommer überwiegend frische Gräser, Kräuter und das Grün von Hülsenfrüchten wie Luzerne sowie im Winter hauptsächlich Heu. 15 Prozent Kraftfutter aus Getreide sind erlaubt (bei konventionellen

Produkten 25 Prozent), nicht jedoch die Fütterung von Silagen oder Heulagen (milchsauer vergorenes Futter). Zudem müssen die Produzenten eine Reihe verbindlicher Standards einhalten und sich einem Kontrollsystem unterstellen. Auch beim Käse findet man den Hinweis auf Heumilch, ansonsten kann man sich an Sorten mit geschützter Ursprungsbezeichnung halten (g. U. beziehungsweise französisch AOP und italienisch DOP). Bei diesen traditionellen Käsesorten wird Milch von Kühen bevorzugt, die Gras- und Heu fressen, weil es den Käse geschmacklich verändern und zu Fehlgärungen führen kann, wenn man viel Silage verfüttert.

Die Bezeichnung »Weidemilch« sei dagegen zwar nicht gesetzlich, aber durch ein Gerichtsurteil zumindest indirekt geschützt, schreibt Stefan Michel in seinem Buch *Fleisch fürs Klima*, das sich ausführlich mit Tierwohl beschäftigt: »Wegen des ‚Irreführungsverbots‘ müssten die Kühe, von denen Milch mit dieser Bezeichnung stammt, an mindestens 120 Tagen für jeweils mindestens sechs Stunden auf der Weide stehen, urteilte das Oberlandesgericht Nürnberg.« Sie können allerdings durchaus zusätzlich Kraftfutter und Silage bekommen.

Doch Weidehaltung löst nur *ein* Problem der Milcherzeugung. Denn damit Kühe überhaupt Milch geben, müssen sie Kälber bekommen – und was passiert mit denen? Sie werden normalerweise schon kurz nach der Geburt den Müttern weggenommen und trinken fortan aus einem Nuckeleimer. Einige werden zu Milchkühen aufgezogen, übrig bleiben vor allem die männlichen Tiere. »Sie werden meist in stundenlangen Transporten zu spezialisierten konventionellen Mästern abgeschoben, die überwiegend in Holland oder Spanien angesiedelt sind«, sagt Saro Ratter, Projektmanager Tierwohl bei der renommierten Schweisfurth Stiftung. All das ist auch auf den meisten Biohöfen noch Alltag, weil es bisher nur einen kleinen Markt für hochwertig erzeugtes und dadurch natürlich teures Rindfleisch gibt.

»Pro Liter Milch beziehungsweise 100 Gramm Käse ‚entstehen‘

auch durchschnittlich 30 Gramm Rindfleisch, deshalb muss beides wieder zusammen betrachtet werden – mindestens im Biobereich«, sagt Saro Ratter und schlägt Kooperationen vor, die gerade unter Betrieben mit Weidehaltung gut funktionieren:»Bruderkälber«, die auf dem Milchhof nicht bleiben können, kommen zu einem Betrieb, der sich auf Weidefleisch in Mutterkuh-Haltung spezialisiert hat – idealerweise in der Nähe. Die dort lebenden Kühe dürfen ihre eigenen Kälber säugen und können zusätzlich für ein oder zwei weitere Kälber zur Amme werden. So kann der Milchbauer seine Tiere in eine gute Haltung geben, und der Fleischbauer bekommt mehr Leistung von seinen Mutterkühen. Und wieder werden Wins gestapelt.

Wie es auf einem Milchhof zugehen kann, auf dem das Tierwohl einen hohen Stellenwert hat, konnte ich 2015 bei einem Besuch des Hofguts Rengoldshausen bei Überlingen[II] erleben. Und weil ich seitdem jedem davon erzähle, der nicht schnell genug aufm Baum ist, führt auch hier kein Weg dran vorbei. Voilà!

Mama ist die Beste

Eine fast hypnotische Ruhe liegt über dem Hof, die frühmorgendliche Geschäftigkeit ist vorüber. Es ist Anfang März, deshalb halten sich die Tiere noch in dem zu allen Seiten offenen Stall auf. Die meisten der 50 Kühe liegen in dick mit Stroh ausgelegten Boxen und kauen gemütlich das zuvor gefressene Heu wieder. Eine reibt ihren Kopf ausgiebig an der dafür aufgehängten Bürste und schreitet dann in den sonnigen Auslauf. Mit ihrem hellbraunen Fell, dem kompakten Körper und den stattlichen Hörnern könnte sie gut den Alpentourismus bewerben.

»Das ist ein ,Original Schweizer Braunvieh'«, bestätigt Mechthild Knösel, die das Hofgut Rengoldshausen bewirtschaftet. Es ist keine Hochleistungsrasse, deshalb geben die Tiere »nur« etwa 5500 Liter Milch, werden aber auch viel älter als die in der konventionellen

Milchwirtschaft üblichen Turbokühe. Während diese bereits im Alter von vier bis fünf Jahren völlig ausgelaugt geschlachtet werden müssen, bleiben Knösels Tiere mit Grünfutter und Heu viele Jahre gesund und produktiv:»Am meisten Milch gibt meine älteste Kuh, und die ist 15.«

In diesem Moment rappelt sich das derzeit jüngste Mitglied der Herde aus dem Stroh auf und wird ausgiebig von seiner Mutter abgeleckt. Hier dürfen die beiden zusammenbleiben, statt am Tag nach der Geburt getrennt zu werden.»Wenn man das nicht tut, erspart man den Tieren nicht nur Leid, sondern hat auch weniger Arbeit«, sagt Mechthild Knösel.»Zudem sind die Kälber viel gesünder und kräftiger.« Kein Wunder: Sie genießen in ihren ersten Wochen den Schutz und die Nähe ihrer Mutter, dürfen trinken, wann immer sie wollen, und die Milch hat stets die perfekte Temperatur von 38 Grad. Durch das Nuckeln aus dem Eimer kommt es dagegen oft zu Durchfall. Auch die Entzündung des Nabels ist eine typische Komplikation, die viel seltener auftritt, wenn sich die Mama um die Hygiene kümmern kann.»Die Unterschiede zwischen Eimerfütterung und dem Trinken bei einer Kuh sind gigantisch«, hat Knösel in ihrer Abschlussarbeit für die Meisterprüfung herausgefunden.»Noch etwas besser sind sie, wenn das Kalb wirklich von der eigenen Mutter statt von einer Ammenkuh gesäugt wird.«

Nach den innigen ersten Wochen,* in denen Mutter und Kalb hier auf dem Hof rund um die Uhr zusammen sind, werden die Kleinen im Verlauf einer Woche in den»Kindergarten« integriert und daran gewöhnt, ihre Mutter nur noch täglich zwei Mal für je eine Stunde zum Trinken zu sehen. Zusätzlich Heu zu fressen, haben sie von Anfang an bei der Mama abgeguckt und ausprobiert – und zwar immer gerade so viel, wie sie zum jeweiligen Zeitpunkt verkraften konnten.»Man muss gar nichts machen, das passiert ganz natürlich von allein.« Wenn die Kälber satt sind, haben die Mütter immer noch genug Milch übrig, um für uns Menschen gemolken werden zu

---

* Damals waren es zwei Wochen, inzwischen sind es drei Monate.

können.»Die kommen dann freiwillig in den Melkstand, das zeigt mir, dass dieser Ablauf für die Tiere in Ordnung ist.«

Im Alter von vier Monaten werden die Kälber langsam erst von der Mutter entwöhnt und in die Herde integriert. Anfangs dürfen sie noch ein bisschen bei »Tanten« mittrinken, damit das Abstillen nicht in die gleiche Zeit fällt. Mit diesem System lässt sich der Abschiedsschmerz minimieren. »Ich hatte immer das Gefühl: Die Kühe schenken so viel, dann will ich ihnen auch das geben, was ihnen am nächsten ist. Sie leben dafür, ihre Kälber aufzuziehen und sich darum zu kümmern«, sagt Mechthild Knösel und fügt hinzu: »Ich finde: Wenn ich ihnen das nicht bieten kann, darf ich auch ihre Milch nicht nehmen.«

Das Hofgut Rengoldshausen zieht auch seine männlichen Kälber selbst auf. Obwohl man Bullenkälber angeblich nicht zusammen halten kann, liegen hier fünf schon imposant große Tiere gemütlichst aneinander gekuschelt im Stroh. Gerade versucht einer, trotz seiner Hörner eine Position zu finden, in der er seinen Kopf auf dem Hintern eines anderen parken kann. Der lässt sich davon beim Dösen nicht im Geringsten stören. So was geht wohl nur, wenn auf die Bedürfnisse der Tiere so viel Rücksicht genommen wird, dass sie völlig entspannt sind. Damit sie auch in den letzten Momenten ihres Lebens weder Stress noch Schmerzen erleiden, begleitet Mechthild Knösel sie bis zuletzt: »Davor kann ich mich doch nicht drücken!«

Mich hat es tief beeindruckt, wie umsichtig die Landwirtin mit ihren Tieren umgeht. Bei meinem Besuch hatte sie bereits neun Jahre Erfahrung und berichtete vom großen Interesse an ihrem Management. Dieser Trend hält sich weiter und hat inzwischen auch Trittbrettfahrer angelockt. Deshalb hat sich eine Interessengemeinschaft[12] gebildet. Moderiert durch die Schweisfurth Stiftung hat sie verbindliche Regeln dafür festgelegt, wann der Satz »Zertifiziert nach den Kriterien für kuhgebundene Kälberaufzucht«* auf ein Etikett gedruckt werden darf. Vorgeschrieben sind unter anderem mindestens

---

* »Mutterkuh-Haltung« wird es nur bei Fleischrind-Herden genannt.

90 Tage gemeinsame Zeit mit der Mutter- oder einer Ammenkuh – auch für Bullenkälber! Die Kontrollen werden gemeinsam mit denen abgewickelt, die auf Biohöfen ohnehin erfolgen. Noch habe ich so ein Zertifikat nirgends gesehen, deshalb halte ich mich vorerst an die Produkte einer genossenschaftlichen Molkerei, bei der schon ein Drittel der Zulieferbetriebe auf kuhgebundene Kälberaufzucht setzt. Ein Hof wie Rengoldshausen in der Nähe – das wäre ein Traum.

Apropos wäre: Ein paar Weidetiere wären auch in meinem Garten gerade genau das Richtige, aber ich muss wohl selbst ran. Immerhin gleicht meine Art des Mähens immer mehr einem selektiven Grasen, jedenfalls in der Blumenwiese und der Pufferzone: Statt den Aufwuchs einfach abzusicheln, rupfe ich nur Grasbüschel, Löwenzahn und kriechendes Sonstwas ab und arbeite mich so um alles herum, was bleiben soll. Die Bullys mitsamt Wurzel zu entfernen, hat leider nicht funktioniert – dabei gingen auch zu viele von den erwünschten Pflanzen drauf. Wer weiß: Vielleicht bringt es für die Pflanzenvielfalt ja auch schon was, den unerwünschten Arten möglichst oft ihr Grün wegzunehmen. Wäre doch genial, wenn meine »Beweidung« einen überraschenden Rewilding-Effekt in meinem Garten erzeugen würde!

Viel Hoffnung habe ich allerdings nicht, vermutlich werde ich meine Blumenwiese noch mal ganz neu anlegen müssen. Wir werden sehen, Versuch macht kluch. In der Zwischenzeit beschäftige ich mich weiter mit XXL-Flächen, deren enormes Potenzial für Tiere und Pflanzen noch nicht ausgereizt ist: Streuobstwiesen.

Stückleswerk

Die kleine Kugel aus grau-braunem Flaum sitzt still am Boden des schwarzen Eimers und plinkert mich an. Das Steinkauzküken ist schon fast ausgewachsen, aber trotzdem kaum größer als eine Pampelmuse. Die Federzeichnung über den runden, gelben Augen, die wie Brauen einer gerunzelten Stirn aussehen, lässt seinen Blick verärgert wirken. Würde ja auch passen, schließlich wurde es soeben aus seinem Zuhause entführt. Dass Hannelore und Axel Prehl, Werner Fleischmann und ich nichts Übles im Sinn haben, kann es ja nicht wissen: Nur ein kleiner Gesundheitscheck, ein schmückender Ring ums Beinchen und schon darf es wieder zurück in seine Niströhre mit der Nummer 25.

Insgesamt 380 dieser etwa einen Meter langen Röhren aus Holz und Holzbeton betreut das »Steinkauz-Projekt im Rems-Murr-Kreis«, angesiedelt im Kreisverband der Naturschutzorganisation NABU. Ohne solche Unterstützung hat es die kleine Eulenart schwer, wäre in Deutschland wahrscheinlich sogar schon verschwunden. Denn selbst dort, wo es die von ihm bevorzugten weiten Streuobstwiesen noch gibt, sind natürliche Bruthöhlen rar. Ein ausgehöhlter dicker Ast oder Baum würde ihm zusagen, selbst wenn dieser schon am Boden liegt, aber solches Totholz – nein Biotopholz! – wird nur selten geduldet.

Auch die passenden Plätze für die Niströhren zu finden, ist gar nicht so einfach: Es muss ein ausgewachsener Hochstamm-Obstbaum sein, damit der erwählte Ast die richtige Höhe hat und die zehn Kilo Zusatzgewicht gut tragen kann. Er muss nahezu waagerecht sein, möglichst nach Süd-Ost zeigen, damit das Einflugloch von der Schlechtwetterseite abgewandt ist, und zudem von höher liegenden Zweigen beschattet werden. »Andernfalls kann die Temperatur in den Niströhren auf deutlich über 40 Grad ansteigen«, sagt Axel Prehl. »Für die Jungvögel, die ja nicht ausfliegen und sich woanders hinsetzen können, wäre das eine zu große Belastung.« Eigentlich müsste man den Besitzer eines geeigneten Baumes fragen, bevor eine Röhre angebracht wird, aber die Adressen sind meist nur schwer zu ermitteln. »Deshalb ‚kapern‘ wir so einen Baum, bringen die Röhre auf eine Weise an, die ihn nicht beschädigt, und hinterlassen Informationen und unsere Kontaktdaten.« So weiß der Besitzer, an wen er sich wenden kann, falls er möchte, dass die Röhre entfernt wird. Vorgekommen sei das aber noch nie.

Die weitere Überprüfung von Röhre 25 bringt ein unausgebrütetes Ei ans Abendlicht, fast kugelig und mit gleichmäßig leicht bräunlichbeiger Schale. Als Wandfarbe würde der Ton »Mandel« oder »Sand« heißen. Die kleine Flaumkugel hat also keine Geschwister und ist deshalb heute der einzige Kandidat bei der ersten Beringungsaktion des Jahres. Die Küken in den anderen Bruthöhren sind noch nicht so weit: »In zehn Tagen passt es vermutlich bei den meisten«, sagt Axel Prehl und setzt das Steinkäuzchen in einen mit Sägespänen ausgepolsterten Kasten, um ihn an den Rand des Wiesengeländes zu tragen. Unterwegs erzählt er von dem Preis, den sie kürzlich mit ihrem Projekt gewonnen haben und den damit verbundenen gemischten Gefühlen: »Die öffentliche Aufmerksamkeit kann auch problematisch sein.« Es bringt zu viele Leute auf die Idee, in die

Röhren zu gucken – das dürfen aber nur erfahrene Menschen mit einer Genehmigung vom Regierungspräsidium. »Laien verstehen nicht, wie groß die damit verbundene Störung für die Tiere ist und wie gefährlich das für das Überleben der Brut sein kann.«

Am Rand der Wiese hat inzwischen Werner Fleischmann einen Campingtisch mit den benötigten Gerätschaften aufgebaut: ein Klemmbrett mit Formular, eine Küchenwaage, ein Lineal aus Metall, ein Band mit mehreren Ringen sowie verschiedene Zangen. Die drei sind ein routiniertes Team. Zunächst trägt Hannelore Prehl die Nummer des Ringes von der Vogelwarte Radolfzell in ein Formular ein. Dann wird das Küken in einem Plastikeimerchen, der wohl mal Joghurt enthalten hat, gewogen: 144 Gramm. »Ja, das ist gut«, sagt sie zufrieden und trägt auch diese Zahl in ihre Liste ein. Nun legt Werner Fleischmann dem Küken den Ring aus biegsamem Aluminium um das linke Bein, weil es sich um einen Nestling handelt. Bei gefundenen Altvögeln käme der Ring nach rechts. »Wichtig ist, den Ring so zusammenzukneifen, dass die Enden genau aneinander liegen, ohne Spalt oder vorstehende Ecken«, erläutert er. Seine Erfahrung zahlt sich aus: Der Ring sitzt sofort perfekt.

Dann spreizt er vorsichtig den Flügel des Kükens, um ihn zu messen. Das Lineal hat einen kleinen Zapfen, der an einem definierten Punkt des Flügels angelegt wird. »48 und 25 Kiel«, diktiert er für die Dokumentation und Hannelore Prehl ergänzt: »Das sagt was über die Reife aus.« Die Daten werden an die Vogelwarte Radolfzell gemeldet. Sie freut sich, dass der Vogel zudem sehr fit und sauber aussieht. In schlechten Jahren, wenn die Käuze viele Regenwürmer fressen, ist die Röhre eine einzige Kloake. »Einmal haben wir Küken rausgeholt, bei denen die Augen und Nasenlöcher so verklebt waren, dass sie kaum atmen konnten«, erzählt sie. »Werner hat die Tiere dann ganz vorsichtig saubergemacht und wieder zurückgesetzt – und sie haben sich tatsächlich erholt.«

Auf dem Weg zurück zur Brutröhre 25 erzählt Axel Prehl von der Geschichte des Projekts. In den 1960/70er Jahren gab es überall im westlichen Rems-Murr-Kreis verteilt Leute, die sich um den Steinkauz gekümmert haben, weil er damals schon selten war. Sie haben ein Netzwerk aus Nisthilfen unterhalten, aber es arbeitete jeder für sich: Es gab keine Dokumentation, nicht mal darüber, wo die Kästen überhaupt hingen. Als einer der wichtigsten Akteure plötzlich starb, war deshalb erst mal eine Inventur fällig: »Wir mussten alle Wiesen ablaufen und suchen – und das Gebiet ist groß.« 2004 haben sich Betreuer verschiedener NABU-Gruppen aus dem Rems-Murr-Kreis getroffen und eine Zusammenarbeit und gegenseitige Information vereinbart. Nachwuchssorgen gibt es zum Glück nicht. »Eine Riesenarbeit ist es ja auch nicht. Man muss verfügbar sein, wenn von Mitte Mai bis Ende Juni die Beringungen stattfinden, und wenn im Herbst die Niströhren zu reinigen sind.«

Ein Junikäfer brummt vorbei. »Gutes Futter«, kommentiert Axel Prehl. »Überhaupt ist es perfekt hier: Auf manchen Wiesen steht das Gras hoch, andere sind gemäht oder werden von Pferden beweidet – so ein Mix ist gut für Mäuse und Großinsekten und damit auch für den Steinkauz.« Wir sind angekommen, und das Küken wird sanft zurück in seine Niströhre gesetzt. Im Stillen wünsche ich unserer kleinen Flaumkugel ein langes, pralles Leben mit vielen Nachkommen. Steinkäuze sind mit eher kleinen Revieren zufrieden, die sie meist im Umkreis von weniger als zehn Kilometern suchen – das sollte hier zu schaffen sein.

Denn im Südwesten Deutschlands sind Streuobstwiesen noch sehr verbreitet: 89.000 von den 250.000 bis 300.000 Hektar, die es in ganz Deutschland gibt, liegen in Baden-Württemberg. Die Zahl der Bäume wird auf 7 Millionen geschätzt. Die liebevoll »Stückle« genannten Flächen sind ein wahrer Schatz für die Artenvielfalt und immens wichtige Refugien für Pflanzen und Tiere: »In Deutschland kommen auf Streuobstwiesen 5000 Tier-, Pflanzen- und Pilzarten vor, vermutlich sind es sogar deutlich mehr«, sagt Dr. Markus Rösler, ein Sprecher des Bundesfachausschusses Streuobstwiesen beim NABU. »Das liegt daran, dass sich dort nicht nur Wiesenarten wohlfühlen, sondern auch viele, die sonst eher dem Wald zuzurechnen sind. Dazu kommt noch die so genannte »Agrobiodiversität« von 6000 Obstsorten.« Nachdem die Flächen in Baden-Württemberg seit den 1950er Jahren um 75 Prozent dezimiert wurden (europaweit sogar um 90 Prozent), sind sie jetzt gesetzlich geschützt – eigentlich. Tatsächlich werden immer noch viel zu oft Genehmigungen erteilt, Streuobstwiesen zu opfern, meist für Bauland.

Zugleich gibt es viele Menschen, die sich leidenschaftlich dafür einsetzen, dass sie erhalten bleiben. Dabei ist es nicht nur die direkte Zerstörung durch Bagger, der sich die Streuobstwiesen-Fans entgegenstemmen müssen, sondern auch der schleichende Niedergang durch Vernachlässigung. Wenn Besitzer sich zu wenig um ihre Flächen kümmern, können sich beispielsweise Misteln ausbreiten und als Schmarotzer die befallenen Bäume so schwächen, dass diese schließlich absterben. Auf sich selbst überlassenen Wiesen gibt es auch niemanden, der die Stämme weiß anstreicht, um eine zu starke Sonneneinstrahlung abzumildern. Die Rinde kann nämlich tatsächlich Sonnenbrand bekommen: Sie platzt dann auf, so dass Pilze eindringen können. Das kann gerade junge Bäume schnell umbringen. Von dieser Gefahr habe ich kürzlich zum ersten Mal etwas gehört, als auf den Streuobstwiesen in meiner Nachbarschaft plötzlich viele Bäume »geweißelt« waren und in der Zeitung darüber berichtet wurde. Daraufhin habe ich gleich dem Stamm meiner neu gepflanzten Kirsche alternativ ein Kleidchen aus einem alten Laken angezogen – ich hoffe, das geht auch.[1]

Das Problem liegt jedoch nicht darin, dass Streuobstbäume sterben – das ist der normale Lauf der Dinge und für die Artenvielfalt sogar wichtig, sofern das Biotopholz dann noch eine Weile bleiben darf. Doch die abgestorbenen Bäume müssen eben auch ersetzt werden. Schon um den Status Quo zu erhalten, braucht es jährlich 100.000 Jungbäume, und in diese Zahl ist ein beschleunigtes Baumsterben durch häufige Dürren noch gar nicht eingerechnet. Bereits jetzt ist die Lage auf manchen Flächen dramatisch, junge Bäume kommen ohne Bewässerung häufig gar nicht mehr durch und auch viele ältere gehen vorzeitig ein. Selbst wenn die Stücklesbesitzer willens wären, sich um die Wasserversorgung zu kümmern: Es ist oft schlicht unmöglich, die dafür benötigte Logistik zu stemmen. Im Grunde habe die Trockenheit schon vor 20 Jahren begonnen und seither ist es nicht mehr wirklich gut gewesen, sagt Frieder Bayer von der Naturschutzorganisation BUND bei einem Rundgang mit der örtlichen Presse.[2] Und selbst, *wenn* es mal ergiebig regnet, so wie im vergangenen Sommer, rettet das bereits angeschlagene Bäume meist nicht mehr. Inzwischen sind manche Stücklesbesitzer bereits umgestiegen und pflanzen Haselnussbäume und Esskastanien nach, die besser mit Trockenheit zurechtkommen. Wenn das hilft, die Wiesen zu erhalten, bin ich dafür.

Doch zurück zur Vernachlässigung. Denn am schnellsten geht es mit Streuobstwiesen bergab, wenn sie nicht mehr gemäht werden und verbuschen. Meist ist es zuerst die Brombeere, die sich mit ihren Ranken und biestigen Dornen rasant ausbreitet. In Kernen im Remstal, einem Ort einige Kilometer westlich von meinem Garten, wünschten sich die Bürgerinnen und Bürger 2008 in einer Versammlung, die Gemeinde möge gegen die Verwilderung vorgehen – was auch zugesagt wurde. »Das habe ich mir gemerkt«, schmunzelt Karl-Heinz Schmid. In mehreren öffentlichen Veranstaltungen wurde dann die Interessengemeinschaft Streuobstwiesen Kernen – kurz IG-Streuobst[3] gegründet, die schnell loslegte. Eine erste Erhebung ergab dringenden Handlungsbedarf bei 40 Flächen, die spätere systematische Erfassung zeigte, dass weitere 400 ebenfalls ungepflegt waren. »Allerdings mussten wir erst mal definieren, was ,ungepflegt‘ konkret bedeutet«, erzählt Schmid. »Als wesentliche Kriterien wurden dann Brombeerbewuchs auf über 50 Prozent der Fläche sowie der Aufwuchs von Wildlingen festgelegt.«

»Wildlinge«, das klingt nach *Game of Thrones*, meint aber die unedlen Ableger der Obstbäume, die sich in der Wiese ausbreiten, wenn man nicht gegensteuert. Sie sind unerwünscht, weil sie das Mähen erschweren. In meinem Garten jage ich auch regelmäßig Wildlinge: Die jungen Exemplare kann ich nämlich noch gut ausreißen, während die größeren nur noch mit der Gartenschere zu kappen sind, was kleine harte Stümpfe erzeugt. Kaum zu sehen zwischen Gras und Klee, dafür aber umso intensiver zu fühlen, wenn man mit nackten Füßen drauflatscht – bestens geeignet, um kreatives Fluchen zu üben. Die IG-Streuobst sowie Rat und Verwaltung von Kernen machten sich gemeinsam ans Werk. Durch eine Flurbereinigung konnten Flächen getauscht werden, neue Wege wurden durch topographisch schwierige Gebiete mit starken Hanglagen gebaut, um sie leichter zugänglich zu machen. Illegal abgeladener Müll wurde abtransportiert. Für die IG-Mitglieder entstand ein Unterstützungsangebot für die Pflegemaßnahmen: Man kann Geräte ausleihen oder gegen Aufwandsentschädigung ein Mähteam buchen, es gibt Hilfen für den Abtransport des Schnittguts, Coachings für die Baumpflege sowie Pflanztage für Jungbäume, die mit Zuschüssen der Gemeinde angeschafft werden. »So haben wir in 13 Jahren rund 4000 neue Bäume gesetzt«, sagt IG-Vorstand Karl-Heinz Schmid.

Die größte Hürde für solche Unterstützungsangebote ist allerdings, die Besitzer der Flächen überhaupt zu erreichen. Das funktioniert nur, wenn die Gemeinden mitmachen und die Leute selbst anschreiben, denn natürlich dürfen sie die Adressen nicht einfach rausgeben. Allerdings sind die Einträge im Grundbuchamt mitunter nicht aktuell. »Da für Grundstücke unter 1000 Quadratmeter keine Grundsteuer erhoben wird, ist da keiner hinterher«, sagt IG-Kassenwartin Irmgard Engler. Oft sind es Erbfälle, die unklare Verhältnisse hinterlassen, so dass manche Menschen von ihrem Landbesitz gar nichts wissen oder es zu anderen kuriosen Situationen kommt: »In einem Fall hat jemand jahrelang das falsche Grundstück bewirtschaftet«, erzählt Engler. Besonders schlimm seien Erbengemeinschaften: »Dann kann nichts unternommen werden, ohne dass *alle* ihre Zustimmung geben. Das ist meist der Hintergrund bei den völlig verkommenen Grundstücken.«

Inzwischen hat die Gemeinde eine Person eingestellt, die sich auf Minijob-Basis einen Tag pro Woche darum kümmert, Adressen zu ermitteln und Menschen freundlich an die Pflicht zu erinnern, ihre Streuobstwiesen zu pflegen, und gegebenenfalls mit Informationen zu versorgen. »Meistens reicht das schon, damit es danach läuft«, sagt Karl-Heinz Schmid. Der Erfolg gibt ihm recht: In Kernen sind derzeit praktisch keine verwilderten Stückle mehr zu finden. Dazu beigetragen haben auch neu geschaffene Möglichkeiten, die Ernte sinnvoll zu nutzen. Über die Interessengemeinschaft kann man sich zertifizieren lassen und dann das Obst an das Bio-Fruchtsaft-Unternehmen abgeben, das praktischerweise im Tal seinen Sitz hat. Durch solche Kooperationen lässt sich ein fairer Erlös für die Früchte erzielen, was Streuobstwiesen deutlich attraktiver macht. »Wenn es auch ein ökonomisches Interesse gibt, werden sie besser gepflegt, und es werden mehr neue Bäume gepflanzt«, sagt auch Markus Rösler, dem darum faire Preise ein großes Anliegen sind. Eine Alternative zur Biozertifizierung ist die so genannte »Aufpreisvermarktung«: Safthersteller kooperieren mit Naturschutzorganisationen wie NABU und BUND und können deren Qualitätszeichen auf den Etiketten tragen. So können Verbraucher sicher sein, dass die Ernte wirklich von regionalen Streuobstwiesen stammt. Zudem müssen weitere wichtige Kriterien erfüllt sein: »Es dürfen keine synthetischen Mittel eingesetzt werden, es gibt ein Nachpflanzgebot, und die Bäume müssen Hochstämme sein«, sagt Rösler. Letzteres ist entscheidend für die Artenvielfalt. Nur, wenn sich die untersten Äste der Bäume auf einer Höhe von mindestens 1,80 Meter befinden, bleibt darunter genug Licht für artenreiche Wiesen und eine Vielfalt von Insekten. Im Alter laden die hohen Stämme Spechte zum Bau von Höhlen ein und schaffen dadurch auch vielen anderen gefährdeten Höhlenbewohnern ein Zuhause, wie etwa Wendehals, Gartenrotschwanz, verschiedenen Fledermäusen, Siebenschläfer und Hornissen.

Der NABU bietet zudem eine fortlaufend aktualisierte Liste von

Mostereien und Brennereien, bei denen man auch kleine Ernten für eigenen Saft oder Obstbrand abgeben kann.[4] Die Interessengemeinschaft in Kernen lässt jeden Herbst eine mobile Saftpresse kommen. Durch das »Bag in Box«-Verfahren ist die Abfüllung von Kleinmengen nicht nur wesentlich einfacher geworden, es ist auch genial für Haushalte, in denen nur wenig Saft getrunken wird. Über einen kleinen Hahn kann man immer wieder bequem kleine Mengen aus dem drei, fünf oder zehn Liter fassenden und durch einen Karton geschützten Plastiksack abzapfen, während der Rest vor eindringendem Sauerstoff geschützt bleibt. Dadurch hält sich der Saft seeeeehr lange, ich hab das mehrfach wirklich ausgereizt. Irgendwann wird zwar die Farbe recht dunkel, aber der Geschmack ist auch dann noch okay. Inzwischen nutze ich den letzten Liter meist, um daraus Apfelgelee mit Zimt zu kochen: Keine Stunde Arbeit für viele Wochen Genuss auf dem Toast.

Ähnliche Wege wie in Kernen sind die Streuobst-Fans in Mössingen gegangen, plus einige Upgrades: Die bei Pflegeaktionen entfernten Misteln werden als Weihnachtsdeko verkauft, der Baumschnitt wird zum Heizen genutzt, und im Herbst gibt es eine Aktionswoche mit abschließendem Apfelfest. »Hinter all dem steht das ‚Netzwerk Streuobst Mössingen‘[5], das sich 2005 durch ein Stadtentwicklungsprogramm gebildet hat – erst als lockerer Zusammenschluss und seit 2016 als eingetragener Verein«, erzählt Hans Wener, als Vorstand des Obst- und Gartenbauvereins seit vielen Jahren einer der umtriebigsten Akteure des Netzwerks. Ein wichtiger Erfolgsfaktor ist die Verbindung mit dem Inklusionsunternehmen »Arbeit in Selbsthilfe« (AiS). In mittlerweile drei »Grüngruppen« schneiden 16 Menschen mit und ohne Behinderung die Bäume, mähen die Wiesen, ernten und verarbeiten das Obst. »Ich wollte eine sinnvolle und nachhaltige Tätigkeit für Menschen mit Behinderung schaffen, in der jeder seine Fähigkeiten einsetzen kann«, sagt Geschäftsführer Marcus Hölz. 200 Wiesen, davon viele in Gemeindebesitz, konnten so vor dem Verfall gerettet werden. Die AiS betreibt heute die Dorfmosterei, stellt in der hauseigenen Manufaktur Kuchen, Marmeladen, Tees und Riegel her und führt zwei Cafés sowie zwei Läden, in denen diese Leckereien verkauft werden.

Das sind alles Ideen, die man abkupfern kann – und tatsächlich gebe es immer wieder Gemeinden, die sich für die Mössinger Aktivitäten interessierten, erzählt Hans Wener. »Das Gelingen ist aber immer davon abhängig, dass sich genug Leute kümmern. Ohne Herzblut macht man das nicht.«

Blumenwiesen in XXL

Die Früchte von Streuobstwiesen zu wertschätzen und die Stückle liebevoll zu pflegen, ist schon mal die halbe Miete, doch das allein schöpft ihr Potenzial für Artenvielfalt nicht aus. Wenn unter den Bäumen eine bunte Blumenwiese entstehen soll, auf der auch wieder Schmetterlinge tanzen, reicht es nicht, einfach nur irgendwann und irgendwie zu mähen.

Da wären als Erstes die richtigen Zeiten. Um die Blütenpflanzen zu fördern, sollte der erste Schnitt Ende Mai bis Mitte Juni erfolgen. Wenn das Gras stark dominiert, kann man auch schon einen Frühschnitt bis Mitte April machen. Das Ziel ist immer, den Gräsern und Bullys ihren Vorsprung zu nehmen und konkurrenzschwache Blumen mit mehr Licht zu versorgen. Damit die später im Sommer (erneut) blühenden Arten zur Samenreife kommen, darf der zweite Schnitt erst eher spät im September erfolgen. Obwohl viele Streuobstwiesen meiner Beobachtung nach tatsächlich so bewirtschaftet werden, sind sie trotzdem enttäuschend wenig bunt. Schuld ist dann meist der Mulchmäher.

Es ist allzu verständlich, dass die Dinger superbeliebt sind, weil sie einem schon beim Schnitt die Arbeit mit dem Mahdgut abnehmen: Es wird direkt zerkleinert und als Dünger gleichmäßig auf der Fläche verteilt.[6] Das klingt nach einer guten Idee, lässt aber die

Wiese verarmen und schreddert sehr effektiv Insekten und andere Kleintiere. »Mulchen ist die tierschädlichste Art der Grünland-pflege«, heißt es in Praxisempfehlungen des Deutschen Verbandes für Landschaftspflege (DVL)[7]. Es gibt zwar schon Mulchmäher mit schonenderen Techniken, doch auch sie verändern die Wiesen auf eine Weise, die der Blütenvielfalt keine Chance lässt: »Durch das Mulchen verfilzt die Grasnarbe, so dass praktisch nur noch Grä-ser durchkommen«, sagt der Biologe und Biodiversitätsplaner Dr. Philipp Unterweger[8] und ergänzt: »Und die Herbstzeitlose.« Diese hübschen, an zartlila Krokusse erinnernden Blumen sind zwar eine gute Bienen- und Hummelweide, aber leider auch sehr giftig. Dazu später mehr. Wer nun dem Mulchmähen abschwören und fortan das Mahdgut abräumen will, braucht schon ein bisschen Geduld auf dem Weg zur XXL-Blumenwiese, aber Unterweger versichert: »Es wird von Jahr zu Jahr schöner.«

Wenn dann noch insektenfreundlich gemäht wird, kann sich mit der Blumenpracht eine bunte Vielfalt an Bienen, Schmetterlingen und Käfern entwickeln. Am schonendsten wäre es, mit der Sense zu arbeiten – oder wie Philipp Unterweger es ausdrückt: »Das Leben beginnt, wo der Rasenmäher schweigt.« Doch den Besitzern größe-rer Wiesen ernsthaft eine motorbefreite Pflege vorzuschlagen, wird wahrscheinlich mit der Frage gekontert, ob man womöglich Fieber habe oder sonst wie nicht bei Sinnen sei. Allerdings sind mir schon mehrere Berichte begegnet, wonach das Sensen gar nicht so müh-sam ist, wie man es sich typischerweise vorstellt. Im Herbst werde ich mehr wissen, dann bin ich nämlich bei einem Sensenkurs an-gemeldet.

Ein im Naturschutz akzeptierter Kompromiss ist der Balken-mäher, ob als Handgerät oder vom Schlepper gezogen. Anders als kreiselnde Messer ist er weniger gefährlich für Insekten und schont sogar Amphibien und Reptilien, wenn man ihn auf eine Höhe von mindestens 8, besser noch 14 Zentimeter einstellt. Nur: Damit macht man es den Blumen wieder schwerer, weil die verbleibende

Vegetation laut Unterweger mehr Schatten erzeugt als den meisten Blütenpflanzen zuträglich ist. Die *eine* ideale Schnitthöhe gibt also nicht, deshalb empfiehlt der Experte: Die Fläche nicht gleichmäßig schneiden, sondern den Mäher mal höher, mal tiefer einstellen. »Wenn man auch mal am Boden kratzt, dass es richtig staubt, dann können neue Samen da reinfallen, die Wiese wird artenreicher und bodennistende Wildbienen können da graben und Eier legen.«

Wichtig beim Mähen mit Motor sind auch das Wann und Wie: Bei sonnig-warmem Wetter, wenn Insekten, Reptilien und Amphibien die meiste Power zum Flüchten haben, und mit einem Bearbeitungsmuster, bei dem die Tiere auch wirklich abhauen können und nicht in der Mitte zusammengetrieben werden. Weitere Zusatzpunkte gibt es für alle, die zudem noch 10 bis 20 Prozent des Aufwuchses stehen lassen, um den Insekten nicht auf einen Schlag ihren ganzen Lebensraum wegzunehmen. Wenn man das jetzt noch mit etwas mehr System macht, gibt es den Jackpot.

Wie das geht, beschreibt das »Mahdkonzept nach Unterweger«. Es baut auf der bereits beschriebenen zweischürigen Mahd auf. Auf dem Teil der Fläche, der im Frühsommer stehen bleibt, können Insekten überleben und erwachsen werden, indem sie sich über mehrere Larvenstadien entwickeln oder erst mal als Raupe unterwegs sind – wie etwa Heuschrecken oder Schmetterlinge. Sie wird beim Herbstschnitt ebenfalls gemäht, während ein *anderer* Bereich geschont wird. Dort bleibt die über den Sommer hochgewachsene Vegetation bis zum Ende des nächsten Frühlings stehen. Das erhält dringend benötigte Rückzugsorte für überwinternde Insekten und abgelegte Eier, aus denen im Frühjahr die nächste Generation schlüpfen soll. Im Rahmen einer Studie konnte Philipp Unterweger zeigen, dass dieser »Winterüberstand« schon im ersten Folgejahr einen deutlich positiven Einfluss auf die Zahl der Individuen hat. Und das ist wichtig, denn es geht ja nicht nur um die Vielfalt der Arten: Damit Vögel und andere Insektenfresser satt werden können, braucht es Masse.

Schließlich wäre da noch das logistische Problem zu lösen, was mit dem Mahdgut geschehen und wie es von den mitunter schwer zugänglichen Flächen abtransportiert werden soll. Wenn man es mit dem Hänger zu Grünschnittsammelstellen bringen kann, wird Kompost daraus. In Mössingen wurde erst damit experimentiert, es von einem Bauern für dessen Biogasanlage abholen zu lassen. Inzwischen gibt es die neue Idee, den Grasschnitt durch das gemeinnützige Unternehmen AiS abtransportieren zu lassen und als Grundlage für hochwertige Düngerpellets zu nutzen. Angesichts der immer häufiger werdenden Dürren wäre es zudem sinnvoll, die Ressourcen der Streuobstwiesen für Tierfutter zu nutzen. Doch Heu zu machen erfordert nicht nur vier Tage trockenes Wetter, sondern auch eine gute Portion Idealismus. Denn in dieser Zeit muss man sich zwei bis drei Mal täglich um das geschnittene Gras kümmern, damit wirklich alle Feuchtigkeit daraus entweichen kann.

Das zunächst locker verteilte Gras muss abends zusammengerecht werden, damit der nächtliche Tau möglichst wenig Fläche benetzen kann, und am späten Vormittag wieder ausgebreitet werden. »Vor elf Uhr bringt das nichts«, sagt Christine Brencher, die als Schäferin mit der IG Streuobst Kernen zusammenarbeitet und gelegentlich ein »Heucoaching« anbietet.[9] Idealerweise wird das Mahdgut nachmittags noch mit dem Rechen oder einer Heugabel aufgelockert und gewendet. Das Material muss wirklich furztrocken sein, wenn es eingebracht wird! Andernfalls bildet sich Schimmel, und unter ungünstigen Umständen kann sich das gelagerte Heu sogar selbst entzünden und die Scheune abfackeln. Moment mal – Feuchtigkeit soll an einem Brand schuld sein? Jepp, weil sie Hitze erzeugende Reaktionsprozesse anstoßen kann. Trockenheit allein reicht als Qualitätsmerkmal allerdings auch nicht: »Manche Leute lassen das Mahdgut einfach nur drei Wochen rumliegen«, sagt Brencher. »Aber so wird kein Heu draus, das ist dann einfach nur Raufaser ohne jeglichen Nährwert.«

Und dann ist da noch die erwähnte Herbstzeitlose. Auf der Weide macht sie keine Probleme, weil sie bitter schmeckt und beim Grasen zuverlässig gemieden wird. »Im Heu sind die Blätter jedoch tödlich, weil sie für die Tiere nicht mehr erkennbar sind.« Die Gefahr lässt sich jedoch mit einem Extra-Schnitt bannen: Wenn im März die glänzend-dunkelgrünen Blätter noch vor dem Gras austreiben, sind sie gut zu erkennen und können gezielt abgemäht und entfernt werden. Nachtreibende Blätter bleiben dann niedrig genug, um bei der »richtigen« Mahd im Frühsommer von einem insektenfreundlich hoch gestellten Mäher nicht erfasst zu werden. Der wiederholte Blattklau im März schwächt zudem die Pflanzen, so dass sie allmählich aus der Wiese verschwinden.

Jenseits der Rollos von Christine Brenchers abgedunkeltem Wohnzimmer weicht endlich die hirnerweichende Hitze des Julinachmittags[16] und mit den erträglicheren Temperaturen können wir endlich auch ihre lebendigen »Määäher« besuchen. Aktuell sind es 50 erwachsene Schafe und ebenso viele Lämmer, die insgesamt 5,5 Hektar Wiesen entlang des »Schafwanderwegs« beweiden – ein Projekt, das im Rahmen der Landesgartenschau 2019 entwickelt wurde. »Zuvor hatte ich eine Gruppe Coburger Fuchsschafe mit fünf bis zwölf Tieren«, erzählt die mit ihrem lockigen Zopf, dem Cappy und den kurzen Hosen sehr sportlich wirkende Schäferin fröhlich schwäbelnd. Um deutlich aufzustocken wurden ehrenamtliche Helfer angelernt, denn bei jeder der Gruppen – aktuell sind es acht – muss mindestens einmal täglich nach dem Rechten gesehen und Trinkwasser aufgefüllt werden. Außerdem helfen sie beim Scheren, Füttern, Ausmisten des Stalls und begleiten die Aufzucht der Lämmer. Die meisten Unterstützer sind bis heute dabei.

Solche kleinen Herden kann man bei vielen Schafhaltern mieten, um sich das Mähen von großen Wiesen zu ersparen, und auch manch ein Stücklesbesitzer in Kernen hat schon bei Christine Brencher angefragt – doch sie muss ablehnen. »Die Schafe sollen ja am Wanderweg sein, da gibt es Absprachen, und die Größe dieser Flächen passt genau zu den Bedürfnissen der Tiere«, sagt sie. »Für deutlich mehr

Schafe würde der Stall im Winter nicht reichen.« Wir kommen an einer Parzelle vorbei, auf denen die Schafe schon gewesen sind: »So sieht das dann aus«, sagt sie. Als extensiv beweidete Fläche ist die Wiese nicht kurzgefressen wie ein Deich, sondern wirkt recht chaotisch: Es gibt noch ziemlich viel langes, bereits gelb gewordenes Gras, ein paar verschmähte Disteln stehen blühend auf der Fläche, und am Rand vertrocknen die Reste eines kleinen Brennnesselgebüschs. Insekten sind hier sicher happy, viele Menschen eher nicht. Christine Brencher seufzt: »Ich hoffe sehr, dass der Besitzer hier nicht nachmäht.« Sollte er das tun, wäre der Vorteil der extensiven Beweidung durch die Schafe dahin. Ich kann verstehen, dass der Anblick dem ästhetischen Auge nicht schmeichelt, aber könnte man das zugunsten anderer Lebewesen nicht einfach mal aushalten? Wer das schafft, wird ja sogar durch eine neue, lebendigere Ästhetik belohnt: »Die Wiesen, die wir jetzt schon seit elf Jahren beweiden, sind deutlich artenreicher.«

Schließlich erreichen wir eine Gruppe von acht eher kleinen Schafen – vier Monate alte Bocklämmer –, die direkt am Zaun dicht gedrängt und heftig atmend zwar unter einem Baum, aber doch in der tiefstehenden Sonne liegen. Fortwährend versuchen sie, zumindest den Kopf in den Schatten eines anderen zu schieben. »Was macht ihr denn auch hier?« fragt Christine Brencher kopfschüttelnd und deutet auf ein Dickicht aus Bäumen, das die große, von der Gemeinde gepachtete Wiese etwa mittig teilt. »Dahinten ist es viel kühler, da fließt sogar ein Bächlein, aber vermutlich sind da auch mehr nervende Fliegen und Mücken.« Tatsächlich werden unsere nackten Waden sofort angegriffen, als wir auf dem Weg zum hinteren Teil der Wiese an dem tiefschattigen Streifen vorbeikommen.

Viel Gras ist vorzeitig vertrocknet und liegt lang am Boden. Damit schützt es diesen aber auch vor der brennenden Sonne und dem heißen Wind, so dass dazwischen an vielen Stellen frisches Grün hervorblinzelt. Das Trüppchen Bocklämmer auf dieser Seite des Dickichts ist munterer und kommt auf Zuruf sofort angelaufen. Die zwei eifrigsten sind »Kärntner Brillenschafe« mit schwarzen Ringen um die Augen, langen Schlappohren und einer vorgewölbten »Ramsnase«. Christine Brencher hat sie mit der Flasche aufgezogen, deshalb haben sie eine besonders enge Bindung zu ihr. In der bunten Mischung gibt es zudem das Braune Bergschaf, ebenfalls mit Schlappohren und wie blondiert aussehenden Haarspitzen, das rotbraune Coburger Fuchsschaf, das zottelige Krainer Steinschaf, das Rauwollige Pommernschaf mit schwarzem Kopf und das Waldschaf mit seiner weißen Nase, das als einziges Hörner trägt. Die anderen um uns herum wuselnden Wollknäuel sind natürlicherweise hornlos.

Apropos: Die extensive Schafhaltung könnte deutlich attraktiver sein, wenn nicht nur das Fleisch der Tiere, sondern auch die Wolle mehr geschätzt würde. Viele Schafhalter werfen die Schurwolle sogar weg, weil es sich finanziell so wenig lohnt, sie verarbeiten zu lassen. Christine Brencher sendet die Wolle ihrer Tiere größtenteils an eine Manufaktur, die kleine Pellets daraus macht – ein hervorragender Langzeitdünger, der zudem die Wasserhaltekapazität des Bodens verbessert. Durch ihre porenreiche Struktur kann man solche Pellets zudem mit Lösungen tränken, in denen weitere Nährstoffe oder nützliche Mikroorganismen enthalten sind. Damit muss ich mich unbedingt intensiver beschäftigen. Toll sind auch die im Biogartenhandel erhältlichen Wollvliese, mit denen man den Boden von Gemüsebeeten abdecken kann – eine ästhetische Alternative zur, ähm, *rustikalen* Optik der Mulchwürste. Wer einen Schäfer kennt, der ungewaschene Wolle abzugeben hat, kann diese auch direkt als Mulch nutzen. Die Kackreste darin sind Bonus-Dünger.

Es gibt aber nicht nur praktische Produkte, sondern auch richtig schicke Mode. Seit Jahren liebe ich meinen Kurzmantel aus Rhönschafwolle, meinen Rock aus Tartanstoff von der schottischen Insel Islay und das kuschelige Funktionshirt, bei dem es auch nach vier Tagen durchgängigem Tragen – ja, auch nachts – keinen Müffelalarm gab. Etwas ganz Besonderes ist auch der Teppich in meinem

Arbeitszimmer, handgewebt in einer kleinen hessischen Manufaktur.[10] Die Wolle stammt von Schafen aus der Region, und die Farben sind alle bio. Das Coole: Mit mehreren Mustervorlagen kann man den eigenen Teppich am Computer gestalten und die aktuell 79 Farben nach Lust und Laune auf den Flächen verteilen. Bei mir wurde es ein leuchtend-bunter Regenbogen-Teppich, in den ich immer noch verliebt bin.

Und dann die Decken! Wer je die wärmende Kraft einer richtigen Wolldecke genossen hat, ist für Synthetik oder Baumwolle verloren. Zugegeben: Vor allem die anfassfreundlichen Qualitäten sind nicht gerade billig, aber die Investition lohnt sich. Für Frostbeulen, die gerne draußen sitzen, ist auch ein Fell unterm Hintern Gold wert. Wie bei der Outdoor-Hochzeit im vergangenen Jahr, als eine Freundin mich mit einem Klopfen auf den Boden einlud, mich zu ihr zu setzen. Während ich mich auf das Schaffell niederließ, sagte sie:»Das ist von Sternchen.« Etwas betreten gedachte ich dem mutmaßlich niedlichen Wesen, dem die weichen Locken einst gehört hatten, als Katharina triumphierend hinterher schob:»Und Sternchen lebt!« Ich erfuhr: Man kann Schafe so scheren, dass das Vlies danach noch einigermaßen zusammenhängt und durch Filzen mit einer verbindenden Rückseite versehen werden kann.[11] Auf der lockigen Seite sieht es dann genauso aus wie ein Fell mit Leder, ohne dass man dem Tier dafür ans Selbige gehen musste. Außerdem lässt sich ein gefilztes Fell viel besser waschen: Einfach in die Maschine werfen und das Wollprogramm nutzen. Ich habe Katharina sofort ein bereits fertiges Fell abgekauft und inzwischen von ihr angeleitet selbst eines gefilzt: eine schokobraune, wuschelig weiche Öko-Sitzheizung.

Schade, dass Kernen für einen täglichen Besuch einfach zu weit ist, sonst würde ich auch als Helfer anheuern. Schafe sind toll.

Das Schweigen der Mäher

Es ist stockdunkel, als der Wecker an einem Samstag im Oktober um 5.55 Uhr klingelt. Seit 14 Stunden regnet es nonstop. Die Sensenlehrerin Edda Mucheyer sagt auf ihrer Internetseite[12] zwar, dass man auch bei Regen sensen kann, aber ob das auch für so ein Pladderwetter gilt? Ich checke meine Mails, aber es gibt keine Nachricht von ihr. Also gut, dann rein in Gummistiefel, Regenjacke, Überzieh-Hose und los.

Gegen 8 Uhr am Treffpunkt ist es gerade so hell, wie es eine tiefhängende schiefergraue Wolkendecke zulässt, aber das Wetter hat sich endlich beruhigt. Außer mir sind nur zwei weitere Teilnehmer da, einige haben wohl abgesagt. Feiglinge! Edda hat ihr Equipment in einem Durchgang aufgebaut, der vom Hof eines Firmengebäudes zu einer von hohen Hecken umschlossenen Wiese führt. Es gibt dort eine Bank, ein paar Gartenstühle und -tische in kleinen Gruppen sowie einige Deko-Objekte, die eher ein bisschen verloren als sorgfältig arrangiert wirken. Der große Essigbaum, die Kirsche und der Spitzahorn haben in den Güssen der Nacht das meiste ihres Laubes verloren, und ihre Blätter bedecken das platt geregnete Gras. Und das soll sich sensen lassen?

Edda trägt derbe Wanderschuhe, Leggins, einen hellgrünen Rock, eine rote Softshell-Jacke und einen Latte-Macchiato-farbenen Akubra-Hut, unter dem kurze blonde Haare hervorschauen. Offenbar *kann* man also auch bei diesem Wetter schick aussehen und nicht so, als wollte man einen Gülletank reinigen. Sie startet mit einer Runde Theorie: Wie stellt man die Sense so ein, dass sie optimal zur eigenen Anatomie passt? Wer an dieser Stelle falsch abbiegt, landet auf dem Weg zu Frust und Schmerzen aller Art.

Grundvoraussetzung, um aufrecht und flüssig arbeiten zu können: Die zentrale Stange – »Wurf« oder »Worb« genannt – darf nicht zu lang und nicht zu kurz sein. Daran werden nacheinander die Griffe für die rechte und die linke Hand in den passenden vorgebohrten Löchern befestigt. Es gibt Standards für die korrekten Positionen, aber manchmal muss für die individuell optimale Passung trotzdem nachjustiert werden. Anschließend lernen wir, das Sensenblatt so zu befestigen, dass es im richtigen Winkel zum Worb steht und die Krümmung sich an der tiefsten Stelle etwa acht Millimeter über den Boden erhebt. Tadaaa! Unsere Sensen sind einsatzbereit. Wir aber noch nicht.

Edda zeigt den Bewegungsablauf erst mal ohne Sense: Aufrecht, mit Schulterbreit auseinander stehenden Füßen – der rechte immer vorn – erfolgt die Drehung von rechts nach links überwiegend aus der Brustwirbelsäule. Oh ja, das ist wichtig: Die Lendenwirbelsäule ist nämlich nicht für wiederholte schwungvolle Rotationen gemacht. Dann nimmt sie ihre Sense in die Hand und schärft uns den richtigen Griff ein: »Der Daumen liegt *immer* obenauf!« Dadurch lässt sich die Position des Sensenblattes während des Mähens justieren. Nun führt sie die Sense mit der linken Hand ziehend in einem Halbkreis von rechts nach links dicht über den Boden, mit dem rechten Griff als Mittelpunkt. Es sieht völlig locker aus. Das liegt allerdings nicht nur daran, dass sie die Technik als Lehrerin, zertifiziert vom Sensenverein Österreich und Deutschland, perfekt beherrscht, sondern an der wirklich scharf gedengelten und gewetzten Schneide.

Zum Glück sind unsere Sensenblätter auch in optimalem Zustand, so dass wir alle schnell dieses befriedigende Gefühl eines sauberen Schnitts erleben. Mit kleinen Schritten bewege ich mich in einer Bahn vorwärts, wobei sich das Mähgut automatisch links ablegt. Das für Stauden ausgelegte Sensenblatt schafft auch die aus der Wiese hochragenden dickeren Stängel locker. Anfangs tue ich mich etwas schwer, mich weit genug nach links zu drehen, ohne dabei die Schulter zum Ohr hochzuziehen. Die anderen haben ihre eigenen Schrägheiten im Bewegungsablauf, die Edda geduldig korrigiert. Ab und zu ruft sie »Daumen oben!«, und es gibt immer irgendwen, der hastig umgreifen muss. Der korrekte Griff erlaubt es, die

Daumen in einer »Gießkannen-Bewegung« leicht nach unten zu drücken und damit das Sensenblatt bis zum Schluss dicht über den Boden gleiten zu lassen. Das ist übrigens das Geheimnis (neben dem perfekt geschärften Sensenblatt), warum man sich mit der Sense auch einen englischen Rasen frisieren kann, falls man auf so was steht. Edda zeigt uns, wie man mit kleinen Variationen der Technik an Steilhängen, entlang von Mauern, um Bäume und sogar um einzelne Blumen herum sensen kann. Auch mit stark verfilzten oder von irgendwelchem Gestrüpp überwucherten Wiesen kann man fertig werden.

Obwohl ich den Kurs eigentlich nur zu Recherchezwecken gemacht habe, will ich jetzt auch so eine Sense. Damit könnte ich die Flächen in meinem Garten, die kurz sein sollen, *wirklich* kurz halten und endlich mal mehr Struktur in die Sache bringen – und zwar ohne Bücken, wie genial ist das denn? Gut zwei Wochen später probiere ich zum ersten Mal mein eigenes Modell aus. Es geht noch nicht flüssig, aber sobald ich den Daumen korrekt einsetze und das Blatt wirklich dicht am Boden halte, ist der Effekt geradezu beglückend. Irgendwo weiter unten in der Straße mäht jemand mit nervig heulendem Motor, während es bei mir nur »ssst, ssst, ssst« macht. Eine Heuschrecke springt lange vor mir her, ohne je in Gefahr zu geraten. So macht das Spaß!

Noch lustiger wird es, wenn man wie die Stuttgarter Sensenschwinger[13] aus dem Mähen ein Event macht: Erst gemeinsam das Gras kürzen, dann zusammensitzen und »veschpern«. In der Gruppe können sich zudem die Anfänger viel bei den alten Hasen abgucken und an Erfahrung gewinnen. »Prinzipiell geht es bei uns um Gegenseitigkeit: Jeder bekommt Hilfe bei der eigenen Wiese und unterstützt dafür die anderen«, erzählt Sensenlehrer Bernhard Lehr. Seit der Gründung 2018 ist die Gruppe auf inzwischen 30 Menschen angewachsen, und die Anfragen mehren sich. »Unser Ziel ist aber gar nicht so sehr, größer zu werden, sondern, dass es möglichst überall solche Initiativen gibt«, sagt Lehr. Je kürzer die Anfahrt und je geringer der Aufwand ist, desto größer sind die Chancen, dass auf mehr Wiesen die Motoren schweigen und stattdessen das Leben brummt.

Versumpfen for Future

Wenn es je ein »Lochpullover-Projekt« gab, dann ist es mein Teich. Nie zuvor wurden die Kriterien – viel drauf rumgedacht und doch entscheidende Aspekte übersehen – in so großem Stil erfüllt. Es begann im Frühling 2021, als eine Frau auf der Facebook-Seite der Hortus-Gruppe ihren frisch angelegten Tümpel präsentierte. Ich war sofort im »Will ich auch!«-Modus. Scheiß auf die Blumenwiese, die eh nicht funktioniert, da kommt ein nettes kleines Gewässer hin! Die Hortusianerin empfahl eine Firma, bei der es viele Informationen gebe, inklusive Videos. Das Material war wirklich sehr hilfreich, verleitete allerdings auch zum Gigantismus. Den Teichumfang nach den empfohlenen Mindeststandards abzustecken, geriet schnell zur pantomimischen Darstellung von »ausufern«. Irgendwann kam Marcus in den Garten geschlendert, betrachtete die Linie der im Boden steckenden Stöckchen und stellte fest: »Ach, du planst einen Schwimmteich ... mit Olympia-tauglichen Bahnen.« Es war klar: Ich musste noch mal zurück auf Los. Nur leider schwächelte inzwischen mein Enthusiasmus, so dass ich mich lieber in das neue Projekt »Rundes Hochbeet mit Trockenmauer« stürzte. Von dem ist hier immerhin schon bekannt, dass es am Ende erfolgreich war. Tschakka!

Während der langen Pause bis zum nächsten Frühling verabschiedete ich mich von der perfekten Teichgröße und stellte zudem fest, dass ein anderer Platz sowieso viel geeigneter wäre: Die Stelle, an der ich die Erde von der Pufferzone abgeladen hatte. Erstens lag die nicht den ganzen Tag in der prallen Sonne und zweitens musste ich da ja sowieso aktiv werden. Und für das leichte Gefälle dort hatte ich doch noch diese tollen, schweren Steine rumstehen, perfekt für ein Mäuerchen, alles kein Problem! Spoiler: doch. Die Steine reichten nämlich nicht, das Wasser wäre an den Seiten rausgelaufen. Ich verbrauchte endlos viel Zeit mit Versuchen, ergänzende Steine zu horteln, bis ich schließlich doch welche neu kaufte. Irgendwann war die Umrandung schließlich fertig, und ich hatte wieder Platz im Hirn für neue Fragen, zum Beispiel: Würden meine Ideen für die Befestigung der Teichfolie überhaupt funktionieren? Ich hatte kein gutes Gefühl, aber auch keinen Bock auf die korrekte, aufwendige Lösung. Puh.

Parallel dazu trug ich die locker-krümelige Erde ab, parkte sie in Säcken oder schaffte sie an andere Stellen im Garten. So hatte sich zum Beispiel die Erde im Hochbeet wieder gesetzt und konnte Nachschub gut gebrauchen. Außerdem baute ich aus Stämmen der verblichenen Kiefer von nebenan, Steinen und zwei Dachziegeln vom Recyclinghof ein Naturmodul mit Schlupfwinkeln für Blindschleichen und anderes Getier, sowie Erde für Wildbienen. An der Teichbaustelle sah ich nämlich immer wieder welche buddeln, und natürlich wurden sie durch meine Grabungen gestört. Zudem integrierte ich zwei mit Sand gefüllte Töpfe in das Arrangement: gekippt eingegraben, so dass sie einen gewissen Regenschutz boten. Da werde ich allerdings wohl noch nacharbeiten müssen. Ich hatte Sand genutzt, der zu fein für Bruträhren sein könnte, und auch die eingebrachte Erde war wohl zu locker und nicht ausreichend lehmig-kompakt.

Dabei hätte es wahrlich genug Vorrat von der Sorte »lehmig-kompakt« an der Teichbaustelle gegeben. Je länger die Trockenheit anhielt, desto schwieriger wurde das Graben. Bald schon reichte meine Kraft nicht mehr, um mit dem Spaten arbeiten zu können, und so brach ich mit dem Unkrautstecher immer nur faustgroße Stücke heraus. Marcus riet mir zur Spitzhacke, aber ich wehrte ab: Erstens hätte ich erst eine kaufen müssen und zweitens fand ich es unsympathisch, so ungezielt drauflos zu kloppen. Er verdrehte amüsiert die Augen und kommentierte:»Du kannst es auch mit'm Schwamm machen – dauert halt sechs Jahre.«

Zum Glück war der Gag^T immer noch für einen Lacher gut, denn den hatte ich nötig. Ich war so frustriert, dass ich ganz kurz davor war, Plan B umzusetzen: die Grube mit Ziegelschotter zu füllen und ein Magerbeet draus zu machen. Doch noch hing ich zu sehr an der Idee, meinen Garten mit einer kleinen Wasserfläche aufzuwerten: Kühlung gegen die Hitze, Tränke für die Tiere, und vielleicht sogar Anziehungspunkt für neue Arten. Der Mini-Teich, den ich unter-dessen »zum Üben« in einer gehortelten Zinkwanne angelegt hatte, zog zum Beispiel schon in den ersten Tagen leuchtend blaue Libel-len an. Und die Kamera zeigte, wie intensiv die Wasserschale von Vögeln zum Trinken und Baden genutzt wurde, und dass sich in jeder Nacht Steinmarder, Waschbären und Igel dort bedienten. Zu-dem recherchierte ich in diesen Tagen die immense Bedeutung von Feuchtgebieten für die Rettung der Welt, wie hätte ich da einfach aufgeben können?

Besonders im Umgang mit Mooren steckt tatsächlich ein rie-siges Potenzial, den Klimawandel entweder deutlich anzutreiben oder zu bremsen. Der Grund: Moorböden bestehen aus Torf – also abgestorbenen Pflanzenresten. Solange die Flächen nass sind, zer-setzen sich diese kaum, sondern lagern sich ab. Der Zuwachs ist mit etwa einem Millimeter pro Jahr zwar superlangsam, aber dafür stetig. Über die Jahrtausende seit der jüngsten Eiszeit sind in Deutschland bis zu zehn Meter dicke Schichten entstanden, anderswo sind sie sogar 30 bis 40 Meter mächtig. Weltweit bestehen gut drei Prozent der Landfläche aus Moorböden, die darin doppelt so viel Kohlenstoff gespeichert haben wie in allen Wäldern zusammen – und es ist entscheidend, dass der dort bleibt. Werden Moore jedoch entwässert und dadurch dem Luftsauerstoff ausgesetzt, baut sich der Torf ab. Die Folge: Im Mittel verschwindet etwa ein Zentimeter pro Jahr, in tropischen Mooren sogar drei bis fünf Zentimeter, und der darin gespeicherte Kohlenstoff entweicht in die Atmosphäre. Obwohl noch 85 Prozent der weltweiten Moore in halbwegs gutem Zustand sind, stellen bereits die Ausgasungen aus dem entwässerten Rest ein gewaltiges Problem dar: Sie sind die Quelle für ungefähr fünf Prozent aller menschengemachten Treibhaus-Emissionen.

In Deutschland gibt es Moorböden auf etwa fünf Prozent der Landfläche. Davon sind rund 96 Prozent stark entwässert und entlassen kontinuierlich Treibhausgase in die Luft, was sich aktuell zu einem Anteil von gut sieben Prozent der deutschen Gesamtemissionen summiert. In absoluten Zahlen sind das jährlich 53 Millionen Tonnen CO_2-Äquivalente – doppelt so viel wie der Ausstoß aller in Deutschland startenden Flugzeuge zusammen. Anschaulicher finde ich den Vergleich, den Dr. Franziska Tanneberger, Leiterin des Greifswald Moor Centrums, in ihrem Buch *Das Moor* nennt: Pro Hektar entstehen so viele Emissionen wie ein mittelgroßer Benziner ausstoßen würde, wenn er etwa vier Mal den Äquator entlang um die Erde fährt – und zwar jedes Jahr, bis sich die Torfschicht im wahrsten Sinne des Wortes verflüchtigt hat.

Die gute Nachricht: Der massive CO_2-Ausstoß wird sofort gestoppt, wenn ein Moor wieder vernässt wird. Für kurze Zeit entweicht dann zwar mehr Methan, aber diesen Effekt muss man in Kauf nehmen, meint Tanneberger: »CO_2 bleibt Hunderte von Jahren in der Atmosphäre, während Methan sich innerhalb von zwölf Jahren abbaut und nur zu einem kleinen Teil zu CO_2 wird«, erläutert sie in dem Podcast »Jung&naiv«[2]. »Insgesamt zeigen Untersuchungen ganz klar: Im Hinblick auf die Erderwärmung stehen wir mit wiedervernässten Mooren besser da als mit trockenen.« Ob Kohlenstoff auch neu gespeichert wird, hängt von vielen Variablen ab, ist kurzfristig aber bestenfalls als netter Zusatzeffekt zu sehen. Das wichtigste Ziel liegt darin, den CO_2-Ausstoß auf so vielen Flächen wie möglich zu stoppen. Das Thünen-Institut für Agrarklimaschutz, das auch die jeweilige Bundesregierung berät, schlussfolgert: »In Deutschland wäre die Wiedervernässung von organischen Böden die mit Abstand effektivste Klimaschutzmaßnahme im Bereich der Bodenkohlenstoffspeicherung.« Das aktuelle Bundeskabinett sieht es genauso und hat eine »Nationale Moorschutzstrategie« verabschiedet.[3] Dabei geht es nicht allein um die Treibhausgase: Der Schwund der Torfböden lässt die herkömmliche Bewirtschaftung dieser Flächen irgendwann nicht mehr zu, »landwirtschaftliche Betriebe stehen auf dem Spiel«, heißt es in der Kurzzusammenfassung.

Doch der Kraftakt ist riesig, die rein physikalisch meist einfache Wiedervernässung umzusetzen. Franziska Tanneberger erläutert, was Deutschland in Sachen Moor stemmen muss, um die mit dem Pariser Abkommen eingegangenen Klimaschutz-Verpflichtungen einhalten zu können: »Wenn man den Zeitraum bis 2050 betrachtet, müsste man auf Bundesebene 50.000 Hektar Moorböden vernässen – pro Jahr.« Von dieser jährlichen Zielgröße, die etwa der Fläche des Bodensees entspricht, wurden bisher im Schnitt nur vier Prozent erreicht, rund 2000 Hektar jährlich. Die Hürde liegt also viel höher als je zuvor und obendrein sind die betroffenen Gebiete nicht gleichmäßig über Deutschland verteilt, sondern regional stark konzentriert. Die größte Herausforderung besteht jedoch darin, dass mehr als drei Viertel der Flächen landwirtschaftlich genutzt werden. Es ist also ausgeschlossen, sie alle zu Naturschutzgebieten zu machen. Stattdessen wurden in den vergangenen Jahren verschiedenste alternative Nutzungsmöglichkeiten entwickelt, die auf nassen Böden funktionieren und bei denen der Torf erhalten bleibt – »Paludikultur« genannt, vom lateinischen Wort »palus« für Sumpf.

»Das muss nicht immer der aktive Anbau von Pflanzen sein,

sondern auch die Nutzung von dem, was auf Nasswiesen spontan wächst«, sagt Franziska Tanneberger. So wird in Malchin (Mecklenburg-Vorpommern) getrocknetes Moorgras von einer wiedervernässten Fläche geerntet und in einem Biomasseheizwerk – ein dafür errichteter Prototyp – verbrannt, um mehrere Schulen, Kindergärten und Bürogebäude sowie fast 550 Wohnungen mit Wärme zu versorgen. »Die Biomasse von Mooren hat beim Verbrennen einen hohen Heizwert, ähnlich wie Holz«, schreibt die Forscherin in ihrem Buch. Es wächst aber schneller und kann jährlich geerntet werden. Nasswiesengras kann auch als Futter für Pferde genutzt oder ungetrocknet in Biogasanlagen vergoren werden. Ebenfalls möglich: die Haltung von Wasserbüffeln und sogar robusten Rindern, um Milch und Fleisch zu gewinnen. »Vor der Wende wurden auch Milchkühe auf sehr nassen Flächen gehalten, ebenso in den Niederlanden. Das funktioniert«, sagt Christina Grätz, Geschäftsführerin der Arbeitsgemeinschaft Klimamoor Brandenburg[4] in einer Onlinediskussion. Die Wasserstände auf den Grünlandflächen anzuheben, müsse also keineswegs das Ende der Milchwirtschaft dort sein. »Und wir haben jetzt in Brandenburg Landwirte, die diesen Weg gehen wollen.«

Auf Hochmooren – also Flächen, die nur von Regen gespeist werden – lässt sich der Sonnentau kultivieren. Aus dieser kleinen, fleischfressenden Pflanze wird ein Wirkstoff gegen Husten gewonnen, doch bisher werden die Rohstoffe vor allem aus Madagaskar importiert. Weit fortgeschritten sind auch die Anbau-Versuche bestimmter Moose, um den immer noch vielfach in Pflanzsubstraten verwendeten Torf zu ersetzen. Zwar wird in Deutschland selbst kaum noch Torf abgebaut, aber den hiesigen Bedarf zu importieren, ändert ja nichts an der Klimabelastung – deshalb braucht es Alternativen. Nach Pflanzversuchen in der Lehr- und Versuchsanstalt der Landwirtschaftskammer Niedersachsen zeigt sich der Forschungsleiter in einem Fernsehinterview begeistert von den Eigenschaften des neuen Substrats, die es auch für große Gärtnereien interessant machen. Für Privatgärtner gibt es schon länger torffreie Gartenerden, man muss nur darauf achten, dass es auf den Säcken auch ausdrücklich draufsteht.[5]

Auch Schilfgräser, Rohrkolben und Erlen sind fantastische nachwachsende Rohstoffe. Sie können zum Beispiel zu Bau- und Dämmstoffen verarbeitet werden, was häufig zusätzlich fossile Materialien einspart. Dabei ist es ja nicht mal etwas Neues, Schilf zum Beispiel für die in Norddeutschland beliebten Reetdächer zu nutzen, nur, dass es aktuell zu 80 Prozent importiert wird. »Ein richtig großer Anteil wird aus China – also auch noch mit den Schiffsdiesel verbrennenden Containerschiffen – nach Deutschland gebracht«, erzählt Franziska Tanneberger. Der lange Transport erfordert zudem, sie mit Giften gegen Tierfraß zu behandeln – was den Reetdachdeckern in Deutschland mitunter Ausschläge an den Händen beschert. Auch Papiere, Verpackungsmaterial und Einweggeschirr können aus Schilfgräsern hergestellt werden und würden somit den Holzverbrauch senken.

Es gibt also Möglichkeiten für die Besitzer und Pächter von Moorböden, neue Wege zu gehen – zumal inzwischen endlich geändert wurde, dass sie bei einer Wiedervernässung keine unterstützenden Zahlungen von der EU mehr bekommen würden.[6] Trotzdem ist es für viele Landwirte nicht nur wirtschaftlich, sondern auch seelisch ein gewaltiger Schritt, sich darauf einzulassen. Immerhin müssen sie dafür Land unter Wasser setzen, das ihre Vorgänger oder sogar ihre eigenen Ahnen einst so mühevoll urbar gemacht haben. Und es gibt noch viele weitere Hürden: Schleppende Genehmigungsverfahren, fehlende Erfahrung und Gerätschaften für die nasse Bewirtschaftung, neue Produktionsweisen müssen in der Industrie erst etabliert und die Produkte zertifiziert und standardisiert werden – und schließlich trotz höherer Preise auf dem Markt bestehen. »In den untersuchen Branchen müsste ein Marktanteil von 15 Prozent von auf Mooren produzierter Biomasse erreicht werden«, so das Ergebnis einer Machbarkeitsstudie von toMOORow, einer gemeinsamen Initiative der Umweltstiftung Michael Otto und der Succow Stiftung.[7]

Vermutlich wird es nicht ohne steuerliche Begünstigungen gehen, doch diese gesellschaftliche Investition lohnt sich – auch deshalb, weil es die Abhängigkeit von Importen aus mitunter politisch instabilen Regionen verringert. Und es könnten noch ein paar bisher unerwähnte Wins draufgestapelt werden: Die Drainierung von Moorböden zu beenden und neue Nassflächen zu schaffen, wirkt ausgleichend auf die Temperaturen der Region und stabilisiert den Wasserhaushalt in der umliegenden Landschaft. Diese wird dadurch widerstandsfähiger sowohl gegen Dürren als auch gegen Überflutung. Zudem sind Moorpflanzen wie Schilf und Rohrkolben in der Lage, übermäßige Nährstoffe aufzunehmen und dadurch die Nachbargewässer vor den Folgen von Überdüngung zu schützen. Und als wäre das nicht schon toll genug, bieten die neuen Anbaugebiete auch noch vielen Tierarten einen Lebensraum, wie eine Studie zeigen konnte.[8]

Die Recherchen haben mich so begeistert, dass ich *kurz* darüber nachgedacht habe, doch noch was aus meinem Biologie-Diplom zu machen und in die Wissenschaft zu gehen. Doch zum Glück kann ich auch als Schreiberling ein bisschen Feldforschung schnuppern. Der Plan: Eines der Projekte ansehen, bei dem die Forscher mit mutigen Pionieren unter den Bauern zusammenarbeiten, und so meine Teichbau-Zwangspause im Sommer 2022 sinnvoll nutzen. Beginnen wollte ich meine Rechercheise in den Norden jedoch mit einem Besuch in Hasenmoor, meinem früheren Wohnort in Schleswig-Holstein, und seinem gleichnamigen Biotop: ein 275 Hektar großes wiedervernässtes Schutzgebiet, entstanden aus einer industriell ausgebeuteten Abtorfung – und einst einer meiner absoluten Lieblingsplätze.

Behutsames Butschern

Auf der Karte wirkte das Gebiet nicht besonders beeindruckend: Wie abgebrochene Zinken eines alten Kamms ragten parallel zueinander mehrere Gräben in die Landschaft, manche davon mit etwas größerer Wasserfläche am gemeinsamen südwestlichen Ende. Ein Name war nirgends verzeichnet, deswegen wusste ich nicht, dass dies das Hasenmoor war und noch weniger, dass es im gleichnamigen Dorf »Königsmoor« genannt wurde. Immerhin wirkte es spannend genug, um mich schon bald nach unserem Umzug 1999 auf einen Erkundungsspaziergang zu locken. Los ging es direkt vor meiner Haustür und weiter über das Netz an Wirtschaftswegen durch die Felder und Wiesen. Längst nicht alle waren auf der Karte eingezeichnet, so dass ich mich an der Sonne orientieren musste, um in der richtigen Richtung zu bleiben. Ohne Quatsch! Das war schließlich vor Google Maps.

Auch den Aussichtsturm direkt bei den Wasserflächen gab es auf meiner Karte nicht, deshalb tauchte er völlig überraschend am Ende des letzten Wegstücks auf. Weil es dort einen kleinen Anstieg im Gelände gab und Gebüsche den Blick zum Ufer verbargen, ahnte ich nicht, welche Aussicht sich von der Plattform aus bieten würde. Der Effekt war maximal: tadaaaa!!! Ich riss die Augen auf und hauchte ehrfürchtig: »Ooohhhh!« Anders als erwartet, lag vor mir nicht bloß irgendein Tümpel, sondern ein richtiger See inklusive etwa zwanzig entspannt herumpaddelnden Graugänsen. Die Sonne glitzerte auf dem Wasser und ließ die Birken an den Ufern leuchten. Es sah aus wie in der kanadischen Wildnis, und ich war schockverliebt.

Später erfuhr ich: Bis in die 1970er Jahre wurden in dem Gebiet mindestens 800.000 Tonnen Torf industriell abgebaut, bis das billigere Heizöl die Sache unwirtschaftlich machte. Weil die verlassenen Flächen immer wieder brannten und dann kaum zu löschen waren, wurden ab 1976 Torfwälle angelegt und Wasser aufgestaut. Die

Bereiche rechts und links des Fußweges zum Aussichtsturm waren einst privat genutzte Torfstiche, in denen die Bauern sich für den Eigenbedarf versorgten. Sie wurden ab 2007 wieder vernässt und das »Königsmoor« als FFH-Gebiet[9] ausgewiesen. Aktuell läuft der Antrag des Kreises Segeberg auf ein Upgrade zum Naturschutzgebiet. Auch wenn die Erfahrungen von Moorforschern zeigen, dass sich durch die Rückkehr des Wassers das Rad nicht zurückdrehen lässt und vor allem stark geschädigte Moore nicht wieder so werden wie sie mal waren: Es entsteht ein neuer Lebensraum, der auf seine Weise wertvoll ist, sogar ein richtiges Kleinod.

Meinem ersten Besuch folgten viele weitere, oft ging ich noch ein Stück weiter und rüber auf einen der Torfwälle zwischen den Wassergräben – nur dort riskierte ich nicht, in schlammige Löcher zu treten. Ich erkundete das Gebiet auf eine Weise, die ich »behutsames Wandern« nannte: allein, ganz langsam und immer wieder verharrend. Mein Ziel war es, kein Fremdkörper mehr zu sein, sondern geradezu mit der Landschaft zu verschmelzen. Das gelingt allerdings nur, wenn sich auch eine tiefe innere Ruhe einstellt. Es waren diese Momente, in denen ich die coolsten Begegnungen erlebte wie eine durchs Wasser gleitende Ringelnatter, das schillernde Türkisblau eines jagenden Eisvogels oder völlig gechillte Rothirsche. Ich konnte diese mächtigen Tiere ewig lange mit dem Fernglas beobachten, weil sie mich nicht bemerkt hatten und ich respektvoll Abstand hielt. Ich war also supervorsichtig und scheuchte kaum jemals ein Tier auf, aber trotzdem: Nach dem »Was wäre, wenn das jeder machen würde«-Prinzip betrachtet war es nicht okay, dort unterwegs zu sein.

So sieht das auch Heino Burmeister, der das Schutzgebiet ehrenamtlich betreut. In unserem ersten Telefongespräch im Mai 2022 sagt er: »Heute können Sie da nicht mehr einfach so rumbutschern, das Gelände ist jetzt abgesperrt.« Rumbutschern! Ich bin kurz abgelenkt, weil ich das Wort schon wieder so klasse finde.[10] »Es ist nicht schön, dass da jetzt Zäune sind, aber es ging wirklich nicht anders.

Die Leute respektieren die Schilder nicht«, sagt er. »Seit Corona sind sie eingefallen wie die Heuschrecken, haben Feuer gemacht, Hunde ohne Leine rumlaufen und sogar im Wasser schwimmen lassen. Ich hätte da rund um die Uhr Wache halten können. Aber selbst, wenn ich da bin, meinen offiziellen Ausweis zeige und zu erklären versuche, warum das nicht geht, sagen mir die Leute ins Gesicht: ,Das interessiert mich nicht', und werden sogar aggressiv.« Mehrfach habe er sogar die Polizei benachrichtigen müssen.

Einen Augenblick lang schweigen wir in geteilter Fassungslosigkeit über derart rüpelhaftes Verhalten, dann fährt er fort: »Wir haben da ein echtes Juwel, das lassen wir uns nicht kaputt machen. Mit 100 Kranichen, die normalerweise auch im Winter nicht wegziehen, und brütenden Schwänen. Wir haben Eisvögel, der Seeadler kommt regelmäßig gucken, und Fischotter gibt es auch.« In dem Moment ist klar: Da will ich noch mal hin.

Sechs Wochen später treffen wir uns auf dem Parkplatz des örtlichen Lokals, das inzwischen »Der Tanzhase« heißt. Ich bin schon etwas vor 9 Uhr da, Heino Burmeister kommt pünktlich. Er ist eigentlich Steuerfachangestellter und erinnert mich ein bisschen an den Schauspieler Daniel Craig. Das offizielle Abzeichen am Hemd – gelb mit stilisierter Eule – weist ihn als Schutzgebietsbetreuer aus. Mit seinem Wagen fährt er voraus durch das Gewirr der Wirtschaftswege, in dem ich mich nach 14 Jahren Abwesenheit nicht so schnell wieder zurechtgefunden hätte. Wir halten auf einem Mini-Parkplatz am Rande des Schutzgebiets, wo bereits Volker Kundikow wartet. Auch er ist in braun-beige gewandet, trägt das Zeichen des Naturschutzdienstes und erinnert mich an einen Schauspieler; in seinem Fall ist es Eric Roberts.

Wir umrunden den bemoosten Schlagbaum und begeben uns auf den grasbewachsenen Weg Richtung Aussichtsturm. Wegen der dicht belaubten Büsche und hochwachsenden Farnwedel zu beiden Seiten ist es, wie in einen grünen Tunnel einzutauchen. Durch kleine Lücken sind immer wieder Wasserflächen zu sehen, deutlich mehr als zu meiner Zeit hier. Diese Bereiche sind erst später vernässt worden. »Das sind die Rückzugsorte und Schlafplätze der Kraniche«, erzählt Heino Burmeister. Ihre trompetenden Rufe sind gelegentlich zu hören, offenbar suchen sie gerade auf weiter entfernten Wiesen nach Nahrung. Ich freue mich, einen Fitis zu hören, der sein selten gewordenes, an einen melancholischen Buchfinken erinnerndes Lied singt.

Wir bewegen uns sehr vorsichtig, weil vor unseren Füßen immer wieder winzige Frösche herumspringen, nicht größer als eine Centmünze. Von den hier vorkommenden Schlangen lässt sich keine blicken. Die Schling- und Ringelnattern sind harmlos, doch die giftigen Kreuzottern wären ein guter Grund, Hunde nicht unbeaufsichtigt rumstromern und unter jeden Busch schnüffeln zu lassen. Auch wenn man die Gefahr nicht unnötig dramatisieren muss: Ein Biss *kann* ernste Folgen haben, vor allem für kleinere Wesen. Und so ist *Vipera berus* ein inoffizieller Helfer der Schutzgebietsbetreuer: Ihre Anwesenheit bewegt die Leute eher dazu, ihren Fifi an die Leine nehmen, als der Hinweis auf ruhebedürftige Brutvögel.

Als wir den Turm und das Ufer erreichen, ist der Blick über das Wasser und zu den Birken noch genauso betörend, wie ich ihn in Erinnerung habe. Froschquaken und Vogelzwitschern ist zu hören, sonst nichts – kein noch so fernes Motorengeräusch stört die Kanada-Impression. »Im vergangenen Winter haben durchziehende Kraniche hier Rast gemacht, da haben wir 700 Tiere zugleich gezählt«, sagt Volker Kundikow und ergänzt schmunzelnd: »Es war sogar ein Exot dabei, ein Mandschurei-Kranich, der aus dem Niendorfer Gehege ausgebüxt ist.« Ob er jetzt auch hier wohnt? Zumindest wurde er später noch mal gesichtet.

Jeder der beiden Männer schaut ein bis zwei Mal pro Woche im Königsmoor nach dem Rechten, zu ganz unterschiedlichen Zeiten, wie es sich halt ergibt. »Ich bin hier aufgewachsen, für mich ist es eine Herzensangelegenheit, das Gebiet zu schützen«, sagt Heino Burmeister, und Volker Kundikow nickt: »Für mich auch.« Er entdeckt eine leere Zigarettenschachtel und steckt sie grummelnd in die Tüte, die er wohlweislich dabei hat. »Ich verstehe das einfach nicht, warum kann man seinen Müll denn nicht wieder mitnehmen?« Darauf fallen mir nur lauter misanthropische Antworten ein, die ich eigentlich nicht mal denken möchte, und so schweige ich lieber.

Vor allem in der Coronazeit fanden die beiden am Turm immer wieder Reste von Picknicks und Saufgelagen. »Da könnten wir Geschichten erzählen …«, sagt Volker Kundikow – und eine nach der anderen kommt dann auch: von aus dem Turm rausgeschlagenen Brettern, ins Wasser geworfenen Bänken, Schlittschuhlaufen auf dem gefrorenen See, unerlaubtem Angeln, rabiaten Versuchen, mit dem Rad durch die Botanik zu walzen, und immer wieder das Entzünden von Feuer. Offenbar begreifen die Menschen nicht, dass der Boden hier brennbar ist und in tieferen Schichten weiterschwelen kann, selbst wenn die sichtbare Glut gelöscht ist. »Im vergangenen Jahr hat es dort drüben gebrannt«, sagt Heino Burmeister und deutet nach Osten auf die Flächen jenseits des gestauten Wassers. »Weil das im November war, ließ sich das Feuer zum Glück gut löschen. Im Sommer wär's das gewesen.« Kürzlich habe er eine Führung für die örtlichen Feuerwehrleute gemacht, damit sie Notfall wissen, welche Bereiche überhaupt befahrbar sind. »Die Alten, die sich auskennen, sind nicht mehr aktiv, und unter den Jungen gibt es viele Zugezogene, die nicht mal wussten, dass es das Moor gibt.« Ich nicke, denn ohne meine Freude am Rumbutschern in der Natur wäre ich auch ahnungslos geblieben.

Auf weich federndem Boden schlendern wir den Weg entlang bis zur neuen Absperrung – ein Holzzaun mit zwei Querbalken – und wieder zurück zum Turm. »Aktuell gibt es mindestens zwei Wölfe in der Gegend, die hier auch regelmäßig durchlaufen. Eine Wölfin kam neulich zwei Damen entgegen, die das auch gefilmt haben«, erzählt Volker Kundikow. »Bei solchen Begegnungen muss man keine Angst haben und auch nicht rumschreien. Die Wölfe weichen dem

Menschen von allein aus.« Er zeigt mir mehrere Videos auf seinem Handy, sowohl von Wölfen als auch von einem imposanten und klischeemäßig zwischen den Birken röhrenden Rothirsch: »Das war im Herbst der Platzhirsch hier.« Ich würde liebend gerne auch was von all den Tieren sehen, die hier zuhause sind, aber selbst mit den großen Ferngläsern der beiden Schutzgebietsbetreuer sind sie heute nicht zu entdecken.

Dann singt plötzlich ein Pirol weit oben in den Bäumen. Ein Pirol!!! Obwohl ich noch nie einem begegnet bin, fühle ich mich diesem Vogel sehr verbunden, denn meine Familie hat aus seinem Gesang einen besonderen Pfiff entwickelt, mit dem wir uns in Menschenmengen besser finden können. Nicht finden lässt sich der Pirol, obwohl sein Gefieder so gelb leuchtet wie ein Friesennerz. Selbst meine erhöhte Position auf dem Aussichtsturm hilft mir nicht, er bleibt in den Baumkronen verborgen. Immerhin: Zum ersten Mal habe ich einen »in echt« gehört! Ein schöner Abschluss für meinen Besuch im Moor.

Doch natürlich kann ich Hasenmoor nicht verlassen, ohne bei meinem ersten Garten vorbeizuschauen. Während die gerade heimgekehrte aktuelle Bewohnerin ihre Einkäufe ins Haus trägt, darf ich ums Eck gehen – und der Anblick haut mich um. Ich kann nicht fassen, wie klein der Garten ist, nicht mal halb so groß wie in meiner Erinnerung. *Davon* war ich mal überfordert??? Als nächstes schockt mich die Eiche: Meine krüppelige Mitleidspflanzung hat sich zu einem stattlichen und gesund aussehenden Baum entwickelt. Wie vielen Tieren mag seine ausladende Krone wohl ein Zuhause sein? Ihn so prachtvoll zu sehen, berührt mich tief. Nicht nur, weil es eine ermutigende Antwort auf die Frage ist, ob mein Tun im Garten überhaupt »etwas bringt«. Die Eiche zeigt mir: Es ist nicht egal, dass ich mal hier gelebt habe.

Zurück in die Zukunft

Nach der kürzesten Nacht des Jahres mache ich mich auf nach Mecklenburg-Vorpommern, einem der Bundesländer, in denen es sehr viele Moorböden gibt – zwölf Prozent der Landesfläche, um genau zu sein. Auch hier sind noch die meisten Moore entwässert, doch zugleich gibt es auch mutige Vorreiter unter den Bauern, die es wagen, sich auf neue Bewirtschaftungsformen einzulassen. Sie gehen zurück zu nassen Flächen und testen gemeinsam mit den Forschern die besten Wege in eine nachhaltigere Zukunft. Franziska Tanneberger hofft, dass sie für diesen Pioniergeist mal reich belohnt werden: »Zum Beispiel, indem sie eines Tages gute Beratungsgelder kassieren können, weil sie entscheidende Schritte schon gegangen sind und plötzlich jeder nach ihrer Expertise fragt.«

Zu diesen innovativ denkenden Bauern gehört die Familie Voigt. Der Senior betreibt seit gut zwei Jahrzehnten Bio-Landwirtschaft westlich des Kummerower Sees und stellt sich in einem kleinen Projektvideo so vor: »Hans Voigt, Landwirt, Moor-, Klima-, Naturschutz-Bauer.« Zu seinem Hof gehört eine Versuchsfläche im Flusstal der Teterower Peene, auf der seit 2019 sowohl grundsätzliche als auch praktische Fragen zu Anbau und Ernte von Rohrkolben und Schilf untersucht werden. Acht Hektar wurden begradigt und dabei rundherum Wälle angeschoben, um das Wasser gezielt nur in diesem Bereich halten zu können und nicht zugleich die angrenzenden Wiesen zu fluten – so entstand eine nasse Insel in einer entwässerten Landschaft.

Dorthin sind wir jetzt unterwegs, schaukeln und rumpeln im weißen Bus von Moorforscherin Josephine Neubert, Wissenschaftlerin vom Institut für Botanik und Landschaftsökologie der Universität Greifswald, durch die weite Landschaft. Unterwegs deutet sie auf die aus dem Boden aufragenden Betongullis und erläutert: »Hier liegen überall Dränrohre im Boden, teilweise noch aus DDR-Zeiten und häufig nirgends verzeichnet. Sie leiten das Wasser aus der Landschaft ab und in die Teterower Peene. Zusätzlich wird jeweils ab März aktiv abgepumpt.«[11] Natürlicherweise wären die Flächen hier praktisch immer von Wasser bedeckt und höchstens im Sommer gelegentlich oberflächlich leicht angetrocknet.

Wir parken im Schatten einer mächtigen Huteeiche und gehen zu Fuß weiter. Obwohl es mit 22 Grad gar nicht so heiß ist, brennt die Sonne aus dem weiten, tiefblauen und mit Schäfchenwolken betupften Nord-Himmel auf uns herunter. Kraniche rufen, und in einiger Entfernung fliegen zwei auf. »Manchmal brüten die hier auch«, sagt Josephine Neubert und ergänzt, dass es hier auch Schreiadler gebe. Die sehen wir nicht, dafür aber umso mehr von den winzigen schwarzen Rapsglanzkäfern, die uns ständig anfliegen. Sie nerven und kitzeln, sind sonst aber harmlos – falls man kein Kreuzblütler ist. Bei der Versuchsfläche angekommen, übersteigen wir den Elektrozaun gegen die Wildschweine, um auf den Wall zu gelangen. Vor uns raschelt der Rohrkolben im Wind.

Bevor wir uns ins nasse Moor wagen, steigen wir in so genannte »Watstiefel«: Deren Schäfte gehen nahtlos in wasserundurchlässige Hosenbeine über, die bis zum Hintern reichen und am Gürtel fixiert werden. Unter der Gummihaut klebt meine Wanderhose sofort schwitzig an den Beinen. Dann schreiten wir in den schwarzen, modrig riechenden Matsch und sinken schon bald deutlich über Kniehöhe ein. Jeder Schritt ist eine verdammt wackelige Angelegenheit, denn der Schmodder unter der Wasseroberfläche saugt meine Füße so an, dass ich sie nur mit Kraft wieder lösen kann und dann immer ein wenig – oder viel – ins Straucheln gerate. Es ist zwar ein Mythos, dass man vom Moor verschlungen werden kann, aber auf einen Ausrutscher mit Ganzkörper-Eintauchen kann ich auch gut verzichten. Der Wald aus schwertartigen Blättern um uns herum bietet nichts zum Festhalten, auch die beigefarbenen Stängel nicht. Der namensgebende schokoladenbraune Kolben am oberen Ende sei der weibliche Teil der Blüte, erläutert Josephine Neubert. Der männliche

Teil sitzt darauf wie eine gelbliche Zipfelmütze. Sie schüttelt einen Stängel energisch und setzt daraus eine Wolke aus Pollen frei. Kurz darauf versackt sie fast bis zum Hintern und kommentiert trocken: »Ah, da haben wir ein Loch.«

Das Wasser für die Vernässung stammt aus der Teterower Peene und wird über eine solarbetriebene Pumpe auch daraus nachgefüllt. »In der Vegetationsperiode plätschert der Zulauf durchgängig leicht vor sich hin«, sagt die Moorforscherin. Dadurch werde die Verdunstung ausgeglichen sowie der Verlust über die unsichtbaren Sandbänke, die der Fluss einst geschaffen hat, als er noch in schwungvollen Schleifen durch die Landschaft mäandern durfte. Dieses wegsickernde Wasser fließt über außen um die Fläche verlaufende Gräben wieder zurück in die Peene. Der Wasserstand wird alle 30 Minuten automatisch an insgesamt neun Messstellen bestimmt und die Daten werden mehrmals am Tag nach Greifswald gesendet. Einmal monatlich wird auch manuell geprüft, das ist eine von Josephine Neuberts Aufgaben heute. Sie macht mich auf die vielen schwarzen Schneckenhäuser aufmerksam, die an den Pflanzen kleben. »Wenn der Wasserstand richtig hoch ist, gibt es hier auch Fische, im Innengraben habe ich sogar mal einen Hecht gesehen.« Früher im Jahr kommen oft Schwäne und Wildgänse vorbei, sind aber nicht gern gesehen: Sie fressen die Jungpflanzen. Um sie zu vertreiben, lässt man in dieser Zeit übergroße aufblasbare Badetiere auf dem Wasser treiben. Es muss herrlich absurd aussehen, wenn hier diese Gummi-Tukane herumdümpeln.

Josephine Neubert bricht ein Stück von einem Blatt ab und zeigt, was den Rohrkolben als Bau- und Dämmstoff so interessant macht: Sein Inneres enthält viele Luftkammern (»Aerenchym«) und ist zugleich immer wieder von Festigungsgewebe durchzogen. Das macht ihn stabil und leicht zugleich sowie gut isolierend. Gehäckselt lässt sich das Material als Einblas-Dämmung verwenden, gepresst werden Sperrholz-ähnliche Platten daraus, entweder zur Dämmung, zum Innenausbau oder für Möbel. Wie gut das aussehen kann, zeigt ein

Tinyhouse-Projekt, in dem verschiedenste Paludi-Materialien verbaut sind.[12] Ein Rohrkolben, der bereits gefruchtet hat, ist zu einer fluffigen Masse geworden, die wie beigefarbene Zuckerwatte aussieht. »Ein britisches Start-up nutzt den Fluff, um Kissen und Jacken zu füllen«, erzählt Josephine Neubert.[13]

Wir waten zurück zum Wall und laufen dort – befreit von den Gummihäuten – noch ein bisschen herum. Im Wasser des Außengrabens tauchen immer wieder Frösche auf, deren Quaken uns die ganze Zeit begleitet. Große Libellen fliegen vorbei, ein Kuckuck ruft beharrlich. Nachts suchen häufig die Kraniche Schutz zwischen den Rohrkolben oder im Schilf. Die vielen Vögel, die dort den Begleitstudien zufolge wieder ein Zuhause gefunden haben – Stelzenarten, Schilf- und Teichrohrsänger – schweigen zwar, aber es reicht mir zu wissen, dass sie da sind. Man könnte auf wiedervernässten Flächen auch einfach nur Photovoltaikanlagen aufstellen, und manche halten das für sinnvoller, weil es schneller umsetzbar ist als die Paludikultur. Aber die ist einfach schöner und *lebendiger*.

Wie auch immer: Das Wichtigste für jede künftige Nutzung von Moorböden bleibt, sie zu vernässen.[14] Wie kann man das als »Normalo« stärker anschieben? Indem man zum Beispiel »MoorFutures« kauft oder gezielt an Naturschutzorganisationen spendet und sich so direkt an Projekten beteiligt. Ich selbst habe mich schließlich für einen kleinen monatlichen Betrag an die Succow Stiftung[15] entschieden, weil diese eng mit den Greifswalder Forschern verbunden ist. Und so bin ich jetzt »Moor-Patin«.

Was lange währt ...

Der Sommer 2022 endete im September mit einem krassen Temperatursturz und mehreren heftigen Regenfällen, die mein ausgebremstes Teichprojekt noch weiter zurückwarfen. Die bereits fertig modellierten Pflanzterrassen mit sanftem Gefälle zu den nächsttieferen Ebenen waren kaum noch erkennbar, die abgeschwemmte Erde in die tiefste Stelle gespült. Ich entschied, es den Winter über so zu lassen. Doch wann immer ich aus dem Fenster auf die Teichbaustelle schaute, nagte es in mir: Irgendwas passte nicht. Es machte »klick!« als ich in einem ganz anderen Zusammenhang den Satz hörte: »Wir wollten kein Plastik im Boden haben.« Ich auch nicht!!! Zwar hatte ich vor, die umweltverträglichste Folie zu kaufen, die aktuell zu bekommen ist, aber es bleibt Kunststoff – selbst, wenn »Kautschuk« im Namen vorkommt.

Also ging es zurück zur Recherche: »Teichbau *ohne* Folie«. Ich fand diverse folienfreie Systeme, aber die waren viel zu aufwendig und teuer für mein kleines Projekt. Schließlich landete ich bei »SysCompound«, einer Art Beton, aber mit deutlich geringerem Zementanteil und Fasern aus Basaltgestein. Ungiftig für alles, was im Teich schwimmen will. Es gab Videos, auf denen die Verarbeitung gezeigt wurde, das sah machbar aus. Aber braucht man von dem Zeug wirklich 60 Kilo pro Quadratmeter? »Ja, damit man die Schicht drei Zentimeter dick machen kann«, sagt Ivo Fuchs, technischer Berater der Herstellerfirma[16]. »Dicht ist der Teich auch bei dünneren Schichten, aber es geht um die Statik. Weil die darauf lastende Wassersäule ein großes Gewicht hat, könnte es zu Rissen kommen.« Ich verabschiedete mich schon von der Idee, da sagte er: »Na ja, Sie können statt dem fertigen Gemisch auch die pure Variante nehmen und die benötigten zwei Drittel Sand selbst zugeben.« Damit bewegten sich die Kosten im gleichen Rahmen wie eine Folienlösung, und so wurden kurz darauf zehn 25-Kilo-Säcke von unserem armen Postboten an die Tür und von Marcus in den Keller geschleppt.

Da liegen sie immer noch. 2023 brachte das Déjà-Vu zum Vorjahr: Ich buddelte mit Verve, kam sehr weit und wurde dann von nicht enden wollender Trockenheit ausgebremst. Also deckte ich die Baustelle mit einer über Kleinanzeigen ergatterten 150µ-Silofolie ab. Die soll ein Gamechanger sein, um Wurzelunkräuter zu unterdrücken. Meine Hoffnung: Darunter bleibt die Erde feucht, ohne von Regen weggespült zu werden, und es kommt kein Bewuchs hoch. Im Großen und Ganzen funktionierte das auch, aber schon drei Wochen später hatten Ameisen den Schutz genutzt, um ein großes Nest zu bauen und dabei bereits verdichtete Erde wieder aufzuwühlen. *Orrr, Mann!*

Schlimmer war allerdings, dass meine Vorstellung von den Arbeitsabläufen schon den ersten Praxistest nicht überlebt hatte. Der Knackpunkt ist nämlich der Mischprozess, darauf hatte Ivo Fuchs eindringlich berlinernd hingewiesen: »Es bringt nüscht, nur mal eben ein bisschen herumzurühren.« Die Masse muss ganz homogen sein, so dass jedes feinste Korn mit Wasser umhüllt ist – nur dann entfaltet sich die Magie der Abdichtung. Das dahinterstehende Prinzip ist eine Quell-Druck-Erhärtung, und der Komposit-Werkstoff braucht das Wasser, um reagieren zu können. »Die Poren werden von innen heraus verschlossen und die Masse dadurch wasserdicht«, sagt Ivo Fuchs. »Das braucht etwa drei Tage, in denen alles feucht gehalten werden muss, sonst bricht der Prozess ab.« Da man aber schon am Tag nach dem Auftrag der Schichten das Teichwasser einfüllen darf, macht das nichts.

Also hatte ich mir extra ein motorbetriebenes Rührwerk mit 1400 Watt gekauft, das man mit beiden Händen hält, während sich unten der kräftige Quirl dreht. So ähnlich wie beim Rühren von Kuchenteig, nur eben in groß und mit mehr Schmackes. Beim Mörteln des Teichmäuerchens wurde das Teil zum ersten Mal eingesetzt – erfolgreich zwar, aber auch mit der Erkenntnis, dass diese Methode mit der 30-fachen Materialmenge schlicht nicht funktionieren würde. Ein herkömmlicher Betonmischer, den man ja ausleihen kann, eignet sich für diesen Werkstoff aber auch nicht, das wusste ich schon. Ich war ratlos, und darüber wurde es erneut Herbst und Winter.

Anfang 2024 kam dann die Lösung zu mir: In einem Nebensatz erwähnte jemand das Wort »Zwangsmischer«. Nie gehört. Es stellte sich heraus: Das ist genau das Gerät, das die Profis für den Komposit-Werkstoff benutzen, und das gibt es auch kleiner und zum

Ausleihen. Tadaaa! Ich bin wieder im Spiel! Und dann entdeckte ich auch noch einen Molch zwischen den abgegrabenen Erdklumpen neben der Teichbaustelle, als ich mir von dort frische Erde für verschiedene Beete holen wollte. Der wartete doch nur darauf, endlich einziehen zu können! Als ich die Baustelle an einem sommerlichen Apriltag endlich freilegte, fand ich dort und unter den Planen außerdem fünf dicke Blindschleichen, die ich an anderen Plätzen im Garten unterbrachte. Sobald der Teich fertig ist, sollen sie eine mit Steinen abgedeckte Pyramide aus Erdplacken bekommen – offenbar mögen sie das.

Tja, und jetzt wäre es richtig toll, wenn ich davon erzählen könnte, wie easy das gelaufen ist mit dem Teichbau, wie toll sich die Pflanzen entwickeln, welche Molche dort schon rumschwimmen und wie die Vögel die Flachwasserzone zum Plantschen nutzen. Was tatsächlich passiert ist, hatte was von Murmeltiertag: Ich war fast fertig mit der Modellierung, als der Mai mit einer nicht enden wollenden Folge von Unwettern über das Ländle kam. Aktuell ist die tiefste Stelle des Teiches zum vierten Mal vollgelaufen und wird kräftig weiter gefüllt. Es regnet seit etwa 36 Stunden, und hört einfach nicht auf. Die Dürre der vergangenen Jahre erscheinen sehr weit weg – im wahrsten Sinne des Wortes, gerade leidet unter anderem Indien unter grausamen Temperaturen.

Wer weiß, was mich erwartet, wenn ich irgendwann den nächsten Anlauf starte. Aber aufgeben kommt nicht infrage: Ich will einen Teich!

Aus Flicken
wird ein Teppich

Als die Unwetter endlich abgezogen sind, hat es über 70 Stunden fast durchgängig geregnet – oft so heftig wie aus dem Feuerwehrschlauch. Es war das vierte große Hochwasser in Deutschland in weniger als einem halben Jahr, diesmal waren vor allem Bayern und Baden-Württemberg betroffen. Mit Feuchtigkeit vom Mittelmeer beladene Wolken waren in einem Bogen gezogen, so dass sie sich, von Nordosten kommend, vor den Alpen ausschütteten. Insgesamt prasselten in den betroffenen Gebieten zwischen 200 und 225 Liter auf jeden Quadratmeter runter – etwa drei Mal so viel wie sonst durchschnittlich im gesamten Mai fällt. Nachdem hier in unserer Gegend schon alle dachten, das Schlimmste wäre überstanden, gab es in der Nacht noch mal heftigsten Starkregen, besonders konzentriert etwa sechs bis zwölf Kilometer Luftlinie von mir. Dort fiel ein Viertel der gesamten Wassermassen des Wochenendes innerhalb einer Stunde! Die am schlimmsten betroffenen Ortschaften waren innerhalb von wenigen Minuten überflutet. In einer Pressekonferenz hieß es, die Situation sei »nah am Ahrtal« gewesen.

Insgesamt sind in Süddeutschland wohl sechs Menschen gestorben, ein junger Feuerwehrmann wird noch immer vermisst. Wie viele Tiere umgekommen sind, kann man nur ahnen. Eine Bekannte erzählte, sie habe weinend mehrere tote Igel aus ihrem Garten weggetragen. Überall riecht es nach ausgelaufenem Heizöl, die überforderte Kanalisation und ein defektes Klärwerk haben Fäkalien in die Flüsse geschwemmt, und zudem hat das Wasser unendlich viel Zeug aus den Garagen, Kellern und Erdgeschossen mitgenommen, das als Müll irgendwo liegen bleiben wird. So vieles ist zerstört worden, so viele fürchten, ruiniert zu sein. Doch die Betroffenen berichten auch immer wieder von der immensen Hilfsbereitschaft, die ihnen begegnet. Freunde und Fremde bringen Essen und Getränke, bieten Schlafplätze und Duschmöglichkeiten an, schaufeln Schlamm, beseitigen Müll, helfen beim Putzen.

Plüderhausen ist knapp davongekommen, auch im Ortskern am Fluss gab es kaum Schäden. Ich bin so dankbar dafür, dass unser Zuhause immer ein sicherer Rückzugsort war und heil blieb. Selbst dem Garten merkt man wenig von den Regenstürmen an. Okay, die Sache sähe sicher anders aus, wenn ich nicht zwei Mal täglich sämtliche Beete kontrolliert und von Nacktschnecken befreit hätte. Es waren so unfassbar viele. Aber durch diese Einsätze, bei denen ich jedes Mal patschnass wurde, leben noch alle Tomaten und auch die meisten anderen Pflanzen, die mir wichtig sind. Außerdem gab es trotz allem jeden Tag eine Schale Erdbeeren zu ernten. Sogar unsere kleine Kirsche trägt viele schöne essbare Früchte – zum ersten Mal überhaupt! Und das, obwohl der Frühling nach kurz mal 30 Grad Anfang April überwiegend nicht nur verregnet, sondern auch noch zur Unzeit so frostig war, dass viele Fruchtansätze abgestorben sind.

An der Treppe zum Garten lässt mich der langsam verschwindende Schriftzug »LOVE« wieder mal lächeln. Marcus hat ihn vergangenes Jahr mit dem Hochdruckreiniger auf die Steinplatten geschrieben, um zu demonstrieren, dass sie eine Säuberung vertragen könnten. Wozu? So ist es doch viel schöner! Auch das Treiben der Vögel lässt mir das Herz aufgehen: In allen Büschen und Bäumen flattert und zwitschert es. Auch die eine Amsel ist noch da, die ich an einer besonderen Tonfolge erkennen kann, die sie immer mal wieder in den typischen Gesang einstreut. Es klingt, als würde sie einen Menschen nachmachen, der eine Schlagermelodie pfeift. Irgendwie macht es mich noch verliebter, ein wildes Tier als Individuum erkennen zu können – vor allem, wenn ich es dafür nicht erst mit bunten Punkten bemalen muss wie die Weinbergschnecken.

Doch auch das viele nicht-individuell zuzuordnende Gezwitscher um mich herum ist zutiefst beglückend. Offenbar haben auch meine anderen gefiederten Nachbarn die nassen Tage gut überstanden. Die Futterstellen haben viel dazu beigetragen, wie ich täglich am sinkenden Füllstand sehen konnte – logo, welche Insekten sollen sie im Dauerregen schon finden? Wo immer diese sich währenddessen verkrochen haben: Kaum war es von oben trocken, war sofort Kirmes an meinen üppig blühenden Ramblerrosen: alles voll mit Bienen und Käfern. Heute habe ich das erste Taubenschwänzchen des Jahres gesehen. Auch den Igeln scheint es noch gut zu gehen. Mitten im Pladdern bin ich an einem Abend einem richtig dicken Gesellen begegnet und am nächsten einem kleineren ohne weißen Puschel am Hintern – da gibt es nämlich noch einen anderen, der eben jenen öfter mal in die Kamera hält.

Irgendwann reißt die Wolkendecke auf, und wohlig warme Sommergefühle ergießen sich über mich und den Garten. Die Fläche, die als Blumenwiese gedacht war, ist wieder überwiegend mit einer kniehohen Pflanze bewachsen, die an Wundklee erinnert, aber zartlila blüht. Im vergangenen Sommer war sie zum ersten Mal da, aber das gleich mit Verve. Ich konnte sie zuerst nicht bestimmen und ließ sie nur deshalb gewähren, weil es so heiß war und sie gut als Unterschlupf taugte. Dann brachte sie ab Mitte Juni eine immense Blütenfülle hervor, die bis weit in den Herbst anhielt und viele Insekten anzog. Es zeigte sich: Es ist eine Bunte Kronwicke. Das Portrait auf der Internetseite vonnaturaDB[1] lieferte erfreuliche Informationen: 41 Wildbienen- und 19 Raupenarten mögen die Pflanze, davon sind 12 auf sie spezialisiert. Sicher: mehr Vielfalt auf der Fläche wäre besser, aber vorerst nehme ich dieses Geschenk gerne an.

Auch in der Pufferzone gibt es eine Pflanze, die ich lange misstrauisch beäugt habe – Freund oder Feind? Jetzt endlich gibt sie sich zu erkennen: Sie gehört zu den Wiesenflockenblumen, die genaue Art habe ich nicht bestimmen können, und wird von verschiedensten Bienen umschwirrt. Wilde Karden und Johanniskraut haben sich etabliert, und der mir bisher unbekannte Schlitzblättrige Storchschnabel ist neu aufgetaucht. Er würde kaum auffallen, wenn seine kleinen Blüten nicht so herrlich knallpink leuchten würden. Bei einer anderen Neuentdeckung dachte ich erst, es wäre Hanf, aber dafür laufen die Blättchen nicht spitz genug aus. Tatsächlich ist es das Aufrechte Fingerkraut, das sich schon erkennbar darauf vorbereitet zu blühen. Okay, dachte ich, für deine aufdringliche Familie kannst du nichts. Wenn du nicht herumkriechst, dafür aber blühst, darfst du bleiben. Das gilt nicht für den Ackerschachtelhalm, der vermutlich durch Vogelkot eingetragen wurde und heimlich, still und leise die schattige Ecke der Pufferzone erobern wollte. Nix da.

Der Boden, in dem das Wasser gestern früh noch bis zur Grasnarbe oder sogar leicht darüber stand, ist bereits nur noch normal feucht, und auch in der Teichgrube sinkt der Pegel schon wieder. Unter die Abdeckplanen zu gucken, habe ich allerdings noch nicht gewagt – erst mal sind hier andere Dinge zu tun. Der nasse Frühling mit seinen kurzen sonnigen Phasen zwischendurch hat meinen Garten zum Dschungel gemacht. Wann immer Zeit und Wetter passten, bin ich mit der Sichel durchgegangen, aber einfach nicht hinterhergekommen. Immerhin zeigt sich dadurch jetzt sehr deutlich, welche Laufwege ich am liebsten nutze und welche Bereiche zu Blühflächen werden könnten. Diese habe ich schon mal mit Wackersteinen umkränzt, um ein Gefühl für die Strukturen zu bekommen, und will nun Verschiedenes ausprobieren. Dazu gehört, mit Acker-wachtelweizen und Zottigem Klappertopf zu experimentieren, die als Halbschmarotzer unerwünschtes Gras schwächen können und so den Blühpflanzen bessere Chancen eröffnen. Außerdem will ich versuchen, ob sich mit kleinem Aufwand Mini-Blumenwiesen anlegen lassen.

Das geht so: Den Bewuchs zehn Zentimeter abplacken, durch-hacken und die Wurzeln der unerwünschten Pflanzen so gut wie möglich entfernen, dann mit einer dicken Schicht Sand abdecken. Das bremst die immer noch in der Erde schlummernden Samen aus. Auf den Sand kommt dann eine dünne Schicht gütegesicherter und damit samenfreier Grünschnittkompost. Auf dieses Bett werden dann die erwünschten Blumensamen ausgebracht. Einzelne Bereiche will ich stärker abmagern – so richtig mit Drainage aus Ziegel-schotter – und auch der Vorgarten muss überarbeitet werden. Einen der Sommerflieder habe ich wohl zu grob beschnitten, jedenfalls ist er fast hinüber – das gibt mir einen guten Grund, dort endlich einen heimischen Strauch zu pflanzen. Langweilig wird es nicht, so viel ist sicher. Vielleicht sieht es hier dann auch endlich mal nach einem ästhetischen Naturgarten aus und weniger nach bloßer Faulheits-Wildnis. Bisher würde mein Hortus Carduelis in spe wohl kaum einen Besucher zu spontanen »Das will ich auch!«-Rufen inspirieren.

Ich hoffe, das kommt noch. Glücklicherweise ist die Idee, Refugien für heimische Pflanzen und Tiere zu schaffen, auf meinen Input nicht angewiesen: Sie erreicht auch so immer mehr Menschen. Auf der Seite des Hortus-Netzwerks sind Stand Juni 2024 zum Beispiel inzwischen fast 800 Gärten und Lebensinseln eingetragen – und da sind all die »Noch in Arbeit« wie meiner nicht mal dabei. Auch auf der »Grünen Landkarte« von »Tausende Gärten – Tausende Arten«[2] gibt es so viele Markierungen, dass ich aufgegeben habe zu zählen. Das Ziel der mit Bundesmitteln ausgestatteten Kampagne: Naturnahes Gärtnern zum Trend machen! Die Aktionen sollen begeistern, interessierte Menschen mit Wissen versorgen und es ihnen einfacher machen, sich für heimische Wildpflanzen und ihr Saatgut zu entscheiden.

Selbst die als sehr konservativ geltenden Schrebergartenvereine sind dabei und unterstützen mit dem Programm »Kleingärten für Biologische Vielfalt« alle, die naturnah gärtnern wollen. Weil es dabei mitunter zu Konflikten mit den Vertretern der althergebrachten Praxis kommt, wurde eine »Handreichung zur Gartenbegehung« entwickelt: Wie lässt sich naturnah von vernachlässigt unterscheiden?[3] Ebenfalls hilfreich im Gespräch mit Kritikern: »Auf die Bezirks- und Landesverbände und des Bundesverbandes hinweisen, denn die haben alle das naturnahe Gärtnern in Positionspapieren oder jetzt in diesem Projekt ganz oben stehen«, sagt die Initiatorin der Handreichung, die Gartenfachberaterin Elisabeth Schwab einem Onlinevortrag: »Es ist dann eben nicht die Ökotante, die schon wieder mit ihrem komischen naturnahen Zeugs daherkommt.«

Wer gärtnern möchte, aber keine eigene Scholle hat, kann vielleicht in einem (neuen) Bürgergartenprojekt ein grün-buntes Zuhause finden. Auch Balkone lassen sich zu Lebensinseln machen. Was dort alles möglich ist, beschreibt Birgit Schattling aus Berlin – sicher die sprudelnste Quelle für Infos und um sich begeistern und anspornen zu lassen. Ihre Internetseite[4] lohnt sich auch für Leute *mit* Garten, ebenso ihr Buch *Mein genialer Bio-Balkon* und ihre regelmäßig veranstalteten Online-Kongresse mit tollen Fachvorträgen. Auf ihrer »Grünen Karte« haben schon knapp 150 von ihr inspirierte Menschen den eigenen Bio-Balkon eingetragen.

Das Potenzial ist groß: 17 Millionen Gärten gibt es dem Institut für ökologische Wirtschaftsforschung zufolge in Deutschland, das seien etwa zehn Prozent der Siedlungs- und Verkehrsflächen – insgesamt rund 715.000 Hektar. In einer Verbraucheranalyse gaben zudem etwa 86 Prozent der Befragten an, über einen Balkon oder eine Terrasse zu verfügen. Zudem gibt es unzählige weitere Flächen, die lebendiger gestaltet werden können: Spielplätze und Schulhöfe, Parks, die Grundstücke rund um Firmen, Instituten und öffentlichen

Gebäuden. Auf der »Landkarte des Lebens« vom NaturGarten e.V.[5] gibt es 229 Beispiele für fachkundig naturnah gestaltete Bereiche. Darunter sind auch einige so genannte »Eh-da-Flächen«, die im Fachjargon wirklich so genannt werden, alternativ auch »Unland«. Es muss zwar gemanagt werden – wie etwa im Fall von Straßenrändern – unterliegt aber sonst keiner besonderen Nutzung.

Für solche Projekte die Expertise von Fachleuten einzuholen, lohnt sich. Denn oft wurden und werden in bester Absicht wunderschöne Blumenflächen geschaffen, allerdings mit ungeeignetem Saatgut. Es geht so spektakulär bunt auf wie ein Feuerwerk, ist aber ebenso schnell vergangen: Weil es zu viele Einjährige enthält und zu wenig bleibende Stauden, wird die Fläche oft schon im zweiten Jahr von Gräsern und Allerweltskräutern gekapert. Die Enttäuschung ist groß und schnell wird dann das ganze Konzept als nicht brauchbar verworfen. Mit heimischem und sinnvoll komponiertem Saatgut nützen die Flächen den Tieren, bieten viel fürs Auge und bleiben jahrelang schön – sofern das Mähmanagement stimmt. »Leider ist das häufig nicht der Fall, da werden die tollsten Flächen angelegt, und dann kümmert sich keiner mehr darum«, sagt Dr. Thomas Fartmann, Leiter der Abteilung für Biodiversität und Landschaftsökologie an der Universität Osnabrück.

Am besten funktioniert die Pflege seiner Erfahrung nach immer dann, wenn sie sowieso stattfinden *muss*, zum Beispiel bei Straßenrändern oder bei Regenrückhaltebecken, die in Neubaugebieten heute vorgeschrieben sind. Dann geht es nur darum, die zuständigen Teams anzuleiten, was einen Rückschnitt ausmacht, von dem die Tierwelt profitiert. »In Münster haben wir solche Regenrückhaltebecken untersucht und waren begeistert: Sie waren voller Arten, die auf der Roten Liste stehen«, erzählt er. »Es gab nur eine Sache, die wir zusätzlich empfehlen konnten: Nicht alles auf einmal zu schneiden, sondern einmal jährlich nur die Hälfte und im darauffolgenden Jahr die andere Hälfte.«

Doch es dient nicht nur den Tieren, im Stadtgebiet funktionslose

Rasenflächen durch höher wachsende bunte Wiesen zu ersetzen. In seinen Vorträgen schildert der Biodiversitätsberater Dr. Philipp Unterweger, wie diese die Luft effektiver kühlen und befeuchten, mehr Staub zurückhalten und dadurch das Stadtklima gerade im Sommer wesentlich erträglicher machen. Das Gleiche gilt, wenn Flachdächer naturnah gestaltet werden: Die Luft darüber heizt sich viel weniger auf. Wegen des zusätzlichen Gewichts ist eine Dachbegrünung einfacher umsetzbar, wenn sie schon beim Bau mitgeplant wird. Das gleiche gilt für das so genannte »Animal-Aided Design«, bei dem zum Beispiel Nisthilfen und Verstecke für Mauersegler, Spatzen oder Fledermäuse in Fassaden integriert werden. In einem Münchner Neubauprojekt mit 100 Wohnungen wurde »AAD« im Rahmen einer Studie mitgeplant und wird nun erforscht. Den Entwicklern des Konzeptes zufolge waren die Kosten inklusive üppiger Dachbegrünung geringer als ein Tiefgaragenplatz.

Für viele Artenschutzprojekte können sich Firmen, Institute und Kommunen finanziell unterstützen lassen, es gibt dafür die verschiedensten Förderprogramme von Bund und Ländern sowie von Naturschutzorganisationen – beispielsweise für eine hochwertige Beratung und Planung oder die Schulung des Bauhof- oder Hausmeisterteams. Wenn man im eigenen Umfeld solche positiven Veränderungen anstoßen will, ist sicher der beste erste Schritt, solche Geldquellen zu recherchieren: Es erhöht die Chancen auf offene Ohren bei den Verantwortlichen. Gute Anlaufstellen sind das Bundesprogramm Biologische Vielfalt, der Verein Kommunen für biologische Vielfalt, die Naturschutzorganisationen NABU und BUND sowie die Naturgartenexperten selbst. Eine besonders umfangreiche Übersicht entsteht mit dem neuen Internetportal des Umweltbundesamtes, das Ende Juni 2024 mit einer ersten Version online gegangen ist[6]. Und wer ein ganz großes Rad drehen und so etwas wie den »Sielmann-Weiher« in der eigenen Gemeinde auf den Weg bringen will, kann sich an dem Leitfaden »In 10 Schritten zum Biotop« orientieren.[7]

Wenn der grüne Daumen juckt, kann man sich auch selbst um lieblos gemanagte oder vernachlässigte Flächen kümmern – natürlich nur mit Erlaubnis. Offiziell die Betreuung übernehmen zu dürfen, kann allerdings einen komplizierten Weg durch die verschiedenen Verantwortlichkeitsebenen erfordern. Erste Ansprechpartner sind oft die Stadtverwaltung (Grünflächenamt), die Untere Naturschutzbehörde oder ortsansässige Naturschutzgruppen. Vergleichsweise leicht umsetzbar ist es, sich um so genannte »Baumscheiben« zu kümmern. Diese kleinen, ungepflasterten Bereiche rund um Stadtbäume sind meist bestenfalls mit Gras bewachsen und können naturnah aufgewertet und verschönert werden. Was dabei zu beachten ist, lässt sich bei »Tausende Gärten – Tausende Arten« nachlesen.[8] Auch die Bäume profitieren davon, wenn sich Bürgerinnen und Bürger liebevoll um den, oft winzigen, offenen Bereich um sie herum kümmern. Und je vitaler sie sind, desto mehr können sie für die Lebensqualität in der Stadt tun: Die Luft mit Sauerstoff versorgen und von Staub befreien, Sommerhitze deutlich herunterkühlen, Schatten spenden und die Menschen ein bisschen entspannter machen – allein durch ihren Anblick.

Wenn selbst zu buddeln nicht infrage kommt, kann man sich alternativ bei der Schweisfurth-Stiftung[9] zum Blühbotschafter ausbilden lassen und das Wissen verbreiten. Wer von Zeitmangel ausgebremst wird, kann die Aktiven mit Patenschaften unterstützen, beispielsweise für Blühflächen über den Verein Mellifera[10] oder für Sträucher des Vereins Heckenretter[11]. Dessen Mission: mit Pflanz- und Pflegeaktionen dafür sorgen, dass es wieder mehr Wildhecken gibt.

Es gibt also unzählige Möglichkeiten, wie wir der Natur wieder Raum geben und sie zu uns zurückholen können. Doch ist es realistisch zu hoffen, dass sich mit einem solchen Kleinklein deutliche Effekte erzielen lassen und die Tierwelt wieder auflebt? Die Frage darf man vernachlässigen. Denn mit naturnahem Gärtnern kann man nicht verlieren! Jedes so gepflegte Fleckchen ist eine Oase, in der das

Leben eine Chance hat, sich möglichst bunt und prall und wuselig zu entfalten. Selbst, wenn man auch mal herumdilettiert und Pläne nicht aufgehen: Verglichen mit der typischen Rasen-Kirschlorbeer-Forsythien-Ödnis kann es nur besser werden. Jeder Einsatz hilft, jeder Quadratmeter kann auf der Haben-Seite verbucht werden.

Natürlich sind das alles nur Flicken, doch je mehr es davon gibt, desto eher wird ein Teppich daraus. Damit die Bestände sich entfalten, sich genetisch austauschen, so auf Dauer überleben und wieder wachsen können, müssen die lebensfreundlichen Flächen nahe genug beieinander liegen. Das ist entscheidend, denn viele Arten können nur sehr geringe Distanzen überwinden. »Wildbienen fliegen beispielsweise nur 300 bis 500 Meter weit, und viele Zikadenarten sind sogar noch deutlich weniger mobil«, sagt Thomas Fartmann. Erfolg kann das Flickwerk seiner Ansicht nach nur dann haben, wenn es wirklich zum Teppich wird: »Für eine echte Trendumkehr brauchen wir etwas, das in der Fläche wirksam ist.« Richtig genial wäre also die Kombination: naturnah gärtnern, Städte lebensdienlich gestalten *und* mehr von den geschilderten positiven Ansätzen der Pioniere auf den Äckern und Moorböden, den Streuobstwiesen, Weiden und Wäldern.

Apropos Wälder: In unserem Gespräch hat Thomas Fartmann noch etwas sehr Spannendes erzählt: »In den vergangenen 35 Jahren gab es zwei Dinge, die einen deutlichen positiven Schub bei der Artenvielfalt ausgelöst haben. Das eine war, Anfang der 1990er Jahre Prämien für Flächenstilllegungen zu zahlen, ein EU-Instrument, das leider nach 2007 wieder aufgegeben wurde.« Er macht eine Kunstpause. »Das andere sind die kahlen ehemaligen Fichtenforste in den Mittelgebirgen. Das sind Hotspots der Biodiversität! Von mehreren gefährdeten Vogelarten lebt dort ein Drittel bis die Hälfte der Brutpopulation von Nordrhein-Westfalen.« Ich brauche einen Moment, um mein Weltbild neu zu ordnen, in dem der massenhafte Fichtentod einzig unter dem Stichwort »schrecklich« einsortiert ist, höchstens noch mit Querverweis zu »vielleicht eine Chance für

Waldumbau, aber das dauert«. Dann verstehe ich: Der Boden dort ist alles andere als saftig und zudem mitunter Extrembedingungen ausgesetzt, dadurch entwickelt sich eine eher schüttere Flora aus taffen Pflanzen, die viele Tiere anzieht.»Genau: Vögel wie Wendehals, Heidelerche sind Bodenjäger, und ebenso wie der Raubwürger können sie in dichtem Bewuchs nicht überleben; sie finden schlichtweg keine Beutetiere.«

Die meisten Naturschützer seien geschockt, wenn er die dürren Kalamitätsflächen als wertvoll für die Artenvielfalt bezeichnet, erzählt Fartmann.»Tatsächlich sind diese frühen Sukzessionsstadien ungeheuer wertvoll, und es gibt sie fast nirgends.« Ich wende ein, dass diese neuen Lebensgemeinschaften wegen der gesetzlichen Pflicht zur Wiederbewaldung nicht von Dauer sein können. Sie werden weichen müssen, wenn die Bäume größer werden.»Ja, dem ist so«, sagt Fartmann.»Aber erst mal können sich die Bestände der profitierenden Arten erholen und wieder in zuvor verwaiste Gebiete vordringen.« Wie schön, dass ich künftig mit dieser neuen Perspektive auf die geschunden aussehenden Hügel schauen darf. Es ist doch immer wieder faszinierend und schenkt Hoffnung, wie sich die Natur Flächen zurückerobert und etwas unterwartet Schönes neu erschafft.

Apropos Flächen erobern und unerwartete Ergebnisse: Das Kriechende Fingerkraut hat ein paar Blüten hervorgebracht! Erstmals nach sieben Jahren erscheinen sie hier und da in meinem Garten, ohne dass dafür ein Grund ersichtlich wäre. Sie tauchen an den kurz gehaltenen Stellen ebenso auf wie dort, wo ich wegen aufgeschobener Pläne bisher gar nichts gemacht hatte und sie seit dem Frühling ungehindert wuchern konnten. Für ein würdiges Happy End ist es aber immer noch zu wenig sonnig-leuchtendes Gelb und zu viel Invasion. Außerdem kann ich das Buch nicht beenden, ohne noch von einem ganz besonderen Garten zu erzählen, den ich während meiner Recherchen besucht habe. Es war im Juli 2021, am letzten Schultag vor den Sommerferien.

Es ist, was es ist

»Das Betreten des Schulgartens ist verboten. Zuwiderhandlungen werden zur Anzeige gebracht.« Das Schild wirkt an dem fröhlich bunt gestrichenen Zaun völlig deplatziert. Rainer Häffner sieht meinen Blick und seufzt: »Ja, wir haben schlimme Probleme mit Vandalismus.« Immer wieder wird der »Hortus Pagsis« der Pater-Alois-Grimm-Schule in Külsheim nachts als Party-Location genutzt, und dabei leider auch viel Müll hinterlassen. Sogar Flaschen werden absichtlich auf Steinen zerschlagen, so dass überall Scherben herumliegen. Naturmodule wie die Steinpyramiden wurden schon zerstört, und das Dach der Hütte beschädigt. »Als ich Anzeige erstatten wollte, stellte sich heraus, dass wir ein so deutlich formuliertes Schild brauchen, um da überhaupt eine Chance zu haben«, sagt Rainer Häffner, der das Schulgartenprojekt ins Leben gerufen hat und immer noch betreut, obwohl er bereits im Ruhestand ist. Das Verbot wurmt ihn, denn eigentlich sollte der Schulgarten eine Stätte der Begegnung und Erholung auch für die Bürger von Külsheim sein. »Aber die Leute kapieren einfach nicht, wie man sich in so einem Garten verhalten muss.« Ich bin mal wieder fassungslos: »Nichts kaputt machen, nichts anzünden, keinen Müll rumliegen lassen« – was gibt es da zu kapieren?

Währenddessen strömt eine fünfte Klasse durch das Tor in den Garten, und die Kinder verteilen sich auf ihre persönlichen Lieblingsplätze. Häffner, schmal und drahtig, in Jeans und Karohemd, erzählt, wie das Projekt entstanden ist: »Bei der Neugestaltung der Schule war ein wichtiger Gedanke, wie die Umgebung aussehen muss, damit das Lernen gut funktionieren kann, und was die Kinder selbst möchten. Es kam der Wunsch nach einem Garten auf.« Und zwar sollte es nicht nur ein »Salatgärtchen«, sondern ein Naturgarten sein, der auch Erlebnisraum ist. Die Recherche führte ihn zum Hortus-Konzept von Markus Gastl mit seinen drei Zonen: »Das hat dem Gelände schon mal Struktur gegeben, denn vorher war hier außer zwei großen Bäumen gar nichts.«

Plötzlich kommen zwei Kinder angelaufen, und ein schmaler Junge mit Brille reckt mir ein triumphierend einen großen schwarzen Käfer auf der flachen ausgestreckten Hand entgegen:»Das ist ein Hirschkäfer-Weibchen!« Ich bewundere das Tier gebührend und frage, woher er wisse, dass es ein Weibchen sei.»Weil es kein so großes Geweih hat«, sagt er, ohne auch nur eine Sekunde überlegen zu müssen und fragt:»Kann ich auch interviewt werden?« Na klar! Auf meine Nachfrage stellt er sich als Aron, 12 Jahre, vor. Der andere Junge hat sich bisher zurückgehalten, wirkt aber mindestens ebenso eifrig. Felix ist deutlich größer und kräftiger, obwohl er erst 11 ist. Die beiden gehören zur Arbeitsgemeinschaft (die hier TIP heißt), die den Schulgarten betreut. Zwei Mal im Jahr dürfen alle Schüler wählen, auf welche Aktivitäten – von Fußball bis Theater – sie Lust haben. Ich bitte sie, mir ihre Lieblingsplätze zu zeigen, doch es gibt so viele davon, dass eine Führung daraus wird:»Überall, wo man sich hinsetzen kann ... Hier bei den Steinen sind Eidechsen ... Da sind die Bienen, um die kümmert sich eine andere TIP ... Da sind Brombeeren und Stachelbeeren ...« Ob die wohl schon gut sind, ob ich mal probieren darf? Klar! Ich teste eine, die bereits weinrot ist – sehr lecker.

Der mit Hackschnitzeln gestaltete Weg beschreibt eine Linkskurve und führt an einem Sitzplatz vorbei, der von einer halbrunden Trockenmauer aus großen rötlichen Steinquadern umgeben ist und deutlich tiefer liegt als der zur Schule weisende Teil des Gartens. Auf zwei selbst gebauten rustikalen Bänken haben sich die meisten der Mädchen versammelt. Im Weggehen höre ich noch, wie eine sagt: »Wir *liiiieben* den Schulgarten.« Offenbar sind sie jedoch deutlich zurückhaltender als die Jungen, von denen sich immer wieder einige für kurze Zeit zu uns gesellen und bald wieder verschwinden, während andere bleiben, um ihre Sicht der Dinge ausführlicher darzulegen.

Einer von ihnen ist der zwölfjährige Mark, die Corona-Schutz-maske noch unter dem Kinn geparkt. »Der Teich ist das Beste«, sagt er und empört sich: »Da haben welche eine Tigerschnecke rein-geworfen, das war mega-unfair!« Denn die Bergungsaktion der Kin-der kam leider zu spät. »Und Fische haben welche ausgesetzt!!! Die fressen den ganzen Froschlaich auf!« Wir stehen jetzt am Ufer, das von einem Zaun aus Drahtseilen umgeben ist. Durch meine Re-cherchen zum Thema »Teich« weiß ich nur zu gut, was Fische in einem kleinen Gewässer noch bedeuten: Entweder man installiert aufwendige Reinigungstechnik, oder das Wasser kann wegen der Ausscheidungen der Tiere leicht umkippen. Hier sorgen nährstoff-gierige Pflanzen jedoch offenbar für ein gutes Gleichgewicht, weil die ungebetenen Bewohner natürlich kein Futter erhalten, dessen Reste das Wasser zusätzlich belasten würden. Trotzdem hatten sie anfangs hunderte Nachkommen, erzählt Häffner später, der sich dagegen gewehrt hat, den Teich abpumpen zu lassen: »Womöglich wirft dann in der Woche danach wieder jemand was rein.« Der Fischbesatz macht es den Fröschen und Molchen schwer, aber es sind trotzdem welche da. »Manchmal liegt auch alles voller Zeug von McDonalds«, schimpft Aron. Immerhin: Die Kinder dieser Schule werden bestimmt niemals zu denen gehören, die Müll in die Land-schaft werfen.

Der Rundgang geht weiter. Es gibt große Reisighaufen und Ben-jeshecken, Steinpyramiden, Sandflächen und Holzfiguren mit Lö-chern für die Wildbienen sowie einen Mini-Acker mit verschiedenen Getreiden. »Wir haben immer Handschuhe dabei, und wenn mal eine Stunde ausfällt, gehen wir in den Garten«, sagt Felix und fügt in kernigem Ton hinzu: »Da gibt es immer was zu tun.« Weil er sich schon lange in dem Projekt engagiert und als zuverlässig gezeigt hat, besitzt er einen Schulgartenausweis. »Den kriegt nicht jeder, den muss man sich verdienen«, ruft Aron dazwischen. Der Ausweis bescheinigt Felix, dass er auch unbeaufsichtigt in den Garten gehen und sogar drei weitere Leute mitnehmen darf. »Für die bin ich dann verantwortlich«, erläutert er und wird gleich noch ein Stück größer. Wir passieren die westlichste Ecke des Gartens mit einer weiteren Bank, auf die man sich laut Felix lieber nicht setzen sollte:»Da sind Dornen.« Tatsächlich ist sie von Brombeeren umgeben, von denen sich eine Ranke durch die Latten der Bank gemogelt hat. Von hier aus schaut man auf das kleine Amphitheater der Schule. Auf dem Weg zurück zum Eingang passieren wir einen etwa 2,50 Meter hohen Hügel mit üppig blühender Magerflora, auf dem eine fest installierte Holzliege thront. Den Kern bilden die anderswo abgegrabenen Erdschichten.

Wieder zurück beim Eingang, bewundere ich den Unterstand mit dem Pizzaofen und den daneben liegenden Sitzplatz mit der Feuerstelle, ebenso wie die zu einer Steintreppe führende Holzbrücke, die den Zugang zu dem tiefer liegenden Treffpunkt der Mädchen bildet. Mit ihren Geländern aus Ästen und Baumstämmen in ihrer natürlichen Form sieht die Brücke naturnah und künstlerisch zugleich aus. Gebaut wurde sie von Zehntklässlern, als diese gerade das Thema Brücken durchnahmen. Auf diese Weise lernen auch diejenigen Schüler viel leichter, denen es nicht so liegt, sich Faktenwissen anzueignen. Ein weiteres Beispiel sind die in den Boden eingelassenen Steinquader, die den Rand des Fundaments um den Pizzaofen bilden. Jemand hatte sie gespendet und am Parkplatz abgeladen – wie sollte man sie nun die gut 100 Meter zu ihrem Bestimmungsort transportieren? Tragen? Unmöglich! Also wurde recherchiert, wie Menschen ohne Maschinen früher Pyramiden, Burgen und Kirchen bauen konnten, und deren Strategien übernommen: Auf runden Hölzern wurden die Steine gemeinsam Stück für Stück vorwärts gerollt. Das so erarbeitete Wissen wird sicher keines der Kinder jemals vergessen.

Wir umrunden die Hütte, in der Werkzeuge und anderes Material gelagert wird, weil die Jungen mir die etwas abseits gelegenen Hochbeete mit den Erdbeerpflanzen zeigen wollen und außerdem die Beetanlagen, Kompost- und Hackschnitzelhaufen, die außerhalb des eigentlichen Gartens liegen. »Man muss immer feste Schuhe anhaben, nicht so was«, sagt Felix und deutet missbilligend auf die modischen Flipflops einer Lehrerin, die mit Rainer Häffner plaudernd am Zaun steht. In einem der Vogelhäuschen haben Wespen ein Nest gebaut, dürfen aber trotzdem bleiben. Die Kinder wissen, wie sie sich zu verhalten haben, um nicht gestochen zu werden. »Es gibt ein Gesetz hier im Garten, dass man keinem Tier etwas tun darf, sonst bekommt man eine gelbe Karte«, sagt Mark. »Würdet ihr das denn machen?«, frage ich und höre ein einstimmig-entrüstetes »Neeee!« Elias, elf Jahre, der inzwischen dazu gekommen ist, sagt: »Wir haben ja den Garten extra für die Tiere gemacht!«

Langsam leert sich das Gelände, und die Kinder gehen zurück in die Schule, wo anlässlich der morgen beginnenden Sommerferien eine kleine Zeremonie stattfindet. Wer wird sich in den nächsten Wochen um den Garten kümmern? »In der Zeit mache ich das«, sagt Rainer Häffner, der als einziger zurückgeblieben ist. Wir starten einen weiteren Rundgang in dem nun still gewordenen Garten, sehen eine Eidechse über die Steine einer Pyramide huschen und eine kleine Ringelnatter vom Ufer in den Teich gleiten. »Ihn zu bauen, war eine so genannte Herausforderung, also eine Aufgabe, bei der die Kinder freiwillig ihre Grenzen austesten können«, erzählt Häffner. Unter der Leitung von drei Azubis einer Gartenbaufirma sollte er innerhalb einer Woche fertiggestellt werden – und zwar ohne Maschinen oder den Einsatz von Eltern. Jeder durfte nach seinen Möglichkeiten mithelfen. »Und es hat hingehauen, obwohl es auch noch Dezember und fieses Wetter war.«

Weil das Projekt Hortus Pagsis auch in einem der Bücher von Markus Gastl vorkommt, wird Rainer Häffner als Ratgeber wahrgenommen, wie man einen Schulgarten naturnah konzipiert. »Aber die meisten winken ab, sobald ich ihnen das wichtigste Prinzip nenne: Ein Schulgarten *muss* von den Schülern gemacht werden.« Es ist wirklich »ihr« Garten, weil ihre Wünsche sowohl bei der ursprünglichen Planung als auch bei späteren Veränderungen ernst genommen und umgesetzt wurden. Doch das ist den meisten Verantwortlichen offenbar zu anstrengend, sie wollen lieber eine Firma beauftragen oder die Eltern einbinden. Das sorgt zwar schnell für ein vorzeigbares Ergebnis, während der Hortus Pagsis für seine Entfaltung zwei Jahre brauchte. »Aber damit verschenkt man alles, was ein Schulgarten lehren kann!« Vorausplanung zum Beispiel, Motivation, Geduld und Durchhaltevermögen angesichts eines sehr groß erscheinenden Projekts, von dem anfangs absolut nichts erkennbar ist. Aber dann wiederum kann man auch den Stolz erleben, selbst etwas Neues, Tolles geschaffen zu haben.

Auch, wenn der Garten heute nicht mehr neu angelegt werden muss, bleibt die Liste der übergeordneten Lernziele lang: Achtung der Bedürfnisse fremder Wesen, Respekt vor der Arbeit anderer Menschen, Rücksicht aufeinander. Sehr effektiv ist auch, dass die jüngeren Kinder üblicherweise von den älteren lernen. »Meiner Ansicht nach kann man nur in einem Naturgarten wirklich Glück empfinden«, resümiert Rainer Häffner. »Wer Rosen züchtet, freut sich sicher auch, wenn eine Blüte aufgeht, aber dann sieht er womöglich Blattläuse, und ist gleich wieder im Kampfmodus. Wenn wir dagegen Fraßspuren an einem Blatt finden, freuen wir uns und überlegen, welches Tier das wohl war.« Ein Erlebnis aus der Anfangszeit ist ihm besonders im Gedächtnis geblieben: »Ich hatte den Kindern immer von der blau-schwarzen Holzbiene erzählt, die wir vielleicht bei uns ansiedeln könnten. Eines Tages schrien sie: ‚Herr Häffner, Herr Häffner kommen Sie schnell!‘, und ich dachte schon, es wäre jemand verletzt, zumal sie alle im Kreis standen und nach unten guckten.« Aber nein, sie schauten andächtig auf eine Holzbiene, und jemand sagte ehrfürchtig: »Da isse!«

Wie war das noch? »Biodiversität braucht Liebe.«

Da isse.

Danksagung

Zuallererst möchte ich den Pflanzen, Pilzen und Tieren danken – dafür, dass sie alle ihren ganz speziellen Platz im Netz des Lebens ausfüllen und so die Erde bunt und überhaupt erst bewohnbar machen. Mein Dank geht auch an alle Menschen, die auf verschiedenste Weise an dem Fundament gebaut haben, auf dem dieses Buch entstehen konnte. Die ersten Steine legten meine Eltern, indem sie mir eine behütete Kindheit schenkten und mir ermöglichten, zu lernen, was immer ich wollte. Danke dafür, wie groß Eure Liebe immer war und ist.

Am Fundament mitgebaut haben auch alle Frauen und Männer, die als Lehrer, Forscher, Naturkenner, Autoren oder Filmemacher ihr Wissen verbreiten. Und dann sind da noch alle, die mir ganz konkret bei der Arbeit an diesem Buch geholfen haben. Sie schenkten mir mitunter Stunden ihrer Zeit, um mit mir zu telefonieren oder mich herumzuführen und dann meinen Text zum jeweiligen Thema gegenzulesen und zu korrigieren. Danke, Alicia Allmendinger, Peter Berthold, Jeanette Blumröder, Wilhelm Bode, Christine Brencher, Warren Brush, Heino Burmeister, Bernd Daberger, Erk Dallmeyer, Sophie Drexler, Irmgard Engler, Thomas Fartmann, Susanne Fischer-Rizzi, Werner Fleischmann, Adrienne Frei, Ivo Fuchs, Markus Gastl, Philipp Gerhardt, Delaram Habibi-Kohlen, Rainer Häffner mit Aron, Elias, Felix und Mark, Ulrich Hamm, Hans-Friedrich Hardt, Maya Heilmann, Ruven Hener, Frank Herhaus, Marcus Hölz, Luise Jürcke, Nina Körner, Mechthild Knösel, Niels Kohlschütter, Christian Küpfer, Volker Kundikow, Bernhard Lehr, Elke Loepthien-Gerwert, Felix Prinz zu Löwenstein, Rainer Luick, Edda Mucheyer, Ralph Müller, Sabrina Müller, Josephine Neubert, Herbert Nickel, Carola Paul, Axel Prehl, Hannelore Prehl, Michael Quetting, Saro Ratter, Markus Rösler, Verena Riedl, Johanna Romberg, Ellen Scherbaum,

Karl-Heinz Schmidt, Michael Schrödl, Stefan Schwarzer, David Seifert, Maria Stark, Gerlinde Strnad, Nadine Sydow, Franziska Tanneberger, Jenny Teufel, Christoph Trütken, Viviane Theby, Ben Tüxen, Philipp Unterweger, Hans-Günther Wener, Manuel Winter, Susanne Winter und Nils Holger Zahn.

Sehr dankbar bin ich auch allen, die das Buch besser und schöner gemacht haben: Antje Delion gab ihm mit ihrer liebevollen Covergestaltung ein Gesicht, Toby M. Schreier (tobymschreier.com) bereicherte die Kapitel mit seinen zauberhaften Illustrationen und Birthe Vogelmann polierte den Text mit ihrem gefühlvollen Lektorat auf. Antje kann man außerdem so ziemlich alles über Fledermäuse fragen (#flausretter). Diese interessanten und liebenswerten Tiere sind hier leider zu kurz gekommen, obwohl in meinem Garten auch gelegentlich welche herumflattern.

Ein großer Dank geht an meinen Mann, der die lange Zeit der Arbeit an diesem Buch mit mir durchgestanden hat – inklusive einiger Krisen, wenn das Schreiben nicht recht voranging oder als ich versehentlich die Arbeit von einigen Stunden gekillt hatte. Er schaffte es sogar, das Dokument wiederherzustellen! Danke, dass Du mich immer wieder zum Lachen bringst und dass Du die Welt schöner machst – einfach nur, weil es Dich gibt.

Schließlich möchte ich noch meinen Nachbarn dafür danken, dass sie die Wildheit meines Gartens so freundlich akzeptieren. Jetzt habe ich ja wieder etwas mehr Zeit, es kann also nur besser werden.

Anmerkungen und ausgewählte Quellen

Kapitel 1 – Dickhäuter

1 So genannte »Krefeld-Studie«: »More than 75 percent decline over 27 years in total flying insect biomass in protected areas« https://doi.org/10.1371/journal.pone.0185809

2 87 Prozent (Studie von Ollerton, J., R. Winfree, and S.Tarrant, 2011: »How many flowering plants are pollinated by animals?«, zitiert in »Nature's Best Hope« von Douglas W. Tallamy

3 »Living Planet Report 2022« – www.wwf.de/living-planet-report

4 Institut für Verbindungskultur »Circlewise« – www.circlewise.org

5 Der Begriff »Buschleute« umfasst viele Völker mit ebenso vielen Ähnlichkeiten wie Unterschieden, von denen einige das Wort als abwertend ansehen, andere nicht.

Kapitel 2 – Viel Land, wenig Ahnung

1 Einzige Ausnahme: die Forsythien-Sorte Beatrix Farrand.

2 Arven – Schule für Heilpflanzenkunde, Gaiamantie, Aromatherapie und Wildniswissen – www.arven.de

3 Inzwischen gibt es verschiedene wissenschaftliche Studien, die bei Pflanzen überraschende Kommunikationsfähigkeiten belegen.

4 Heute umfasst die Permakultur auch Ideen, wie man die Energieversorgung, ökonomische Systeme und den Aufbau

von Gemeinschaften naturverträglicher und sozialer gestalten kann.

Kapitel 3 – Rebellion gegen das Mahdregime

1 Mortalität durch Mähen

»Mortalitätsraten aller Insektengruppen bei 5-80 Prozent pro Schnitt – Review von Humbert et al (2009)«, zitiert in »Das Insekten- und Vogelsterben vor dem Hintergrund der Natur- und Kulturlandschaftsgeschichte«, Vortrag von Herbert Nickel vom 11. Dezember 2018 an der Universität Göttingen www.youtube.com/watch?v=qT3W3sKt0bl
»Wiesen-Ernteprozesse und ihre Wirkung auf die Fauna«, Humbert et al. (2010) www.researchgate.net/publication/257816311_Wiesen_Ernteprozesse_und_ihre_Wirkung_auf_die_Fauna

2 Mähroboter

Laut *Stiftung Warentest* (04/22) hätten sieben von acht Geräten den Arm eines auf dem Rasen liegenden Kindes verletzt. Ähnliches ergaben die in 2020 und 2018 veröffentlichten Tests.

Bei einer Studie der Universität Aalborg mit frischen Igelkadavern fielen alle 18 getesteten Modelle durch: Keiner nahm kleine Igel (< 200 g) als Stoppsignal wahr. »Wildlife Conservation at a Garden Level: The Effect of Robotic Lawn Mowers on European Hedgehogs (Erinaceus europaeus)«
https://doi.org/10.3390/ani11051191

3 Laubbläser

»Warum Laubbläser gefährlich sind« – Interview mit Magnus Wessel, Leiter Naturschutzpolitik beim Bund für Umwelt und Naturschutz Deutschland (BUND), *Süddeutsche Zeitung* vom 1. November 2018 www.sueddeutsche.de/wissen/laubblaeser-insekten-artenschutz-1.4192687

4   Durch den Einsatz von Stauchungsmitteln soll ein kompakterer Wuchs der Pflanze erreicht werden.

5   »Giftfalle bienenfreundliche Pflanzen«, 2022, Studie Umweltforschungsinstitut GLOBAL 2000 im Auftrag vom Bund für Umwelt und Naturschutz Deutschland (BUND) www.bund.net/service/publikationen/detail/publication/giftfalle-bienenfreundliche-pflanzen-2022

6   Haudenosaunee-Völker: Mohawk, Oneida, Onandaga, Tuscarora, Cayuga, Seneca

Kapitel 4 – Wurzelbehandlung

1   Absatz an Pflanzenschutzmitteln in der Bundesrepublik Deutschland – Ergebnisse der Meldungen gemäß § 64 Pflanzenschutzgesetz für das Jahr 2017 www.bvl.bund.de/SharedDocs/Downloads/04_Pflanzenschutzmittel/01_meldungen_par_64/meld_par_64_2017.pdf?__blob=publicationFile&v=5

2   Aus »*Das Leben ist ein vorübergehender Zustand*«, siehe Literaturliste

3   Leider werden die Ideen der bedürfnis- bzw. bindungsorientierten Erziehung, auch »Attachment Parenting« genannt, häufig auch mit rechten Ideologien verknüpft. Wer sich dafür interessiert, sollte also genau hinsehen.

Kapitel 5 – Der Wohnungsmarkt in Gartenhausen

1   Hortus-Netzwerk – www.hortus-netzwerk.de

2   Infos zum Tracht(fließ)band www.bienenroute.de/was-ist-das-trachtfliessband Trachtkalender – www.bienenroute.de/trachtpflanzen

Kapitel 6 – Wnukdara oder: Einfach leben lassen

1   Es war keine der neu eingewanderten »Nosferatu«-Spinnen.

2   Im Film »The Biggest Little Farm« (deutsch: »Unsere große kleine Farm«) wird einige Male auch der Tod von Tieren gezeigt, was vielleicht nicht jeder sehen möchte.

3   Anbieter für Wurmkisten und Zubehör – www.wurmwelten.de

Kapitel 7 – Oasen für Vögel

1   Heinz Sielmann Stiftung – www.sielmann-stiftung.de
2   Website von Ralph Müller – www.vogelsprache.de
3   Studie zu Vogelfang und Katzenfutter
     »Provision of High Meat Content Food and Object Play
     Reduce Predation of Wild Animals by Domestic Cats Felis
     catus«
     https://doi.org/10.1016/j.cub.2020.12.044
4   Vogeluhr
     www.nabu.de/tiere-und-pflanzen/voegel/vogelkunde/voegel-
     bestimmen/20663.html

Kapitel 8 – Der Name des Gartens

1   Nach Angaben von Dr. Philipp Unterweger, Experte für Bio-
     diversität, ist der flächendeckende Stickstoffeintrag aus der
     Luft heute so hoch, dass er einer landwirtschaftlichen »Voll-
     düngung« der 1950er Jahre entspricht.
2   Wer selbst gucken möchte: Auf YouTube gibt es unzählige
     Filme mit Rundgängen in den Gärten von Markus Gastl.

Kapitel 9 – Maria hilf!

1   Fantastische Ressourcen für Wildbienen-Wissen: www.
     wildbienen.info und www.wildbienen.de (mit Flugkalender:
     wildbienen.de/wba-kale.htm) sowie der YouTube-Kanal »in-
     secticon« mit lauter kleinen Info-Filmchen auch über andere
     Insekten.
2   Website von Maria Stark – www.naturgartenplanerin.bio
3   Der Naturgartenverein und der Anbauverband Bioland haben
     gemeinsam verbindliche Richtlinien festgelegt, die für eine

Zertifizierung als »Fachbetrieb für Naturnahes Grün – empfohlen von Bioland« erforderlich sind und auch geprüft werden. Erkennbar sind die Betriebe am Bioland-Siegel.
Liste unter www.naturgarten-fachbetriebe.de

4   Invasive Neophyten: Der Naturgarten-Verein hat eine Liste zusammengestellt, die man sich von dessen Homepage www.naturgarten.org herunterladen kann (»Handbuch invasiver Neophyten«). Wer es nicht findet, nimmt diesen Link: https://tinyurl.com/2p9y9kw7

5   Karte der Ursprungsgebiete und Produktionsräume vom Verband deutscher Wildsamen- und Wildpflanzenproduzenten www.natur-im-vww.de/startseite/karte-der-ursprungsgebiete

Kapitel 10 – Erde an Kirsten!

1   Bis zum Frühjahr habe ich den Haufen liegenlassen, und anders als zunächst befürchtet, hat es nie gestunken.

2   Wer Inspiration braucht, wie liebevoll die Stimme klingen kann: Auf substack.com gibt es seit Herbst 2023 die Community »Letters from Love« von der Autorin Elizabeth Gilbert.

3   Titel der deutschen Ausgabe: »*Jetzt! Die Kraft der Gegenwart*«

4   Zu spät habe ich erfahren, dass man so ein Bäumchen auch vorübergehend in einem Kübel oder Gemüsebeet parken kann, solange es nur bis spätestens Mitte März an seinen endgültigen Platz kommt.

Kapitel 11 – Der Wert des Wirsings

1   Der Bericht wurde Anfang Juli 2021 veröffentlicht. Dieser Abschnitt des Kapitels wurde im Herbst 2022 geschrieben und enthält mitunter Informationen, die aktueller sind als im Frühjahr 2021.

2   Wer sich tiefer mit den Hintergründen beschäftigen möchte: Das Buch »*Fleisch fürs Klima*« von Stefan Michel (siehe Literaturliste) beschreibt die Verfilzungen des

agroindustriellen Systems mit der Politik, wodurch die Weichen immer wieder zugunsten einer zerstörerischen, ausbeuterischen und Tiere quälenden Landwirtschaft gestellt werden. Der Stoff ist allerdings echt schwer verdaulich.

3 »Anteil der Ausgaben der privaten Haushalte in Deutschland für Nahrungsmittel, Getränke und Tabakwaren an den Konsumausgaben in den Jahren 1850 bis 2020« Quelle: Statista (2021) https://de.statista.com/statistik/daten/studie/75719/umfrage/ ausgaben-fuer-nahrungsmittel-in-deutschlandseit-1900

4 Studie zu Planetaren Grenzen »Planetary Boundaries: Guiding Human Development on a Changing Planet«. Steffen Will, Johan Rockström at al. Erschienen in Science https://doi.org/10.1126/science.1259855

5 Absatz an Pflanzenschutzmitteln in der Bundesrepublik Deutschland für das Jahr 2020 www.bvl.bund.de/SharedDocs/Downloads/04_Pflanzenschutzmittel/01_meldungen_par_64/meld_par_64_2020. pdf?__blob=publicationFile&v=5

6 Der Pestizid-Atlas 2022 wurde mit Unterstützung der Heinrich-Böll-Stiftung von der Naturschutzorganisation BUND und dem Pestizid-Aktionsnetzwerk (PAN) erstellt. Danach werden in der EU jährlich 350.000 Tonnen Pestizidwirkstoffe eingesetzt, weltweit etwa vier Millionen Tonnen, was eine Steigerung von 80 Prozent in 40 Jahren darstellt. Laut PAN werden von deutschen Unternehmen auch Gifte für den Weltmarkt produziert, die wegen ihrer Gefährlichkeit und ihren Langzeitfolgen in der EU bereits verboten sind.

7 »Pestizide – eine Einführung«, NABU-Bundesverband, 09/2021 www.nabu.de/imperia/md/content/nabude/landwirtschaft/ pestizidpolitik/nabu-broschuere_pestizide_einfuehrung.pdf

8 »Umsetzung des Nationalen Aktionsplans zur nachhaltigen Anwendung von Pflanzenschutzmitteln (NAP) – Pilotstudie zur Ermittlung der Belastung von Kleingewässern in der Agrarlandschaft mit Pflanzenschutzmittel-Rückständen – Abschlussbericht«, Herausgeber Umweltbundesamt www.umweltbundesamt.de/publikationen/umsetzung-des-nationalen-aktionsplans-zur-1

9 »Pestizide belasten kleine Gewässer«, Helmholtzzentrum für Umweltforschung (UFZ) aus:»Umweltperspektiven. Der UFZ-Newsletter«, Dezember 2021 – www.ufz.de/newsletter/ufz/Dezember2021

10 Ergebnis verschiedener Untersuchungen (u. a. vom Umweltbundesamt) zu Glyphosat, dem mit Abstand am meisten verwendeten Pestizid-Wirkstoff, der 2020 fast 14 Prozent der verkauften Gesamtmenge ausmachte.

11 FFH-Gebiete werden zum Schutz von Tieren (Fauna), Pflanzen (Flora) und Lebensräumen (Habitat) im Rahmen der europäischen Fauna-Flora-Habitat-Richtlinie ausgewiesen. Sie können sich teilweise oder in Einzelfällen sogar ganz mit Naturschutzgebieten überlappen.

12 »DINA-Studie weist Verlust der Insektenvielfalt in Naturschutzgebieten durch umliegende Ackerflächen nach« – Mitteilung Institut für sozial-ökologische Forschung (ISOE) www.isoe.de/news/dina-studie-weist-verlust-der-insekten-vielfalt-in-naturschutzgebieten-durch-umliegende-ackerflae-chen/

13 »Direct pesticide exposure of insects in nature conservation areas in Germany«, Universität Koblenz-Landau https://doi.org/10.1038/s41598-021-03366-w

14 »Insektenschwund: Raumanalyse zeigt Bedarf an Pufferzonen zwischen Ackerflächen und Naturschutz-Arealen« – Pressemitteilung des Leibniz-Insituts für ökologische

Raumentwicklung

https://idw-online.de/de/news791107

Zugehörige Studie: https://doi.org/10.1399/NuL.2022.04.03

15 »Biodiversität und Management von Agrarlandschaften« –
Stellungnahme Nationale Akademie der Wissenschaften
Leopoldina, 2020
www.leopoldina.org/publikationen/detailansicht/publica-
tion/biodiversitaet-und-management-von-agrarlandschaf-
ten-2020/

16 Ökomonitoring 2021, Herausgeber Ministerium für Ernährung, Ländlichen Raum und Verbraucherschutz Baden-
Württemberg (MLR)
https://verbraucherportal-bw.de/site/pbs-bw-mlr-root/get/
documents_E1767588975/MLR.Verbraucherportal/Doku-
mente/Dokumente%20pdfs/Verbraucherschutz/Gesundheit-
licher%20VSchutz/Ökomonitoring-Berichte/2021_oekomoni-
toring.pdf

17 Das Risiko, durch Abdrift kontaminierte Ernten nicht mehr
als Bioprodukt vermarkten zu können, trägt übrigens der
Landwirt – ziemlich unfair. Schadensersatz zu bekommen,
ist mit viel Aufwand verbunden. Auch die Kosten für die
notwendigen zusätzliche Qualitätskontrollen trägt die Biobranche und damit letztlich der Kunde. Schon lange werden
dafür Ausgleichszahlungen gefordert.

18 »Soil Fertility and Biodiversity in Organic Farming«, Science
2002
https:doi.org/10.1126/science.1071148

19 Mir ist bewusst, dass es die seit 2022 dramatisch gestiegenen
Lebenshaltungskosten noch schwieriger machen, sich für
hochwertigere Lebensmittel zu entscheiden. Zur Preisdis-
kussion hat das Freiburger Öko-Institut in einer Studie festgestellt, dass der komplette Umstieg auf Bioprodukte gegenüber der durchschnittlichen Ernährungsweise im Monat

drei Prozent mehr kostet, sofern man auch den Ratschlägen der Ernährungsfachleute folgt und nur wenig Fleischwaren, Snacks und Genussmittel kauft. Die 2014 veröffentlichte Untersuchung ist allerdings seither nicht aktualisiert worden.

20 In Deutschland wurde 2022 auf 11,2 Prozent der landwirtschaftlichen Fläche nach Biostandards gearbeitet.

21 Es ist schon jetzt mehr als genug Nahrung für alle da. Dass es trotzdem Hungersnöte gibt, liegt vor allem an Kriegen, undemokratischen politischen Systemen, die Knappheit sogar als Druckmittel für ihren Machterhalt nutzen, sowie Börsenspekulationen und Verteilungsproblemen.

Kapitel 12 – Hoffnung ist pflanzbar

1 Website von Schloss Blumenthal – www.schloss-blumenthal. de

2 Website von Warren Brush – www.permaculturedesign.us

3 Diese Frage dürfen sich auch alle stellen, die Flächen in Siedlungen gestalten: Nicht zupflastern und den Regen in die zunehmend überforderte Kanalisation rauschen lassen, sondern Versickerungsmöglichkeiten schaffen. Simples Beispiel: Rasengittersteine.

4 Carbon sequestration in hedgerow biomass and soil in the temperate climate zone«, Studie von Sophie Drexler, Mai 2021 https://doi.org/10.1007/s10113-021-01798-8

5 Website von Philipp Gerhardt – www.baumfeldwirtschaft.de

6 Gemeinschaft Schloss Tempelhof – www.schloss-tempelhof. de

7 Verein Aufbauende Landwirtschaft e.V. – www.aufbauende-landwirtschaft.de

8 Maschinen, mit denen man Saatgut in einen ungepflügten, bedeckten Boden ausbringen kann, gibt es schon länger.

9 Website von Sebastian und Maya Heilmann – www.diezukunftsbauern.de

10 Zu den so genannten Zweinutzungshühnern gehören Rassen, die wie früher sowohl Eier legen, aber auch Fleisch ansetzen, statt extrem für eine der beiden Nutzungen gezüchtet zu sein.

11 Website der Ferme du Bec Hellouin – www.fermedubec.com

12 Zur besseren Vergleichbarkeit wurde für die Berechnungen immer der Durchschnittspreis zugrunde gelegt, der für die Gemüsesorte in Bioqualität in der Region zu zahlen gewesen wäre.

13 Listen und Infos unter www.solidarische-landwirtschaft.org

14 Stand Februar 2023

15 Offizielle Website der von Frankreich als Gastgeber der Klimakonferenz 2015 ins Leben gerufenen so genannten »4-Promille-Initiative« – https://4p1000.org
»Die 4-Promille-Initiative ,Böden für Ernährungssicherung und Klima' – Wissenschaftliche Bewertung und Diskussion möglicher Beiträge in Deutschland« – Thünen Working Paper 112, Braunschweig, 2018
www.thuenen.de/de/thuenen-institut/infothek/schriften-reihen/thuenen-working-paper/thuenen-working-paper-detailansicht/thuenen-working-paper-112

16 Wie solche Transformationen aussehen können, beschreibt der amerikanische Landwirt Gabe Brown in seinem Buch *»Aus toten Böden wird fruchtbare Erde«*, siehe Literaturliste

17 Website des Bauernhofs von Christoph Trütken – www.antonihof.com

18 2022

Kapitel 13 – Waldmeister

1 Seitdem sind allein bis Herbst 2023 noch mal etwa 100.000 Hektar dazugekommen.

2 Bundesweit ist 43 Prozent des Waldes in Privatbesitz (Quelle: Statistisches Bundesamt, Forststrukturerhebung 2022)

3 Die damalige Bundesumweltministerin Svenja Schulze

nannte am 5. August 2021 die Summe von 1,5 Milliarden Euro Unterstützungszahlungen an Waldbesitzende für die Folgen der Dürrejahre.

4 YouTube-Kanal von Wilhelm Bode – @Dauerwald

5 Wenn sich die Pflanzenvielfalt im Wald erhöht, gilt es genau hinzuschauen, ob es wirklich Grund zum Jubeln ist. Denn häufig sind es gar keine typischen Waldarten, die neu dazukommen, sondern solche, die von hohem Lichteinfall profitieren.

6 Erschienen 2023. Dieser Abschnitt des Kapitels umfasst Informationen bis Juni 2024.

7 Für diese Größenordnung müssten bis zu zehn Prozent der öffentlichen Wälder aus der Nutzung genommen werden, weil in den Privatwäldern – die in Deutschland knapp 50 Prozent ausmachen – der Verzicht auf die Bewirtschaftung nicht vorgeschrieben werden kann.

8 Mitunter werden die Projekte als Greenwashing und Goldesel für die Organisatoren kritisiert, genau hinzugucken ist also wichtig.

9 »Alles aus Holz« – Deutsche Kurzfassung der Studie vom WWF mit der Universität Kassel. Englische Langfassung: »Beck-O'Brien, M., Egenolf, V., Winter, S., Zahnen, J., Griesshammer, N. (2022). »Everything from Wood – The resource oft he future or the next crisis? How footprints and targets can support a balanced bioeconomy transition«
www.wwf.de/themen-projekte/waelder/verantwortungs-vollere-waldnutzung/alles-aus-holz
»Aktuelle Nutzung und Förderung der Holzenergie«, Umweltbundesamt, von 12/2022, insbesondere Zusammenfassung
www.umweltbundesamt.de/sites/default/files/medien/1410/publikationen/2023-01-05_cc_12-2022_aktuelle_nutzung_und_foerderung_der_holzenergie.pdf

10 »Die Definition von legaler Forstwirtschaft [fällt] in Einzelstaaten sehr unterschiedlich aus«, so das Umweltbundesamt in »Umweltschutz, Wald und nachhaltige Holznutzung in Deutschland«, März 2021 (siehe Anmerkung 12). So arbeiten z. B. auch für Laien »unverdächtige« Länder wie Kanada oder Schweden mit großflächigen Kahlschlägen.

11 »Holz – zu wertvoll zum Verfeuern – Standpunkt des NABU Bundesverbandes zur Holzbiomasse« von 5/2022 www.nabu.de/imperia/md/content/nabude/biooekonomie/220706_standpunkt_holzbiomasse_pdf.pdf

12 »Umweltschutz, Wald und nachhaltige Holznutzung in Deutschland«, Umweltbundesamt März 2021 www.umweltbundesamt.de/sites/default/files/medien/5750/publikationen/2021_hgp_umweltschutzwald_u_nachhaltige-holznutzung_bf.pdf

13 Aus »*Wildes Land*« von Isabella Tree, siehe Literaturliste

14 Verein der Igelfreunde Stuttgart und Umgebung – www.igel-verein.de

Kapitel 14 – Die Magie der Rindermäuler

1 Website des Biologen und Wildbienen-Experten Dr. Paul Westrich – www.wildbienen.info

2 Website von Knepp Estate – www.knepp.co.uk

3 Website Verein Naturnahe Weidelandschaften – www.weidelandschaften.org
Vortrag von Dr. Herbert Nickel: »Das Insekten- und Vogelsterben vor dem Hintergrund der Natur- und Kulturlandschaftsgeschichte«, (11.12.2018, Universität Göttingen) www.youtube.com/watch?v=qT3W3sKt0bl

4 Website vom Uria-Hof in Balingen – www.uria.de
Video zum Weideschuss – https://youtu.be/bWkGg7Kl0lU

5 Je nach Landschaft wirken auch Beutegreifer wie Großkatzen, Wölfe und Bären regulierend ein.

6 Anbieter von Produkten von Weiderindern: Adressen hat der Koch und Autor Felix Olschewski auf seiner Website zusammengetragen – www.weidefleisch.org

7 Einen schmerzlichen Eindruck der üblichen Grünlandbearbeitung verschafft der Film »*Die Wiese – Ein Paradies nebenan*« von Jan Haft.

8 Website von Viviane Theby – www.permakultur-scheuerhof.de

9 Website von Gut Temmen – www.gut-temmen.de

10 Website von Manuel Winter – www.changegrazing.at

11 Website vom Hofgut Rengoldshausen – www.rengo.de

12 Website der Interessengemeinschaft kuhgebundene Kälberaufzucht e. V. – www.ig-kalbundkuh.de

Kapitel 15 – Stückleswerk

1 Solche Umhüllungen muss man allerdings rechtzeitig wieder abnehmen, damit sie bei regnerischem Wetter nicht selbst zur optimalen Pilzbrutstätte werden.

2 Mitte Juli 2023

3 Website der IG Streuobst Kernen – www.streuobst-kernen.de

4 NABU-Website zum Thema Streuobst – www.streuobst.de

5 Website des Netzwerks Streuobst Mössingen – www.netzwerk-streuobst.de

6 Ob die Bäume diese Düngung brauchen, ist umstritten. Experten gehen davon aus, dass die Nährstoffspeicherung über das Wurzelsystem der hoch aufwachsenden Gräser und Kräuter, der Stickstoffeintrag aus der Luft und vielleicht noch etwas liegengelassenes Fallobst ausreichend Düngung bieten.

7 »Praxisempfehlungen Insektenschonende Mahd«, Herausgeber Deutscher Verband für Landschaftspflege DLV, Juni 2020, Link abgerufen April 2022 www.natuerlichbayern.de/praxisempfehlungen/insektenschonende-mahd

8 Website von Philipp Unterweger – www.biodiversitaetsplanung.de

Vortrag »Bunte Wiesen und Weiden – Ein Modell gegen das Insektensterben«, beim BUND KV Reutlingen, 1.10.2020 www.youtube.com/watch?v=1neIDXGkrsQ

9   Stichworte zum Heucoaching auf www.schafwanderweg.de
10 Website der Teppichmanufaktur – www.habbishaw.de
11 Wer es selbst versuchen will: Die Materialien gibt es zum Beispiel bei www.purewol.de, inklusive Vliese, falls man keinen Schäfer kennt. Einen Eindruck, wie der Prozess funktioniert (wir haben es etwas anders gemacht) gibt dieses Video: www.youtube.com/watch?v=Oqlho5hgvn4
12 Website von Edda Mucheyer – www.die-sensenlehrerin.de
13 Website der Stuttgarter Sensenschwinger – www.bienenschutz-stuttgart.de/die-stuttgarter-sensenschwinger

Kapitel 16 – Versumpfen for Future

1   Unser Dank für den Spruch geht an den Comedian Mario Barth: Beim ersten Hören haben wir Tränen gelacht.
2   Website Podcast Jung&naiv – www.jungundnaiv.de
3   Nationale Moorschutzstrategie der Bundesregierung, verabschiedet am 9. November 2022 www.bmel.de/DE/themen/landwirtschaft/klimaschutz/moorbodenschutz.html
4   Website der Arbeitsgemeinschaft Klimamoor Brandenburg – www.klimamoor-brandenburg.de
5   Eine Produktliste für torffreie Gartenerden gibt es beim Bundeslandwirtschaftsministerium unter www.torffrei.info
6   Seit 2023
7   toMOORow-Studie:»Vorstudie zur Schaffung von skalierbaren Wertschöpfungsketten für die Nutzung von Paludi-Biomasse«, Oktober 2023 www.tomoorow.org
8   »Paludiculture can support biodiversity conservation in rewetted fen peatlands« https://doi.org/10.1038/s41598-023-44481-0

9 Flora-Fauna-Habitat (siehe Kapitel 11, Anm. 11)

10 Es gibt noch mehr Fans: 2021 wurde »butschern« (rausgehen, herumstrolchen, etwas unternehmen) vom Heimatverband Mecklenburg-Vorpommern sogar zum »schönsten plattdeutschen Wort des Jahres« gekürt.

11 Seit 2023 werden viele Flächen nahe der Teterower Peene nicht mehr so stark entwässert.

12 Website zum Tinyhouse-Projekt mit Paludi-Materialien – www.moor-and-more.de

13 Website der britischen Firma, die Rohrkolbenfluff nutzt – www.ponda.bio

14 Aktuell werden noch zu viele Photovoltaik-Module auf entwässerten Flächen aufgestellt, die weiter CO_2 ausdünsten.

15 Wiedervernässung unterstützen: zum Beispiel über www.moorfutures.de oder www.succow-stiftung.de

16 Website der Herstellerfirma von SysCompound – www.consulta-gmbh.com

Kapitel 17 – Aus Flicken wird ein Teppich

1 Tolle Wissensquelle für Menschen, die ihren Garten naturnah gestalten wollen – www.naturadb.de

2 Website der Initiative »Tausende Gärten – Tausende Arten« – www.tausende-gaerten.de

3 Handreichung zur Gartenbegehung: unter www.kleingaerten-biologische-vielfalt.de, Handreichung ins Suchfeld eingeben

4 Website von Birgit Schattling – www.bio-balkon.de

5 Landkarte des Lebens – www.naturgarten.org/landkarte-des-lebens-2

6 Fördermöglichkeiten für Artenschutzmaßnahmen recherchieren Bundesprogramm Biologische Vielfalt – www.bfn.de/thema/bundesprogramm-biologische-vielfalt
Verein Kommunen für biologische Vielfalt e.V. – www.komm-bio.de

Naturschutzbund Deutschland – www.nabu.de
Bund für Umwelt und Naturschutz – www.bund.net
Zertifizierte Naturgarten-Fachbetriebe – www.naturgarten-fachbetriebe.de
Internetportal des Umweltbundesamtes – www.umwelt.info

7   »In 10 Schritten zum Biotop« – www.sielmann-stiftung.de/biotopverbund

8   Baumscheibenpatenschaften – www.tausende-gaerten.de/news/mitmachidee-baumscheiben-patenschaften/

9   Blühbotschafter – www.schweisfurth-stiftung.de (Blühbotschafter ins Suchfeld eingeben)

10   Blühpatenschaften – www.mellifera.de/bluehpate

11   Website des Vereins Heckenretter e.V. – www.heckenretter.org

Literatur

Aichele, Dietmar & Golte-Bechtle, Marianne: *Was blüht denn da? Wildwachsende Blütenpflanzen Mitteleuropas*, Kosmos

Arnim von, Gabriele: *Das Leben ist ein vorübergehender Zustand*, Rowohlt

Aufderheide, Ulrike: *Rasen und Wiesen im naturnahen Garten: Neuanlage – Pflege – Gestaltungsideen*, Pala

Aufderheide, Ulrike: *Tiere pflanzen: Faszinierende Partnerschaften zwischen Pflanzen und Tieren*, Pala

Berthold, Peter: *Unsere Vögel: Warum wir sie brauchen und wie wir sie schützen können*, Ullstein

Berthold, Peter & Mohr, Gabriele: *Vögel füttern, aber richtig: Das ganze Jahr füttern, schützen und sicher bestimmen*, Kosmos

Bode, Wilhelm & Kant, Rainer: *Dauerwald – leicht gemacht: Ein Kurzleitfaden für die Praxis*, Natur + Text

Böhning-Gaese, Katrin & Bauer, Friederike: *Vom Verschwinden der Arten: Der Kampf um die Zukunft der Menschheit*, Klett-Cotta

Bregman, Rutger: *Im Grunde gut: Eine neue Geschichte der Menschheit*, rororo

Brown, Brené: *Verletzlichkeit macht stark: Wie wir unsere Schutzmechanismen aufgeben und innerlich reich werden*, Goldmann

Brown, Gabe: *Dirt to Soil: One Family's Journey into Regenerative Agriculture*, Chelsea Green Publishing. Auch in Deutsch erhältlich: *Aus toten Böden wird fruchtbare Erde. Eine Familie entdeckt die regenerative Landwirtschaft*, Kopp Verlag.

Busse, Tanja: *Das Sterben der anderen: Wie wir die biologische Vielfalt noch retten können*, Blessing

Cropp, Jan-Hendrik: *Praxis Handbuch Bodenfruchtbarkeit: Humus verstehen – Direktsaat- und Mulchsysteme umsetzen – Klimakrise meistern*, Ulmer

Fischer-Rizzi, Susanne: *Das Geheimnis deines Ortes: Anleitung zum heimisch werden*, Kosmos

Fischer-Rizzi, Susanne: *Bäume der Hoffnung: Baum und Mensch im Klimawandel*, atVerlag

Gastl, Markus: *Drei-Zonen-Garten: Vielfalt – Schönheit – Nutzen*, Verlag Dr. Friedrich Pfeil

Gastl, Markus: *Ideenbuch Nützlingshotels: Für Igel, Vögel, Käfer & Co*, Weltbild

Gastl, Markus: *Permakultur & Naturgarten: Nachhaltig gärtnern mit dem Drei-Zonen-Modell*, Ulmer

Goulson, Dave: *Wildlife Gardening: Die Kunst, im eigenen Garten die Welt zu retten*, Hanser

Hemenway, Toby: *Gaia's Garden: A Guide to Home-Scale Permacultur*, Chelsea Green Publishing

Herrmann, Ulrike: *Das Ende des Kapitalismus: Warum Wachstum und Klimaschutz nicht vereinbar sind – und wie wir in Zukunft leben werden*, Kiepenheuer&Witsch

Hervé-Gruyer, Charles & Perrine: *Miraculous Abundance: One Quarter Acre, Two French Farmers, and Enough Food to Feed the World*, Chelsea Green Publishing

Hirschhausen, Eckart von: *Mensch, Erde! Wir könnten es so schön haben*, Dtv

Idel, Anita: *Die Kuh ist kein Klima-Killer! Wie die Agrarindustrie die Erde verwüstet und was wir dagegen tun können*, Metropolis

Jakumeit, Daniel: *Lebensraum Garten*, Mehrere Broschüren über: www.baudirnatur.de

Kern, Simone: *Der antiautoritäre Garten: Gärten, die sich selbst gestalten*, Kosmos

Krause, Antje: *1x hacken spart 2x gießen: Mit klugen Ideen Wasser, Strom & Co. im Garten bewusster nutzen*, Ulmer

Loepthien, Elke: *Mein Herz erleichtern*, E-Book zum Download unter https://circlewise.org/angebote/mein-herz-erleichtern/

Löwenstein, Felix zu: *Food Crash. Wir werden uns ökologisch ernähren oder gar nicht mehr*, Knaur

Macy, Joanna & Johnstone, Chris: *Active Hope (revised): How to Face the Mess We're in with Unexpected Resilience and Creative Power*, New World Library

Michel, Stefan: *Fleisch fürs Klima: Ein neuer Blick auf Artenschutz, Tierhaltung und nachhaltige Ernährung*, Oekom

Müller, Ralph: *Die geheime Sprache der Vögel: Den Vögeln lauschen, sich berühren lassen, von ihnen lernen*, atVerlag

Neff, Kristin: *Selbstmitgefühl: Wie wir uns mit unseren Schwächen versöhnen und uns selbst der beste Freund werden*, Kailash

Neumeier, Monika: *Igel im Garten: So kannst du ihnen helfen*, Kosmos

Niggli, Urs: *Alle satt? Ernährung sichern für 10 Milliarden Menschen*, Residenz

Oftring, Bärbel: *Wird das was oder kann das weg? Erwünschte und unerwünschte Gartenpflanzen erkennen*, Kosmos

Rakers, Judith: *Homefarming – Selbstversorgung ohne grünen Daumen*, Gräfe und Unzer

Romberg, Johanna: *Der braune Bär fliegt erst nach Mitternacht: Unsere Naturschätze. Wie wir sie wiederentdecken und retten*, Quadriga

Schätzing, Frank: *Was, wenn wir einfach die Welt retten? Handeln in der Klimakrise*, KiWi

Schattling, Birgit: *Mein genialer Bio-Balkon: Mit großartigen Pflanzenkombis & DIY-Projekten zu mehr Artenvielfalt und leckerer Ernte*, Ulmer

Schwarz, Stefan: *Der kleine Gartenversager: Vom Glück und Scheitern im Grünen*, Aufbau

Scheub, Ute & Schwarzer, Stefan: *Die Humusrevolution: Wie wir den Boden heilen, das Klima retten und die Ernährungswende schaffen*, Oekom

Scheub, Ute & Schwarzer, Stefan: *Aufbäumen gegen die Dürre: Wie uns die Natur helfen kann, den Wassernotstand zu beenden*, Oekom

Spitzer, Jana & Dittrich, Reiner: *Trockenmauern für den Garten: Bauanleitung und Gestaltungsideen*, Ökobuch

Stahl, Stefanie: *Das Kind in dir muss Heimat finden: Der Schlüssel zur Lösung (fast) aller Probleme*, Kailash

Tallamy, Douglas.W: *Nature's Best Hope: A New Approach to Conservation that Starts in Your Yard*, Timber Press

Tanneberger, Franziska & Schroeder, Vera: *Das Moor: Über eine faszinierende Welt zwischen Wasser und Land – und warum sie für unser Klima so wichtig ist*, Dtv

Tolle, Eckhart: *Jetzt! Die Kraft der Gegenwart*, Kamphausen

Tree, Isabella: *Wildes Land. Die Rückkehr der Natur auf unser Landgut*, DuMont

Unterweger, Philipp & Wolf-Dietmar: *Echte Bauern retten die Welt!* Stv

Unterweger, Philipp & Wolf-Dietmar: *Das große Buch vom Kleinvieh: Handbuch zur Haltung glücklicher Haus- und Nutztiere*, Stv

Wall Kimmerer, Robin: *Geflochtenes Süßgras: Die Weisheit der Pflanzen*, Aufbau

Weller, Francis: *The Wild Edge of Sorrow: Rituals of Renewal and the Sacred Work of Grief*, North Atlantic Books

Winnemuth, Meike: *Bin im Garten: Ein Jahr wachsen und wachsen lassen*, Penguin

Witt, Reinhard: *Der unkrautfreie Garten*, Obst- und Gartenbauverlag

Witt, Reinhard & Kaltofen, Katrin: *unkrautEX. Naturnahe Pflege leicht gemacht*, NaturGarten

Wohlleben, Peter: *Der lange Atem der Bäume: Wie Bäume lernen, mit dem Klimawandel umzugehen – und warum der Wald uns retten wird, wenn wir es zulassen*, Ludwig

Wohlleben, Peter & Ibisch, Pierre L.: *Waldwissen: Vom Wald her die Welt verstehen*, Ludwig

Bezugs- und Informationsquellen

Biopflanzen und Wildsamen

Bingenheimer Saatgut
bingenheimersaatgut.de

Hof Berggarten
hof-berggarten.de

Hof Jeebel
biogartenversand.de

Naturgartenshop
naturgartenshop.com

Rieger-Hofmann
rieger-hofmann.de

Staudengärtnerei Gaissmayer
gaissmayer.de

Syringa
syringa-Pflanzen.de

Wildpflanzengärtnerei Strickler
gaertnerei-strickler.de

Informationen im Netz

Bio-Balkon
bio-balkon.de

Bund für Umwelt und Naturschutz e.V. (BUND)
bund.net

Hortus-Netzwerk
hortus-netzwerk.de

NaturaDB
naturadb.de

NaturGarten e.V.
naturgarten.org

Naturschutzbund Deutschland e.V. (NABU)
nabu.de

Netzwerk Blühende Landschaft
bluehende-landschaft.de

Tausende Gärten – Tausende Arten
tausende-gaerten.de

Verband deutscher Wildsamen- und Wildpflanzenproduzenten (VWW)
natur-im-vww.de

Liste der Pflanzen und Tiere mit wissenschaftlichen Namen

Pflanzen

Ackerschachtelhalm	*Equisetum arvense*
Acker-Wachtelweizen	*Melampyrum arvense*
Ackerwinde	*Convolvulus arvensis*
Akelei, Gemeine	*Aquilegia vulgaris*
Apfel	*Malus spp.*
Birke, Gemeine	*Betula pendula*
Blasenstrauch	*Colutea arborescens*
Blaustern, Zweiblättriger	*Scilla bifolia*
Bluthasel	*Corylus maxima »Purpurea«*
Blutjohannisbeere	*Ribes sanguineum*
Borretsch	*Borago officinalis*
Brennnessel, Große	*Urtica dioica*
Brombeere	*Rubus spp.*
Buche / Rotbuche	*Fagus sylvatica*
Bunte Kronwicke	*Securigera varia*, auch: *Coronilla varia*
Bunte Wucherblume / Tricolor-Chrysantheme	*Glebionis carinata* auch: *Chrysanthemum carinatum*
Bur-Eiche (Süßeicheln)	*Quercus macrocarpa*
Deutzie	*Deutzia hybrida*
Douglasie, Gewöhnliche	*Pseudotsuga menziesii*
Eiche, Deutsche	*Quercus robur*
Efeu, Gemeiner	*Hedera helix*
Efeu-Ehrenpreis	*Veronica hederifolia*

Elfen-Krokus	*Crocus tommasinianus*
Erdbeere	*Fragaria spp.*
Esparsette/	*Onobrychis viciifolia*
Saat- bzw. Futter-Esparsette	
Essigbaum	*Rhus typhina*
Esskastanie	*Castanea sativa*
Färberkamille	*Anthemis tinctoria*
Feldahorn	*Acer campestre*
Felsenbirne, Gemeine	*Amelanchier ovalis*
Fenchel	*Foeniculum vulgare*
Fichte, Gemeine	*Picea abies*
Fingerkraut, Kriechendes	*Potentilla reptans*
Fingerkraut, Aufrechtes	*Potentilla recta*
Forsythie	*Forsythia × intermedia*
Frauenmantel, Gelbgrüner	*Alchemilla xanthochlora*
Frühlings-Anemone	*Pulsatilla vernalis,* auch:
	Anemona blanda
Gänseblümchen	*Bellis perennis*
Gamander-Ehrenpreis	*Veronica chamaedrys*
Giersch, Gewöhnlicher	*Aegopodium podagraria*
Glockenblume	*Campanula spp.*
Goldmohn	*Eschscholzia californica*
Greiskraut, Gewöhnliches	*Senecio vulgaris*
Hahnenfuß	*Ranunculus spp.*
Hahnenfuß, Kriechender	*Ranunculus repens*
Hanf, Gewöhnlicher	*Cannabis sativa*
Hasenglöckchen, Atlantisches	*Hyacinthoides non-scripta*
Hauswurz	*Sempervivum spp.*
Herbst-Anemone	*Anemone tomentosa*
Herbstzeitlose	*Colchicum autumnale*
Himbeere	*Rubus idaeus*
Holunder, Schwarzer	*Sambucus nigra*
Huflattich	*Tussilago farfara*

Jakobs-Kreuzkraut / auch: Jakobs-Greiskraut	*Jacobaea vulgaris,*
Johanniskraut, Echtes	*Hypericum perforatum*
Kamille, Echte	*Matricaria chamomilla*
Karthäusernelke	*Dianthus carthusianorum*
Kirsche	*Prunus spp.*
Kirschlorbeer	*Prunus laurocerasus*
Klappertopf, Zottiger	*Rhinanthus alectorolophus*
Knoblauchsrauke	*Alliaria petiolata*
Kornblume	*Centaurea cyanus*
Kornelkirsche	*Cornus mas*
Kornrade	*Agrostemma githago*
Kreuzdorn, Echter / Purgier-Kreuzdorn	*Rhamnus*
Lavendel, Echter	*Lavandula angustifolia*
Lerchensporn, Gelber	*Pseudofumaria lutea*
Lichtnelke, Rote	*Silene dioica*
Liguster, Gemeiner	*Ligustrum vulgare*
Löwenzahn, Gewöhnlicher	*Taraxacum officinale*
Lungenkraut, Dunkles	*Pulmonaria obscura*
Luzerne	Medicago sativa
Mädesüß, Echtes	*Filipendula ulmaria*
Mandelweide, Immerblühende	*Salix triandra Semperflorens*
Margerite	*Leucanthemum vulgare,* auch: *Chrysanthemum leucanthemum*
Mariendistel	*Silybum marianum*
Melisse / Zitronenmelisse	*Melissa officinalis*
Minze	*Mentha spp.*
Mistel	*Viscum spp.*
Möhre, Wilde	*Daucus carota*
Mohnblume / Klatschmohn	*Papaver rhoeas*
Mondviole	*Lunaria rediviva*

Muskatellersalbei	*Salvia sclarea*
Nachtkerze, Gemeine	*Oenothera biennis*
Nachtviole, Gewöhnliche	*Hesperis matronalis*
Natternkopf, Gewöhnlicher	*Echium vulgare*
Ochsenzunge, Gemeine	*Anchusa officinalis*
Pappel	*Populus spp.*
Primel	*Primula spp.*
Purpur-Schlehe	*Prunus spinosa Rosea*
Quecke	*Elymus spp.*
Rainfarn	*Tanacetum vulgare*
Ringelblume	*Calendula officinalis*
Rohrkolben, Breit-	*Typha latifolia*
bzw. Schmalblättriger	*bzw.angustifolia*
Rose	*Rosa spp.*
Rosskastanie, Gewöhnliche	*Aesculus hippocastanum*
Samtnelke	*Lychnis coronaria*
Schachbrettblume	*Fritillaria meleagris*
Schafgarbe, Gemeine	*Achillea millefolium*
Scheinhasel, Armblütige	*Corylopsis pauciflora*
Schilfrohr	*Phragmites australis*
Schlüsselblume, Stängellose	*Primula vulgaris*
Skabiosen-Flockenblume	*Centaurea scabiosa*
Sommerflieder	*Buddleja davidii*
Sonnentau, Rundblättriger	*Drosera rotundifolia*
Spierstrauch	*Spiraea spp.*
Spitzahorn	*Acer platanoides*
Spitzwegerich	*Plantago lanceolata*
Steinklee, Gelber	*Melilotus officinalis*
Steinklee, Weißer	*Melilotus alba*
Steppen-Salbei	*Salvia nemorosa*
Storchschnabel, Schlitzblättriger	*Geranium dissectum*
Strauchkronwicke	*Coronilla emerus*
Süßgras / Mariengras	*Hierochloe odorata*

Thuja / Lebensbaum	*Thuja occidentalis*
Torfmoos	*Sphagnum spp.*
Traubenhyazinthe	*Muscari neglectum*
Traubenkirsche, Spätblühende	*Prunus serotina*
Trompetenbaum, Gewöhnlicher	*Catalpa bignonioides*
Wasserdost	*Eupatorium spp.*
Wegerich	*Plantago spp.*
Wegwarte, Gemeine	*Cichorium intybus*
Weide	*Salix spp.*
Weidelgras, Deutsches	*Lolium perenne*
Weigelie	*Weigela florida*
Wein, Wilder	*Parthenocissus quinquefolia*
Weißdorn	*Crataegus spp.*
Weymouthkiefer	*Pinus strobus*
Wiesenlieschgras	*Phleum pratense*
Wiesenschwingel	*Festuca pratensis*
Wilde Karde	*Dipsacus fullonum*
Winterblühende Duftheckenkirsche	*Lonicera x purpusii*
Winterling	*Eranthis hyemalis*
Witwenblume, Mazedonische	*Knautia macedonia*
Wundklee, Echter	*Anthyllis vulneraria*
Zimtrose	*Rosa majalis*
Zwetschge	*Prunus domestica subsp. domestica*

Tiere

Admiral	*Vanessa atalanta,* auch: *Pyrameis atalanta*
Amsel	*Turdus merula*

Apfelwickler	*Cydia pomonella* auch *Carpocapsa pomonella, Laspeyresia pomonella*
Baumfalke	*Falco subbuteo*
Blaumeise	*Cyanistes caeruleus,* auch: *Parus caeruleus*
Blässhuhn	*Fulica atra*
Blindschleiche	*Anguis fragilis*
Bluthänfling	*Linaria cannabina,* auch: *Carduelis cannabina*
Bohnenlaus, Schwarze	*Aphis fabae*
Borkenkäfer	siehe Buchdrucker und Kupferstecher
Braunkehlchen	*Saxicola rubetra*
Buchdrucker	*Ips typographus*
Buchfink	*Fringilla coelebs*
C-Falter	*Polygonia c-album,* auch: *Nymphalis c-album*
Damhirsch	*Dama dama*
Distelfalter	*Vanessa cardui,* auch: *Cynthia cardui*
Distelfink / Stieglitz	*Carduelis carduelis*
Dorngrasmücke	*Curruca communis,* auch: *Sylvia communis*
Dungkäfer, Gemeiner	*Aphodius fimetarius*
Enchyträen	*Enchytraeus albidus*
Eichelhäher	*Garrulus glandarius*
Eichhörnchen, Eurasisches	*Sciurus vulgaris*
Eisvogel	*Alcedo atthis*
Erdkröte	*Bufo bufo*
Feldlerche	*Alauda arvensis*
Feuerwanze	*Pyrrhocoris apterus bzw. marginatus*

Fischotter	*Lutra lutra*
Fitis	*Phylloscopus trochilus*
Fruchtfliege	*Drosophilidae*
Fuchs / Rotfuchs	*Vulpes vulpes*
Garten-Bänderschnecke	*Cepaea hortensis*
Gartengrasmücke	*Sylvia borin*
Gelbbauchunke	*Bombina variegata*
Goldammer	*Emberiza citrinella*
Gartenrotschwanz	*Phoenicurus phoenicurus*
Grasfrosch	*Rana temporaria*
Graugans	*Anser anser*
Grünfink / Grünling	*Carduelis chloris*
Grünspecht	*Picus viridis*
Hausrotschwanz	*Phoenicurus ochruros*
Heidelerche	*Lullula arborea*
Höckerschwan	*Cygnus olor*
Holunderblattlaus	*Aphis sambuci*
Hornisse, Europäische	*Vespa crabro*
Holzbiene, Große / Blauschwarze	*Xylocopa violacea*
Igel / Braunbrustigel	*Erinaceus europaeus*
Junikäfer / Gerippter Brachkäfer	*Amphimallon solstitiale*
Kartoffelkäfer	*Leptinotarsa decemlineata*
Kiebitz	*Vanellus vanellus*
Klappergrasmücke	*Curruca curruca,* auch: *Sylvia curruca*
Kleiner Fuchs	*Aglais urticae,* auch: *Nymphalis urticae*
Kohlmeise	*Parus major*
Kohlweißling, Großer	*Pieris brassicae*
Kolbenente	*Netta rufina*
Kranich	*Grus grus*

Kreuzotter	*Vipera berus*
Kupferstecher	*Pityogenes chalcographus*
Landkärtchen	*Araschnia levana*
Laubfrosch, Europäischer	*Hyla arborea*
Maskenbiene, Gewöhnliche	*Hylaeus communis*
Maulwurf, Europäischer	*Talpa europaea*
Mauersegler	*Apus apus*
Mehlschwalbe	*Delichon urbicum,*
	auch: *Delichon urbica*
Mönchsgrasmücke	*Sylvia atricapilla*
Mohn-Mauerbiene	*Hoplitis papaveris*
Mottenschildlaus	*Aleyrodoidea*
Nachtigall	*Luscinia megarhynchos*
Neuntöter	*Lanius collurio*
Nosferatu-Spinne	*Zoropsis spinimana*
Ochsenauge, Großes	*Maniola jurtina*
Ochsenzungen-Sandbiene	*Andrena nasuta*
Ochsenzungen-Seidenbiene	*Colletes nasutus*
Pelzbienen	*Anthophora-Arten*
Pfirsichblattlaus, Grüne	*Myzus persicae*
Pirol	*Oriolus oriolus*
Rapsglanzkäfer	*Meligethes aeneus,*
	auch: *Brassicogethes aeneus*
Raubwürger	*Lanius excubitor*
Rauchschwalbe	*Hirundo rustica*
Regenbrachvogel	*Numenius phaeopus*
Regenwurm / Tauwurm	*Lumbricus terrestris*
Reh	*Capreolus capreolus*
Riesen-Rotwürmer	*Eisenia hortensis,*
	auch: *Dendrobaena veneta*
Ringelnatter	*Natrix natrix*
Rohrammer	*Emberiza schoeniclus*
Rosenkäfer, Goldglänzender	*Cetonia aurata*

Rosskastanienminiermotte	*Cameraria ohridella*
Rothirsch	*Cervus elaphus*
Rotkehlchen	*Erithacus rubecula*
Schleiereule	*Tyto alba*
Schlingnatter	*Coronella austriaca*
Schreiadler	*Clanga pomarina*
	auch: *Aquila pomarina*
Schwalbenschwanz	*Papilio machaon*
Seeadler	*Haliaeetus albicilla*
Siebenschläfer	*Glis glis*
Singdrossel	*Turdus philomelos*
Singschwan	*Cygnus cygnus*
Spatz / Haussperling	*Passer domesticus*
Sperber	*Accipiter nisus*
Spitzmaus	*Soricidae*
Steinkauz	*Athene noctua*
Steinmarder	*Martes foina*
Steinschmätzer	*Oenanthe oenanthe*
Stockente	*Anas platyrhynchos*
Sumpfrohrsänger	*Acrocephalus palustris*
Tagpfauenauge	*Aglais io,*
	auch: *Inachis io/ Nymphalis io*
Taubenschwänzchen	*Macroglossum stellatarum*
Teichrohrsänger	*Acrocephalus scirpaceus*
Tigerschnegel, Großer	*Limax maximus*
Trauer-Rosenkäfer	*Oxythyrea funesta*
Turteltaube	*Streptopelia turtur*
Waldeidechse	*Zootoca vivipara,*
	auch: *Lacerta vivipara*
Waschbär	*Procyon lotor*
Wasserbüffel	*Bubalus arnee*
Wasserfrosch/ Teichfrosch	*Pelophylax esculentus*

Wegschnecke, Spanische / Kapuzinerschnecke	*Arion vulgaris (früher lusitanicus)*
Weinbergschnecke	*Helix pomatia*
Weißstorch	*Ciconia ciconia*
Wendehals	*Jynx torquilla*
Wiedehopf	*Upupa epops*
Wiesenvögelchen, Kleines	*Coenonympha pamphilus*
Wildschwein	*Sus scrofa*
Zecke / Gemeiner Holzbock	*Ixodes ricinus*
Ziegenmelker	*Caprimulgus europaeus* bzw. *centralasicus*
Zilpzalp	*Phylloscopus collybita*
Zitronenfalter	*Gonepteryx rhamni*
Zweipunkt-Marienkäfer	*Adalia bipunctata*